普通高等教育"十三五"规划教材

大学生就业指导与创新创业教育

伍祥伦　何　东　杨德龙　主　编

任　杰　彭　成　伍玙瑶

李　川　何乾坤　副主编

科学出版社

北　京

内 容 简 介

　　本书是为适应大学生职业规划和创业教育需要精心编写的通俗读本，共分为三篇十二章。上篇主要介绍职业生涯规划的基本知识、步骤及常见问题，中篇主要介绍大学生就业政策、就业途径、求职技巧、面试策略及就业权益保护，下篇主要介绍创新创业概述、创新思维、创业准备及创业实践等。附录中收录了职业倾向测验、职业规划书（样本）及创新创业实用文本。

　　本书既可作为普通本科院校和高职院校就业指导类教学用书，也可作为大学生职业生涯规划、求职和创业的有益参考。

图书在版编目（CIP）数据

　　大学生就业指导与创新创业教育/伍祥伦，何东，杨德龙主编. —北京：科学出版社，2017

　　（普通高等教育"十三五"规划教材）

　　ISBN 978-7-03-051560-5

　　Ⅰ. ①大⋯　Ⅱ. ①伍⋯　②何⋯　③杨⋯　Ⅲ. ①大学生-职业选择-高等学校-教材　Ⅳ. ①G647.38

　　中国版本图书馆 CIP 数据核字（2017）第 016743 号

责任编辑：宋　芳　刘　杨 / 责任校对：张　曼
责任印制：吕春珉 / 封面设计：东方人华平面设计部

科 学 出 版 社 出版

北京东黄城根北街 16 号
邮政编码：100717
http://www.sciencep.com

北京中科印刷有限公司印刷
科学出版社发行　　各地新华书店经销

*

2017 年 1 月第 一 版　　开本：787×1092 1/16
2020 年 1 月第四次印刷　　印张：21 1/4
字数：439 000

定价：45.00 元
（如有印装质量问题，我社负责调换〈中科〉）

销售部电话 010-62136230　编辑部电话 010-62135120-2005

前　言

　　高校毕业生是国家宝贵的人才资源，做好高校毕业生就业工作，关乎经济发展、民生改善和社会稳定。党的十八大报告指出："就业是民生之本。要贯彻劳动者自主就业、市场调节就业、政府促进就业和鼓励创业的方针。"第一次将鼓励创业纳入就业方针，并要求"引导劳动者转变就业观念，鼓励多渠道多形式就业，促进创业带动就业"。党的十八大报告还提出："要做好以高校毕业生为重点的青年就业工作……加强职业技能培训，提升劳动就业创业能力，增强就业稳定性。"

　　近年来，全国高校毕业生就业人数总量压力继续加大，结构性矛盾十分突出，就业任务更加繁重。党中央、国务院高度重视高校毕业生就业工作，要求坚持深入实施创新驱动发展战略，推进大众创业、万众创新，采取切实有效的措施，进一步做好高校毕业生就业工作。

　　创新创业能力是当代青年成长和成才的重要保证，大学生是最具创新创业潜力的群体，开展创新创业教育，大力培养大学生的创新创业能力是建立高校创新体系的关键性环节和基础性内容，对建设创新型国家起着积极作用。

　　教育部明确提出，高校要切实把就业指导课程建设纳入人才培养工作，将就业指导贯穿整个大学培养过程，同时要求从 2016 年起，所有高校都要设置创新创业教育课程，对全体学生开发开设创新创业教育必修课和选修课，纳入学分管理。

　　为满足高等院校就业指导课程和创新创业教育的教学要求，编者开展了多方调研，充分征求师生意见，结合实际编写了本书。本书针对大学生在就业方面存在的问题，以讲授就业、创业及职业生涯规划理论知识为基础，以培养就业、创业及职业生涯规划能力为关键，以培养就业、创业及职业生涯规划精神为核心，宗旨是：让在校大学生了解职业生涯规划的意义，确立职业理想，树立正确的职业观；掌握职业生涯规划的方法和步骤，设计科学可行的职业生涯规划；了解国家对大学生就业的方针政策，树立正确的择业观念；掌握求职技巧，在激烈的竞争中树立优势，成功就业；培养学生的创新创业意识，开阔学生视野，提升学生的创新创业能力，为国家创新驱动发展战略的实施做出应有的贡献。

　　本书由伍祥伦、何东、杨德龙担任主编，由任杰、彭成、伍玙瑶、李川、何乾坤担任副主编。杨德龙主要负责上篇的编写工作，伍祥伦、何东主要承担中篇和下篇的编写工作。参加编写的还有余勇、梁修昌、赵鹏、张翌、殷铭、林燕、周昊、张春艳、许雪梅、顾亚莉、赵川、王超、周倩、刘刚、钟江颖、党永春、李春华、蒋跃、李菁、李香贞、罗娟、邓茗月、曾慧珠、张志明、钟育秀、杨阳、史丽涛、戴静、李玉梅、李艳、于晓燕、谢仕雨、孙超、冯斯迪、黎伯刚、张雪峰、周艺、王红妹、熊有竹、任伟、蒲承玺、周万春。

由于编者水平有限，加之时间仓促，书中疏漏之处在所难免，敬请广大读者批评指正。

编　者

2016 年 12 月

目　录

上篇　大学生职业生涯规划

中篇　大学生就业指导与服务

下篇　大学生创新创业教育

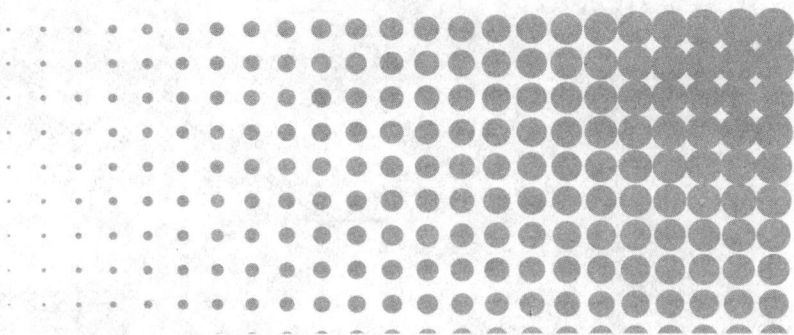

上篇
大学生职业生涯规划

第一章

职业生涯规划的基本知识

名人名言

人不光是靠他生来就拥有一切，而是靠他从学习中所得到的一切来造就自己。

——歌德

每个人的生活中都应该有一个明确的长远的目标，有了核心的目标，人生才会有动力和积极的期待；你选定什么样的目标，就会有什么样的人生。

——拿破仑

导入案例

从普通文员到行政总监

林小姐是杭州人，26岁，大专学历，中文专业，参加工作已有四年多。刚毕业时，父母托关系把她安排到了一家报社做编辑。但由于她文笔不好，工作业绩始终不行，倍感压力的她就辞职了。第二份工作是担任一家公司的文员，平时做一些文字录入之类的琐碎工作，她觉得学不到什么东西，于是又辞职了。后来她找的几份工作与第二份工作差不多。目前林小姐在一家公司做经理秘书，对于这份工作，她是比较满意的。

最近同学聚会，林小姐发现老同学个个比自己优秀，有些已当上了经理。再看看自己，经理秘书虽听起来不错，但工作不稳定，所以林小姐想换一份稳定的工作。但除文员、经理秘书这些她也想不出其他的工作了。她该怎么办呢？

1. 职业顾问分析

林小姐的问题就是典型的"职业迷茫"问题。职业顾问认为，造成"职业迷茫"的直接原因就是缺少职业规划。那么，如何进行职业规划呢？

科学的职业规划应包括适合自己的职业目标和职业发展路径。

（1）职业目标

职业目标是职业规划的重点，其正确与否直接关系着事业的成败。确定适合自己的职业目标，应该从以下四点考虑：自身性格与职业的匹配度；兴趣爱好与职业的匹配度；自身特长与职业的匹配度；所选职业的发展趋势。

从职业目标上看，林小姐缺少清晰明确的职业目标。要改善目前的状态，须先确定自己的职业目标。

（2）职业发展路径

职业目标的不同决定了发展路径的不同。以林小姐为例，如果把行政管理作为职业目标，目前的文员工作是比较符合该目标的，文员—行政助理—行政主管—行政经理—行政总监，可以算是一条很清晰的发展轨迹。

2. 规划专家建议

根据对林小姐的职业倾向性测试和工作经验、能力的综合分析发现，林小姐最适合的是行政人事管理类工作。根据林小姐的情况，专家提出两点建议：一是林小姐应尽快进行行政人事管理方面的培训和学习；二是文员的工作已经不适合其年龄和职业发展，"跳槽"成为当务之急。其职业的定位点应为中小型企业的行政部门，中小型企业行政人事联合操作的状况比较多，在其行政部门工作可以积累到人力资源工作的经验和能力，下一步可以向行政、人事两条路线行进，无形中拓展了自己的发展层面，最终可发展到企业行政人事总监或主管行政人事的副总职位。

3．行动计划

在专家的帮助下，通过一段时间的努力，林小姐终于获得了满意的职位。虽然工作比较辛苦，但她获得的是自身实际的职业能力和明晰的发展路线，彻底从年龄职业尴尬局面中解脱出来，走向了职场"得宠"阶段。

当职业人士感到迷茫时，要找出迷茫的因素，得到准确专业的解决。科学的职业规划加必要有效的手段，必将促进职业发展的飞跃，使职场失意族重新"得宠"。

（资料来源：王为．2008．职业发展与就业指导．合肥：合肥工业大学出版社．）

第一节　职业生涯规划概述

一、职业生涯规划的相关概念

1．职业

职业（occupation）是人们在社会中所从事的作为谋生手段的工作。从社会角度看，职业是劳动者获得的社会角色，劳动者为社会承担一定的义务和责任，并获得相应的报酬；从国民经济活动所需要的人力资源角度来看，职业是指不同性质、不同内容、不同形式、不同操作的专门劳动岗位，如教师、医生、运动员等。

2．生涯

生涯（career）指从事某种活动或职业的生活，也指生命、人生，是我们每个人有限的全部人生历程，是一个人一生中所扮演的系列角色等。

3．职业生涯

职业生涯（occupation career）就是一个人的职业经历，是以心理开发、生理开发、智力开发、技能开发、伦理开发等人的潜能开发为基础，以工作内容为确定和变化，以工作业绩的评价，工资待遇、职称、职务的变动为标准，以满足需求为目标的工作经历和内心体验的经历。职业生涯是指一个人一生中所有与职业相联系的行为与活动，以及相关的态度、价值观、愿望等连续性经历的过程，也是一个人一生中职业、职位的变迁及工作、理想的实现过程。职业生涯是一个动态的过程，它并不包含在职业上成功与否，每个工作着的人都有自己的职业生涯。

4．职业生涯规划

职业生涯规划简称生涯规划（career planning），又称职业生涯设计，是指个人与组织相结合，在对个人职业生涯的主客观条件进行测定、分析、总结的基础上，对自己的兴趣、爱好、能力、特点进行综合分析与权衡，结合社会的需求，根据自己的职业倾向，确定最佳的职业奋斗目标，并为实现这一目标做出行之有效的安排。职业生涯规划贯穿、涵盖了整个人生的发展期，它要解决的是个人将在怎样的职业领域及如何在其间得到发展、打算取得怎样的成就等问题。大学生进行职业生涯规划，不仅能帮助自己实现目标，更重要的是有利于了解自己，掌握自己的竞争优势，并能为获得理想的职业去做各种准备。

二、职业生涯规划的相关内容

（一）职业生涯规划的基本内容

职业生涯规划包括自我评估和环境评估、职业的选择、确定短期目标和长期目标、行动计划与措施、职业生涯评估等步骤。它包含六大因素：知己、知彼、抉择、目标、行动和评估。这六个因素缺一不可，环环相扣。

所谓知己，就是了解自己的方方面面，包括兴趣、爱好、能力、性格、价值观等。所谓知彼，就是探索外在的世界，包括行业与职业的特征、所需的能力、就业渠道、工作内容、发展前景、薪资待遇等。所谓抉择，就是在知己知彼的基础上对职业发展方向进行选择，包括抉择风格、抉择方法等。知己是了解自己本身的特性，知彼是了解工作世界的特性，而抉择是制定目标以及根据目标制订行动计划，并在行动过程中进行评估和调整。抉择之后就是确定目标，考虑自己职业生涯的前景，确定切合实际的目标，进而指导行动。行动是极其重要的一个环节，即使前面的所有工作都做得很好，但如果没有行动去实现，也只是纸上谈兵。评估是检验前五步工作的一个很重要的环节，是检验职业生涯规划是否合理科学的重要步骤。

（二）职业生涯规划的类型

根据规划时间的长短，职业生涯规划可分为人生规划、长期规划、中期规划与短期规划四种类型。

1. 人生规划

人生规划是对自己整个职业生涯的规划，时间可长至 40 年，主要是设定整个人生的发展目标。例如，规划成为一个有数亿资产的公司董事长。

2. 长期规划

长期规划指 5～10 年的规划，主要是设定较长远的目标。例如，规划 30 岁时成为一家中型公司的部门经理，规划 40 岁时成为一家大型公司的副总经理等。

3. 中期规划

中期规划指一般为 2～5 年的目标与任务规划。例如，规划到不同业务部门做经理，规划从大型公司部门经理到小公司做总经理等。

4. 短期规划

短期规划指两年以内的规划，主要是确定近期目标，规划近期完成的任务，如对专业知识的学习及两年内掌握哪些业务知识等。

（三）职业生涯规划的特点

掌握职业生涯规划的特点，对做好规划是有帮助的。职业生涯规划的共同特点是独特性、终身性、发展性、综合性。

1. 独特性

每个人都有自己的特点，有与众不同的成长背景及机遇，因此必须从自己的特点和特长出发来进行职业生涯规划。职业生涯规划因人而异。例如，从哈佛大学退学的比尔·盖茨投身于软件事业并成为世界首富，这是职业生涯规划成功的一个典型事例。人们将比尔·盖茨的成功作为理想与追求的目标是可以的，但创业的过程和结果绝不可能和他完全相同，因为背景、文化、机遇已经不同，而且会受各种潜在因素的影响。人们可以学习他、超越他，但不能盲目地模仿他。

2. 终身性

不仅是大学生，每个人人生发展的全过程——从幼年到老年，都涉及职业生涯规划这一课题。只是有的人是自觉完成的，有的人是无意识完成的。孩子们小时候玩"过家家"时，有人爱扮医生，有人爱扮教师，有人爱扮解放军……这可以看作职业生涯规划的萌芽。五六十岁的人一样有自己的职业生涯规划。有一位 60 岁的老人参加了职业生涯规划课程的学习后意识到虽然自己已经退休，但自己的职业生涯可能还有 20 多年甚至更长的时间，他感慨地说："如果我学习三年，还可以工作十五六年……"像这样退休后发挥余热或办学或兼职或上老年大学学习新专业、新技能的人比比皆是，甚至有人退休后学画画，举办画展，并成为画家。

3. 发展性

随着认知不断成熟、能力不断提高、世界不断变化，职业生涯也需要进行多次规划。例如，现今在中国 IT 界知名的 MySee 的总裁高燃，2003 年从清华大学新闻专业毕业后，选择了记者作为自己的职业，但九个月后他便开始自己创业，并且是跨行业性的创业。

4. 综合性

如果把生命看作一个横截面，每个人在某一时间段内同时有多重身份。例如，一位

50 岁左右的某高校主任，在单位主持工作时是领导，在与同事共同研究问题时是伙伴，在学生面前是老师，在"充电"时是学生，在孩子面前是长者，在父母面前是晚辈……因此，进行职业生涯规划时要涉及工作、学习和生活的多个方面，具有很强的综合性。

（四）兴趣的种类

兴趣是一个人力求认识、掌握某种事物，并经常参与该种活动的心理倾向；或者说，兴趣是一个人积极探究某种事物的认识倾向。一个人对某种职业感兴趣，就会对该种职业活动表现出肯定的态度，并积极思考、探索和追求。人的兴趣是多种多样的，概括起来可分为以下两大类。

1. 物质兴趣和精神兴趣

根据兴趣的内容，兴趣可以分为物质兴趣和精神兴趣两类。物质兴趣主要指人们对舒适的物质生活（如衣、食、住、行）的兴趣和追求，而精神兴趣主要指人们对精神生活（如学习、研究、文学、艺术）的兴趣和追求。

2. 直接兴趣和间接兴趣

根据兴趣的目的，兴趣可以分为直接兴趣和间接兴趣两类。直接兴趣是指对活动过程的兴趣。例如，有的学生喜欢绘画，在绘画的过程中全情投入，表现出浓厚的兴趣。而间接兴趣是指对活动过程所产生的结果的兴趣。有的人喜欢数学，当他成功解答出一道非常难的问题时，会表现出极大的乐趣。直接兴趣和间接兴趣是相互联系、相互促进的，如果没有直接兴趣，绘画、解答数学问题的过程将是乏味的；反过来，如果没有间接兴趣的支持，那人们的认识活动也就没有了目标，这些过程也就很难坚持下来。因此，只有把直接兴趣和间接兴趣有机地结合起来，才能充分发挥一个人的积极性和创造性，最终取得成功。

这里我们为什么要提及兴趣？因为兴趣对职业生涯规划有重要影响：第一，兴趣是职业生涯选择的重要依据。正如人们在日常生活中喜欢从事自己感兴趣的活动一样，具有一定兴趣类型的人更倾向于寻找与自己兴趣有关的职业（类型），特别是在外界环境限制较小时，人们更倾向于选择自己感兴趣的职业。因而，对自己的兴趣或兴趣类型有了正确的评估后，每个人都可以预测自己的职业生涯选择。第二，兴趣可以增强一个人的职业生涯适应性。兴趣可以通过工作动机促进一个人能力的发挥，兴趣和能力的合理结合会大大提高工作效率。曾有人进行过研究：如果一个人从事自己感兴趣的职业，则能发挥他全部才能的 80%～90%，而且可长时间保持高效率而不感到疲劳；而对所从事工作没有兴趣的人，只能发挥他全部才能的 20%～30%。第三，兴趣影响一个人的工作满意感和稳定性，在某些情况下（如不考虑经济因素）甚至对工作质量具有决定性作用。一般来说，从事自己不感兴趣的职业很难让自己感到满意，并由此导致工作的不稳定。

思考：

1）什么是职业生涯规划？为什么要精心规划自己的职业生涯？

2）职业生涯规划的基本内容是什么？

3）你准备如何度过大学生活？

第二节　职业生涯规划的原则和方法

一、职业生涯规划的原则

人生历程与时光一样，不能重新来过。例如，大学毕业之前是职业准备期，如果在此期间不努力学习，学业完成得不好，再想返回去重新学习，不仅浪费了时间，也增加了困难。因此，人们必须珍惜光阴，紧紧抓住每一个"今天"。职业生涯规划作为对人生职业的预期和计划，更是不能马虎对待。重新进行规划的损失较大，因此要熟悉制定职业生涯规划的原则，把握住规划的大局，这样才可能避免"走弯路、乘错车"。

（一）根据社会需要进行规划

必须顺应社会的需要来规划职业生涯。选择职业作为一种社会活动，必然受到一定的社会制约。在市场经济条件下，任何人都有选择职业的自由，但这种自由是相对的、有条件的。如果人们的择业脱离了社会的需要，就必将被社会淘汰。大学生进行职业生涯规划时要做到社会利益与个人利益的统一，以及社会需要与个人愿望的有机结合；应积极把握社会人才需求动向，把社会需要作为出发点和归宿点；以社会对个人的要求为准绳，既要看到眼前利益又要考虑长远发展，既要考虑个人因素也要自觉服从社会需要。

（二）根据能力和特长进行规划

能力和特长是人们成功地完成某种活动所必须具备的个性心理特征，是人们在社会实践中表现出来的心智力量。按照自己的能力和特长进行职业生涯规划是一个重要原则。任何一种职业都需要一定的能力，不同的职业有不同的能力要求。任何一种职业技能都是经过学习和培训才能为劳动者所掌握的。人的一生很短暂，任何人都不可能在一生中掌握所有的社会技能。因此，能力和特长对职业选择起着筛选作用，是求职择业和事业成功的重要保证。例如，著名运动员刘翔，因为具有体育特长，加上跑步时特别富有节奏感，因此其训练项目从短跑、跳高改为跨栏，最终在 2006 年的瑞士洛桑田径超级大奖赛上夺得男子 110 米栏的冠军，并打破了世界纪录，成为中国田径史上一座辉煌的里程碑。因此，在对自己的能力和特长有正确认识和评价的基础上，根据自己的能力和特长来规划职业生涯是十分重要的。

（三）根据个人兴趣和爱好进行规划

能力和特长不等于兴趣和爱好。根据使自己愉悦的"快乐"原则进行职业生涯规划也是一种明智的选择。兴趣是个体积极探索事物，带有积极色彩的心理倾向，这种倾向常有稳定、主动、持久等特征。兴趣是最好的老师，是最初的动力和成功的希望。如果对学习、对工作产生了浓厚的兴趣，就能在学习或工作中具有并保持高度的自觉性和积极性，就会在学习或工作中取得成就。反之，如果对学习或工作根本没有兴趣，就不可能将自己的全部精力投入学习或工作中去，因此也就很难取得成功。当然，兴趣和爱好也并不总是起正向的驱动作用，有时它也会是一种耗散力。例如，有的人在同一时间段内的兴趣过于广泛，而由于时间和精力有限，最终他们所关注的只是表面，无一深入。因此，在一定时间内，假如有较多的兴趣面，则一定要以主要兴趣点为主来进行规划。根据个人兴趣和爱好进行规划时，人们应牢记这句话："考虑兴趣须适度，众多兴趣定主辅。"

二、职业生涯规划的方法

对于大学生来说，职业生涯规划不是一种理论，而是一个行动、一个过程。大学生的职业规划不能仅仅依据职业规划的理论或职业测评的结果，而应在做事中了解、体验后形成。关心自己职业前程的大学生应在学习职业生涯规划理论与方法后采取行动，在实实在在的社会实践和职业见习中了解自己、了解职业，从而确定实际的职业生涯规划。

了解职业生涯规划的基本要素之后，我们会忍不住问：职业生涯规划的方法是什么？职业生涯规划的方法主要有以下八种。

1. 自然发生法

自然发生法就是不考虑自我条件、工作环境，随波逐流地对当下所发生的一切做决定。例如，学生在填写高考志愿时，并未仔细考虑自己的志向和兴趣，而是只要找到能被录取的学校、院系，就匆匆填报。这种方法很省心，可以暂时消除烦恼，使人减少一些即时压力，但这是在完全没有考虑自己兴趣、能力、个性与就业条件等因素之下所做出的选择，学生在毕业后所面临的职业生涯风险很高。

2. 目前趋势法

目前趋势法是当代大学生进行职业生涯规划时所选择的第一方法，跟随现在的市场趋势，盲目地投入新兴的热门行业。选择新兴的热门行业，从业者可以在短期内获得物质生活享受，形成经济基础，做自己喜欢做的事情。这确实是种不错的就业方法。但从长远的角度看，这种方法依然有缺陷，因为如果所有人都过分追求热门行业，人才市场就会饱和，出现供过于求的现象，最后只能造成很多人无法就业的结果。因此，在追逐热点的时候，也要转过身向后看看，也许那里有一个更好的岗位在等着你。

3. 最少努力法

最少努力法是指选择容易的工作，祈求得到最好的结果。选择这种方法的人，没有一种钻研的精神，甚至想坐享其成。这不是一个明智的选择。在进行职业生涯规划时，要根据自己的实力进行选择，并且付出实实在在的努力，才能有收获。

4. 拜金主义法

拜金主义法是指进行职业规划时选择待遇最好的行业。例如，不少拥有大学文凭的知识女性，放弃发展自己的专业，而选择钱多、事少、离家近的工作。每个人都希望自己将来能够找到一份待遇好的工作，因为要想过上优渥的生活，需要有可观的薪酬作为支撑。但在选择职业时，不能刻意去追求金钱，而忽视了自己的能力与性格。

5. 刻板印象法

刻板印象法是指以性别、年龄、社会地位等刻板印象来选择工作。女性较适合从事服务业，男性较适合从事金融业等，这些都是人们的刻板印象。这种刻板印象可以在表面上使人们很快找到自己的发展方向，但事实上却扼杀了自己在其他职业方面的潜能，容易故步自封，使生活缺少色彩。不要轻易下结论，而要认真思索，勇于尝试，这才能找到适合自己的工作。

6. 橱窗游走法

橱窗游走法是指到各种工作场所"走马观花"一番，再选择符合自己心意的工作。这种方法有利于人们对各种行业形成粗略认识，但由于对每种职业都抱着不专心或不平等的态度，会造成人们的感性认识战胜理性认识，从而不能正确看待自己所看到的职业和所从事的职业。人们应在充分了解各行各业的基础上，仔细揣摩，把就业当成一件很严肃的事情来做，只有保持这种端正的态度，才会成功。

7. 假手他人法

假手他人法是指由他人替自己决定和选择。这些人包括父母、朋友、老师等。许多人在思考自己的未来时，总会不知不觉地把它交给别人来决定。在面对比自己有经验又有威严的人时，我们常常会无条件地服从他们。这些人的话对我们来说，已不是单纯的意见和建议，而是我们应该言听计从的"真理"。其实，在虚心向长辈们讨教的同时，我们更要问问自己，自己到底喜欢什么职业，愿意做什么工作，综合两个方面的认识，我们才能找到体现自己人生价值的职业发展方向。

8. 高瞻远瞩法

高瞻远瞩法是指根据权威人士的言论，揣测未来职业的发展方向，并积极去追求。

它是一种比较理智的方法，能使自己在未来的日子里拥有明确的目标，并积极去追求。但此种方法仍然存在缺点，如果盲目依赖那些理论上的东西，会造成理论与实践的脱节。因此，一定要联系当前实际，再憧憬未来，这样才是明智的选择。

思考：

1）职业生涯规划的原则和方法是什么？

2）你会采取哪些方式原则和方法来进行职业生涯规划？

第三节 职业生涯规划的相关理论

舒马赫在其著作《小即是美》一书中指出，职业具有三种功能：一是给人们提供一个发挥和提高自身才能的机会；二是通过和别人一起共事来克服以自我为中心的意识；三是提供生存所需的产品和服务。他指出职业选择是实现这三个功能的前提。很多心理学家和职业指导专家对职业选择的问题进行专门研究后，提出了自己的理论，这些理论可大致分为三类：职业选择理论、职业生涯发展理论、职业锚理论。

一、职业选择理论

（一）帕森斯的人职匹配理论

1909 年，职业生涯管理理论的奠基人帕森斯教授在其著作《选择一个职业》中，提出"一种明智的职业生涯选择需要具备三个条件：一是应清楚地了解自己的态度、能力、兴趣、智谋、局限和其他特征；二是要对不同行业的工作要求、能力要素、优缺点、薪酬水平、发展前景及机会有较为明确的认识；三是在上述的两组要素之间进行最佳搭配"。

帕森斯的理论内涵是在清楚认识、了解个人的主观条件和社会职业岗位的需求条件的基础上，将主客观条件与社会职业岗位（对自己有一定可能性的）相对照、相匹配，最后选择一个与个人匹配的职业。职业与人的匹配可分为以下两种类型。

1. 因素匹配

例如，需要专门技术和专业知识的职业与掌握该种特殊技能和专业知识的择业者相匹配；又如，脏、苦、累等劳动条件很差的职业，需要与吃苦耐劳、体格健壮的劳动者相匹配。

2. 特性匹配

例如，具有敏感、易动感情、不守常规、个性强、理想主义等人格特性的人，宜于从事审美性、自我情感表达的艺术创作类型的职业。

帕森斯的人职匹配理论是用于职业选择、职业指导的经典理论之一，至今仍然正确、有效，并影响着职业管理学和职业心理学的发展。

（二）霍兰德的人业互择理论

1. 六种职业人格类型

霍兰德是美国约翰·霍普金斯大学的心理学教授，是美国著名的职业指导专家。他于1959年提出了具有广泛社会影响的人业互择理论。这一理论根据劳动者的心理素质和择业倾向，将其个性划分为六种类型，相应的职业也划分为六种基本类型，如表1-1所示。

表1-1 六种职业人格类型的劳动者与相适应的职业对照表

类型	劳动者	职业
现实（realistic，R）型	① 愿意使用工具从事操作性工作；② 动手能力强，做事手脚灵活，动作协调；③ 不善言辞，不善交际	主要是指各种工程技术工作、农业工作。通常需要一定体力，需要运用工具或操作机器。主要职业：工程师、技术员，机械操作、维修、安装工人，矿工、木工、电工、鞋匠，司机、测绘员、描图员，农民、牧民、渔民等
研究（investigative，I）型	① 抽象思维能力强，求知欲强，肯动脑，善思考，不愿动手；② 喜欢独立的和富有创造性的工作；③ 知识渊博，有学识才能，不善于领导他人	主要是指科学研究和科学实验工作。主要职业：自然科学和社会科学方面的研究人员、专家，化学、冶金、电子、无线电、电视、飞机等方面的工程师和技术人员，飞机驾驶员、计算机操作员等
艺术（artistic，A）型	① 喜欢以各种艺术形式的创作来表现自己的才能，实现自身的价值；② 具有特殊艺术才能和个性；③ 乐于创造新颖的、与众不同的艺术成果，渴望表现自己的个性	主要是指各类艺术创作工作。主要职业：音乐、舞蹈、戏剧等方面的演员、编导、教师，文学、艺术方面的评论员，广播、电视节目的主持人、编辑、作者，绘画家、书法家、摄影家，艺术、家具、珠宝、房屋装饰等行业的设计师等
社会（social，S）型	① 喜欢从事为他人服务和教育他人的工作；② 喜欢参与解决人们共同关心的社会问题，渴望发挥自己的社会作用；③ 比较看重社会义务和社会道德	主要是指各种直接为他人服务的工作，如医疗服务、教育服务、生活服务等。主要职业：教师，保育员，行政人员，医护人员，服务行业的经理、管理人员和服务人员，福利人员等
企业（enterprising，E）型	① 精力充沛、自信、善交际，具有领导才能；② 喜欢竞争，敢冒风险；③ 喜爱权力、地位和物质财富	主要是指那些组织与影响他人共同完成组织目标的工作。主要职业：企业家，职业经理人，政府官员，商人，行业部门和单位的领导者、管理者等
传统（conventional，C）型	① 喜欢按计划办事，习惯接受他人指挥和领导，自己不谋求领导职务；② 不喜欢冒险和竞争；③ 工作踏实、忠诚可靠、遵守纪律	主要是指各类与文件档案、图书资料、统计报表之类相关的各类科室工作。主要职业：会计、出纳、统计人员，打字员，办公室人员，秘书和文书，图书管理员，旅游、外贸职员，保管员、邮递员、审计人员、人事职员等

霍兰德人业互择理论的实质在于劳动者与职业的相互适应。霍兰德认为，同一类型的劳动者与职业互相结合，达到适应状态的，劳动者的才能与积极性就会得到最好的发挥。

2. 六角形模型

霍兰德提出六角形模型（图1-1）来解释六种职业人格类型之间的关系。

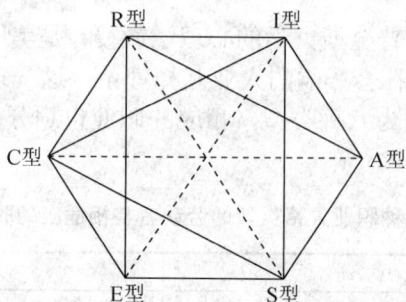

图 1-1　霍兰德六角形模型

在六角形模型中，每种职业人格类型与其邻近的两种类型属于相近关系，与处于其主对角线上的职业人格类型属于相斥关系，与处于其次对角线上的两种类型属于中性关系。也就是说，任何两种类型之间的距离越近，其人格特质及职业环境的相似程度越高。例如，R型与I型在六角形模型中是相邻的，它们的相似性也是最高的，这两种类型的人都不喜欢与人打交道。而R型与S型处于主对角线上，它们就具有相反的特质，因为S型的人喜欢与人打交道。同时，霍兰德提出职业选择时应遵循以下原则。

1）适合原则：六种职业人格类型的人适合从事相对应的类型的职业。例如，R型人格类型的人适合从事R型职业。

2）相近原则：六种职业人格类型的人选择从事与人格类型相近类型的职业，比较容易适应。例如，R型人格类型的人从事与其相邻I型或C型职业。

3）中性原则：人们选择从事与人格类型呈中性关系类型的职业，虽没有前面两种适合，但经过艰苦努力，也较容易适应。例如，R型人格类型的人从事与其相隔一个类型的A型或E型职业。

4）相斥原则：人们如果选择与人格类型相斥关系类型的职业，则很难适应。例如，R型人格类型的人从事与其相对立的S型职业。

3. 职业兴趣与职业环境类型的匹配

霍兰德提出，职业兴趣与职业环境类型之间适宜的匹配是形成职业满意度和成就感的基础。他认为人们都在寻找一种环境，能够充分运用自己的技术和能力，体现自己的价值，表达自己的态度和观念，并且能在其中扮演一定的角色。例如，一个R型的人会尽力去寻找R型的职业，其他类型的人也是如此。一个人的行为表现是人格类型和职业环境类型相互作用的结果。如果一个人了解自己占主导地位的职业兴趣类型，就能为其职业选择指明方向。我们可以通过测评工具得到自己的霍兰德兴趣代码，了解自己的职业兴趣并找出相对应的职业，从而找到适合自己的工作领域。

人们通常倾向于选择与自我兴趣类型相匹配的职业环境，但是在职业选择中，个体并非一定要选择与自己兴趣完全对应的职业环境。首先，个体的兴趣具有广泛性，是多种兴趣类型的综合体，很少是完全单一类型的，因此，评价个体的兴趣类型也时常选择分数最高的前三种类型依照分数高低组合而成，如 RCA、AIS 等；其次，人们在进行职业选择时常常受客观因素的影响，不能完全依据兴趣类型来选择，因此，在进行职业选择时会不断妥协，寻求与相邻职业环境，甚至相隔或相对立的职业环境，在这种情况下，个体需要逐渐适应工作环境。

大学生在择业过程中不仅会出现上述情况，而且有可能会出现自己所学专业与兴趣类型不匹配的情况，从而导致在职业中无法得到兴趣上的满足。当出现这些情况的时候，我们一定要学会调节和正确对待。人职的完全适配是一种很理想的状态，达不到的时候并不意味着要放弃自己的兴趣，因为其还可以在生活中实现。例如，在自己的工作和兴趣之间找到一个平衡点，适当地留下部分时间满足自己的兴趣爱好。而且现实生活中可以通过多种方式灵活地实现适配。例如，专业与自己的兴趣不匹配时，可以考虑改换专业或选修第二专业等。其实兴趣不一定必须在职业上面得到满足，如果真的喜欢做什么，完全可以通过兼职、参加社团活动、作为业余爱好等方式来实现。

二、职业生涯发展理论

《俄狄浦斯王》中有这样一则神话故事：

斯芬克斯是一只狮身人面的怪兽，盘踞在忒拜城外，常用晦涩、稀奇古怪的谜语为难过往的行人。如果有人能够回答她的问题，她会从高高的悬崖上跳下去，否则，她就会把人吃掉。

英雄俄狄浦斯为了逃脱命运的追捕，到了忒拜城附近。斯芬克斯向他提出了一个谜语："什么动物早晨用四条腿走路，中午用两条腿走路，晚上用三条腿走路？"

"这不就是人吗！"俄狄浦斯笑着回答，"当人在幼儿的时候，他们需要手脚并用，才能走路；到了成年的时候，他们用两条腿走路；当可怜的人老了的时候，就有了他们的第三条腿——拐杖！这个谜语的谜底就是——人！"

斯芬克斯羞愧难当，从悬崖上跳了下去，从此，到忒拜城的路便畅通了。

这个故事的要点是揭示了人的生命有不同的阶段，不同的阶段有不同的特征。谜语中用早、中、晚来隐喻人生的新生期、成长期和衰老期，俄狄浦斯意会了这种隐喻给出了正确的答案。同样，人的职业生涯也有不同的阶段。很多专家、学者以心理学为基础，综合差异心理学、职业社会学及人格理论的有关原理，从发展的角度，提出了个人职业生涯发展理论，将职业生涯划分为不同的阶段。

（一）金斯伯格的职业生涯发展理论

美国著名职业指导专家金斯伯格，对职业生涯的发展进行过长期的研究。金斯伯格的职业发展理论将人的职业生涯分为幻想期、尝试期和现实期三个阶段。

1. 幻想期

幻想期指 11 岁之前的儿童时期。儿童们对大千世界，特别是对于他们所看到或接触的各类职业工作者，如教师、警察等充满了新奇和好玩的感觉，幻想着长大后要成为这样的人。这个时期职业需求的特点是单纯凭借自己的兴趣、爱好，不考虑自身的条件、能力水平和社会需要与机遇，完全处于幻想之中。

2. 尝试期

尝试期是指 11～17 岁的时期，这是由少年儿童向青年过渡的时期。在此阶段，人的心理和生理迅速成长、发育和变化，开始有独立的意识，价值观念开始形成，知识和能力迅速增长，初步懂得了社会生产和生活的经验。此时期职业需求的特点是有职业兴趣，但不仅限于此，能较客观地审视自身各方面的条件和能力，开始注意职业角色的社会地位、社会意义及社会对该职业的需要。

3. 现实期

现实期指 17 岁以后的青年时期。这个阶段的人们即将步入社会劳动，能够客观地把自己的职业愿望或要求，同自己的主观条件、能力及社会现实的职业需要较紧密地联系和协调起来，寻找适合自己的职业角色。该时期所需求的职业不再模糊不清，而是已有具体、现实的职业目标，最大特点是客观性、现实性、讲求实际。

（二）舒伯的职业生涯发展理论

舒伯是美国另一位具有代表性的职业学家。他认为可以根据年龄将每个人生阶段与职业发展相配合，且每个阶段各有其自己的发展任务。他将人的职业发展划分为以下五个阶段。

1. 成长阶段

0～14 岁为成长阶段。此阶段的儿童经历了从好奇、幻想到感兴趣，再到有意识地培养职业能力的逐步成长的过程。这一阶段可具体分为三个成长期。

1）幻想期（10 岁之前）：儿童从外界感知到许多职业，对于自己觉得好玩和喜爱的职业充满了幻想，并常进行模仿。

2）兴趣期（11～12 岁）：以兴趣为中心，理解、评价职业，开始做职业选择。

3）能力期（13～14 岁）：开始考虑自身条件与喜爱的职业是否符合，有意识地进行能力的培养。

2. 探索阶段

15～24岁为探索阶段。此阶段主要进行择业、初就业，这一阶段也可分为三个时期。

1）试验期（15～17岁）：综合认识和考虑自己的兴趣、能力与职业社会价值、就业机会，开始进行择业尝试。

2）过渡期（18～21岁）：进入劳动力市场，或者进行专门的职业培训。

3）尝试期（22～24岁）：选定工作领域，开始从事某种职业。

3. 建立阶段

25～44岁为建立稳定职业阶段。此阶段可分为两个时期。

1）尝试期（25～30岁）：对初选职业不满意，再选择、变换职业，变换次数因人而异；也可能满意初选职业而无变换。

2）稳定期（31～44岁）：确定最终职业，开始致力于稳定的工作。

4. 维持阶段

45～64岁为维持阶段。在此阶段的劳动者一般已达到常言所说的"功成名就"的程度，已不再考虑变换职业，只力求维持已取得的成就和社会地位。

5. 衰退阶段

65岁以后，人的健康状况和工作能力逐步衰退，即将从工作岗位退休，结束职业生涯。此阶段可分为两个时期。

1）减退期（65～70岁）：工作速度变慢，工作责任或性质也发生改变，以适应逐渐衰退的体力与心理，许多人会找份代替全职的兼职工作。

2）退休期（71岁至死亡）：愉快地适应完全停止工作的境况，或适应困难、郁郁寡欢，或老迈而死。

（三）格林豪斯的职业生涯发展理论

格林豪斯侧重于研究人生不同年龄段的职业生涯所面临的主要任务，并以此将职业生涯划分为五个阶段。

1. 职业准备阶段

职业准备时期的典型年龄段为0～18岁。其主要任务是发展职业想象力，对职业进行评估和选择，接受必需的职业教育。

2. 进入组织阶段

19～25岁为进入组织阶段。其主要任务是在一个理想的组织中获得一份工作，在获取足量信息的基础上，尽量选择一种合适的、较为满意的职业。

3. 职业生涯初期

处于此时期的典型年龄段为 26～40 岁。其主要任务是学习职业技术，提高工作能力；了解和学习组织纪律和规范，逐步适应职业工作，适应和融入组织；为未来的职业成功做好准备。

4. 职业生涯中期

41～55 岁是职业生涯的中期阶段。其主要任务是对早期职业生涯重新评估，强化或改变自己的职业理想；选定职业，努力工作，有所成就。

5. 职业生涯后期

55 岁直至退休是职业生涯的后期阶段。其主要任务是继续保持已有职业成就，维护尊严，准备退休。

（四）MBTI 性格类型理论

1. MBTI 性格类型简介

麦尔斯-布里格斯类型指标（Myers-Briggs type indicator，MBTI）性格类型方法起源于著名的瑞典心理学家卡尔·荣格。1921 年，荣格在其《心理类型学》一书中提出了几种性格分类：第一，从能量获得的途径分为外向（extroversion，E）和内向（introversion，I）；第二，从接受信息的方式分为感觉（sensing，S）和直觉（intuition，N）；第三，从决策判断的方式分为思考（thinking，T）和情感（feeling，F）。之后，凯瑟琳·布里格斯和她的女儿伊莎贝·碧瑞斯·麦尔斯在荣格的理论基础上，将其发展成为一种确定个性倾向的测试工具。MBTI 是目前国际上使用最为普遍的性格类型系统，具有较高的信度和效度，它在实践中被广泛应用于人才选拔、管理培训、恋爱与婚姻咨询等，现已成为企业员工职业定位和职业发展规划的主要手段之一。

2. MBTI 性格类型的四个维度

作为一种迫选型和自我报告式的性格测试问卷，MBTI 被用于衡量和描述人们在获取信息、做出决策和生活取向等方面的偏好。荣格在其心理类型理论中将性格分为三个维度，布里格斯母女将其发展后在三个维度基础上加上了第四个维度，即从行动方式维度分为判断（judging，J）和知觉（perceiving，P）。以下是这四个维度所包含的具体内容。

（1）E 型与 I 型

根据能量倾向分类，性格类型的第一个维度是 E-I。能量倾向就是人们的注意力所集中的方向。对于外向（E）型的人，基本刺激来源于外部世界的人或事物，而 I 型的人则来源于自己的内心世界、自我的思考和反省。两者的比较如表 1-2 所示。

表 1-2　E 型与 I 型的比较

E 型	I 型
注意力集中于外部环境	注意力集中于自己的内心世界
注意力容易分散	注意力集中
喜欢与人交往	喜欢独处
易于接触，友好	安静，不易于接触了解
善于沟通和表达	不善言辞
做事情积极主动	事件意义重大时主动
先行动，后思考	先思考，后行动
兴趣爱好广泛	兴趣专一

（2）S 型与 N 型

性格类型的第二个维度是 S-N，这个维度与人们平时接受信息的方式有关。S 型的人倾向于用五官去获取实实在在的信息，对于自己的具体感觉非常关注，观察仔细，注重细节，比较实际。而 N 型的人更相信自己的第六感，通过想象、无意识等来获取信息，注重整体和事物内在的含义，善于抽象出事物的关联，具有较高的创造性。两者的比较如表 1-3 所示。

表 1-3　S 型与 N 型的比较

S 型	N 型
通过自己的感觉获取信息	通过自己的直觉获取信息
喜欢实际的可测量的事物	喜欢事物所代表的内在的意义
着眼于现实	着眼于未来
注重细节	注重整体
做事按部就班，喜欢制定规则	做事不按常理出牌，喜欢事物变换
思维连贯	思维跳跃
喜欢从事实际性的工作	喜欢从事创造性的工作

（3）T 型与 F 型

性格类型的第三个维度是 I-F，这是人们制定决策的两种不同方式。T 型的人通过逻辑对因果关系进行思考来处理信息和做出决定，受情感影响较小，善于理性客观地分析事物。而 F 型的人依靠自己的感觉做决策，具有同理心，受情感因素影响较大，所以有时会忽略客观事实。两者的比较如表 1-4 所示。

（4）J 型与 P 型

性格类型的第四个维度是 J-P，这涉及人们的行为方式，即如何与外部世界互动，你是愿意更有条理还是愿意更随性地生活。J 型的人喜欢做事情井井有条，有计划，条理性强，喜欢做出决定，然后按部就班地进行。而 P 型的人生活随意，喜欢灵活的、充满变化的生活，乐于去享受生活而非指定计划控制它。两者的比较如表 1-5 所示。

表 1-4　T 型与 F 型的比较

T 型	F 型
凭借理性思考做决定	凭借情感做决定
遵照逻辑推理	倾向于个人信念与道德评判
善于分析事物	善于运用同理心，体贴他人
可以从情境中抽离出自己看待问题	将自己放在情境中看待问题
对人际关系不敏感	避免矛盾和冲突
关注事实真理和公正	关注氛围的和谐
理性，自信	情绪化，犹豫

表 1-5　J 型与 P 型的比较

J 型	P 型
喜欢计划	喜欢随性
按部就班	灵活自发
喜欢做决定	喜欢发现新事物，富有好奇心
喜欢确立目标，然后实现它	常改变目标，喜欢新的体验
正式，严肃，谨慎	随意，平和，开放
急于完成工作	喜欢开始一项工作
外表整洁，环境干净	着装以舒服为标准，不在意环境

以上就是对 MBTI 测评中的十六种性格类型的详细描述，你可以通过表 1-2～表 1-5 比较好地理解自己的性格及特点，了解哪些领域的工作适合自己。

3. MBTI 与职业匹配

了解自己的性格类型对于确定自己的职业生涯有非常重大的意义。在表 1-6 中，每种性格类型都有各自的职业倾向，当然，列举的只是一部分典型职业，而非全部。我们应该理解这些职业所具有的特点，而不要陷于这些具体的职业名称中。通过 MBTI 测试，充分了解自己的性格类型，更好地了解自己，了解自己的需求及行为特点，然后才能根据这些特点选择适合自己的职业。

表 1-6　MBTI 十六种性格类型的特征与典型职业

类型	特征	典型职业
ISTJ	严肃、沉静；专注、执着；注重实际，有条不紊；善于逻辑思考，注意力集中，有责任心	会计、行政管理、天文学家、预算分析员、房地产代理商等

续表

类型	特征	典型职业
ISFJ	属于照顾者型；友好，沉静，谨慎，富有责任心；坚定而专注；注意细节，关心他人；忠诚；注重和谐与合作	室内装潢设计师、设计师、护士、社工/咨询师、家政人员等
INFJ	属于劝告者型；富有创造性和独创性；细心周到，热情细腻，谨慎，深思熟虑；有计划、有组织；有责任心，稳重	心理咨询师、诗人、作家、社会科学工作者、建筑设计师、网站编辑等
INTJ	独立自主，根据自己的标准生活；自信；富有创造性，有很强的达到目标的动机；有怀疑心，挑剔，坚定；善于分析、理性，能很快洞察事物规律	首席财政执行官、知识产权律师、精神分析师、建筑师、管理顾问、综合网络专业人员、各类科学家
ISTP	娴静而谦逊；自由而独立；具有逻辑性、务实；冲动而孤僻；兴趣趋向于机械方面；行事跟随感觉；富有幽默感	计算机程序员、软件开发员、军人、药剂师、律师助理等
ISFP	注重与周围的环境和谐，回避矛盾；友好，敏感，谦逊，感情投入；喜欢有自己的空间，把握自己的时间；平和而自由	心理咨询师、测量师、海洋生物学者、时装设计师、室内装潢设计师、园艺设计师等
INFP	乐于做符合自己价值观的事情；承担任务并设法完成；偏好以抽象的和富有想象力的方式观察周围的事物；生活随意，灵活	艺术家、心理学家、大学教授、营养学家、人力资源开发、社会科学家、宗教教育工作者等
INTP	独立沉静，少言；思维宽广而富有创新精神；注意力易于转移；具有无穷的创造力；好奇而有上进心；理智随和；适应能力强；有主见，善于分析	电脑软件设计师、系统分析人员、金融规划师、研究开发专业人员、战略规划师等
ESTP	灵活、忍耐力强；注重实际和结果；遇事淡定，不慌张；不喜欢理论和抽象的东西；喜欢处理、分解事物；善于外交谈判；友善而富有魅力	记者、旅游代理、投资、保险经纪人、预算分析师、园艺设计、摄影师、管理顾问等
ESFP	外向，友善，包容；享受物质，热爱生活；喜欢与人交往，易于相处；注意现实的情况，讲究常识和实用性；富有灵活性；对自己与他人都能接受和容忍；有魅力和说服力	团队培训人员、旅游项目经营者、演员、社会工作者、幼教老师、职业策划咨询师、旅游管理/导游、促销员等
ENFP	健谈热诚，友善；精力充沛，富有想象力，颇具创新精神；聪明好奇，能快速解决问题；关心体贴，温柔敏感；有智慧而且乐观，适应能力强	人力资源经理、事业发展顾问、广告创意、演讲家、记者、设计师、卡通制作者等
ENTP	乐观，善于言辞；富有创造力，喜欢挑战；才思敏捷，精力充沛；友好可爱，坦率直言；好奇心强，灵活，不可预见的；有逻辑性，善于分析	投资顾问（房地产、金融、贸易、商业等）、艺术总监、产品开发、营销策划、主持人等
ESTJ	友好直率，精力充沛；能力强，效率高，有条理；讲求实际，注重事实；具有怀疑精神；决策迅速；固执己见，保守；认真可靠	公司首席执行官、军官、项目经理、数据库经理、预算分析师、药剂师、房地产经纪人、保险经纪人、教师等
ESFJ	注重人际关系，并能真实具体地帮助别人；友好积极，精力充沛；健谈亲切，好交际；关心体贴，易于相处；注重实际而且正直；多愁善感，易受伤害；传统尽责，做事有条理；富有责任心	劳工关系调解人、零售经理、商品规划师、团队培训人员、旅游项目经营者、演员、社会工作者、旅游销售经理等
ENFJ	注重人际关系，喜欢与人交往；友好热诚，谈吐亲切；感情投入，易受伤；富有创造力；做事果断，甚至武断；能力强，责任心重，做事有计划	电视制片人、新闻广播员、政治家、编辑、平面造型艺术家、网页编辑、按摩师、护士等
ENTJ	亲切友好，意志坚强；善于推理；诚实理性，对自己及他人要求严格；极力表现自己的能力；能干果断，做事有条理，喜欢长远规划	经理、高级主管、办公室主任、人事经理、法官、管理咨询顾问、政治家、公司首席执行官等

三、职业锚理论

职业锚理论是美国著名的职业生涯管理研究者埃德加·施恩教授提出的。他认为，职业生涯发展实际上是一个持续不断的探索过程，在这一过程中，每个人都在根据自己的天资、能力、动机、需要、态度和价值观等慢慢地形成较为明晰的与职业有关的自我概念。随着一个人对自己越来越了解，这个人就会越来越明显地形成一个占主要地位的职业锚。

所谓职业锚，是指当一个人不得不做出选择的时候，他（或她）无论如何都不会放弃的、职业中那种至关重要的东西或价值观。正如"职业锚"这个名词中"锚"的含义一样，职业锚实际上就是人们选择和发展自己的职业时所围绕的中心。一个人对自己的天资、能力、动机、需要以及态度和价值观有了清楚的了解之后，就会意识到自己的职业锚到底是什么。

在 1996 年，施恩将职业锚的类型拓展为八种：自主/独立型、创造型、技术/职能型、管理能力型、安全/稳定型、服务型、挑战型、生活型。

1. 自主/独立型职业锚

对于自主/独立型职业锚的人来说，自由和独立是他们最大的向往。他们要求最大限度地摆脱组织的约束，追求能施展个人职业能力的工作环境。他们在选择职业时似乎被一种自己决定自己命运的需要所驱使着，他们希望摆脱那种因在大企业中工作而依赖别人的境况。因为当一个人在某家大企业中工作的时候，他（或她）的提升、工作调动、薪金等诸多方面难免要受别人的摆布。这些毕业生中有许多人还有着强烈的技术或功能导向。然而，他们却不是到某一个企业中去追求这种职业导向，而是决定成为一位咨询专家，或者自己独立工作，或者作为一个相对较小的企业中的合伙人来工作。

2. 创造型职业锚

创造型职业锚是一个很独特的职业锚，其特点是有强烈的创造需求和欲望，且意志坚定，勇于冒险。他们要求有自主权、管理权，能施展自己的才干。但是，这些不是他们的价值观，创造才是他们的主要动机和价值观。

对于创造型职业锚的人来说，他们追求建立或创造完全属于他们自己的东西，甚至不惜任何代价，自主创业是这类锚型人的最终目标。

3. 技术/职能型职业锚

对于技术/职能型职业锚的人来说，他们追求在自己的专业学习领域有十分出色的表现，也愿意今后在自己的专业领域内继续发展。因此，牢固地掌握专业基本理论知识和熟练地掌握专业技能，对他们来说十分重要。例如，认定将来从事医疗研究和临床工作的医学院学生，从事建筑设计的建筑系学生，从事软件设计的计算机系学生等。这些行业的职业技术性都相当强，其中技术/职能型职业锚的学生相对较多。

4. 管理能力型职业锚

管理能力型职业锚的人与技术/职能型职业锚的人完全不同，他们表现出成为管理人员的强烈动机，必须承担较高责任的管理职位是这些人的最终目标。他们喜欢负单纯的管理责任，且责任越大越好；具有强有力的升迁动机和价值观，以提升、等级和收入作为衡量成功的标准；具有将分析能力、处理人际关系能力和感情能力特别合成的技能，表现出优越的管理才干。

5. 安全/稳定型职业锚

对于安全/稳定型职业锚的人来说，他们追求稳定安全的前途，如工作的安全、体面的收入、有效的退休方案和津贴等。他们依赖组织，寻求组织的认同，有高度的感情安全，没有太大的抱负。

对于那些对地理安全性更感兴趣的人来说，如果追求更为优越的职业，意味着将要在他们的生活中注入一种不稳定或保障较差的地域因素，那么在一个熟悉的环境中维持一种稳定的、有保障的职业对他们来说是更为重要的。对于另外一些追求安全型职业锚的人来说，安全则意味着所依托的组织的安全性。他们可能优先选择到政府机关工作，因为政府公务员现在看来是一种终身性的职业，这些人显然更愿意让他们的雇主来决定他们去从事何种职业。

6. 服务型职业锚

对于服务型职业锚的人来说，服务是他们心中的核心价值目标。他们喜欢做帮助别人之类的服务型工作，并乐此不疲。例如，乐意从事我国新兴的社区工作、物业管理行业工作，还有传统的第三产业等服务型行业工作的人一般属于此种锚型。

服务型职业锚的员工在工作中追求一套特定的价值观。但这并不意味只有社会工作者或护士才属于这种类型的人。对和谐的工作生活计划感兴趣的人力资源专家、致力于开发某种新药的研究人员也有可能属于这种职业锚型的人。

7. 挑战型职业锚

对于挑战型职业锚的人来说，他们厌烦日常事务性的工作，喜欢富有各类挑战性的工作，不畏惧各种障碍和困难。创造、猎奇、挑战是他们的兴趣所在，如攀登科学高峰、侦破重大案件、参与南极考察等，这些对他们来说都很有吸引力。

挑战型职业锚的人决不会放弃解决任何看起来不可能解决的问题的机会，并由此来战胜对手，或是克服障碍而获得满足。对他们来讲，工作唯一的意义就是战胜不可能，新奇、多样化和难度是他们的终极追求。

8. 生活型职业锚

对于生活型职业锚的人来说，在他们的价值观中，享受生活非常重要，职业对他们来说只不过是生活的一部分而已，工作只是为了更好地提高生活质量。他们希望在现实生活中寻找个人、家庭和职业三者间的平衡和结合。

生活型职业锚的人不会放弃允许平衡个人、家庭和工作需要三者之间关系的职业。此外，他们对组织的轮班、轮休、弹性工作时间等措施反应积极。对他们来说，成功不仅是事业上的成功，而且他们如何成功地经营整个生活。因此，与此锚型一致的工作环境必须满足他们家庭、工作和个人发展的平衡需要。

思考：

1）职业生涯规划的相关理念有哪些？

2）简述霍兰德类型理论。

第四节　大学生职业生涯规划的意义

一、强化大学生职业生涯规划有利于改变不容乐观的现状

（一）明确进行职业生涯规划的大学生较少

2014 年，某调查机构就大学生职业生涯规划及就业选择状况进行了问卷调查，调查结果表明，大学生的职业生涯规划有以下七种类型。

1）痛苦挣扎（agonizing）型。有些人会花很多的时间和精力来收集信息，确认有哪些选择，向专家询问，反复比较，却迟迟难以做出决定。他们常爱说的一句话是"我就是拿不定主意"。出现这种情况的时候，收集再多的信息进行分析比较也无济于事。他们需要弄清的是自己被一些什么样的情绪和非理性信念困住了，如害怕自己做出错误的决定、追求完美等。

2）冲动（impulsive）型。与痛苦挣扎型相反，有的人在遇到第一个选择的时候就紧紧抓住不放，不再考虑其他的选择或进一步收集信息。他们的想法是"先决定，以后再考虑"，如先找到一份工作试试再说。冲动的决策方式可能是出于对困难的回避，不愿意花时间、精力去探索。这种方式的危险在于风险太大，等有更好的选择时自然追悔莫及。

3）直觉（intuitive）型。有一些人将自己的直觉感受作为决定的基础。他们通常说不出什么理由，只一味表示"就是觉得这个好"。人们在择友的时候常常会采用这种决策方式。直觉在人们对环境情况无法获得充分信息的时候会比较有效，但有时候，我们的判断可能会因为自身先入为主的偏见而产生较大的误差。因此，我们不能仅仅将直觉作为决策的依据。

4）拖延（delaying）型。这些人习惯将对问题的思考和行动都往后推迟，"过两天

再考虑"是他们的口头禅。大学生常见的"我还没有准备好工作，所以打算先考研"，就是这种方式的体现。拖延型的人心中暗暗抱有这样的希望，如"也许事情过几天就自动解决了"。然而，问题并不会自动解决，有时候甚至会越拖越严重。如果现在不知道该怎么找工作，那么读完研究生也未必就能知道。

5）宿命（fatalistic）型。有些人不能自己承担责任，而将命运归因于外部形式的变化。他们会说"该怎么地就怎么地吧"或"我这个人永远不会走运"之类的话。当一个人将自己生活的主导权交给外界环境的时候，可以预见，这个人是很容易觉得无力和无助的。这样的人容易成为环境的"受害者"，只一味地怨天尤人，却没想到自己的环境正是由于放弃了个人对生命的"主权"而造成的。

6）顺从（compliant）型。这样的人倾向于顺从别人的计划而不是独立地做出决定。他们常说"要是他们都觉得好，我就觉得好"。例如，很多大学生一窝蜂似的争取出国、进外企、考研、参加各种培训班，只因为"大家都这样做"。从众的人固然在追随群体的过程中获得了一种虚拟的安全感，但却忽略了自身的独特性，这造成他们的选择在很大程度上并不适合自己。他们在不必费心思的同时，也牺牲了对生命可能有的满足感。

7）瘫痪（paralytic）型。有时候，个体可能在理性上接受了应当自己做决定的观念，却无法开始决策过程。他们知道自己应该开始了，可能内心深处总是笼罩着"一想到这种情况就害怕"的阴影。事实上，他们无法真正为决策和决策的后果承担责任，而这种害怕承担责任的心理可能源于家庭在其成长过程中长期的不恰当的教育方式。

调查还显示，大部分学生没有进行过真正意义上的职业生涯规划，对自己将来如何进一步发展没有设计的占 62.2%，有设计的占 32.8%，其中有明确设计的仅占 4.9%。

（二）"四不"问题较为严重

大学生职业生涯规划中的"四不"问题较为严重，调查发现，部分大学生在职业生涯规划中存在"四不"问题。

1）方向不明。大多数学生在中学的时候，目标十分明确，就是考大学，但上了大学之后，有相当一部分学生处于"理想的真空期"，找不到自己努力的方向，奋斗的目标缺乏。其原因有两个，一是不能正确认识自己，容易产生自傲、自卑、保守和攀比心理，要么过高估计自己，盲目乐观；要么过低估计自己，尤其是在激烈的竞争中受挫后垂头丧气，产生自卑的心理。二是不能正确认识社会，不了解职场发展动态，不知道社会的需求，因此，对自己能做什么、社会允许做什么、自己想做什么不清楚，前进的方向迷失或目标模糊。

2）意识不强。有相当部分的大学生对职业生涯规划的重要性和必要性认识不足，认为规划职业生涯没多大意义，规划赶不上变化，规划意识薄弱，抱着"车到山前必有路，船到桥头自然直"的信念，不愿意积极主动地思考自己职业生涯的发展。由此可见，大学生在进行职业生涯规划时还处于"要我做"，而不是"我要做"的状态。

3）准备不足。面对严峻的就业形势和激烈的职场竞争，部分大学生没有充分的心理准备、知识准备、技能准备，不能充分利用大学的学习条件开发自己的潜能，提高自己的职业素质，去适应未来工作的需要。有的大学生仍停留在中学的思维和学习模式，重知识轻能力，重智商轻德商，缺乏全面的适应社会的准备。

4）实施不足。有的学生进行了职业生涯规划，确定了职业目标，制定了行动方案，但是只停留在纸上谈兵的阶段，未落实在行动上，尤其是在规划的实施过程中遇到困难就退缩。例如，有的学生计划要在大二通过英语四级或六级考试，但是当考试受挫后，就不愿意继续努力或干脆放弃。

二、个性的多样性要求大学生结合自己的实际规划职业生涯

（一）独特性

世界上没有完全相同的人，每个大学生都具有独特性。这种独特性主要表现在以下三个方面。

1）职业价值观不同。具有不同职业价值观的人有不同的追求，有的追求金钱，有的追求权力和地位，有的追求稳定、轻松、舒适的生活，有的追求利他，有的追求利己。价值观对一个人的职业目标和择业机动有决定性的作用。如果价值观与职业吻合，就会觉得开心和快乐；如果价值观与职业相背离，就会感到无奈和痛苦。

2）职业兴趣不同。大学生的职业兴趣也是多种多样的。有的喜欢领导别人，而不乐意被人领导；有的喜欢形象思维的工作，而不喜欢逻辑思维的工作；有的喜欢与人打交道的工作，而不喜欢与物打交道的工作；有的喜欢从事具有挑战性强的工作，而不乐意从事那些按部就班的事务性工作。

3）性格不同。大学生的性格有外向型的，也有内向型的，还有介于内向型和外向型之间的性格。不同性格的人有不同的职业选择，外向型性格的人适合做与人打交道的工作，内向型性格的人适合做技术工作和研究工作等。

（二）多样性

职场是一个多元化的世界，条件各异，要求不同。职业选择的多样性主要体现在以下四个方面。

1）职业的地域选择具有多样性。我们既可以选择在国外就业，也可以选择在国内就业，在国内既可以选择经济发达的东部，也可以选择到西部去建功立业。

2）单位性质的选择具有多样性。我们既可以选择在国有企业就业，也可以选择外商投资企业、私营企业、中外合资的股份制企业就业，还可以选择自主创业，自己办公司。在不同所有制的单位就业，其自主性是不同的，如果选择自己办公司，自主性较大，从策划到工作方式基本上由自己决定；如果选择制度很完备的国有企业和外商投资企业，各项工作的决策往往不是由自己决定，自主性较小。

3）就业性质的选择具有多样性。有的行业属于朝阳产业，有的属于夕阳产业。发

展的前景不同，就业机会和待遇也会不同。一般来说，人们会选择到发展机遇多、待遇好的行业和单位工作。

4）职业自由度的选择具有多样性。各种职业的自由度是不同的，有的工作必须在规定的时间和地点坚守岗位，如门卫、医院和高速公路收费员的工作自由度就很小；有的工作则没有固定的地点和时间，如记者、推销员的工作自由度较大。

不同的人适合不同的工作环境。选择适合自己的工作环境，工作起来就很舒心，工作效率会高得多；如果在不适合自己的环境中工作，心情不舒畅，工作就很难做好。因此，职业选择的多样性需要大学生精心地规划自己的职业生涯。

三、精心规划职业生涯有利于大学生健康成长

（一）有利于明确人生奋斗目标

精心规划职业生涯有利于大学生更好地知己知彼，明确人生奋斗目标。

要想成功地设计职业生涯必须知己之长短、知环境之利弊。因此，规划职业生涯的过程就是一个不断认识自我、认识环境、扬长避短的过程。这个过程有利于设计者对自己的优势和劣势进行深入的调查，细致地分析研究，从而客观、准确地了解自己的实力，同时，也有利于自己对职业领域的现状与发展趋势有清醒的认知。职业生涯规划的目的绝不只是协助个人达到和实现个人目标，更重要的是帮助个人真正了解自己并且进一步详细评估内外环境的优势。在"衡外情、量己力"的情形下，设计出合理且可行的职业生涯发展规划，选择合适的职业和职务。

职业决定了一个人的未来，大学生精心规划自己的职业生涯对于明确自己人生近期、中期和长期的奋斗目标具有十分重要的意义。追求目标是成功的保证，正如英国塞缪尔·斯麦迈斯所说："在每一种追求中，作为成功之保证的与其说是卓越的才能，不如说是追求的目标。如果一个人下定决心去做某件事情，他就会凭借这种决心的力量，跨越前进中的层层障碍；他不会动摇成功的信念，能够坚强地在困境中站起，肩负起自己的责任，接受生命的挑战，朝着目标走去，最后终能获得美满且幸福的人生。"（《自己拯救自己》）然而，相当多的大学新生处于目标的缺失期，高中期间他们的目标十分明确，就是考大学，而上了大学的目标是什么？许多大学新生十分迷惘，不知道该确立什么目标，为此十分苦恼。由于中学缺失职业指导，许多学生在报考专业时带有很大的盲目性，他们不懂得运用人职匹配理论来选择专业，往往是在家长的意愿下根据职场的需求状况和职业的冷热度来填报志愿。因此，指导大学生进行职业生涯规划，有利于他们扬起理想的风帆，确立起自己的学业目标、职业目标和创业目标。大学生如果不进行最适合自己成长与发展的职业生涯，没有明确的奋斗目标，必然会影响学业和事业的成功。

（二）有利于实现人生目标

精心规划职业生涯有利于大学生有的放矢地开发职业生涯，尽快实现人生目标。

科学的、切实可行的职业生涯规划是职业生涯成功开发的前提条件。在职业生涯规划下进行职业生涯的开发，方向性强，有效性高，对职业目标的顺利实现具有积极的意义。美国的巴达维在《开发科技人员的管理才能》一书中根据调查指出，在65岁以下的从业工程师中，从事管理工作的占68%。在对工程技术人员进行职业目标的咨询中，大约有80%的人规划在五年内成为一名主管人员或经理。他们为实现个人职业生涯的规划目标，就会根据职业目标的要求进行职业生涯的开发。如果一个人职业目标是成为教授级工程师，立志在专业技术领域内功成名就，他们就会努力构建"T"字形知识结构。"T"字形结构中，"—"表示知识面的宽度，"|"表示对专业掌握的深度，二者结合，博专相济，相辅相成。该模式注重基础知识的扎实和专业知识的精深，具有巨大的科研潜力。构建"T"字形知识结构既注意知识面的拓展，又注重专业知识的深度挖掘。如果一个人立志成为杰出的管理者和经营者，就必须构建网络型知识结构，即侧重于专业知识的核心地位和相关知识的联系，在学好本专业的同时，选修管理或经营方面的课程，或者辅修管理或经营方面的专业，同时还要参加一定的社会工作和营销工作，积累管理或经营方面的课程或经营经验。如果一个人立志从事教学科研工作，在学业上应该立志取得硕士或博士学位，只有这样才能跨入教学科研的行业。总之，精心规划职业生涯，能增强学习和工作的目的性，减少盲目性，避免走弯路，加快实现人生目标的速度。

（三）有利于增强个人实力

职业生涯规划可以发掘自我潜能，增强个人实力。

一份行之有效的职业生涯规划将会引导大学生正确认识自身的个性特质、现有与潜在的资源优势，帮助大学生重新对自己的价值进行定位并使其持续增值；引导大学生对自己的综合优势与劣势进行对比分析，使大学生树立明确的职业发展目标与职业理想；引导大学生评估个人目标与现实之间的差距；引导大学生前瞻与实际相结合的职业定位，搜索或发现新的或有潜力的职业机会；使大学生学会如何运用科学的方法，采取可行的步骤与措施，不断增强大学生的职业竞争力，实现自己的职业目标与理想。

（四）有利于提升成功机会

职业生涯规划可以增强发展的目的性与计划性，提升成功的机会。

职业生涯发展要有计划、有目的，不可盲目地"撞大运"，很多时候我们的职业生涯受挫的原因就是生涯规划没有做好。好的计划是成功的开始，古语讲"凡事预则立，不预则废"就是这个道理。

（五）有利于提升应对竞争的能力

当今社会处在变革的时代，到处充满着激烈的竞争。物竞天择，适者生存。职业活动的竞争非常突出，尤其是我国加入WTO后，要想在职场激烈的竞争中脱颖而出并立于不败之地，必须设计好自己的职业生涯规划。这样才能做到心中有数，不打无准备之仕。而不少应届大学毕业生在毕业后，不是首先做好自己的职业生涯规划，而是拿着简历与求职书到处乱跑，总想凭借好运气找到好工作。结果是浪费了大量的时间、精力与资金，到头来感叹招聘单位不能"慧眼识珠"，叹息自己"英雄无用武之地"。这部分大学毕业生没有充分认识到职业生涯规划的意义与重要性，认为找到理想的工作靠的是学识、业绩、耐心、关系、口才等条件，而职业生涯规划则纯属纸上谈兵，只会耽误时间。这是一种错误的理念。实际上，先进行职业生涯规划，待有了清晰的认识与明确的目标之后再把求职活动付诸实践，这样的效果要好得多，也更经济、更科学。

思考：
大学生职业生涯规划的意义是什么？

第二章

职业生涯规划的步骤

名人名言

知人者智，自知者明。胜人者有力，自胜者强。

——老子

人生最困难的事情是认识自己。

——泰勒斯（古希腊时期的思想家、科学家、哲学家）

导入案例

比尔·拉福的职业生涯规划

比尔·拉福中学毕业后考入麻省理工学院，没有读贸易专业，而是选择了工科中最普通最基础的专业——机械专业。大学毕业后，他没有马上投身商海，而是考入芝加哥大学，攻读为期三年的经济学硕士学位。出人意料的是，获得硕士学位后，他还是没有从事商业活动，而是考取了公务员。在政府部门工作了五年后，他辞职"下海"经商。又过了两年，他开办了自己的商贸公司。20 年后，他的公司资产从最初的 20 万美元发展到 2 亿美元。1994 年 10 月，比尔·拉福率团来中国进行商业考察，在北京长城饭店接受《中国青年报》记者采访时，他谈到他的成功得益于他的父亲的指导，他们共同制定了一个重要的生涯规划。最终这个生涯设计方案使他功成名就。

我们来看一下这个成功的简图：工科学习→工学学士→经济学学习→经济学硕士→政府部门工作→锻炼处世能力，建立广泛的人际关系→大公司工作→熟悉商务环境→开公司→事业成功。

第一阶段：工科学习。

选择：中学时代，比尔·拉福就立志经商。他的父亲是洛克菲勒集团的一名高级职员，他发现儿子有商业天赋，机敏果断，敢于创新，但经历的磨难太少，没有经验，更缺乏必要的知识。于是，父子俩进行了一次长谈，并描绘出职业生涯的蓝图。因此升学时他没有像其他人一样直接去读贸易专业，而是选择了机械制造专业。

评析：做商贸必须具备一定的专业知识。在商品贸易中，工业品占绝大多数，不了解产品的性能、生产制造情况，就很难保证在贸易中得到收益。工科专业学习不仅使他的知识技能得到提高，而且帮助他建立了一套严谨求实的思维体系。清楚的推理分析能力，脚踏实地的工作态度，正是经商所需要的。

收获：比尔·拉福在麻省理工学院的四年，除了学习本专业还广泛接触了其他课程，如化工、建筑、电子等，这些知识在他后来的商业活动中发挥了举足轻重的作用。

第二阶段：经济学学习。

选择：大学毕业后，比尔·拉福没有立即进入商海而是考进芝加哥大学，开始了为期三年的经济学硕士课程的学习。

评析：在市场经济下，一切经济活动都是通过商业活动来实现的，不了解经济规律，不学习经济学知识，就很难在商场立足。

收获：比尔·拉福掌握了经济学的基本知识，搞清了影响商业活动的众多因素，还认真学习了有关法律和微观经济活动的管理知识。几年下来，他对会计、财务管理也较为精通，在知识上已具备了经商的素质。

第三阶段：政府部门工作。

选择：比尔·拉福拿到经济学硕士学位后考取了公务员，在政府部门工作了五年。

评析：经商必须有很强的人际交往能力，要想在商业上获得成功，必须深知处世规则，善于与人交往，建立诚信合作关系。这种开拓人际关系的能力只有在社会工作中才能得到提高。

收获：在环境的压迫下比尔·拉福养成了强烈的自我保护意识，由稚嫩的热血青年成长为一名老成、处事不惊的公务员，并结识了各界人士，建立起一套关系网络，为后来的发展提供了大量的信息和便利条件。

第四阶段：通用公司锻炼。

选择：五年的政府工作结束之后，比尔·拉福具备了成功商人所需的各种素质，于是辞职下海，去了通用公司。

评析：通过各种学习获得足够的知识，但知识要通过实践的锻炼才能转化为技能。

收获：在国际著名的通用公司进行锻炼，比尔·拉福不仅为实践所学的理论找到了一个强大平台，而且学到了丰富的管理经验，完成了原始的资本积累。这也是大学生创业应该借鉴的地方，除了激情还应该考虑更多的现实。

第五阶段：自创公司。

选择：大展拳脚两年后，他已熟练掌握了商情与商务技巧，便婉言谢绝了通用公司的高薪挽留，开办了拉福商贸公司，开始了梦寐以求的商人生涯，实现多年前的计划。

评析：比尔·拉福的准备工作，几乎考虑到了每个细节。拉福公司的成长速度出奇得快，20年后，拉福公司的资产从最初的20万美元发展为2亿美元，而比尔·拉福本人也成为一个奇迹。

收获：比尔·拉福的生涯设计脉络清晰，步骤合理，充分考虑了个人兴趣、个人素质，并注重职业技能的培养，这种生涯设计在他坚持不懈的努力下，终于变为现实。

（资料来源：郭庆，张业平. 2012. 大学生职业生涯导引. 长春：吉林大学出版社.）

《孙子兵法》上讲："知己知彼，百战不殆。"这句话是军事名言，但不只适用于军事战争，也适用于大学生职业生涯规划。基于此，大学生职业生涯规划就可以简化为"知己+知彼+抉择"的过程。"知己"也就是自我认识和自我了解。"知彼"就是熟悉周围的环境，特别是与职业生涯发展有关的职业环境。

一般来说，职业生涯规划包括自我评估、职业环境分析、职业定位、确立职业生涯目标、制定行动方案、制定各阶段实施策略、评估与反馈七个步骤。

第一节 自我评估

一、自我评估概述

（一）认识自我的困难来源

"认识你自己"是最高智慧的表现。人认识自己真的那么难吗？答案是肯定的。曾有人问著名的哲学家泰勒斯："世界上什么事最难办到？"他的回答是："认识你自己。"中国古代的哲贤也说过"人贵有自知之明"，"贵"就是难能可贵。先贤们的回答无疑具有代表性，这种代表性是建立在科学的认知规律的基础之上的。完全认识自我确实很困难。因此，在深刻认识自我评估的重要性的同时，切莫绝对化，切忌将小概率事件扩大化。

认识自我的困难主要来自三个方面。第一方面，每一个自我都是一个复杂而多维的世界，"我"既是生物的又是社会的，既是内在的又是外在的，既是恒定的又是变化的。第二方面，人对自我的认识总是随情绪变化，受世界观、方法论、价值观的左右。因此，在"我"的观念和意识里，现实的、可能的、臆想的、希望的、睿智的、愚笨的、概貌的、枝节的、真诚的、虚伪的等交织在一起，构成了每一个独特的、矛盾的"我"。第三方面，自我认识的观察者和被观察者重叠，这就违背了科学的真谛——客观性。即使在使用比较法分析时，参照"人"的客观性也难以回归真面目，观察者自析部分又不可避免地带有主观性，因此整体的客观性同样很差。客观性差，结论就会比较模糊。

（二）自我评估的"四维空间"

自我评估的先期基础是对"我"的现状进行测评。现有的自我测评绝大多数是心理学指标测评。这些指标侧重于情感、心智领域，但还缺少该领域的关键能力方面的测评指标。例如，独立设计、独立实施等关键能力一般需与相应的专业结合起来，才能设计出好的测评指标。因此，自我评估不能囿于已有的心理学结论。建立自我评估的维度体系，就是对自我评估的基本方面做一个界定。自我评估的指标体系是一个四维空间，每一维度都应有深度，即指标体系是层次化的。

1. 德育

德育是对人的评估中最重要的评价维度，也是在评估过程中最需修养内化的维度指标。过去的德育往往忽视政治要求，从孔子的"君子"论到亚里士多德的"完人"说，都存在这种缺陷。实际上政治是群居社会的必然要求，孙中山先生以"治理大众之事"来说明政治的内涵是十分精辟的。"以德治国"不仅要求执政者"德行天下"，而且要求公民"以德立世"。由于公民的品德对国家声誉、社会进步和经济发展都有重要的影响，因此，公民品德必须包含政治方面的要求。

我国于 2006 年再次明确了这方面的要求：热爱祖国、服务人民、崇尚科学、辛勤劳动、团结互助、诚实守信、遵纪守法、艰苦奋斗。这是德育维度的第一层面的要求，是品德的基本要求。第二层面的要求是职业道德，是品德的行业要求。该层面的要求包括忠于职守、勤俭节约、善待他人、惜时高效、爱岗敬业。这五个指标的强制性是依次降低的。上述两个层面共十三个指标，就是德育维度的分维指标体系的主要内容。八个基本指标不需扩充，行业指标可视需要适当增加具有特色的行业评估指标（如交通运输行业、采矿行业：安全第一；环卫行业：不怕脏、不怕累等）和岗位评估指标（如质检岗位和秘书岗位：过手无小事；保安：见义勇为等）。

2. 智育

在政治方向正确的前提下，智育水平是"我"的整体水平的决定因素，而且智育水平评估无"国界"。因此，长期以来智育评估替代自我评估有一定的理由。但是，现有的智育评估也只是智力评估，而且只是某些方面的智力评估。因此，在建立智育维度的分维指标体系时必须考虑下列几个方面的因素。首先，智育评估不仅包含智力水平评价的含义，还含有智力培育提高的含义。其次，智力有认知智力（智商）、情感智力（也称情绪智力，简称情商）和技能智力之分。由于认知领域的智力水平与业务智力水平的关联性强，因此人们就常误以为业务智力水平就是认知领域的智力水平，甚至就是智育水平。这种错觉在联合国教育科学及文化组织的强烈建议下得到了很大程度的纠正。再次，智力是各种能力的集合。在智力的三个层面中，由于对认知智力（智商）研究的时间长、成果多，因此在该层面的能力集合中已经明确了一个核心子集，主要由观察力、注意力、记忆力、思维力、洞察力、想象力和创造力等基本因素构成，是人们认识世界、改造世界的各种心智活动的有机整合。其中，思维力和创造力是核心部分，其发展程度是整个智力发展的缩影和标志。就思维力和创造力来看，思维力又是创造力的基础。因此，有意识地强化逻辑思维能力、形象思维能力、发散性思维能力、聚敛性思维能力的评估指标（评测量表），促进思维力的快速增长是十分重要的。人对事物的好奇心、想象力，以及对事物的换位思维、求异思维最终将促进创造。

智力的第二层面是情感智力（情商），其重要性日益为世人所接受，这方面的评估指标相对成熟。这里要强调的是交流沟通能力。高校学生在这方面的情况不容乐观，大多数学生的嘴没有被"解放"。因此，在这方面必须确立指标、加大培育力度。在就业面试时，如，"用一两句话介绍自己能力（或性格）上的特点"和"用五分钟介绍你自己"这样的题目，尽管在事先有准备的情况下，多数学生仍然不能很好地回答，背诵式的回答很难打动面试者。因此，要学会交流沟通，首先要学会"说话"，尤其是能从容应变地"说话"。

关于技能智力评估，需要强调以下两点。一是专业技能构成是专业教学计划中的重点，在高校中得到了空前的重视。目前存在的主要问题是能力本位理念虚化，其主要原因是高校规模发展与经费投入比例严重失调，导致设备到位和更新率低，教师疲于应付日常教学，缺乏进行改革的经费、精力和时间，评价体系失衡，更缺乏动力。二是技能评估指标实践性强，一般是不能用量表的形式进行测评的。因此，技能评估指标可参照国家劳动和社会保障部的"职业资格认证"体系的标准进行，这是高校"双证制"的核心内容，高校积极参与或主持这些项目的开发，并积极引导、鼓励和组织学生参加认证是当务之急。

3. 体育

处于生命成长期的青年人需要适当的锻炼。体魄的强壮性、肢体的柔韧性、手脚的协调性等都是需要和能够训练的。因此，体育维度的分维指标体系包括下列内容。第一层面是普通卫生指标。卫生的本意应当是"护卫生理器官"，普通是指"不需专业知识就能护卫"。普通卫生指标包括体能指标（身高、体重、速度、耐力、承重力等）、肢体指标（强壮性、柔韧性、协调性等）、五官指标（视觉、听觉、嗅觉、味觉、触觉）。第二层面是卫生习惯指标。它包括个人卫生习惯（衣着、体表、手的整洁度）、公共卫生习惯（在公共场所如宿舍、工作或学习场所、楼梯、走廊、草地、花园的保洁意识与习惯等）。至于世界卫生组织给出的健康定义中包括的心理卫生、社会适应性，因与智育维度的指标体系相重复，故在本维度中不再包含。

4. 美育

科学求真、道德求善、生活求美是自我评估的最高目标。生活之美是人类文明进步的标志。断臂的维纳斯、黄公望的《富春山居图》、王羲之的《兰亭集序》等带给人们的精神享受是无可替代的。我国唯一参加过"两弹一星"设计制造全过程的元勋郭永怀，在紧张的工作之余就喜欢听欧洲古典音乐，并在古典音乐的欣赏方面造诣颇深。

懂得文化之美才不会浮躁，懂得书画之美才不会古板，懂得音乐之美才不会孤独，懂得残缺之美才不会绝对。因此，人在成长发展的过程中应该受到美育方面基础性的熏陶。构建一个自我评估的指标体系是实施评估的基础。指标的主要作用是引领和导向。具体的指标体系应结合各人的实际情况加以确定。

二、自我评估的原则

自我评估的原则是自我评估过程中必须遵循的准则，也是个体自我评估基本规律的体现，在自我评估中应当遵循以下七个原则。

（一）全面性原则

个体自我评估是一个系统工程，内容纷繁复杂。为了正确、全面、理性地认识自己，必须坚持全面性原则，既要认识自己的思想道德素质，又要认识自己的科学文化素质、身体素质和心理素质。每一个大类下又分为不同的小类。如科学文化素质方面，要认识自己目前已掌握了哪些知识，还未掌握哪些知识，这些知识构成是属于哪个学科的，这些知识在未来哪一种职业上使用才会发挥最大的效益。还要认识到自己未来还需要掌握哪些知识，通过未来的努力又能掌握哪些知识，当前的知识结构及未来通过自己的努力形成新的知识结构会不会更有利于自己从事某个职业等。

从能力上说，应判断自己现在对自己的能力是否满意。综合各方面能力看，有逻辑推理能力、语言表达能力、阅读能力、组织能力等。这些能力哪些方面较强，哪些方面较弱；特别是哪些对你未来从事的职业构成了致命性的威胁，必须在短时间内提高；哪些需要继续保持和继续发扬提升。

从性格上看，应明白自己属于哪一种性格的人，这种性格适合什么职业，这种性格是否与自己的职业理想相匹配。自我评估的全面性原则要求在自我评估过程中，不断将自己的特性按从大指标到小指标逐步分解的办法逐一认识，必须保证这些指标从不同层面、不同角度展示一个全面的自我，而且要认识每一个指标的权重和相关性。

（二）客观性原则

个体的存在并不是孤立的，而是相互联系的，每个人都与外界进行着信息与物质的交换。这一状况决定了个体在自我评估时不仅受到个体心智因素的影响，而且受到外界因素的影响。个体在自我评估中会由于自己的认识水平和认识能力有限而不能充分认识和掌握自我认识过程中的一些规律，而形成脱离实际的主观性认识；或在与外界交流的过程中，把反馈给自己的虚假错误信息当成是真实、合理、正确的信息；或是在某一特殊环境和极端情绪支配下，严重高估或低估自己某些方面的能力。例如，某同学的一篇作文在校报上发表了，受到了老师的赞扬和同学的羡慕，他从此就骄傲起来，认为自己的写作水平已经很高了，可以出专著了。又如，某同学参加大学英语四六级考试，看到周围的同学都考过了，自己经过努力仍没有通过，就变得消极起来，认为自己没有学习语言的能力和天赋，完全否定自己的学习能力。由于这些因素的影响，在自我评估中，客观认识让位于主观认识，从而形成了错误的认识，导致不能正确反映自己的状况。因此，在自我评估中，背离了客观性原则，就必然无法掌握全面真实的自我，会导致自我评估的失败。

（三）适度性原则

适度性原则要求个体在自我评估过程中，将自我评估的内容与职业理想在一定情况下联系起来。俗话说，"金无足赤，人无完人"，这说明每个人既有优点也有缺点，同时人的优点和缺点又不是绝对的，而是相对的。在一个情景下或对一种职业来说是缺点，在另外一个情景下或对另一种职业来说可能就是优点。这就要求在自我评估中将个人的特点与职业理想联系起来分析，结合自己的职业理想认识和评估自己。例如，有的人认为自己在与人交往、与人共事时不积极热情，不能像其他人一样很快地融入新环境中，且能控制与人交往的节奏，把握交流的主动权，从而认为自己在这方面存在着很大的缺陷。盲目对自己做出这样的评估就是没有坚持适度性原则的体现。一个人小心谨慎的特点到底是优点还是缺点，必须与他的职业理想联系起来进行考察。如果这个人的职业理想是成为政治家、外交家、演说家、律师、培训师、教师等，那么他的不善言辞、唯唯诺诺，就算是他的缺点。但如果这个人的职业理想是成为驾驶员、科学家、考古学家、作家、书法家、画家、会计师等，小心谨慎则是他的优点了。不同的职业对人的要求是不同的。坚持适度性原则，就可以发现哪些是真正能影响自己实现职业理想的缺点，哪些虽是缺点但不致影响职业理想的实现。在职业生涯发展中，绕过这些不致命的缺点仍然可以取得成功。例如，历史学家吴晗考取北京大学时，国文考了 100 分，数学为 0 分；著名作家钱钟书先生考取清华大学时，数学才考了 4 分。这两位学者的共同点就是数学分数很低，让人看来这的确是一个缺点，但如果联系他们的职业理想来看，就会得出不同的结论。因为数学考 0 分或 4 分基本不会影响他们进行历史研究和文学创作，并没有影响二人成为优秀的历史学家和作家。联系他们的职业理想，这个特点虽不能看作他们的优点，但也不是让人绝望的缺点。

（四）发展性原则

职业生涯规划是一个过程，它贯穿人生的全过程。人们在确定了终极的职业理想之后，必然会制定每一个发展阶段的奋斗目标。在落实职业生涯规划时，外界环境及个体心智也呈现出不断变化的特征，因此，职业生涯规划的实践过程就是伴随着外界和个体的变化而变化的过程。这就要求在职业生涯规划中必须坚持发展性原则，自我评估也应坚持发展性原则，用发展的眼光和发展的办法去分析环境和认识自己，不断认清环境的变化对自己提出的新要求。在自己知识、阅历和能力提高的情况下，重新认识自己的优点和缺点。弄清这些新要求与新的自我是否匹配，以及在多大程度上匹配，以此重新认识自我。环境与个体的发展性决定了职业生涯的动态性，进而决定了自我评估的动态性与发展性。

（五）主次分明原则

自我评估有多个指标，这些指标对不同的人和不同的职业理想有不同的权重，个体要通过自学、请教老师、与同学交流等形式弄清楚每一个指标的含义、范畴，结合自己的情况确定指标的权重，特别是要找到权重最大的指标。通过自我评估，个体会认识到自己的许多优点和缺点。应当将这些优点和缺点进一步整合，使优点能够相互促进、相得益彰，同时要确定诸多缺点中最突出者，将此作为重点加以改进。因为木桶原理认为：一个木桶由许多块木板组成，如果组成木桶的这些木板长短不一，那么这个木桶的最大容量不是取决于最长的木板，而是取决于最短的那块。在自我评估中，会发现许多与职业理想相关的缺点，这些缺点中必然有一个或两个与职业理想的实现有最显著的联系，个人职业理想的实现与否在一定程度上取决于该突出的缺点。在自我评估中，发现自己的主要缺点时，必须找到办法，尽快弥补。

（六）尽量使用多种方法的原则

自我评估的客体就是人自身，人是一个多层次、多方面的个体，人是自然的，也是社会的。作为社会的人，人又承担着不同的角色。人既有外部行为的变化，又有内心世界的变化。人的某些特征既是恒定的，又是变化的。自我评估的主体也是人。作为高级动物的人的认识过程既要受到客观环境的影响和制约，又要受到个人情绪的影响，还受到个人的世界观、价值观和人生观的影响。这些客观因素决定了人们在自我认识时可能会脱离客观，走向主观，形成错误认识。为了消除这些不利因素的影响，在自我评估中应尽量采用多种方法和评估量表，从不同角度，采用不同手段来认识自己，尽可能得到对自身的客观的全面的认识。

（七）评改结合的原则

自我评估只是手段，发现自己、提高自己、完善自己、实现职业理想才是最终的目的。因此，在自我评估中，要坚持评估与改正相结合，针对在评估中暴露出来的缺点，结合自己的职业理想，改正自己的缺点，变劣势为优势，以适应实现职业理想的要求。

三、自我评估的方法

（一）自省法

荀子说："君子博学而日参省乎己，则知明而行无过矣。"意思是品德高尚的人好学并且每日都反省自己，就会更加聪明、智慧，行为也就不会出错了。曾子说："吾日三省吾身，为人谋而不忠乎？与朋友交而不信乎？传不习乎？"意思是"我每天多次反省自己——替人家办事是不是尽心竭力了？同朋友交往是不是做到诚实可信了？老师传授给我的知识是不是复习了？"这些都说明了日常生活中自我反省的重要性。自省法就是个体将自身的状况结合职业理想，对照评估指标进行反复对比、思考，进而形成对自己状态特征等方面的客观认识的方法。自省法主要采取记个人日记的形式，因此，自省法比较适合经常性和及时性的评估。如果时间间隔太久，素材收集的难度较大，错误和缺点不能得到及时纠正，就会影响进步，甚至可能铸成大错。在实际操作中，应将这种方法与其他方法同时使用。

（二）比较法

比较法也是人们较常用的和较易操作的自我评估方法，具体又分为以下两种。

1）通过自我比较进行自我评估。自我评估的主体和客体均是人自身，人又是不断发展变化的。因此，人们可以把"过去的我"和"现在的我"及"将来的我"联系起来，找出"三个我"的相同点、不同点，特别是与职业理想相关的知识、经验、兴趣、能力等方面特征的变化。通过比较，深刻地了解自我，认识自我，从而对自我做出客观的评估。

2）通过与他人的比较来认识自我。个体对自己的认识常常需要通过与他人相比较才能实现。在与他人的比较中，个体才能认识到自己的知识水平、兴趣、道德品质、职业性格、气质、协调能力、管理能力等方面的状况。通过与他人的比较，才能发现自身的相对优势，如较高的悟性、较强的能力、较高的本领、独具的特长等；同时也会使个体发现自身的相对劣势，如较差的语言表达能力、较差的沟通能力、较差的组织能力等。在比较中认清自己的优势与劣势、长处与短处，有助于形成对自我的全面认识，以便取长补短，缩小差距。在自我评估中，要树立竞争意识，不仅要敢于同自己情况差不多的人比较，更要敢于同周围的强者比较。

自我评估时，对自己与他人的认识与比较要放在特殊情景下，结合具体环境进行分析，要克服主观倾向，坚持实事求是，不能自欺欺人。

（三）SWOT 分析法

SWOT 分析法最早是由美国旧金山大学的管理学教授在 20 世纪 80 年代初提出的。SWOT 分析是一种强大的分析工具，是检查个人技能、能力、职业、喜好和职业机会的有用工具。通过 SWOT 分析法，当事人可以很容易地知道个人的优点和弱点，并且会仔细地评估出自己所感兴趣的不同职业道路的机会和威胁所在。其中 S 代表 strength（优势），W 代表 weakness（弱势），O 代表 opportunity（机会），T 代表 threat（威胁）。其中，S、W 是内部因素，O、T 是外部因素。

一般来说，对自身的职业发展问题进行 SWOT 分析时，应遵循以下五个步骤。

1）评估自己的长处和短处。每个人都有自己独特的技能、天赋和能力。在当今分工非常细的市场经济里，每个人只是擅长某一专业，而不是样样精通（天才除外）。例如，有些人不喜欢整天坐在办公桌旁，而有些人则一想到不得不与陌生人打交道时，心里就惴惴不安。在进行 SWOT 分析时应先列一张表格，列出你自己喜欢做的事情和你的长处所在（如果你觉得界定自己的长处比较困难，你可以请专业的职业咨询师帮你分析，分析好之后，可以发现你的长处所在）。同样，通过列表，你可以找出自己不是很喜欢做的事情和你的弱势。找出你的短处和发现你的长处同等重要，因为你可以基于自己的长处和短处做两种选择：一是努力去改正你常犯的错误，提高你的技能；二是放弃那些对你不擅长的技能要求很高的职业。列出你认为自己所具备的很重要的强项和对你的职业选择产生影响的弱势，然后标出那些你认为对你很重要的强势或弱势。

2）找出职业机会和威胁。我们知道，不同的行业或专业（包括这些行业里不同的公司）都面临不同的外部机会和威胁，因此找出这些外部因素对你求职是非常重要的，因为这些机会和威胁会影响你的第一份工作和今后的职业发展。

3）提纲式地列出今后 3～5 年的职业目标。仔细地对自己做一个 SWOT 分析评估，列出你未来 3～5 年最想实现的四五个职业目标。这些目标可以包括大学毕业后你想从事哪一种职业，你将管理多少人，或者你希望自己拿到的薪水属哪一级别。请时刻记住一点，即你必须竭尽所能发挥出自己的优势，使之与提供的工作机会圆满匹配。

4）提纲式地列出一份你今后 3～5 年的职业行动计划。这一步主要涉及一些具体的内容。在进行 SWOT 分析时，应拟出一份实现上述第三步列出的每一个目标的行动计划，并且详细地说明为了实现每一个目标，你要做的每一件事情，何时完成这些事情。如果你觉得你需要一些外界帮助，则说明你需要何种帮助和你如何获取这些帮助。例如，你的个人 SWOT 分析可能表明，为了实现你理想中的职业目标，你需要进修更多的管理课程，那么你的职业行动计划应说明要参加哪些课程、什么水平的课程及何时进修这些课程等。你拟定的详尽的行动计划将帮助你做决策，就像外出旅游前事先预定的计划将成为你的行动指南一样。

5）寻求专业帮助。能分析出自己职业发展及行为习惯中的缺点并不难，但要以合适的方法改变它们却很难。相信你的父母、老师、朋友、上级主管、职业咨询专家都可以给你一定的帮助，特别是很多时候借助专业的咨询力量会让你大走捷径，有外力的协助和监督也会让你取得更好的效果。

（四）"What"法

面试时主考官常常会问这样一个问题：如果你获得这个职位，你将如何开展工作？这就是你必须回答的一个简单的职业生涯规划问题。面对日益激烈的职场竞争，每个人都不得不回答这样的问题：我未来的路在哪？如何找到令我满意的工作？回答出以下问题，职业生涯规划过程就会十分明确。

1）What are you？首先问自己，你是什么样的人？这是自我分析的过程。分析的内容包括个人的兴趣爱好、性格倾向、身体状况、教育背景、专长、过往经历和思维能力。

2）What do you want？你想要什么？这是目标展望过程，包括职业目标、收入目标、学习目标、名望期望和成就感。特别要注意的是学习目标，只有不断确立学习目标，才能不被激烈的竞争淘汰，才能不断超越自我，登上更高的职业高峰。

3）What can you do？你能做什么？自己的专业技能最好能学以致用，发挥自己的专长，在学习过程中积累与自己专业相关的知识技能。同时，个人工作经历也是一个重要的经验积累。

4）What can support you？什么是你的职业支撑点？你具有哪些职业竞争能力？个人、家庭、学校、社会的种种关系，也许能够影响你的职业选择。

5）What fits you most？什么是最适合你的？行业和职位众多，哪个才是适合你的呢？待遇、声望、成就感和工作压力及劳累程度都不一样，选择最好的并不一定是合适的，选择合适的才是最好的。

6）What can you choose in the end？最后你能够选择什么？通过回答前面的五个问题，你就已经能够做出一个简单的职业生涯规划。机会偏爱有准备的人，做好了自己的职业生涯规划，为未来的职业做出了准备，就会赢得更多的机会。

（五）量表法

自我评估就是要认识自己的兴趣、性格、气质、能力、价值观等。目前已形成了一些对这几个方面评价的专门的评估工具。通过这些工具，可以实现对自我的评估，如橱窗分析法、自我询问法等。

1．橱窗分析法

橱窗分析法是进行自我认知的一种常用方法，它是一种借助直角坐标的不同象限来表示人的不同部分的分析方法。坐标的横轴正向表示别人知道，坐标的横轴负向表示别人不知道；纵轴正向表示自己知道，负向表示自己不知道。心理学家把对个人的了解比作一个橱窗，由四个"我"组成："公开我""隐私我""潜在我"及"脊背我"，如图2-1所示。

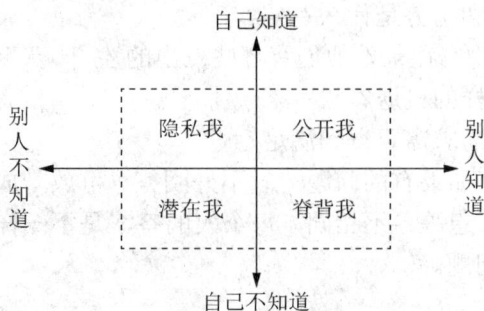

图2-1 橱窗分析法

1）"公开我"：自己知道，别人也知道的部分，其特点是展现在外，无所隐藏，如身高、年龄、学历、婚姻状况等。

2）"隐私我"：自己知道，别人不知道的部分，其特点是属于个人私有的秘密，不外显，如自私、嫉妒等平常自己不愿袒露的缺点，以及心中的愿望、雄心、优点等不敢告诉别人的部分。可以采取撰写自传或日记的方式来了解"隐私我"。

3）"潜在我"：自己不知道，别人也不知道的部分，其特点是开发潜力巨大，但通常别人和自己都不容易发觉。我们可以通过人才测评来发现自己平时注意不到的潜力，也可以在学习和生活过程中，多做尝试来发现自己的潜力。著名心理学家奥托·兰克指出，一个人一生所发挥出来的能力，只占他全部能力的4%，也就是说一个人96%的能力还未开发。赫赫有名的控制论奠基人诺伯特·维纳说："每个人，即使他是做出了辉煌成就的人，在他的一生中利用他自己的大脑潜能还不到百亿分之一。"由此可见，认识、了解"潜在我"是自我认识的重点之一，把个人的潜能开发出来，也是职业生涯规划的重要前提。

4）"脊背我"：自己不知道，别人知道的部分，其特点是自己看不到，别人却看得清清楚楚。我们可以采取同自己的家人、朋友等交流的方式，借助录音、录像设备了解"脊背我"，要做到尽量开诚布公，对别人提出的意见有则改之，无则加勉。可以利用这一方法对自己的性格特征、知识与能力等方面进行分析。

2. 自我询问法

自我询问法是通过认真深刻地思考以下六个问题，来实现对自我的认识。

1）我究竟有什么才干和天赋？什么事情我能做得最出色？与我所认识的人相比，我的长处是什么？

2）我的激情在哪一方面？有什么东西是我特别向往的，使我分外有冲劲去完成，而且干起来不仅不觉得累，反而感到其乐无穷？

3）我的经历有什么与众不同之处？能给我什么特别的洞察力、经验和能力？动用它我能做出什么与众不同的事？

4）我最明显的缺陷和劣势是什么？

5）我与哪些杰出人物有往来？他们有哪些杰出的才干、天赋与激情？与之合作（或跟随他们），能找到什么样的机遇？

6）我有哪些具体的需求需要得到满足？

在回答这些问题时，如果有的问题一时不好回答，可放一放，想好了再回答。由于不同人的阅历、兴趣、理想等各不相同，每个人的答案是不一样的，这是正常的。要经常反思，经常回答这些问题。

四、自我评估的意义

自我评估是认识自己的理性手段，它所具有的意义是非凡的。它是人类谋求用可见可辨认的理性过程，来仿真一直只能意会不可言传的悟性过程的有益尝试。其不论成败，都将是人类探知自身心智历程中的一座丰碑。

自我评估是"我"要评估，是一种积极的、主动的愿望。因此，只要给予合适的方法援助，就容易取得成果。自我评估引领"诗意在诗外"的理念，表明任何事件都不是孤立的，是有背景的、有原因的，包括弱点、劣势。找出根源，劣势、弱点就消失了一半，大大有利于增强自信、挖掘潜能、提升自我。

自我评估重视个性发展，赞同张扬个性，同时强调个人需求与组织需求、社会需求的适配，这对构建和谐社会是十分重要的。

思考：

职业生涯规划中自我评估的原则和方法有哪些？

第二节　职业环境分析

"心有多大，舞台就有多大。"作为新时代弄潮儿的大学生，从学校的"小舞台"到社会的"大舞台"，是否已经做好了充分的准备？如何在聚光灯下尽情地展示自己的才华？对这个"大舞台"又了解多少？越来越多的大学生开始进行职业生涯规划，而一份有效的职业生涯规划要求我们既要全面认识，也要清楚地认识外部环境特征，以获得就业机会。

所谓职业环境分析，就是要认清所选职业在社会大环境中的发展状况、技术含量、社会地位、未来发展趋势等。当前热点职业有哪些？发展前景怎样？社会发展趋势对所选职业有什么要求？影响如何？对这些问题要仔细研究。进行全面的职业环境分析才是我们"知彼"的核心。进行职业环境分析的要求是弄清职业环境对职业发展的要求、影响及作用，对各种影响因素加以衡量、评估并做出反应。

一、社会环境整体分析

1. 家庭环境分析

任何人的性格和品质的形成及个人的成长都离不开家庭环境的影响，大学生在进行职业生涯规划时，考虑更多的是家庭的经济状况、家人期望、家族文化等因素对本人的影响。个人职业发展规划的确立，总是同自身的成长经历和家庭环境相关联。个人在成长过程中，在不同时期也会根据自己的成长经历和所受教育的情况，不断修正、调整，并最终确立职业理想和职业计划。正确而全面地评估家庭情况才能有针对性地设计适合自己的职业规划。

2. 学校环境分析

学校环境是指所在学校的教学特色与优势、专业的选择、社会实践经验等。高校的扩招和扩建使得就业形势越来越严峻，一方面，大学教育并非完全按照社会所需设置专业，职业发展受到市场供需比例的影响；另一方面，专业太宽泛、职业太精细，导致较难找到绝对"专业对口"的工作。因此学生，大学生在做职业生涯规划时，不必苛求自己，可以尝试向边缘化方向发展。

3. 社会环境分析

所谓社会环境分析，就是对我们所处的社会政治环境、经济环境、法治环境、科技环境、文化环境等宏观因素的分析。社会环境对我们的职业生涯乃至人生发展都有重大影响。通过对社会大环境包括国际、国内与所在地区三个层次的分析来了解和认识国际、国内和自己所在地区的政治、经济、科技、文化、法制建设、政策要求及发展方向，以更好地寻求发展机会。

人脱离不了社会，对社会环境进行了解和分析也是职业生涯规划的重要内容之一。对社会环境因素的了解主要包括以下几个方面：①社会政策，主要是指人事政策和劳动政策；②社会变迁，是指知识经济和信息化社会的发展；③社会价值观，它会随着社会的不断发展和进步而发生不同程度的变化，从而影响人对社会的认识和对职业的要求；④科学技术的发展，科技的发展会带来理论的更新、观念的转变、思维的变革、技能的补充等。

总体来说，我们现在面临着一个非常好的宏观环境：社会安定，政治稳定；经济发展迅速，并逐步与全球一体化接轨；法制建设不断完善；文化丰富、繁荣、自由；尖端技术、高新技术突飞猛进。但我们也要看到，人才的竞争日趋激烈，大学生就业难，失业率居高不下等，这些都使我们的就业环境不容乐观，这就更需要大学生在全面分析社会现状的基础上，有针对性地做好自己的职业生涯规划。

二、组织（企业）环境分析

我们周围经常发生这样的事情，同样的行业，有的人觉得越干越有意思，而有的人天天在思索如何换行业；同样的工作，有人在一个公司工作得非常愉快，而在另一个公司工作得却很不开心。其实只有知道了什么行业适合自己，找到适合自己的环境和氛围，才会心情愉悦、充分发挥才能、高效投入工作并取得成功。

组织（企业）环境分析大致可分为职业环境分析、行业环境分析、企业环境分析、地域（城市）分析等。从微观角度来看，组织（企业）环境主要包括：①组织规模和组织结构；②组织文化、组织氛围和人际关系状况；③组织发展战略和发展态势；④组织政策和组织制度；⑤组织人力资源开发与管理状况，如人力资源需求、晋升发展政策、薪资和福利、教育培训、工作评估等；⑥工作设施设备条件和工作环境等。

1. 职业环境分析

职业环境分析就是要认清所选职业在社会大环境中的发展状况、技术含量、社会地位、未来发展趋势等。通过职业环境分析弄清职业环境对职业发展的要求、影响及作用，对各种影响因素加以衡量评估并做出反应。例如，关注当前热点职业有哪些，其发展前景怎样，社会发展趋势对所选职业有什么影响等。

2. 行业环境分析

行业环境分析包括对目前所从事行业和将来想从事的目标行业的环境分析。分析内容包括行业的发展状况、国际和国内重大事件对该行业的影响、目前行业优势与问题何在、行业发展趋势如何等。行业与职业不同，行业是企业的集合，从事同类的产品生产销售的企业或提供类似服务的企业达到一定的数量才形成一个行业。例如，同样是家电行业，就包括生产电视机、洗衣机、空调、冰箱等不同类型产品的若干家企业。在同一行业内，人们可以从事不同的职业。例如，同样是从事教育行业，有人憧憬大学教师这样的专业技术职业，也有人选择办公室主任这样的行政管理职业；同在保险行业，可以做一名奔波于一线的保险业务员，也可以做人力资源部经理。分析行业环境的时候，一定要结合社会大环境分析其发展趋势。例如，科学技术的飞速发展会使某些行业如同夕阳西坠，逐渐萎缩、消亡，更有许多极具发展前途的朝阳行业不断出现、发展起来。此外，还要注意国家政策的影响，了解对某一行业，国家的态度是扶持鼓励还是限制制约，尽量选择有前景、发展空间较大的行业。

3. 企业环境分析

企业是从业者直接生存和发展的土壤。一方面，每个企业都有自己的发展目标、运作模式，了解企业的基本情况是成为"圈里人"的基础，便于从业者迅速适应新环境。另一方面，为了生存和发展，企业本身也要随时关注、适应社会大环境的变化，并采取相应的变革措施，这必将影响其员工的职业生涯。科学的职业生涯规划一定要把个人的发展与组织的发展结合起来考虑，才能顺风顺水。企业环境分析包括企业在本行业中的地位、现状和发展前景，所面对的市场状况，产品在市场上的发展前景，能够提供的岗位等。在求职前充分了解一个职业的信息，是职业选择成功的关键，具体包括以下内容：①公司的企业文化、历史及背景；②公司的产品及服务范围；③公司的行业特征及主要竞争对手；④公司的组织结构和部门设置；⑤公司是否有培训、提升的机会；⑥公司大致的薪水状况；⑦公司招聘的主要职位及相关的要求。另外，就业信息是毕业生求职择业的基础和必备条件，谁能及时获取信息，谁就获得了求职择业的主动权。因此，毕业生应当及时有效地全面掌握各种就业信息，并对这些信息进行认真的分析和筛选整理，最终做出正确选择。

大学环境与企业环境的比较分析如表 2-1 所示。

表 2-1 大学环境与企业环境的比较分析

环境类型 比较项目	大学环境	企业环境
文化方面	弹出的时间安排	固定的时间安排
	能够逃课	不能旷工
	更有规律性、个别的反馈	无规律和不经常的反馈
	长假和自由的节假休息	没有暑假，节假休息很少
	对问题有正确答案	很少有问题的正确答案
	教学大纲提供清晰的任务	任务模糊、不清晰
	分数上的个人竞争	按团队业绩进行评估
	工作循环周期较短， 每周 1～3 次班级会面	持续数月或数年的更长时间的 工作循环
	奖励以客观性标准和优点为基础	奖励更多是以主观性标准和个人判断 为基础
领导者角色	鼓励讨论	通常对讨论不感兴趣
	规定完成任务的交付时间	分派紧急工作，交付周期很短
	期待公平	有时很独断，并不总是公平
	知识导向	结果（利益）导向
学习过程	抽象性、理论性的原则	具体的时间解决和决策制定
	正规的、结构性的和象征性的学习	以工作中发生的临时性事件和具体真 实的生活为基础
	个人化的学习	社会型、分享型的学习

4. 地域（城市）环境分析

对于大学生而言，就业不仅仅是一份工作和职业的选择，更是生活环境甚至生活方式的选择。在哪个地域（城市）就业会对生活环境和生活方式产生非常大的影响。在选择一份工作和职业时，不必拘泥于传统的地域限制，可以选择一个适合自己发展的平台，寻找更广阔的发展空间。

思考：

1）大学生职业生涯规划环境分析可以分析哪些环境？

2）你了解想从事的行业的环境吗？

第三节　职业定位

职业定位，就是明确一个人在职业上的发展方向，它是人们在整个生涯发展历程中的战略性问题，也是根本性问题。就长期性而言，职业定位就是找准一个人的职业类别；就阶段性而言职业定位是明确所处阶段的对应的行业和职能，即明确自己在职场中应该处于什么样的位置。它是职业规划及职业发展的第一步，也是最基础和最重要的一步。定位错误或偏差较大，必然意味着职业生涯的挫折和失败。职业定位通过考察你的职业特征，并根据心理学、管理学、经济学和社会学的原理，为你指出最优职业方向。职业定位不仅向你提供适合的职业方向，还从发展的角度，结合职业生涯规划的理念，告诉你确定职业方向、进行职业发展及职业转换最核心的理念和方法。

一、职业定位的内容

1. 定位方向——找准职业定位和发展方向

要先行挖掘自己的职业气质、职业兴趣、职业能力结构等方面的因素，只有找准方向才能最大限度地开发和发掘自己的潜力。

2. 定位行业——看清目标行业的发展趋势

要主动、全方位地了解目标行业的现状和前景，朝阳行业更有前途，也能给新人提供更多的机会。俗话说，"隔行如隔山"，不能仅仅靠报纸或杂志的介绍，而应向当下已在该行业供职的朋友咨询，以便获得可靠的消息，如升迁制度、薪资状况等。

3. 剖析自我——认清自己的优势和不足

不能准确地为自己定位，不清楚自己的强项和弱项，只是盲目跟风或跟着感觉走是绝对不行的。要认真分析自己的优势在哪里，这些优势是否足以帮助自己在新的行业站稳脚跟；自己的弱点在哪里；有什么方法可以尽快提升自己在此方面的能力。

从自身的角度讲，了解和分析的主要因素应该包括：你喜欢做什么（主要包括职业兴趣、职业价值观等）；你适合做什么（主要包括职业性格、气质、天赋才干、智商情商等）；你擅长做什么（主要包括职业能力倾向，如言语表达、逻辑推理、数字运算等）；

你能够做什么（主要包括自己掌握的专业知识、技能等）。

二、职业定位的原则

1. 择己所爱

职业定位首先要想到自己喜欢哪种职业，或者对哪种职业比较感兴趣。一般来说，只有从事自己喜爱的、感兴趣的工作，工作本身才能给你一种满足感，你的职业生涯才会变得妙趣横生，因此，择己所爱是做好未来职业定位的首要原则。

2. 择己所长

在激烈的就业竞争中，求职者必须善于从与竞争者的比较中来认清自己的长处和短处。然后，在此基础上按照"择己所长、扬长避短"的原则进行具体的职业定位。

3. 择市所需

在进行职业定位时，不仅要了解当前的社会职业需求状况，还要善于预测职业随社会需要而变化的未来走向，以便能使自己的职业定位更加长远。

三、职业定位的作用

1. 定位准确，会持久地发展自己

很多人在事业上发展不顺利不是因为能力不够，而是因为选择了并不适合自己的工作，很多人并没有认真地思考"我是谁""我适合做什么"，也由于不清楚自己要什么，而无法体会如愿以偿的感觉。很多人把时间耗费在不是自己真正适合的工作上，从而随着竞争的加剧逐渐感觉后劲不足。因此，准确地定位可以让自己获得长足的发展。

2. 集中精力，向同一方向发展

定位准确，就会善用自己的资源，集中精力地发展，而不是"多元化发展"，这是职业发展的一个规律。

很多人多年来涉足很多领域，学习很多知识，却在每一项上都没有形成很强的竞争力。人们常说，"学 MBA 吧，大家都在学""出国吧，再不出国就来不及了""读研究生和博士吧，年龄大了就读不动了"。而现实状况表明，学 MBA、出国、读研究生和博士生不代表持续的发展，过于分散自己的精力反而会失去原有的优势。

3. 抵抗外界的干扰

定位准确，就会抵抗外界的干扰，不会轻易地放弃。有的人在选择工作时，往往会

用现实的报酬作为准则，如，哪里钱多去哪里，什么时尚去哪里。然而，一段时间过后会发现自己所选择的工作虽然在待遇上会与其他工作存在一定差距，但是后来薪酬的差距并不大。有的人凭借机遇获得一个好职位，但是轻易地放弃了，而选择了短期内看似不好却更适合长远发展的职位。给自己准确定位，你就会理性地面对外界的诱惑。

4. 借助社会资源的帮助

定位准确，就会让合适的用人单位招聘你，或者让你的领导正确培养你，或者让你的所有关系帮助你。

很多人在写简历和面试的时候，不能准确地介绍自己，使得面试官不能迅速地了解他；有的人在职业定位上摇摆不定，使得单位不敢委以重任；还有的人经常换工作，使得朋友们不敢积极相助。定位不准，就好像游移的目标，让人看不清真实的面目。

四、职业定位的方法

1. 了解自己

了解自己主要是指了解自己的核心价值观念、动力系统、个性特点、天赋能力、缺陷等。方法：可以自我探索，可以请他人做评价，可以借助心理测验充分地了解自己。

2. 了解职业

了解职业是指了解职业的工作内容、知识要求、技能要求、经验要求、性格要求、工作环境、工作角色等。方法：询问业内的专家达十名以上，参照业内成功人士。

3. 了解自己和职业要求的差距

需要仔细地比较各个方面要求的差距。你可能会有多种职业目标，但是每个目标带给你的好处和弊端不同，你需要根据自己的特点仔细地权衡选择不同目标的利弊得失，还要根据自己的现实条件确定达到目标的方案。

4. 把自己的定位展示给面试官或领导

确定了自己的职业取向和发展方向之后，你需要采用合适的方式传达给面试官或者领导，以此获得入门和发展的机会。

五、职业定位的影响因素

1. 个人需求

亚伯拉罕·马斯洛的需求层次理论将人们的需求按照从低到高的顺序依次分为生存需求、安全需求、社交需求、尊重需求、自我实现需求。需求不同，人们的职业追求和职业定位也不同。

2. 职业价值观

职业价值观是人们对某一职业高低贵贱和成败得失的价值判断，是人生目标和处世哲学在职业定位方面的具体体现。

3. 职业期望

职业期望也称职业意向，是人们希望从事某种职业的态度倾向，即个人对从事某一职业希望得到的回报。职业期望是个人职业价值观的直接反映。

4. 受教育程度

首先，不同的教育程度决定着人们职业发展的不同能量；其次，人们接受教育的专业种类，是职业发展最基本的立足点和出发点；再次，就读院校不同，接受的教育思想不同，也会影响人们的职业定位与职业发展。

5. 家庭环境

家庭的环境氛围和家庭成员的言传身教，经过潜移默化的影响会使人形成一定的价值观念和行为模式；另外，人们还会从家庭环境中自觉或不自觉地学习和掌握一定的职业知识与职业技能，进而影响人们的职业理想与职业定位。

6. 社会环境

社会环境分为两个层次：一是宏观因素，包括政治形势、经济体制、社会文化、职业价值观等，它决定着人们职业选择与转换的自主权与相关决策。二是微观因素，包括本人所在的学校、单位、社区、家族关系、人际关系等，它决定着人们职业选择和转换的具体情境。

六、职业定位的误区

1. 职业定位会使自己变得僵化

其实定位不是静态的，而是动态的事情。当自我发生重大变化或外部环境发生重大变化的时候，都需要重新定位。

2. 职业定位会使自己受到限制

我们渴求的很多，要做技术还要做管理，要有挑战还要有休闲，人们担心定位会让自己受到限制。其实定位并不是确定一个固定的位置，而是确定和目标的距离，你可以确定多种目标，只是你要知道自己距离各种目标的远近程度，要知道达到目标需要怎样的努力。

3. 职业定位会让自己失去机会

这个误区在毕业生身上体现得尤为明显，如他们经常到处投放简历认为这样会得到更多的机会。其实，这样的漫天撒网可能更耗费时间和精力，而没有获得实质性的机会。

4. 让旁观者给自己定位

其实，真正知道自己想要什么、喜欢什么、习惯做什么的是自己，领导、同事、朋友、家长只能提供参考意见，并不能真实地了解你的内心，因此在职业定位这个问题上，要在自己了解自己的基础上借助别人的帮助。

思考：

1）职业定位的原则和作用分别是什么？

2）常见的职业定位误区有哪些？大学生应该如何避免？

第四节　确立职业生涯目标

"目标"一词最早来源于体育界，最初的意思是终点，后来泛指要经过努力或奋斗而达到的结果。古人云："志不立，天下无可成之事。"因此，确立目标是制定职业生涯规划的关键。

应对自我认知和社会环境进行详尽、科学的分析，谋求职业目标与自己的潜能以及主客观条件的最佳匹配。在选择职业的过程中，要考虑性格、兴趣、特长与职业的匹配，内外环境与职业的适应等。以自己最佳的才能、最优的性格、最大的兴趣、最有利的环境为依据来设定适合自己的职业生涯目标。

一、职业生涯目标概述

1. 职业生涯目标的分解

目标分解可以帮助我们在现实环境和美好愿望之间建立起通达的桥梁。职业目标分解是根据观念、知识、能力差距，将职业生涯中长期的和远大的目标分解为有时间规定的长期、中期、短期等分目标，直至将目标分解为某个确定日期可以采取的具体步骤。因此，目标分解是将目标清晰化、具体化的过程，它可以将目标量化为可操作的实施方案。学会把目标分解开来，化整为零，变成一个个容易实现的小目标，然后将其各个击破，不失为一种实现终极目标的有效方法。

在 1984 年的东京国际马拉松邀请赛中，名不见经传的日本选手山田本一出人意料地夺得了世界冠军，当记者问他为什么能够取得如此惊人的成绩时，他说了这么一句话：凭智慧战胜对手。当时许多人都认为他是在故弄玄虚，因为马拉松是需要体力和耐力的运动，说凭借智慧取胜，确实有点勉强。1986 年，意大利米兰国际马拉松邀请赛举行，山田本一又获得了冠军。当记者问他成功的秘诀时，性情木讷、不善言谈的山田本一仍是上次那句话：凭智慧战胜对手。后来，这个谜终于被解开了。山田本一在他的自传中写道："每次比赛之前，我都要乘车把比赛的线路仔细地看一遍，并把沿途比较醒目的标志画下来，例如，第一个标志是银行，第二个标志是一棵大树，第三个标志是一座红房子，这样一直画到赛程的终点。比赛开始后，我就奋力地向第一个目标冲去，等到达第一个目标后又以同样的速度向第二个目标冲去。四十多公里的赛程，就被我分解成这么几个小目标轻松地跑完了。起初，我并不懂这样做的道理，我把我的目标定在四十多公里处的终点线上，结果我跑到十几公里时就疲惫不堪了，我被前面那段遥远的路给吓倒了。"

每达到一个小目标，都使山田本一体验到成功的感觉，而这种感觉强化了他的自信心，并推动他稳定地发掘潜能去达到下一个目标。在现实生活中，我们很多人做事之所以会半途而废，往往不是因为难度较大，而是因为觉得成功离自己较远。确切地说，我们不是因为失败而放弃，而是因为倦怠而失败。

因此，目标分解是实现目标非常重要的方法。目标分解的方法主要有以下两种。

（1）按时间分解

从时间上划分，目标可以划分为短期目标、中期目标、长期目标和人生目标。长期目标是指 10 年左右的目标。要求放眼未来，预测可能的职业进步，用心去思考和发现自己的长期职业目标。中期目标是指 2～10 年的目标。短期目标是指 1～2 年的目标，具有现实性和可操作性。长期目标和短期目标有机地联系在一起，构成一个金字塔状的目标网，塔尖是长期目标，底部是无数个短期目标。人生目标是整个人生的奋斗目标，是人生其他目标的灵魂，其他目标都是为它服务的。

（2）按性质分解

从性质上划分，职业生涯目标分为外职业生涯目标和内职业生涯目标。在分解和组合自己的职业生涯目标时，外职业生涯目标与内职业生涯目标是同时进行的，而且内职业生涯目标是应该重点掌握的内容。其中，外职业生涯目标包括工作内容目标、职务目标、工作环境目标、经济收入目标、工作地点目标等。外职业生涯目标是职业条件，它不属于自己，是所从事的工作所赋予个人的。而内职业生涯目标侧重于在职业生涯过程中的知识、经验的积累，观念、能力的提高和内心的感受，主要包括观念目标、掌握新知识目标、提高心理素质目标、工作能力目标、处理与其他人活动关系的目标等。内职业生涯目标内化为个人的素质，是一个人内在的东西，已融入个人的机体，成为其特质。因此，外职业生涯发展是以内职业生涯发展为基础的。内职业生涯发展是外职业生涯发展的前提，内职业生涯发展带动外职业生涯发展。

2．职业生涯的目标组合

目标组合是处理不同目标之间相互关系的有效措施。如果只看到目标之间的排斥性，就只能在不同目标之间做出排他性选择；各种不同的目标之间是相互促进的，如果能看到目标之间的因果关系与互补性，就会积极地进行不同目标的组合。分解后的小目标之间可以进行时间上或功能上的组合，以便人们集中时间、精力和其他资源，去实现最有意义的或最有把握的目标。

（1）时间组合

1）并进组合。并进是指同时着手实现两个并行的工作目标。例如财务经理，实际上身兼两职，既是财务专业技术人员，又是管理职务。财务经理在提高专业技术的同时，也需要做成功的管理人员，提高自己的管理水平。这就是目标的并进。职业规划目标的并进组合，是指同时着手实现两个平行的工作目标，即在同一期间内进行不同性质的工作，如上级管理层兼任技术业务项目工作人员。

2）连续组合。连续组合是指一个目标实现之后再去实现下一个目标，最终连续而有序地实现各个目标。一般来说，职业生涯的阶段目标与职业生涯的最终目标是相关联的，较短期目标是实现较长期目标的支持条件。目标的期限性也是相对的。随着时间的推移，长期目标成为中期目标，中期目标成为短期目标，短期目标成为近期目标。只有完成好每一个近期目标和短期目标，最终目标才有可能实现。

（2）功能组合

1）因果关系。有些目标之间存在着明显的因果关系，如工作能力目标与职务目标和收入目标，前者是因，后者为果。因果关系具体表现为工作能力提高—职务提升—收入增加。

通常情况下，内职业生涯目标是原因，外职业生涯目标是结果。其因果关系具体表现为观念更新目标—掌握新知识目标—提高工作能力目标—职务晋升目标—经济收入提高目标。因此，要想实现因果组合，就需要我们不断更新知识，树立新观念，投入实践中去。这样，实践能力才会不断地提高，随着职务提升、业绩突出，报酬也就会不断地增加。

2）互补关系。互补关系是把存在互补关系的目标进行组合。职业生涯目标的互补关系是显而易见的。例如，一名管理人员希望在成为一个优秀的部门经理的同时得到MBA 证书，这两个目标之间就存在着直接的互补作用。实际管理工作为 MBA 的学习提供了实践的机会和经验，而 MBA 学习则为实际的管理工作提供了理论和方法。又如，高校教师往往同时肩负教学和科研两项任务。教学为进行科研提供了理论基础和方法指导，科研实践又促进了教学内容的丰富更新和质量的提高。

（3）全方位组合

对职业规划目标进行全方位组合是指个人事务、职业生涯和家庭生活的均衡发展、相互促进，它涵盖了人生全部活动。要实现这一目标，就要求我们在建立职业生涯目标时，应当全面考虑自己在个人发展、家庭生活和职业生涯中的各种愿望。事业不是生活的全部，任何人都不能离开家庭和休闲娱乐，完美的职业生涯规划不应把生活中的其他内容排斥在外，而是要在不同目标之间建立平衡的协调关系。

二、确立职业生涯目标的原则

1. SMART 原则

彼得·德鲁克提出在确立目标时要遵守 SMART 原则，即具体（specific）原则、可以衡量（measurable）原则、可以达到（attainable）原则、有一定的相关性（relevant）原则、时限性（time-bound）原则。

1）具体原则。制订目标必须是具体的，不能是抽象模糊的。职业生涯规划必须明确、清晰、具体才具有可行性。例如，当谈论目标的时候，不要只是单一地说"我要找份好工作""我要成功地晋升"之类的话，这只是愿景，不是具体的规划，因此没有办法去具体落实。"我的目标是成为××学校的优秀英语教师""我要在两年内把工资提升到月薪 6000 元"，这才能称为目标。进行职业生涯规划时，应该注重细节的具体化，只有将细节问题处理好，才会脚踏实地地前进。又如，我们制订一份学习计划，并且向老师保证要好好学习。但什么是好好学习呢？具体来说，如保证除了紧急情况之外，每天至少学习五个小时。那么，什么算是紧急情况？这又要具体定义，如朋友来访、老师召集开班会等。如果不规定清楚这些，到时候就会无所适从。

2）可以衡量原则。可以衡量的是指可衡量、可测量的，有一定的评定标准，尤其针对结果而言。具体可能还含有感性的成分，而可量化却要求有理性的数据和数字，拒绝"大概""差不多"之类的模糊修饰词语。面对职业规划，我们不需要任何自我欺骗和借口，因为数据、数字、事实会说明一切。因此，制订的目标最好是以明确的数据单位来描述，如"每天早上听 40 分钟英语""每周去六次图书馆，一次至少两个小时"等。制订一个可测量的目标，能让一个人真切地感受到他在逐渐地进步，不断地积累成功经验，树立起信心。此外，制订长远的目标最好将其分成几个可以渐进达成的步骤，并且随时检查是否需要调整进度或方向。

3）可以达到原则。可以达到的就是目标必须是可以实现的。职业规划设定的目标要高，要有挑战性，同时还要是可达成的。也就是说，要在我们能力所及的范围下，制订出可以逐步达成且有成就感的目标。例如，有的人没有音乐天赋，甚至五音不全，却一直想当歌星，这个目标对他而言是难以达到的。因此，制订的目标应是靠自己的能力和努力可以达成的，而非浮夸或好高骛远的幻想。

4）有一定的相关性原则。相关性是指所制订的目标必须和其他目标具有相关联性。在职业生涯规划中，所制订的目标要与岗位的工作职责相互关联，不能彼此孤立起来。例如，你想在大学毕业后做前台工作，学习英语以便在接电话时用得上，就是与工作相关联的，而去学习化学，就比较离谱了。又如，你想做的是大学英语教师，那么，学习一些西方文化方面的知识是有必要的，是和本职工作相关联的，但是如果花时间去考注册会计师，这就与未来的职业生涯规划发生了冲突。

5）时限性原则。时限性是指制订目标需要有预定达到的进度和完成的时间表，这样才能确认要投入多少时间及在什么时间内完成。职业生涯目标的制订，应从一生的发展写起，然后分别设定十年计划，五年计划，以及一个月、一周、一天的计划。计划订好后，再从一日、一周、一个月的目标实施下去，直到实现一年目标、三年目标、五年目标、10 年目标。因此，一个合理的时间表不仅能帮助一个人建立信心，还可以帮助其做好时间管理。

2. FEW 原则

FEW 原则主要包括集中重点（focused targets，F）、承诺投入（empowerment level，E）、主次之分（weighed grade，W）。

1）集中重点是指同一时期目标不能制订得太多，一般 3～5 条即可，集中一个目标，并不是说不能设定多个目标，而是把这些目标分开设置。具体说，就是一个时期一个目标，拉开时间差距，实现一个目标后，再实现另外一个目标。

2）承诺投入是指很多人在设定目标后却无法为目标的实现信守承诺，付出努力。目标的制订是一个双向的过程，只有不断付出努力，目标才有可能实现。

3）主次之分是指如果对多个目标不分主次，每一个目标都去争取，不仅会浪费时间，还会缺乏效率，最终只会疲于奔命，一事无成。

三、确立职业生涯目标的方法

1. 按照专业制订目标

你对自己的专业有兴趣吗？你毕业后会选择与所学专业对口的单位就业吗？如果你的回答是肯定的，就可以基本确定你的职业方向了。例如，你是学食品科学专业的，又很喜欢这个专业，你就需要了解食品科学专业对口的职业（即专业所对应职业群）有哪些。食品科学专业对应的职业有教师、（食品加工领域）科研人员、公务员、食品检验员、营养师、食品企业研发人员、技术员、项目经理、化验员等。如果你的答案是否定的，那你就必须找到自己感兴趣的专业，可以通过转专业，或通过辅修、选修专业课程，或者通过跨专业考研来调整和确定自己的职业方向。

2. 按照性质制订目标

将自己的最终目标分解为工作内容目标、职务目标、工作环境目标、经济收入目标、工作地点目标、观念目标、掌握新知识目标、提高心理素质目标、工作能力目标、工作成果目标等。同时，这些不同性质的目标在不同的阶段会有不同的要求，要将这些目标要求融入各个时间阶段的目标中，明确在哪一个阶段要达到哪些性质的目标。例如，大学毕业时，应该首先顺利完成学业目标，顺利毕业，取得理想的成绩；在生活观念目标上，应正确看待社会和他人，尊重他人；在实践能力目标上，应具备扎实的专业技能，能够积极和人交往，拥有良好的人际关系，具有较强的沟通能力。毕业两年后，所制订的相关目标在各个方面有哪些收获等；毕业五年、十年后，各种目标分别取得什么样的成就，哪些方面得到了改进，哪些方面由不适应到适应等。

此外，还有资历目标、生活目标和事业目标。考大学、进入特定行业或企业、评职称等就是典型的资历目标。资历目标一般在成长期、导入期和发展期都处于重要的地位，是成功人生的必需投资与基础。生活目标也就是人们常说的个人问题，当然不仅仅是婚姻，还包括健康、感受及衣食住行等与生活有关的各种问题。人生的不同阶段通常有不同的生活目标。事业目标是职业生涯主要的内容，包括个人事业的行业、企业、职位、收益、付出等各方面。

思考：

确立职业发展目标的原则有哪些？

第五节 制定行动方案

一、制定职业生涯规划方案

职业生涯规划方案的制定是指根据自己的各项目标制订行动计划。这里所指的行动主要是指落实目标的具体措施，在这一过程中比较重要的行动方案包括职业生涯发展路线的选择、职业的选择及相应的教育和培训计划的制订。例如，在职业素质方面，计划学习哪些知识、掌握哪些技能、开发哪些潜能等，以及具体到每一天如何学习、如何劳逸结合、如何参与社会实践活动等。

根据策略制定出具体的行动步骤。这个步骤大致可以分为四个环节：首先，对目标进行分析。在这一阶段，可以把整体目标分解成几个主要任务，估计可能会遇到的困难和机会，然后思考有什么方法及可利用哪些资源帮助自己达成目标。例如，为达成目标，在工作方面，你计划采取什么措施提高你的工作效率；在业务素质方面，你计划如何提高你的业务能力；在潜能开发方面，采取什么措施开发你的潜能等。这些都要有具体的计划与明确的措施，并且这些计划要特别具体，以便于定时检查。此外，还要加强学习、高效行动，学会管理时间和应对干扰，确保行动计划的顺利完成。

二、制定大学阶段具体的实施方案

大学期间的中期目标如何一步步地落实，需要制定大学期间具体的实施方案。对于在校大学生而言，应主要实施大学阶段的目标，为职业目标的实现做好准备。确立大学生活总目标，并将其分解为多个具体可行的子目标。在每个阶段，甚至每周、每天都有小目标，并落实到位。本着对自己前途负责的态度，勤奋学习，刻苦钻研，不断增长专业知识，培养科学地认识问题、分析问题和解决问题的能力，全面提高自身的综合素质，为未来的事业积聚能量。不但要对自己所学专业的知识和技术熟练掌握，而且要在教师的指导下，广泛涉足其他学科或某些边缘学科的知识，需要构建一个以专业知识为核心，以相关专业知识、基础及一般知识为支撑的稳固的、宽泛的知识结构，努力把自己培养成复合型人才，适应知识时代的需要。

大学生学业规划就是大学生根据自身情况，结合现有的条件和制约因素，为自己确立整个大学期间的学业目标，并为实现学业目标而确定行动方向、行动时间和行动方案。换言之，就是大学生通过解决学什么、怎么学、什么时候学等问题，以确保自身顺利完成学业，为成功实现就业或开辟事业打好基础。对于在校的大学生来说，只有及早设计自己的学业规划，明确自己的学业目标，提高素质优势。从大一开始就应该认清自己的学习发展方向，并在大学期间为自己的目标努力。

步入大学殿堂是每个人人生历程的新起点，很多大学新生却因为离开了家长和中学老师的"保姆"式指导，失去了学习的动力，迷失了前进的方向，大有"船到码头车到站"的感觉，认为进入了大学就是进入了保险箱，可以好好地放松一下。有的人迷失于网络世界，疏于学习由于十几门功课不及格，被迫退学或被学校开除，断送大好前程，这样的例子数不胜数。

大学生应通过社会实践掌握知识技能，形成符合社会要求的心理品质，实现从自然人向社会人的转化，实现教育社会化功能。通过各种社会实践，重点培养满足社会需要的决策能力、创造能力、社交能力、实践操作能力、组织管理能力和终身学习能力、心理调适能力、随机应变能力等。

俗话说"计划赶不上变化"，有的变化因素是可以预测的，而有的变化因素难以预测。在这样的情况下，要使生涯规划行之有效，就须不断地对生涯规划进行评估与修订。其修订的内容包括职业的重新选择、生涯路线的选择、人生目标的修正、实施措施与计划的变更等。例如，你计划成为一名优秀的医生，但是却考取了国家公务员，这时就要调整自己的职业规划方案，按照现有条件进行下一步的计划。职业规划本身就包含了随时调整和不断完善的内涵。

思考：

如何制定大学阶段的具体实施方案？

第六节　制定各阶段实施策略

大学的学制一般为 3～5 年，在每一学年中，大学生的学习重点与心理特征都有所不同。大学生可以按学年设置阶段目标，进行自己的职业生涯规划，并按照每个阶段的不同目标和自身成长特点，制定一些有针对性的实施方案。下面是本科四年制的大学生的职业生涯规划实施方案。

一、探索期：大学一年级

1）阶段目标：职业生涯认知和规划。

2）实施方案：第一，要适应由高中生到大学生的角色转变，重新确定自己的学习目标和要求；第二，要开始接触职业和职业生涯的概念，特别要重点了解自己未来所希望从事的职业或与自己所学专业对口的职业，进行初步的职业生涯设计；第三，熟悉环境，建立新的人际关系，提高交际沟通能力，在职业认识方面可以向高年级学生尤其是已经毕业的学生询问就业情况；第四，积极参加各种各样的社团活动，提高交流技巧；第五，要在学习方面巩固专业基础知识，加强英语、计算机能力的培养，掌握现代职业者所应具备的最基本技能；第六，如果有必要，为可能的转系、获得双学位、留学计划做好资料收集及课程准备，为将来的就业打下良好基础。

二、定向期：大学二年级

1）阶段目标：初步确定毕业方向及相应能力与素质的培养。

2）实施方案：认识自己的需要和兴趣，确定自己的价值观、动机和抱负。考虑未来的毕业方向（继续深造或就业等），了解相关的活动，并以提高自身的基本素质为主；通过参加学生会或社团等组织，培养和锻炼自己的领导组织能力、团队协作能力，同时检验自己的知识技能；可以开始尝试兼职、社会实践活动，并要具有坚持性，最好能在课余时间长时间从事与自己未来职业或专业有关的工作，提高自己的责任感、主动性和受挫能力，并从不断的总结分析中积累职业的经验；增强英语口语和计算机应用能力，通过英语和计算机的相关证书考试，并开始有选择地辅修其他专业的知识以充实自己。

三、准备期：大学三年级

1）阶段目标：掌握求职技能，为择业做好准备。

2）实施方案：加强专业知识学习的同时，考取与目标职业有关的职业资格证书或通过相应的职业技能鉴定。本阶段目标应锁定在提高职业技能和搜集公司信息两个方面。参加与专业有关的暑期工作，和同学交流求职的心得体会；学会写简历、求职信的技巧；了解搜集就业信息，如果有机会要积极尝试；加入校友网络，向已经毕业的校友了解往年的求职情况；如果决定考研，则要做好复习准备；希望出国留学的学生，可多接触留学顾问，参与留学系列活动，准备 TOEFL 和 GRE 的考试，注意留学考试资讯，向相关教育部门咨询。

四、冲刺期：大学四年级

1）阶段目标：成功就业。

2）实施方案：这个阶段大学生的毕业方向已经确定，大部分学生的目标应该锁定在工作申请及成功就业上。这时，可先对前三年的准备做一个总结：首先，检验自己已确立的职业目标是否明确，前三年的准备是否已充分；其次，开始毕业后工作的申请，积极参加招聘活动，在时间中检验自己的积累和准备；最后，进行预习或模拟面试。积极利用学校提供的条件，了解就业指导中心提供的用人公司的资料信息，提高求职技巧，进行模拟面试训练，尽可能地在做好充分准备的情况下进行施展演练。在撰写毕业论文时，可大胆提出自己的见解，锻炼自己独立解决问题的能力和创造力。另外，要重视实习机会，通过实习从宏观上了解单位的工作方式、运转模式、工作流程；从微观上明确个人在岗位上的职责要求及规范，为正式走上工作岗位奠定良好基础。

思考：

大学生职业生涯规划每一个年级阶段应该做的事情分别是什么？

第七节 评估与反馈

一、职业生涯规划的评估与修正策略

进行职业生涯规划评估的根本目的就是让自己时刻保持最佳状态。世事多变，那些意外所导致的变化常常令我们束手无策，并直接影响个人职业生涯规划的执行过程和结果。计划的不完整、对自我和环境认识的不全面、未能坚持计划、策略方案的失误、没能调动起全部力量，所有这些失误都可能导致预期目标的失败。这就要求我们自觉地总结经验和教训，不断修正策略，甚至必要时修正目标。而在职业生规划过程中，经常进行再评估很容易使我们发现改善的途径，其中包括：①确定准确的位置，判断实际行为效果与期望值的偏差；②探究导致失败的根本原因；③采取及时、适当的纠正措施；④调整策略，改变行动。有些问题必须在探索中才能找到答案，如你正在做的是最想做的事吗？你真的适合从事这个职业吗？你能如期完成既定目标吗？你是否将重心放在了最重要的地方？经常自省是必要的，根据自己的短期规划，宜在每一个规划阶段进行一次系统全面的评估，如每一年或每半年进行一次。在学习和工作了一段时间之后，有意识地回顾得失，检查验证前期的策略措施执行的效果，纠正分阶段目标中出现的偏差。

评估可以参照各类短期、中期预定目标和实际结果比照而行。一般来说，任何形式的评估都可以归结为对自我素质和行为的现实适应性判断，即分析自己的现状，特别是针对变化的环境找出偏差所在，并做出修正。

1. 抓住最重要的内容

评估的过程不必面面俱到，而要抓住一两个关键的目标和最主要的策略方案进行追踪。在职业生涯的某一阶段，总有一个最重要的目标，其他目标都是指向这个核心的，这个时候，自己完全可以通过优先排序，重点评估那些可能达到这个核心目标的主要策略的执行效果。

2. 分离出最新的需求

针对已经变化的内外环境，要善于发掘最新的趋势和影响。所谓"跟上形势"，就是面对新的变化和需求时，要研究怎样的策略才是最有效而且最有新意的。

3. 找到突破方向

有时候，在某一点上取得突破性的进展将使整个局面发生意想不到的改变。回顾以前规划中的策略方案，哪一条对于目标的达成应该有突破性的影响，是否达到，为什么没达到，如何寻求新的突破等。

4. 关注最弱点

管理学中有著名的"木桶理论"，即一只木桶容量的大小，不取决于最长的那块木板，而取决于最短的那块木板。在反馈评估过程中，当然要肯定自己取得的成绩与长处，但更重要的是切合变化的环境，发现自己素质与策略的"短木板"，然后想办法修正。或者把这块短木板换掉，或者接补增长，唯有如此，职业生涯这只桶才能有更大的容量。

要根据评估的结果进行目标和策略方案的修订。修订的内容包括职业的重新选择、职业生涯路线的选择、阶段目标的修正、实施措施与行动计划的变更等。通过反馈评估和修正，应该达到下列目的：对自己的强项充满自信，知道自己的强项是什么；对自己的发展机会有清楚的了解，知道自己什么地方还有待改进；找出关键的有待改进之处，为这些有待改进之处制订详细的改变计划。以合适的方式答复那些给予反馈的人，并表示感谢。实施行动计划，确保自己能取得显著的进步和职业成就。

总之，制定职业生涯规划是一个持续动态的过程。有效的职业生涯规划需要不断地反省、修正职业生涯目标，反省策略方案是否恰当，以适应环境的改变，同时为下一轮规划提供参考依据。

二、大学生职业生涯规划的成功标准

有的人对职业生涯成功的定义就是事业的成功，为了事业可以牺牲健康和家庭。有的人对职业生涯成功的定义是个人事务和家庭生活的保证，即如果能起到基础的保证作用，就视为职业生涯的成功。有的人认为个人事务、职业生涯、家庭生活的协调发展，才是职业生涯真正的成功。如何全面评价职业生涯？按照人际关系范围，可将职业生涯是否成功的评价分为自我评价、家庭评价、组织评价和社会评价四类评价体系（表2-2）。如果一个人能在这四类体系中得到肯定的评价，则其职业生涯成功无疑。

表 2-2　职业生涯是否成功的四类评价体系

评价方式	评价者	评价内容	评价标准
自我评价	本人	① 自己的才能是否充分施展； ② 是否对自己在企业发展、社会进步中做的贡献满意； ③ 是否对自己职称、职务、工资待遇的变化满意； ④ 是否对处理职业生涯发展与其他人生活的关系的结果满意	个人的价值观念及个人知识能力水平

续表

评价方式	评价者	评价内容	评价标准
家庭评价	父母、配偶、子女、其他家庭重要成员	① 是否能够理解； ② 是否能够给予支持和帮助	家庭文化
组织评价	上级、平级、下级	① 是否有下级、平级同事的赞赏； ② 是否有上级肯定的表彰； ③ 是否有职称、职务提升或职务责权范围的扩大； ④ 是否有工资待遇的提高	组织文化及组织总体经验
社会评价	社会舆论、社会组织	① 是否有社会舆论的支持和好评； ② 是否有社会组织的承认和奖励	社会文明程度、社会历史进程

一个人的职业生涯能否取得成功，需要有来自外部环境的机遇，但最根本的，还是个人素质与努力的结果。在高度概括和总结已有的实践经验的基础上，我们认为要想取得职业成功，必须具备的决定性要素或条件是信心、目标、行动。

1）信心。要想做一个成功者，首先要一心想成为成功者，明白自己的人生掌握在自己手中的道理，一定要有坚定的意识和信念。这是成功的先决条件。

2）目标。确定总目标，并确定要达到总目标所需要实现的具体目标。人生的意义在于追求，人生就是不断打破现状、追求超越的过程。一个人的职业生涯尤其如此，只要瞄准顶峰的目标，步步攀登，定可抵达巅峰。

3）行动。行动是获取职业成功的关键。如果不付诸行动，所谓的信心、目标都只是空谈。争取职业成功的必要行动有以下五点。

① 积极主动，坚持不懈，保持旺盛的激情。要想获得成功，必须付出极大的努力和汗水，始终充满信心和热情，锲而不舍、积极主动地去争取，脚踏实地采取可行的方法去发现、去把握、去争取，甚至去创造机会。

② 适应形势与环境，不断创新。客观形势与环境是个人职业成功重要的影响和制约因素。个人面对经济政治形势、政策制度等大环境的变化自然并不是无能为力的，应当适应环境的要求与变化，以新的想法、新的生活、新的活动作为催化剂，继续个人的职业成长。与此同时，还要对自己周围的小环境加以改造，变不利为有利。

③ 把握机遇，有助于职业成功。在职业生涯中，一般会出现几次重要的转折点或巨大的考验，这正是争取个人职业成功的机遇，要善于把握机遇，创造机遇，发现和挖掘机遇。

④ 有超前眼光。要有远见，有预见力，如果比别人早一步行动，就抢占了主动权。

⑤ 善于利用时间，学会时间管理。时间是唯一可以衡量问题的标准，是能够检验职业生涯规划是否合理的有效方法。

思考：

1）如何有效地评估和反馈职业生涯规划方案？

2）大学生职业生涯规划成功的标准是什么？

第八节　职业生涯规划书的撰写

职业生涯规划是指组织或个人把个人发展与组织发展相结合，对决定职业生涯的主、客观因素进行分析、总结和测定，制定个人事业发展的长期战略设想与计划安排。包括分析个人情况及所处的环境，确立职业目标，选择实现事业发展的职业，规划相应的教育、培训，并采取行动和措施，实现职业生涯目标的过程。

每个人要想使自己的一生过得有意义，就应该做好自己的生涯规划。尤其是青年学生，职业生涯规划对其今后的发展有着十分重要的意义。选择什么样的规划，就会有什么样的人生。在一个人有限的生命中，职业生涯往往占有绝对重要的位置，拥有成功的职业生涯规划才可能实现完美的职业生涯目标。

一、职业生涯规划书的内容

职业生涯规划是对个人职业发展道路进行选择和设计的过程，规划的内容和结果应该在规划过程中及规划后形成文字性的方案，以便理顺规划的思路，提供操作指引，及时评估与修正。一份完整有效的职业生涯规划书应该包括以下八项内容。

1）标题：包括姓名、规划年限、年龄跨度、起止时间。规划年限不限长短，可以是半年、三年、五年，甚至是二十年，视个人的具体情况而定。

2）目标确定：确立职业方向、阶段目标和总体目标。职业方向即从业方向，是对职业的选择；阶段目标是职业规划中每个时间段的目标；总体目标即当前可预见的最长远目标，也是在特定规划中的终极目标。在确定总体目标时，如果能适当地看得长远些，则有助于最大限度地激发规划者的潜能。

3）个人分析结果：包括对自己目前的状况分析和对自己将来的基本展望，同时也包括对自己职业生涯有一定影响的人物的建议。

4）社会环境分析结果：对政治、经济、文化、法律和职业环境等社会外部环境的分析。

5）组织（企业）分析结果：主要是对职业、行业与用人单位的分析，包括对用人单位制度、背景、文化、产品或服务、发展领域等的分析。

6）目标分解与目标组合：分析制订、实现目标的主要影响因素，通过目标分解和目标组合的方法做出果断明确的目标选择。目标分解是根据观念、知识、能力、心理素质等方面的差距，将职业生涯中的远大目标分解为有一定时间规定的阶段性分目标；目标组合是将若干阶段性目标按照内在的相互关系组合起来，达成更为有利的可操作目标。

7）实施方案：首先找出自身观念、知识、能力、心理素质等方面与实现目标要求之间的差距，然后制定具体方案逐步缩小差距以实现各阶段目标。

8）评估标准：设定衡量此规划是否成功的标准，以及如果在实施过程中无法达到制订的目标或要求，应当如何修正和调整。

需要注意的是，职业生涯规划书中内容的顺序与规划的步骤不是完全一致的。职业生涯规划的第一步就是要进行自我评估，第二步是进行外部环境分析，第三步是确立目标。而职业生涯规划书撰写的顺序是先写出职业方向和总体目标，然后写出自我分析和外部环境分析的结果。其实两者并不矛盾。因为职业生涯规划书的形成是建立在按正常步骤进行规划的基础之上的，将职业方向与目标提前，是为了阅读的方便，突出核心主题——规划的目标，并有利于与实施方案进行对照、检查和修订。

二、职业生涯规划书撰写的注意事项

1）职业生涯规划是建立在对自己的兴趣、特长、能力、社会需要等各方面全面了解评估的基础上的，进行目标设定时一定要结合自身特点和情况，不能脱离现实。要认清兴趣与能力。能力与社会需求是存在一定差异的。我们所要做的是在诸多因素中找一个结合点，将自己的经历经验、专业技能、兴趣特长有机地结合起来，这样的职业目标才会有生命力。

2）人才素质测评是了解自我的理论依据之一。有的学生在撰写职业生涯规划书时，仅凭自我认识及他人评价来进行自我分析，这是不全面的，也缺乏足够的理论依据。正确的做法是将个人认识、他人评价和人才素质测评结果有机结合，形成较为全面的自我认知，据此设定的目标的信度才较高。当然，由于人才素质测评的效度和信度也不是绝对的，所以也不可完全根据测评结果设定职业目标。

3）措施要有可行性。针对职业目标制定的措施一定要具有可行性，这是撰写职业生涯规划书的一个重要部分。最好制订出长期、中期、短期计划，并拟定详细的执行方案和时间限制。高年级的学生可将重点放在就业 3～5 年内的职业规划，低年级的学生可将重点放在大学生涯的规划上，但都应突出为职业发展所做的准备工作。

4）职业生涯规划书应有自己的风格和特色。无论是行文的风格、叙述的方式、文案的设计，还是职业目标的选择、职业路线的设计等，不同的见解和风格才是吸引招聘人员眼光的地方，想要出色，就要力争做到创新，要彰显自己的个性与特色。

5）撰写职业生涯规划书应当注意以下几点：忌大，忌空，忌记流水账，忌条理不清，忌文法不通、错别字连篇，忌过于煽情、没有理性分析，忌死气沉沉、没有朝气。

思考：

1）职业生涯规划书撰写的注意事项有哪些？

2）撰写一份自己的职业生涯规划书。

第三章
职业生涯规划中的常见问题

名人名言

人生中最困难者，莫过于选择。

——莫尔

要达成伟大的成就，最重要的秘诀在于确定你的目标，然后开始干，采取行动，朝着目标前进。

——博恩·崔西（当今世界上个人职业发展方面最成功的演说家和咨询家之一）

给你找麻烦的不是那些你未知的东西，而是那些你确信无疑但事实上并不是那么回事儿的东西。

——马克·吐温

导入案例

小金的"秘密武器"

大四了，大家都忙着找工作。小金的同学们觉得很奇怪，他们都忙着到处参加招聘会，网上投简历，可是得到的回复却寥寥无几。而小金天天在寝室里上网，邀他去面试的公司却接连不断。正当大家疑惑不解的时候，小金道出了实情。原来早在大一的时候，小金就做好了自己的职业生涯规划，并开始在网上建立自己的职业生涯档案，档案里加入了自己的基本情况介绍，并记录了大学四年的学习、工作、生活的点点滴滴。等找工作的时候，小金针对一系列自己想去的公司，利用职业生涯档案管理器提供的个性化功能，生成了多份相应的富有个人特色的应聘资料。小金还在应聘资料里附上了自己的职业生涯档案的网址，有兴趣的单位还可以访问小金的职业生涯档案中的部分内容，更全面地了解小金。听了小金的话，大家恍然大悟，决定向小金学习。虽然大学四年的学习生活结束了，但是步入职场一样需要职业生涯规划。大家决定也建立自己的职业生涯档案，好好规划自己的职业生涯，记录工作后的点点滴滴，有计划、有目标地度过职场生活。

第一节　职业生涯规划常见问题对策

大学生价值观的变化是整个社会观念变化中最敏感、最活跃、最超前的部分。由于这种变化来得太快，我们对这种变化掌握得不够及时和深刻，使得我们以往的高等教育存在着不同程度的脱离大学生思想实际的状况。因此，要对大学生的职业价值观进行有的放矢的教育和引导，就要认真研究大学生的价值观，以树立正确的人生价值观、充分调动大学生的积极性和创造性为宗旨，尊重大学生的特点，切合大学生的实际。在此基础上，努力做好以下六项工作。

一、改变职业价值观，提高心理认知水平

职业价值观是个体人生价值观的重要成分，它与个体的世界观、道德意识及心理认知水平相互影响、相互制约。大学生择业中反映出的自卑心理、功利心理、追求享受、个人主义、利己倾向等在一定程度上影响了他们的职业发展，错误的职业价值观约束了个体认知水平的提高。

我们要加强职业价值观和思想道德教育，引导学生正确处理国家、集体和个人的利益关系，把个人职业发展与社会要求有机结合起来，树立自尊、自强、自立、自爱意识，发扬艰苦创业精神，在正确的职业价值观指导下促进大学生心智能力的发展，在现代化经济建设中充分发挥其聪明才干。提高大学生心理认知能力就是要发展其观察力、注意

力、言语表达能力、记忆力、思维力和想象力，提高心智水平和辨别是非美丑的能力。通过职业训练和工作岗位实践，训练他们逐渐形成敏锐而细腻的观察力、稳定而持久的注意力、清晰而准确的语言表达能力、精确而长久的记忆力、复杂而抽象的逻辑思维能力、广泛而丰富的想象能力等，以促进他们智力因素的发展，充分发挥大学生的智力优势，增强其自信心，适应现代社会发展的要求。

二、以"两课"教育为突破口，增强教育实效

《中共中央关于进一步加强和改进学校德育工作的若干意见》中指出："现在和今后一二十年学校培养出来的学生，他们的思想道德和科学文化素质如何，直接关系到 21 世纪中国的面貌，关系到我国社会主义现代化建设战略目标能否实现，关系到能否坚持党的基本路线一百年不动摇。"高校的"两课"教育是德育的主要途径，必须按照要求把职业价值观教育纳入德育的重要内容。改变传统"说教"式的政治思想教育，开展丰富多彩、生动活泼、形式多样的思想道德教育，更新教育观念，改进德育模式。增强教育的针对性和实效性，坚持用马克思列宁主义、毛泽东思想、邓小平理论和"三个代表"重要思想教育人，联系社会发展实际和大学生自身的实际问题展开讨论，引导他们不断提高思想道德觉悟，增强社会责任感和使命感，正确认识贡献投入和回报产出之间的关系，以国家、民族、集体利益为重，兼顾个人利益，使大学生正确认识与劳动人民的关系，走进社会、走进人民、了解国情、报效国家。

三、运用心理疗法，降低焦虑情绪

个体的情感情绪是伴随认知过程而产生的内心态度体验，情感情绪是个体职业行为的动力系统。个体若长期处于焦虑情绪状态必然制约其行为方式，影响职业行为效果。我们要及时针对大学生在就业过程中存在的焦虑情绪实施心理辅导，运用心理学有关方法，降低焦虑水平，恢复情绪平衡。具体的方法有以下四种。

1. 支持性心理辅助

焦虑情绪障碍的主要原因在于对就业的可能性、职业发展的稳定性和理想化问题过于担心，对将要发生的事情的不利因素过于担忧。因此，我们可以从认识上帮助他们进行分析，分析他们的能力特点和个性优势，寻找适合他们的工作岗位，从情绪上提供保证、支持和鼓励，减少或消除他们的担忧，使他们增强自信心和勇气，降低焦虑。

2. 认知性心理调整

大学生的生活经历较单纯，对急速变化的社会现实生活的认识并不全面、成熟，尤其对某些和自己密切相关事件的认识和分析往往较极端，过于关注对己不利的方面，对自己的应对能力也容易估计过低。我们要引导学生客观认识所面临的问题，全面分析自

己和社会周围环境中的资源，既要看到事物的不利方面，也要充分认识有利方面，通过个体认识的提高来调整消极情绪。

3. 行为性心理放松

这是一种运用较广泛的心理调整法，它是利用身心互相影响、互相作用的原理直接针对焦虑情绪而实施的。通常利用情绪产生或存在的生理基础或行为表现来调整情绪，它主要通过心理暗示、主观想象、肌肉放松等手段达到身心放松的目的，从而缓解焦虑情绪。

4. 改变参照物，化压力为动力

不盲目与他人比较，知足者常乐，不嫉妒他人或自怨自艾，要鼓励学生脚踏实地用行动证明自己，超越自己。

四、更新行业模式，完善职业培训，实施职业教育

要尽快建立起一套科学、有效的职业化培训体制，实施职业生涯教育，强调终身教育。要强化对学生的职前培训、职中培训等职业技能培训，建立科学的能力评价标准与人才评估体系，不仅要重视学生的理论与职业技术培训，而且要强调终身学习。

1）要自觉学习马克思列宁主义、毛泽东思想、邓小平理论和"三个代表"重要思想，提高理论素质与思想水平，提高政治鉴别力和政治敏感性。

2）高校在进行学历教育的同时，应逐步完善职业教育培训制度。充分利用青年人智力发展的优势，加强大学生专业理论和技能的培训，鼓励申读硕士、博士学位，提高专业理论素养和实践能力。

3）要重视大学生的职业生涯教育，加强对其职业生涯的辅导。每所院校都应指派专任教师指导毕业生根据自己的专业特色、能力特点和优势制定职业生涯规划。

4）各高校应设立学生就业辅导中心，负责与社会各用人单位沟通搭桥，提供就业信息，拓宽就业渠道。

五、建立心理咨询机构，引导学生提高心理承受力

心理咨询与心理治疗是运用心理学有关理论与知识帮助来访者解决各种心理问题，排遣各种负面情绪，调整心态，调适行为，恢复正常心理行为的一种专业技术和手段。很多大学生在求职过程中出现了各种心理问题，若得不到及时的辅导与调整，将会导致心理障碍与心理疾病，影响他们的身心健康。我们应在学校和社会设立相应的心理咨询机构，及时为大学生提供心理咨询服务，为广大学生排忧解难，引导他们改变错误或偏差的认知观念，提高应对挫折的容忍力，掌握自我防御机制，增强心理调整的能力，提高生活质量。

六、大学生在职业生涯规划学习中要努力的方向

1. 打好基础，适应大学生活

成为一名大学生，意味着一段新生活的开始。每个人都想在新的环境中，如鱼得水，成绩斐然，让大学成为人生中绚丽的一页，为今后职业生涯道路的开展做好铺垫，增添价值。要达到自己心目中的理想状态，需要进行规划，然后付诸努力去实现它。作为大学新生，要积极了解和适应大学环境，调整日常的饮食起居，了解所学专业信息，养成好的学习习惯，建立和谐的人际关系，在此基础上，对自己的职业目标进行思考，开始初步的职业生涯规划。大学生要通过适应生活环境完成个人基本状态的调整，从而建立有序的个人发展内在环境，这样才能保障职业规划积极性的调动；要通过开始认识自己所学的专业，激发自己对发展方向的思考，促进职业规划意识的形成；要在养成新的学习习惯的同时，进入更加社会化的学习环境。这些体验都会为职业规划的初步实施打下基础。

2. 拓宽视野，发展职业素质

职业素质是职业发展的基础，培养职业素质首先要了解自己的素质结构，为更好地做到这一点，就要立足学业、拓宽视野，在全面提高综合素质的同时不断认识自我、发展自我、调整自我。大学生要深入学习各种知识，包括政治、专业、文化、艺术等方面，提高自己的道德情操、专业素质、个人修养；要通过参加文体活动、参与集体活动、加入学生社团、开展社会实践活动等途径充分发展自己的兴趣和特长；要在集体中成长，在老师和同学的帮助下更加客观地认识自己，发现优势和劣势。大学期间有很多资源和途径可以用于职业素质的养成和发展，大学生只有主动地挖掘这些资源、利用这些途径，才会更好地扬长避短、不断进步。

3. 参与实践，接触社会职场

自我的发现和发展如果不能与对社会职场的认识相结合，就不可能"人职匹配"地制定和实施职业生涯规划。因此，大学生在综合素质全面发展的同时，要积极参与校内各种实践项目，参加暑期社会实践，主动接触社会，通过观察获得一些初步了解；要进入一些单位开展实习锻炼，通过实际的体验，认识职业对素质的要求。在这样的基础上对自己进行再次分析，对目标深入考虑，科学地设计职业发展，从而有效地进行就业准备。

4. 直面挫折，调整职业规划

在职业规划的设计和实施中，不可避免地会遇到困难和挫折。这时，不要消极地抱怨或畏缩，要看到困难和挫折的积极一面，认识到它们是不是提醒你需要对初步的职业

规划做一些调整，是不是这个设计项目在这个阶段的实施条件还不够成熟，是不是需要向后顺延，通过挫折是不是暴露出规划人本身的问题。对这些问题的积极思考，实际上就是职业规划过程的成熟和完善，客观冷静地对待困难和挫折，在完成职业生涯规划调整的同时，大学生自身也将获得进一步的发展，要成功，首先必须对生活乃至人生有一个清晰的目标和前进路径。毋庸置疑，在人生舞台上能够占有一席之地的人，都要经过一番艰苦的努力、磨炼和经营。大学生即将走出校园踏入社会，在职场这个大舞台上发挥自己的能力、实现社会价值，有效的职业规划不仅会帮助其在有限的大学生涯中获得无限的发展，更会在未来的职业发展中为其导航。因此，为了明天的发展，职业规划要从今天开始。

思考：

职业生涯规划中常见问题的对策有哪些？

第二节　职业生涯规划实例

案例一：梦想由我编织

　　方童是一名品学兼优但身体比较柔弱的女大学生，她的理想是成为一名教师，为此，她放弃了待遇优厚和工作环境舒适的银行工作，到她心仪的一所学校去面试。由于这所学校需要的是有工作经验的男性教师，她的条件不符合学校的用人要求，因而被学校拒绝了。然而，方童并没有放弃，而是凭借自己的真诚和实力打动了校长，最终被聘为了校长办公室秘书。

　　方童在出色地完成校长办公室秘书任务的同时，没有放弃自己做一名教师的心愿。她一边做秘书工作，一边听老师讲课，认真做听课笔记，用心写听课心得和对老师教案的点评。

　　过了一段时间，当她再次向校长表明自己想当老师的心愿时，正准备出差的校长让方童做十份英语教学提纲，如果考查合格，就录用她为这所学校的任课老师。

　　方童做的教学方案得到了校长的认可，但接下来，她还要在学校的老师面前试讲，经老师们考查合格后才能成为一名教师。老师们指出了她试讲中的不足，也充分肯定了她的优点。通过锲而不舍的努力，方童终于如愿以偿，成为了一名教师。

（资料来源：http://www.docin.com/p-50449578.html.）

案例思考

1）方童为什么能如愿以偿？

2）对于大学生来说，理想有哪些意义？

案例二：四只毛毛虫的故事

　　毛毛虫都喜欢吃苹果，有四只关系要好的毛毛虫，各自去森林里找苹果吃。

第一只毛毛虫跋山涉水来到一棵苹果树下。它根本就不知道这是一棵苹果树，也不知树上长满了红红的可口的苹果。当它看到其他毛毛虫往上爬时，就稀里糊涂地跟着往上爬。它没有目的，不知终点，更不知自己到底想要哪一种苹果，也没想过怎么样去摘取苹果。它的最后结局呢？也许找到了一颗大苹果，幸福地生活着；也可能在树叶中迷了路，过着悲惨的生活。不过可以确定的是，大多数毛毛虫是这样活着的，没有想过什么是生命的意义，为什么而活着。

第二只毛毛虫也爬到了苹果树下。它知道这是一棵苹果树，也确定它的"虫"生目标就是找到一个大苹果。问题是它并不知道大苹果会长在什么地方。但它猜想：大苹果应该长在大枝叶上吧！于是它就慢慢地往上爬，遇到分支的时候，就选择较粗的树枝继续爬。于是它就按这个标准一直往上爬，最后终于找到了一个大苹果，这只毛毛虫刚想高兴地扑上去大吃一顿，但是放眼一看，它发现这个大苹果是全树上最小的一个，上面还有许多更大的苹果。更令它泄气的是，要是它上一次选择另外一个分枝，它就能得到一个大得多的苹果。

第三只毛毛虫也到了一棵苹果树下。这只毛毛虫知道自己想要的就是大苹果，并且研制了一副望远镜，还没有开始爬时就先利用望远镜搜寻了一番，找到了一个很大的苹果。同时，它发现当从下往上找路时，会遇到很多分支，有各种不同的爬法；但若从上往下找路时，却只有一种爬法。它很细心地从苹果的位置，由上往下反推至目前所处的位置，记下这条确定的路径。于是，它开始往上爬，当遇到分支时，它一点也不慌张，因为它知道该往哪条路走，而不必跟着一大堆毛毛虫去爬。例如，如果它的目标是一个名叫"教授"的苹果，那应该爬"深造"这条路；如果目标是名叫"老板"的苹果，那应该爬"创业"这条路。最后，这只毛毛虫应该会有一个很好的结局，因为它已经有了自己的计划。但是真实的情况往往是，因为毛毛虫的爬行相当缓慢，当它抵达时，苹果不是被别的虫捷足先登，就是苹果已熟透而烂掉了。

第四只毛毛虫可不是一只普通的虫，做事有自己的规划。它知道自己要什么苹果，也知道苹果将怎么长大。因此当它带着望远镜观察苹果时，它的目标并不是一个大苹果，而是一朵含苞待放的苹果花。它计算着自己的行程，估计当它到达的时候，这朵花正好长成一个成熟的大苹果，而它正好能得到自己满意的苹果。结果它如愿以偿，得到了一个又大又甜的苹果，从此过着幸福快乐的日子。

第一只毛毛虫是只毫无目标、一生盲目、没有自己人生规划的糊涂虫，不知道自己想要什么。遗憾的是，我们大部分的人都像第一只毛毛虫那样活着。

第二只毛毛虫虽然知道自己想要什么，但是它不知道该怎么去得到苹果，在所谓正确标准的指导下，它做出了一些看似正确却使它渐渐远离苹果的选择。而曾几何时，正确的选择离它又是那么接近。

第三只毛毛虫有非常清晰的人生规划，也总是能做出正确的选择，但是，它的目标过于远大，而自己的行动过于缓慢，成功对它来说，已经遥不可及。我们的人生极其有限，必须制订一个适合自己的计划，并且充分借助外界的力量，来实现自己的目标。

第四只毛毛虫，它不仅知道自己想要什么，也知道如何去得到自己的苹果，以及得到苹果应该需要什么条件，然后制订清晰实际的计划，在望远镜的指引下，它一步步实现自己的理想。

其实我们便如同毛毛虫一样，而苹果就是我们的人生目标——职业成功。爬树的过程就是我们职业生涯的道路。毕业后，我们都要爬上"人生"这棵苹果树去寻找未来，完全没有规划的职业生涯注定是要失败的。

（资料来源：http://www.docin.com/p-50449578.html.）

案例思考

1）为什么四只毛毛虫都在往上爬，却只有第四只毛毛虫吃到了又大又甜的苹果？

2）你属于哪一只"毛毛虫"？你想当哪一只"毛毛虫"？你准备如何成为这只"毛毛虫"？

案例三：父母选择的专业

小何是大学三年级国际经济与贸易专业的本科生，高考那年听从父母的安排填报了现在的专业。"从小学到高中，我的很多事情都是父母一手包办的。高考的压力使我无心考虑以后的发展方向，只是拼命地学习，一心想拿高分上重点院校。高考结束后，我感觉整个人都轻松了，在填报志愿时就听凭父母的安排。后来，妈妈说国际经济与贸易是热门专业，我也不清楚到底是学什么的，只觉得和经济有关应该很好，于是就糊里糊涂地进了现在的学院。这个专业确实很好，学生的录取分数也很高。可是，我对经济确实没什么兴趣，上课时觉得无聊，下课后也懒得翻书，到了期末考试的时候要靠临阵磨枪才得以'涉险过关'。我发现自己更感兴趣的是人文方面的学科，如社会学、汉语言文学等。大一上学期，我曾和爸妈商量转系，他们听了以后表示很不理解，说：'这个专业别人想进还进不来，你倒自己放弃，得不偿失。'由于父母的极力反对，我只得作罢。两年半的大学生活转瞬即逝，我在专业方面仍毫无兴趣，成绩也一般。如今，同学们已纷纷准备考研、出国，可我仍觉得前途一片迷茫。"

（资料来源：http://www.docin.com/p-50449578.html.）

案例思考

1）小何的专业是父母选的，前景很好，可是为什么小何仍然觉得前途一片迷茫？

2）如果你是小何，面对自己不感兴趣的专业，你会怎么做？

案例四：集中精力为目标做准备

小懿和小皑目前都愉快地在自己曾经朝思暮想的岗位上工作。他们是同一所大学同一个系的学生，之前彼此并不太熟悉，小懿是上一届的学生，因为暂时离开大学去部队当兵，复员后才和小皑成为同一届学生。但是他们在择业就业过程中的许多准备与方法上，有惊人的相似之处。

小懿和小皑都是普通家庭的孩子，他们考上大学都给家人带来了莫大的喜悦，但他们自己并没有沉浸在考上大学的欢乐中，进校后在老师的帮助下，他们都很快地确立了新的目标。小懿在大学期间去部队锻炼，小皑一直在学校学习。虽然他们两个在不同的环境中成长，但是他们谁也没有松懈。后来，小懿和小皑都加入了中国共产党，小皑还获得了奖学金。按常理来说，他们两个人所取得的成果并没有什么值得称道的，其实不然。在大学里，从一开始就能脚踏实地一步一个脚印前进的学生并不多。他们积极主动地争取老师的辅导和帮助，也为他们日后的成功做足了铺垫。

大学临近毕业时，他们又不约而同地来到就业指导中心，主动地把个人简历交给老师，请老师根据经验提出修改建议，更重要的是他们把个人简历和推荐表都留在就业指导中心，就业指导中心按他们的要求，向他们锁定的招聘单位予以推荐。因为他们平时一直保持着和已经在他们心仪的岗位上工作的学哥学姐们联系，因此他们按照用人单位的高标准、严要求做足了准备。很快，经过层层严格选拔，他们都如愿以偿地获得了自己心仪的工作。

（资料来源：http://www.docin.com/p-50449578.html.）

> **案例思考**
>
> 1）小懿和小皑在成就动机方面有什么区别？又有什么相似之处？
> 2）他们的工作为什么都找得比较顺利？
> 3）他们在哪些方面的做法值得我们学习？

案例五：普通人的成功，与何有关？

小学和初中时期，小航的学习成绩一直在班级的中游浮动，初三时，调皮的小航因犯了错误，被老师狠狠地批评了一顿，老师对小航说："像你这样的人，不要来上学了，读书有什么用？"小航感到自尊心受到严重的伤害，于是便辍学和村里人一起到上海做生意。

小航刚刚到上海时，因为年龄小，没有什么文化，只能从事一些较简单、低级且脏累的工作，生活每天如此，看不到一丝希望，一天下来他累得连饭也不想吃，倒头就睡着了。这样的生活让小航觉得干活就是为了挣钱买点吃的，生存下去。很多同伴到适婚年龄就回家结婚，一辈子就这样过去了一半。小航不想这样下去，不希望一辈子没有追求，他希望回到学校读书，但是他又不希望回到像初中时那种带给自己耻辱的环境中。两年就这样过去了，经过再三考虑，他决定通过自学考试完成自己的大学梦。

1999年年初，他开始了自己的自考生涯。由于没有读过高中，底子薄，他以常人所不能比的毅力，花费了大量时间自学高中的课程。他用了整整六年的时间，终于通过了三十余门课程的考试，获取了某高校信息管理专业的本科文凭，并且通过了英语六级和计算机四级考试。为了让自己的计算机能力更加符合企业的需要，他报考了某教育培训机构的计算机培训班，在班级二十多个学员中，小航的成绩最为优异，他因出色的表现得到了培训老师的赏识，并被老师推荐到一家从事信息管理系统开发的公司应聘。该公司的面试是集体面试，一共有十多个应聘者，其中不乏名牌高校计算机专业的毕业生，但小航对很多专业的问题对答如流，项目测试时又很快地完成了任务，出色的表现让招聘人员对他刮目相看。

现在小航已经在这家公司工作两年有余，由于公司承接了很多日企的项目，在进行项目洽谈时需要通过日语进行交流，小航现在又在进行日语的学习。虽然平时的工作很忙很累，但他每天晚上回到住处都要学习日语，每周去两次日语培训班学习。同时，小航还报考了注册会计师。因为在进行企业资源计划（ERP）时，他发现企业管理系统中最核心的部分就是财务系统，只有掌握专业的财务知识才能更好地理解客户方的需求，从而更好地做好客户方的管理信息系统的设计和开发。由于技术能力过硬，业务素质强，小航被送往日本培训半年。

小航打算等自己拿到注册会计师资格证书后，"跳槽"到德勤会计师事务所（全球四大会计事务所之一），从事企业管理咨询和 ERP 顾问等方面的工作，实现从技术人员到技术顾问的转变。

案例思考

1) 小航和同村其他打工人的区别是什么？

2) 小航通过什么方式弥补了自己没有上过大学的遗憾？

3) 小航找到工作以后就满足了吗？他工作后是怎么表现的？

4) 小航的案例对你有什么启发？

案例六：大学生"疯狂"考证值不值？

1. 盲目考证费时间，用人单位不买账

小蔡已是第三次来到人才市场了，但让他失望的并不是没有找到合适的工作，而是他所应聘的十几家单位对他抱着的一摞证书视而不见。其中不仅包括英语四级、六级证书等"硬性敲门砖"，还有助理物流师、助理电子商务师、策划师等从业资格证书。

近些年越来越多的在校大学生将考证、考级作为增加就业竞争力的砝码，而除了要攻克大学英语四级、六级和计算机等级考试等比较传统的考试外，大学生对各类从业资格证书的考试也兴趣甚浓，相关资格证书考试培训日益火爆。然而，当各种职业资格证书在校内被同学们热捧时，小蔡这样的应届毕业生却发现它们在求职中所起的作用相当有限。

2. 放弃听课忙考证，还未毕业就已"证书等身"

"我今年考过了英语六级，还考了秘书证、助理物流师证、初级茶艺师证。现在是大三下学期，再不争取多考几个证书，明年找工作肯定会很麻烦。"王洁是云南师范大学历史专业的学生，她说班里的同学对于各种从业资格证书的考试格外热衷，而大二、大三又是考证的黄金时期，许多同学甚至放弃听课，拿着各种从业资格考试的参考书自己复习。"我们这个专业很难就业，如果再不考几个从业资格证书找工作就更难了。"

王洁坦言，这些证书的含金量并不太高，只要复习到位，基本上会一次通过，"少一证不如多一证，用一个月时间突击一个证书是值得的"。

像王洁一样，云南大学 2007 级哲学专业的张莹也参加了多场从业资格证书考试。她说："很多已经毕业的学长说这些证书没用，在人才市场求职时没人看。但大家都考，我不考，不就少了一张证？尽管招聘单位可能不会因多一张证书就录用我，但我绝不能因为与竞争者相比少一份证书而失去这份工作。"张莹说，她的老师让大家趁大二有时间，先把英语四级、六级和计算机等级证书拿到手，减轻后两年的压力，还能腾出时间考其他的证书或参加一些社会实践工作。

许多同学为了在大二这一年一次性地通过考试，还报了培训班。不菲的报名费及培训开销让他们在经济上捉襟见肘。

"如果考证只是为了毕业找工作就太功利了，为考证花的也是冤枉钱。"云南大学城建学院工程管理专业的赵宝清对于"增加竞争力"的说法不以为然。"大学生考证并不完全是要以此证明自己的实践能力，我所理解的考证更多体现出一个人的学习水平和对新知识的接受、理解能力，同时也能反映出一个大学生对待事物的态度。"

3. 学生参加培训先问有无证书

刘波曾是云南某电脑培训机构三级网络技术班班主任。他说："我在大三时就考了这个证书，但工作这么多年，觉得一点用处都没有。用人单位不会看的。而这个三级网络技术考试即便通过了也只是学了点皮毛，让那些通过考试的人编程序、做网站根本不可能。"

据刘波介绍，每次考试都有95%的原题，学生不用动脑，只要平时做过模拟题，将背过的答案填上即可。有些分析题目过程很难理解，学生写不出相关程序，又懒得去背，就利用计算机的程序漏洞，不通过编译程序，直接从源题库里面改答案，计算机也会自动认可正确。

刘波举例说，某培训机构曾专门面向毕业生开设办公软件的培训课程，"这个培训要比网络技术的培训实用得多，可即学即用，对于即将走上工作岗位的大学生来说非常有帮助，但那些来咨询的学生张口就问参加这个培训发不发证书。"

云南财经大学国际工商学院院长刘尔思分析："盲目考证恰恰说明了我们教育信息的不对称，夸大了社会对人才的恐惧，似乎全能型人才才能找到工作，加之一些高校教师的信息引导，造成学生对就业前景的错误判断。"

4. 考证应与职业生涯规划相结合

姚韵红是云南广播电视大学教师，长期从事学生职业生涯规划研究。作为国家就业指导师，她发现除了大学生对自身认知程度较低外，学校缺乏相应的指导也是导致盲目考证现象存在的重要原因之一。

"其实大一新生进校时，学校就应该设立职业规划的课程，让学生从进入大学起就有职业前景规划的意识。考证要建立在深刻、准确地了解自我的基础上。"姚韵红说。

姚韵红表示，高校应组建一支专业职业规划和就业指导的教师队伍，使大学生职业生涯规划成为常态。据了解，日前，云南省教育厅就业指导中心已从云南一些高校召集就业指导教师，着手组建高校就业指导专家组。

"盲目考证是不可取的，但学生要考一些适合自己职业发展、与个人特质相吻合的从业资格证书，毕竟这是社会选拔人才的重要标准之一。"姚韵红说。

（资料来源：http://www.docin.com/p-50449578.html.）

案例思考

1）什么是技能？证书能代表技能吗？

2）你准备考取什么证书？与你的职业生涯相关吗？

3）对于大学生盲目考证的现象，你有什么看法？

案例七：三个大学生的成功创业路

2003 年，电子科技大学成都学院的学生谢文婷、徐立、杨非合资 50 万元，创办软件公司，2006 年该公司已成为成都高新西区国家 863 软件孵化园中一家小有名气的专业软件公司。短短三年时间，该公司拥有固定员工 15 人，资产逾百万元，并在上海、南京设有分公司，客户囊括了政府、医院、建筑行业及学校。

从独立创业到小有名气，仅三年时间，他们靠什么如此迅速地成长起来呢？

刚进大学，凭着对计算机行业的憧憬和痴迷，谢文婷、徐立、杨非走到了一起。不久，在徐立的带领下，他们便在学校里成立了一个名为"计算机语言实验室"的社团。大一寒假期间，该社团的 15 名成员同时取得了微软讲师认证，这在校园里引起了巨大反响。大家趁着这个机会，开始为学校建网站，创建专业图书馆，还争取到了为学校购置安装计算机的大项目，借此机会，他们认识了许多电脑城的商家，并与他们建立了长期的合作关系，为公司的创立打下了基础。大二时，他们三人又在全校范围内招聘新会员。通过报名考试，20 名 IT 精英学子又加入了这个团队。拿到微软讲师认证的徐立扮演起培训师的角色，经常在校内开讲座，一时间，他成为许多女生竞相追逐的对象。之后他们在校内举办了"计算机语言实验室一周年展"，这不仅得到了同学的认可，还得到了学院奖励给他们的 1000 元现金。

大三暑假期间，谢文婷获得了学校赞助去英国游学的名额。在英国期间，她发现，那里的大学生的手提电脑、手机等都由自己赚钱来买，绝不向家里要一分钱，这触动了谢文婷回国创业的念头。

短短两个月的时间，让谢文婷看到了与国外大学生的差距，自己以前的优越感一时间荡然无存。他们三人报名参加了青年软件创新工程大赛。谢文婷说："我们参赛的项目是一个关于无线通信方面的，决赛那天，做梦都没有想到的是，在众多博士、硕士中，我们的项目竟赢得到了全场专家的一致好评，成为这届大赛的最大赢家。"当天，她就把创业的想法告诉了徐立和杨非。三个年轻人一拍即合，利用大赛奖励的一笔资金，谢文婷又向家里借了 20 万元，徐立和杨非则东拼西凑，最终以 50 万元的启动资金走上创业之路。

和所有创业者一样，他们的创业历程并不是一帆风顺的。谢文婷回忆："当时我们在技术上虽然没有问题，但是却没有客户认可。我们利用一周的时间跑遍了成都所有的电脑城，并积极向企业进行沟通和演示，可是没人相信我们。眼看公司运行快一个月了，房租、交通费、沟通费等消耗了一大笔资金，可没有一分钱进账。就在快要山穷水尽时，我在南京大学读计算机博士的表哥介绍了一家建筑公司，为他们做工程监察系统。这个项目正好是我们以前设计过的，根据客户的需要稍做修改后，我们只用了一个晚上就把这个项目的设计方案交给了客户。第一个 20 万元的项目，我们就在容易与不容易中做成了。"现今，电子科技大学的这三名大学生在软件行业的创业佳绩，已成为校园内外同学们谈论的新闻话题。

（资料来源：http://www.docin.com/p-50449578.html.）

案例思考

1）这三位大学生的成功创业除了机遇外，与他们自身努力、不断提高计算机水平密不可分。结合案例谈谈如何提高技能。

2）这三位大学生结合自身技能，成功创立了软件公司。结合案例谈谈技能与职业的关系。

案例八：小伟转型引发的议论

小易已经在这家外企公司工作了三年多的时间，她喜欢外企的这种工作氛围，喜欢同事的高素质，喜欢办公的感觉。只是工作紧张，每天都紧锣密鼓地进行，有时一天忙下来，连水都想不起来喝。平时，大家都各忙各的，也没有太多的时间进行交流。最近快过圣诞节了，于是小易约了几位白领朋友在一家酒吧里闲聊，不知不觉就谈到了工作。

"我每天下班后脑子里一片空白，就想窝在沙发里歇着看电影，什么也不想，什么事也不想干。"

"其实这也没什么，大家都很忙嘛。只是我觉得最让我难受的是没有发展空间，我来这家公司已经三年多了，工资也没涨多少，还不知道要熬到什么时候。"

"'跳槽'总不是办法，稳定又有发展才是最理想的。"

"别人还挺羡慕我们呢，谁又知道我们的苦衷呀。我们公司业绩不太好，老板嚷着要辞退员工呢，人心惶惶。"

"来我们公司吧，我们公司的培训机制挺好的，让我学了不少东西。管理也是国际化的模式，有很多先进的地方。"

"我很想去你们这样的跨国快速消费品公司做营销，但我一直在从事人事的工作，哪个公司会让我去做营销！从做人事转型做营销行吗？"

"小伟转型就很快，也很成功。他是工科毕业，但学的不是计算机，做了两年的 IT "产品"销售后，发现这份工作不太稳定，收入也不理想，他感觉自己也不擅长销售。小伟"跳槽"之前找了一家职业顾问公司，做了一份职业生涯规划，然后就辞了职，参加了思科的网络工程师培训，并用了三个月学习了网络技术知识。在学习期间，他也同时在搜寻适合自己的工作，后来，他被广州一家著名的 IT 公司聘用为思科技术支持。

仅仅用了半年时间，他就干得得心应手，他们公司上个月将技术支持独立出来，专门成立了一个技术支持部，他已经是技术支持部的经理了。"

"那天我问小伟：'你从来没有做过 IT 的技术工作，你们公司招聘的时候为什么聘用了你？你当时在简历上写你做过？'他说：'我没这样写，当时的销售部经理要我做技术支持，主要是看中了我做过销售的经历，认为我不仅懂技术，还能有效地跟客户沟通。因为前一个员工的技术支持虽然过硬，但不会跟客户沟通，还是不能说服客户的技术人员。我现在虽然技术谈不上很好，毕竟做的时间不长，但我把技术实施后的效果给客户讲解、演示后，客户会很明白和接受。我今年做了二十多个项目，还没有失过手。'"

（资料来源：http://www.docin.com/p-50449578.html.）

案例思考

1）职业转型应该具备哪些条件和信息？
2）如何确定自己的职业生涯目标？

案例九：SWOT 分析定目标

姓名：何生

性别：男

血型：B 型

性格：领航兼增值型

学历：本科

目前年龄：30 岁（2000 年）

死亡预测：70 岁（2040 年）

尚余年限：40 年

"SWOT"分析：

优势：①有较坚实的制造业企业管理理论基础（但仍需不断吸收新观念、新知识）；②有三年工厂基层技术及管理经验和五年的工厂中层管理经验（但仍需充实这方面的经历和经验）；③善于沟通，善于与人相处，适应能力强（才干一）；④分析问题时头脑冷静，善于发现和解决问题（才干二）。

弱势：有时缺乏冲劲，做具体工作动作较慢。

机会与威胁：目前所处工厂属于稳定期，调薪较慢，升迁机会极小。应抓紧时间多学习，打下基础，为下一步突破养精蓄锐。

整体职业生涯目标：成为一家中型制造业企业的总经理。

阶段目标：30～32 岁，仍在现企业任职，争取调换职位，熟悉制造、品管、工程、物料等部门的运作，同时自学 MBA 的主干课程；33～35 岁，"跳槽"应聘制造业企业管生产的副总经理等相关职务，从事工厂的全面管理工作，同时自学营销方面的课程；35～39 岁，从事制造业企业的高层管理；40 岁，应聘一家中型制造业企业的总经理。之后，一边从事管理工作，一边不断学习和实践，逐步成为一名优秀的职业经理人。

家庭目标：目前已婚。31 岁开始以 10 年期供楼，32 岁时育一子。

健康目标：至少购买 50 万元人民币保额的人身保险，注意身体健康，不要让身体成为家庭与事业的负担。

收入目标：2000～2002 年，年薪 8 万～10 万元人民币；2003～2005 年，年薪 10 万～15 万元人民币；2010 年，年薪 30 万元人民币，之后每年以 5%～10%的增幅增加。如果可能，自行创业（非绝对必须之目标）。

学习目标：2000～2002 年，自学完 MBA 主干课程；2003～2005 年，自学完营销管理主干课程；2005 年以后每月至少看 10 本以上相关管理书籍，并将学到的知识用于管理工作之中。

案例思考

1）通过案例你觉得应该如何运用 SWOT 方法明确自己的职业生涯目标？

2）明确职业生涯目标以后，如何分解自己的职业生涯目标？

案例十：孙小姐的职业定位

孙小姐在大学里学的是会计专业，她无奈地告诉职业咨询师，她毕业至今已经换过四份工作了。在此期间，她做过会计、销售、物流、文秘，现在在一家酒店从事会展策划，可是总是觉得没一份工作适合自己。看到各大报纸和招聘网站的招聘信息，却如坠入云雾中：好像自己什么工作经验都有，却又很难达到职位描述中的要求。面试了几家公司后，大都杳无音信。唯一有了答复的一家，也因为公司规模太小，在薪酬上双方无法达成共识而作罢。眼看着自己的年纪越来越大，想想自己微薄的薪水和狭窄的发展空间，孙小姐束手无策，不知道怎样才能让自己的职业发展更上一层楼。

职业咨询师认为孙小姐从事过的工作之间缺乏连贯性，而且一些工作与她本身所学的专业相差甚远。也正是因为如此，造成了她在工作经验上什么都有却无一精通的劣势和无奈。职业咨询师通过对她进行职业价值观、职业满意度、职业个性及职业能力等一系列的测评结果，发现她性格外向，感情细腻，办事注重规则和计划，于是建议她把人事助理或助理文秘类的职位作为职业的切入点。同时职业咨询师提出了一些与她的职业发展相关的充电建议，并给予了简历方面的辅导。在投递了三份简历之后，孙小姐就收到了面试邀请，继而职业咨询师又给她做了相应的面试辅导。现在孙小姐已经顺利地在杭州一家比较大型的合资公司担任人事助理一职。她说："我现在正在根据职业咨询师为我规划好的职业发展道路一步一步进行着。如果前几年就有职业生涯规划意识的话，自己的职业发展现在肯定已经步入正轨了，也不至于浪费这么多年的时间。"

案例思考

1）孙小姐对自己的职业定位不够清晰，导致做了很多不相关的工作，那么如何才能对自己有准确的职业定位呢？

2）如何寻找与自己职业生涯发展的切合点，合理地规划自己的职业生涯？

案例十一：相同的职业起点，不同的发展路径

小张和小卢曾经是校友，均为计算机科学专业出身。现在，两个人是同事，为同一家公司服务。他们虽然选择了相同的职业起点，但工作十年的职业发展路径却不同。

小张：

工作第1~2年：市级人民医院，网络管理员，月薪2000元。

工作第3~4年：欧美体育用品公司，网络管理员，月薪4000元。

工作第5~10年：欧美咨询业巨头，网络管理员，月薪从8000元升至10 000元。

目标是深入研究网络专业知识，工作稳定，工资上涨。

小卢：

工作第1年：某私有软件公司，网络管理员，月薪2000元。

工作第2年：欧美咨询业巨头，网络管理员，月薪6000元。

工作第3~5年：欧美咨询业巨头，管理咨询师，月薪8000元。

工作第6~10年：欧美咨询业巨头，资深管理咨询师，月薪12 000元。

目标是在36岁之前奋斗为管理咨询经理，达到月薪25 000元。

（资料来源：http://www.docin.com/p-50449578.html.）

案例思考

1）小张和小卢的职业发展路径分别是什么？

2）你准备如何设计自己的职业发展路径？

案例十二：惠普公司员工的职业生涯管理

美国惠普公司是世界知名的高科技大型企业，它的被称为"惠普之道"的独特而有效的管理模式为人所称道。该公司聚集了大量素质优秀而训练良好的技术人才，他们是惠普公司最宝贵的财富，是其发展的主要根源。惠普公司能吸引来、保留住和激励起这些高级人才，靠的不仅是丰厚的物质待遇，更重要的是能够给这些员工提供良好的提高、成长和发展的机会。其中帮助每位员工制订他们满意的、有针对性的职业发展计划，是其中的一个重要因素。

该公司的科罗拉罗泉城分部开发出一种职业发展自我管理的课程，这门课程主要包含两个环节：首先，让参加者用各种测试工具及其他手段进行个人特点的自我评估；其次，将评估结论结合员工工作环境，制订出每位员工的发展计划。该公司从哈佛大学MBA课程中采用六种工具来掌握每位员工的特点并做出评估。这些工具包括：

1）一份书面的自我访谈记录。惠普公司会给每位参加者发一份提纲，其中有十一道有关他们自己情况的问题，需要他们提供有关自己生活的信息、他们经历过的挫折及对未来的设想，并让他们在小组中互相讨论。这篇自传摘要体裁的文件会成为将来自我

分析所依据的主要材料。

2）一套斯特朗-坎贝尔兴趣问卷。这份包含 325 个项目的问卷填答完成后，就能据此确定他们对职业、专业领域、交往的人物类型等的喜恶倾向，为他们与各种不同职业中成功人物的兴趣进行比较提供依据。

3）一份奥尔波特-弗农-林赛量表。此量表中列有多种相互矛盾的价值观，每人需对之做出 45 种选择，从而测定这些参加者对多种不同的关于理论、经济、美学、社会、政治及宗教价值观接受和同意的相对强度。

4）一篇 24 小时活动日记。参加者要把一个工作日及一个非工作日全天的活动如实而无遗漏地记下来，用来对照与其他来源所获得的同类信息是否一致。

5）与另两位重要人物（指跟他们的关系对自己有较重要意义的人）的访谈记录。每位参加者要对自己的配偶、朋友、亲戚、同事或其他重要人物中的两个人，就自己的情况提出一些问题，看看这些旁观者对自己的看法。这两次访谈过程需要录音。

6）对自己生活方式的描述。每位参加者都要用文字、照片或其他形势，对自己的生活方式进行描绘。

每位员工做好自我评估后，部门经理会逐一进行进一步的了解，听取他们汇报自己选定的职业发展目标，并记录下来，还要总结出员工目前的任职情况。这些信息可供高层领导用来制定总体人力资源规划，确定所要求的技能，并拟定一份时间进度表。当公司对未来需要的预测结果与每位员工所制订的职业发展目标相符时，部门经理就可据此帮助该员工绘制出自己在本公司内发展升迁的路径图，标明每一升迁前应接受的培训或应增加的经历。每位员工的职业发展目标还要和绩效目标与要求结合起来，供将来绩效考评时用。部门经理要监测员工在职业发展方面的进展，并对他们提供尽可能的帮助与支持。

（资料来源：http://wenku.baidu.com/view/1a0a1f69a98271fe910ef907.html.）

案例思考

1）惠普公司员工的职业生涯规划与管理有什么特点？这套方法在保留和激励惠普公司的人才方面会不会有效？为什么？

2）如果将这套办法运用到中国企业，能否行得通？为什么？如果想将它运用到实际工作当中，应做哪些修改以适应当前现状？

案例十三：周杰伦的职业生涯规划

1. 职业培养期：成绩平平，专注于音乐

周杰伦，1979 年 1 月 18 日出生于台北。父亲是生物老师，母亲是美术老师。小时候的周杰伦对音乐就有着独特的敏感，听到音乐就会随着节奏兴奋地摇晃，有时候一边看电视一边戴上墨镜学高凌风唱歌。母亲见他在音乐方面很有天赋，毫不犹豫地拿出家里所有的积蓄给他买了一架钢琴。这一年，周杰伦才 4 岁。

虽然是教师之子，周杰伦的学习却不尽如人意。英语老师甚至认为他有学习障碍。高中联考时，周杰伦的功课很差，只考了100多分。当时淡江中学第一届音乐班招生，周杰伦抱着试试的心态参加了考试，竟然考上了。

在高中能学习音乐，这让周杰伦感到无比幸福，他的音乐天赋和才华在这里得到了认同。他的高中同学回忆，那个时候，周杰伦弹钢琴唱歌和打篮球的样子迷倒了很多女孩子。虽然父亲和母亲在他14岁时离异，但是躲在音乐世界中的周杰伦却并没有受到很大的冲击。他回忆说："12～16岁的日子是我最开心的日子，音乐让我的心灵得到安慰。"

教周杰伦钢琴的老师说，周杰伦十几岁时已经具备远远超越他实际年龄的即兴演奏能力——他将庄严肃穆的音乐变奏，以一种很有意思的方式重新演绎，听上去就像流行歌曲。

综观周杰伦的职业培养期——学生时代，有两点特别引人注目。首先是对自己音乐天赋的忠诚和投入。音乐对于他而言，与其说是一种兴趣，不如说是另一个世界。在这个世界里，音乐帮助他抵挡父母离异、成绩不好等所有的青春期的常见烦恼，让他自信健康地成长。一个人能够在自己天赋中自由舞蹈，这无疑是一种幸福，这能抵挡住一切成长中的动荡。其次是高中时期选择读音乐班，这是一个很重要的职业规划。高中时期是个人重要的职业培养和探索期，这个时候，孩子刚刚开始有社会意识，如果天赋在自己的小群体里获得认同，就会极大推动未来把这种天赋作用于社会的想法。如果周杰伦上的是普通高中，也许他的音乐才能只会变成一个差生聊以自慰的"小把戏"。而音乐班的氛围，让他的这种天赋很顺利地从个人兴趣发展成社会技能。

2. 职业适应期：选择就业，生存下来是关键

如果择业，最吸引他的一定就是成为一名歌手，但一个普普通通的17岁的孩子，如何成为歌手？无奈的周杰伦几次碰壁之后，选择了在一家餐厅做侍应生——先生存，再谋发展。

在餐厅的工作其实很简单，把厨师做出来的饭菜送给女侍应生，再由女侍应生送给客人。即使是这样，周杰伦也没有离开自己的音乐世界，他一边工作一边听歌。

机会终于来了。老板为了提高餐厅档次，决定在大堂放一架钢琴，但连续聘请了几位琴师都不满意。周杰伦在空闲的时候偷偷地试了试，他的琴声震惊了不少同事，包括他的老板。老板拍着周杰伦的肩膀说："你可以不用在这里干活了。"

在餐厅里打工和弹琴让周杰伦慢慢开始有在公众面前演奏的机会，他也慢慢开始积累起自己的听众。机遇从不会忘记那些执着于梦想的人。1997年9月，周杰伦的学妹瞒着他，偷偷帮他报名参加了当时台湾著名娱乐主持人吴宗宪的娱乐节目《超级新人王》。当时的周杰伦非常害羞，他甚至不敢上台唱自己的歌，只好找了一个朋友来唱，自己用钢琴伴奏，两个人的演出效果很不理想。但主持人吴宗宪路过钢琴的时候，惊奇地发现这个一直连头也没敢抬的小伙子演奏着一首非常复杂的歌曲，而且乐谱抄写得工工整整，他意识到这是一个对音乐很认真的人。节目结束以后，他邀请周杰伦进入他的唱片

公司，任音乐制作助理。

作为唱片制作助理，在负责唱片公司所有人的盒饭之余，周杰伦在那间七平方米的隔音间里开始了自己的创作生涯。半年下来，他写出来的歌倒不少，但曲风奇怪，没有一个歌手愿意接受，其中包括拒绝《眼泪不哭》的刘德华和《双截棍》的张惠妹。当然，两年后，他们后悔不迭。

吴宗宪有些着急，他决定给这个年轻人一些打击。他让周杰伦来到自己的办公室，告诉他写的歌曲很烂，并当面把乐谱揉成一团，丢进废纸篓里。这让周杰伦在音乐道路上遭受重大的打击。然而，吴宗宪第二天早上走进办公室的时候，惊奇地看到这个年轻人的新乐谱又放在了桌上，第三天、第四天……每一天吴宗宪都能在办公桌上看到周杰伦的新歌，他彻底被这个沉默木讷的年轻人打动了。

有一天，吴宗宪把周杰伦叫到房间，承诺他如果可以在十天之内拿出五十首新歌，就从里面挑出十首，做成专辑——既然没有人喜欢唱他的歌，他就自己唱。十天之后，周杰伦安安静静地拿出五十首歌，于是就有了周杰伦一举成名的专辑《JAY》。这张专辑的问世，立即轰动歌坛。

周杰伦在职业发展的每个时期都做了很好的示范。在职业培养期，他选择了专注自己的天赋，没有被"大而全"的教育模式平庸化。在职业适应期，他明智地选择了先就业再择业，先养活自己，慢慢培养自己的能力，期待在最高平台展示的机会。这些道理都很简单，只是简单并不代表容易做。周杰伦也许有一些别人没有的天赋，但是成功的路上绝对没有偶然。

（资料来源：http://blog.sina.com.cn/s/blog_dbc0254c0101s1y6.html.）

案例思考

1）吴宗宪看重的是周杰伦的哪些方面？

2）周杰伦的职业生涯规划对你有什么启示？

案例十四：从网吧管理员到外企 CIO 的成才之路

赵刚是一家外企信息主管，也就是我们常说的 CIO（首席信息官）。他目前负责公司在北京和上海两个分部的信息化建设，以保障北京、上海两地的 VPN（Virtual Private Network，虚拟专用网络）连接和与美国总部正常的信息交换链路。

1. 成长篇：兴趣改变命运

在填报高考志愿的时候，赵刚的父母帮他选择了比较热门的计算机专业，但他一开始对这个专业并不感兴趣。后来，他常常和一起逃课的同学去网吧打游戏，凭借着对电脑游戏的喜爱，他才逐渐喜欢上计算机，感觉计算机很神奇，网吧的管理员更神奇，只要敲几下键盘就解决了故障。也是从那时候起，赵刚开始学习计算机技术，并利用一个暑假的时间，参加了一个短期计算机培训班，并取得了优异的成绩。他还主动去学习一些有关计算机的知识，会从书报亭里买一些有关计算机的杂志去看，如《计算机报》《微型计算机》等。后来，赵刚感觉课本上的知识，他已经提前掌握了，于是干脆在学校附近的网吧做兼职，也就是在那个时候，他开始学会从网络上获取知识，进行进一步的学习提高。

2. 奋斗篇：勤奋获得幸运

毕业就等于失业，这句话用在赵刚身上再贴切不过了，刚毕业的时候，赵刚投了近百份的简历都石沉大海。同学们也都没有找到对口的工作，而是纷纷融入社会的各行各业。但赵刚却不想丢掉自己所学的技能，决心要在这个领域发展。

2001 年，赵刚为了追求自己的目标，只身来到北京，希望能够在这座大城市里实现自己的梦想。但现实总是比想象的更残酷，赵刚奔走于各种招聘会，翻阅各大报章的招聘版块，都被高高的学历门槛挡在门外，两个月下来一无所获。无奈之下，赵刚又开始了网吧管理员的工作。当时赵刚的收入少得可怜，除了租房吃饭，他把剩下的钱全部用来买 CCNA（Cisco Certified Network Associate，思科认证网络工作师）、MCSE（Microsoft Certified Systems Engineer，微软认证系统工程师）这方面的书，希望通过获得证书来增加自己求职的筹码。那段时间赵刚不仅看书，还经常浏览在当时比较火的几大 IT 技术论坛。

2002 年春天，赵刚在论坛上回复了一个关于接入设备选型的帖子。后来，发帖者主动加了他的 QQ，向他请教。赵刚在了解了对方公司的情况后，很明确地推荐了一款三层交换设备，并详细告诉对方不使用路由器的原因，以及选择三层交换机所需要的并发链接数。对方很欣赏赵刚的热心，对他的介绍也很信服，便主动邀请赵刚到他们公司工作。

在这家刚刚创立的投资公司，赵刚开始了他第一份比较正式的工作，公司网络从无到有，全是他一手构建起来的。小公司的网络并不太复杂，作为公司唯一的技术人员，这时的他已经收到一些网络设备厂商举办的产品介绍会的邀请函。在这些介绍会上他认识了很多重要的朋友，在交流中他有了很大的成长。

3. 成功篇：学习筑就成功

现在赵刚所在的公司，已经是他的第三个雇主了。从一个网吧的管理员，到企业中层领导，很少人能有如此快速的晋升。

有人问赵刚，在国内企业中 IT 技术人员都是很低调的，你在企业里是什么态度呢？赵刚没有直接回答，而是反问其是否玩过网络游戏。看到对方点头后，他开始说到："近一年来，我一直在玩魔兽世界，在游戏里我拥有一个自己的工会，虽然称不上区域中最大的，但也处在中上游水平。有时候工作忙起来，好久都不能上线，但我的工会依然不会有人离开，因为我已经将工会区块化。工会建立初期，那些由我亲自招收的成员，彼此已经成为很好的朋友，我教会他们如何去管理一个团队，如何与人交好。然后他们会按照我的方法去招收其他成员。这样一来，工会从整体上来看是树状的，而具体对每个人来说是块状的。这种体系的好处就是不容易散掉。在建立这个工会的时候，我犯过很多错误，也得罪过不少的人，才总结出来这些经验。你想在游戏里犯过的错误，在现实中我还会再犯吗？"

不管是 CTO（首席技术官）还是 CIO 在国内的企业中都是用人缘说话的，不比 CEO（首席执行官）可以用权力说话，这是造成大家低调的原因。随着企业信息化的不断发展，CIO 的权力会逐渐被认可，但是现阶段要行使权力还是要讲究策略的。

CIO 是忙碌的职业，不忙工作的时候，很可能在忙学习，因为 IT 是更新最快的行业，每天都有需要关注的新技术诞生，每天都会有信息化成功的案例值得去学习。CIO 最怕的就是被内部的设备维护工作缠住，而疏于对企业总体信息的规划。总之，CIO 是一个勤奋好学、有容有量、有技巧的管理者。

（资料来源：文厚润，张斌.2011.大学生就业实用教程（大学生职业发展与就业指导）.北京：高等教育出版社.)

案例思考

1）从网吧管理员到外企 CIO，赵刚是怎样一步步提高自身能力的？

2）评定能力的方法有哪些？

3）这个故事对你有什么启发？

案例十五：两匹"黑马"

1. 田径"黑马"——刘翔

2004 年 8 月 28 日，雅典奥运会男子 110 米栏决赛，中国运动员刘翔以 12 秒 91 的成绩夺得了金牌；北京时间 2006 年 7 月 12 日凌晨，在瑞士洛桑世界田径大奖赛上，他又以 12 秒 88 的成绩打破了保持 13 年之久的男子 110 米栏世界纪录。从此，世界田径运动赛场诞生了一匹黄皮肤的黑马。

1999 年刘翔刚进国家队时，他只是一个陪练。孙海平教练把所有心思都花在陈雁浩身上，而刘翔最基本的任务就是把技术练好。天才是 99% 的汗水加 1% 的灵感，或者说是机遇，刘翔也不例外。他首先要做到的是跨栏时不再东倒西歪。枯燥的训练没有使他气馁，110 米栏的跑道上洒满了他无声滴落的汗水。刘翔的宿舍里挂着这样的名言："你不能决定生命的长度，但你可以控制它的宽度；你不能控制他人，但你可以掌控自己；你不能预知明天，但你可以利用今天；你不能样样胜利，但你可以事事尽力。"刘翔每取得一项新的成绩，都会和教练制订下一个短期目标，在新目标的激励下，他不断地刷新自己的纪录，而不是盲目地挑战顶尖高手。

在 2001 年 5 月 6 日的全国田径大奖赛上，刘翔首次以 13 秒 32 的成绩战胜了陈雁浩，于是他们把下一目标放在打破 13 秒 25 的亚洲纪录上；在 2002 年的国际田联大奖赛上，刘翔以 13 秒 12 的成绩创造了新的亚洲纪录，于是他们把下一个目标定为冲出亚洲；在 2003 年 8 月的巴黎田径锦标赛上，刘翔以 13 秒 23 的成绩获得了第三名，下一个目标是走向世界前列……

就这样，刘翔成了奥运田径赛场的一匹黑马。

成功路径：陪练→汗水→第一个目标（陈雁浩）→汗水→第二个目标（亚洲纪

录）→汗水→第三个目标（冲出亚洲）→汗水→下一个（第四个目标）目标（世界冠军）……

启示：成功的道路是由汗水加目标铺就而成的。目标制订是成功的第一步。总体目标的实现必须有长期为之奋斗的思想准备和持之以恒的努力。总体目标的实现过程是将其科学地分解为阶段性目标，再各个击破，直到总目标的实现。不懈的追求和拼搏可以引导人们走出失败的困扰，每一次努力都会不断地接近成功。事实上，国家对优秀运动员的培养，无一例外都经过了教练及其团队对运动员运动生涯的精心设计和规划。当今的职场如赛场，要取得职场的成功，同样需要认真学习，做好职业生涯规划。

2. 职场"黑马"——胡文俊

把视线从绿茵场转向职场，也会看到同样奔腾而出的黑马。那些在职场中冲锋陷阵的人当中不乏起初不被人看好，但通过他们灵活的头脑、把握住机会，成就自己辉煌的事业。

初中毕业生年薪百万元，这样的职场神话在三十多岁的 SOHO（中国）前销售副总监胡文俊身上变成了现实。胡文俊无疑是职场中的一匹黑马。和很多 MBA 科班出身的经理人相比，胡文俊属于没有学历、没有背景、没有经验的"三无"人员。他起点低、底子薄，因此他的职业定位也很现实——进入硬件要求相对较低的销售行业。当他从酒楼杂工转变成地产发单员后，他很珍惜身边的每一个机会，从低做起，以勤补拙。

在 SOHO 的末位淘汰机制中，业绩为王。胡文俊曾经"成也萧何，败也萧何"，因为业绩卓著而有机会脱颖而出跃升为销售副总监，也同样因为业绩不佳而从副总监跌落成普通销售员。当职位被撤销后，胡文俊没有因为要顾及颜面而选择离开，而是偏要从摔倒处爬起来，总结经验教训，从头再来。正是他这种能上能下、随时摆正自己位置的平和心态，以及从低做起、从小事做起的做事方式，让出身低微、起初无人看好的胡文俊取得了事业的成功。

成功路径：酒楼打杂→地产公司发单员→业务员→SOHO 销售员→销售副总监→创业……

启示：①选择起点低的新兴行业或企业。这些行业门槛低、运作机制灵活，有利于个人潜能的发挥，也使人更有机会成为黑马；②正确对待职业生涯中的起伏，"胜不骄败不馁""咬定青山不放松"。黑马大都是因为先天条件不突出，没有享受"特殊待遇"的天分，只有靠自己付出比常人多的努力和汗水，才能出人头地。更重要的是无论"上"或"下"，都必须保持黑马本色，以平常心态挑战下一个目标。

（资料来源：伍祥伦，何东.2011.大学生就业.北京：科学出版社.）

案例思考

1）两匹"黑马"对你的启示是什么？

2）如何撰写一份好的职业生涯规划书？

中篇
大学生就业指导与服务

第四章

大学生就业政策

名人名言

就业是永恒的课题,更是世界性难题。

——习近平

导入案例

麦可思研究院《2016 年中国大学生就业报告》（部分内容解读）

大学毕业生自主创业是否得到了很好的支持？每年几百万名大学生在何处就业？在毕业人数屡创新高的今天，大学毕业生的就业质量如何？

2016 年 6 月 12 日上午，麦可思研究院在北京发布了《2016 年中国大学生就业报告》，麦可思公司创始人王伯庆对报告部分内容进行了解读，以回答上述问题。

1. 经济下行，但大学生总体就业率稳定

数据显示，大学毕业生受雇工作比例下降，深造和创业比例持续上升。2015 届大学生毕业半年后"受雇全职工作"的比例（77.4%）与 2014 届、2013 届（分别为 79.2%、80.6%）相比有所下降；"自主创业"的比例（3%）与 2014 届、2013 届相比有所提升；"无工作或继续寻找工作"的比例与 2013 届相比有所下降。

虽然 2014 年与 2015 年经济下行，但 2015 届大学生毕业半年后就业基本稳定。这是因为大学毕业生的创业和深造比例上升，减少了需就业的基数。此外，信息、教育、医疗等知识密集型产业近年来增长较快，大学毕业生在经济结构变化中的就业适应性更好，从而就业受传统经济的影响较其他人群小。

2. 自主创业比例持续上升，资金支持主要靠父母亲友

数据显示，大学毕业生毕业三年后创业比例增长为 5.7%，其中毕业时创业三年后还存活的约为 1 个百分点，就业后再创业的约为 4.7 个百分点，大学毕业生创业群体中大部分是先就业后创业。2010 届毕业时创业的大学毕业生，三年后还在创业的比例为42.2%，2012 届的创业三年存活率增长为 47.8%，大学毕业生创业质量在提高。2015 届毕业生自主创业的资金主要依靠父母/亲友投资或借贷和个人积蓄（本科为 78%，高职高专为 75%）。

创业资金主要靠父母亲友或个人积蓄，而不是政府资金或商业投资。除了大学生创业需要提高项目质量，政府资助政策也需要落实。商业投资对大学生创业项目还需要更好对接，并控制投资风险。

3. 中小微企业雇用超一半大学生，建筑制造业等需求下降

2013～2015 届大学毕业生在 3000 人以上大型用人单位就业的比例从 23%下降到21%，在 300 人以下的中小微用人单位就业的比例从 51%上升为 55%。2013～2015 届大学毕业生在地级市及以下地区就业比例从 2013 届的 52%上升到 2015 届的 55%。

报告还显示，2016 年本科就业红牌专业（是指失业率较高，就业率、薪资和就业满意度综合较低的专业）包括应用心理学、化学、音乐表演、生物技术、生物科学、美术

学。例如，生物技术专业 2016 年就业率为 87.3%，低于全国平均水平，该专业 2012 届毕业生毕业三年后月收入较低（5680 元），进入收入较低本科专业前十位。2016 年高职高专就业红牌专业包括法律事务、语文教育、工程监理、建筑工程管理、税务。

超过一半的大学生就业于中小微企业，中小微企业在经济转型中"船小好调头"，在当前的大学毕业生就业中越加持重。中小微企业主要是民营企业，已经成为大学生就业的主渠道。

4. 大学毕业三年后收入涨幅远超城市居民

2012 届大学生毕业三年后平均月收入为 5696 元（本科为 6371 元，高职高专为 5020元），与其毕业时相比涨幅比例为 87%。其中，本科涨幅比例为 89%，高职高专涨幅比例为 84%，超过城市居民同期平均薪资涨幅（15.7%），大学教育的中期回报是明显的，接受大学教育的人群在收入的中期提升中有较大优势。

2015 届大学毕业生的工作与专业相关度为 66%。在 2015 届本科学科门类中，专业相关度最高的是医学（95%），其次是工学和教育学（均为 71%），最低的是农学（55%）。在 2015 届高职高专专业大类中，专业相关度最高的是医药卫生大类（89%），其次是材料与能源大类（74%），最低的是公共事业大类和轻纺食品大类（均为 51%）。

大学生毕业三年后的薪资增幅大大超过城镇员工，说明教育的回报是需要时间的，而且教育的回报是明显的。

（资料来源：麦可思研究院.2016.就业蓝皮书：2016 年中国大学生就业报告.北京：社会科学文献出版社.）

第一节　大学生就业形势分析

一、大学生就业形势严峻

大学生是整个就业大军中庞大的就业主体，是国家重要的人才资源，是建设中国特色社会主义的栋梁。解决大学生就业问题，能有效地缓解中国严峻的就业形势，对促进中国社会发展有很重要的作用。造成近年来我国的就业形势越来越严峻的原因主要有以下四点。

1. 高校毕业生人数逐年攀升

根据教育部发布的最新信息，2016 年高校毕业生人数达到 765 万，超越 2015 年的 749 万，因此 2016 年的大学生就业形势格外引人关注，高校毕业人数创历史新高，堪称"史上更难就业季"。2017 年预计高校毕业生人数约为 795 万。根据人力资源和社会保障部（以下简称人社部）统计的毕业生数据，加上中职毕业生和 2015 年尚未就业的学生数量，2016 年待就业学生人数约有 1500 万。

2. 国际国内经济形势发展减缓

受欧美经济持续低迷，国内通货膨胀、财政赤字和生态环境恶化等问题的影响，未来中国经济发展减速将是一个大概率事件。据有关统计显示，中国 GDP 每下降一个百分点，将会减少就业岗位 100 万～200 万个，出口每下降一个百分点，将会有 30 万～50 万人失业。而且调查发现已经签约的大学生，实习月薪平均为 1800 元，与大学生期望月薪出入较大。

3. 结构性失业问题加剧

近几年，就业呈现出企业"招工难"和劳动者"就业难"并存的现象，一方面就业总量压力依然很大，劳动力供求不平衡。逐年攀升的高校毕业生人数和市场需求之间的不平衡使就业压力居高不下。另一方面，就业结构性矛盾进一步加剧，一是行业和地区发展的不平衡造成了供需结构性矛盾。例如，一些行业由于发展较早，有较长的发展历史和丰富的资源，容易出现人才过剩的情况；而一些发展相对较晚的行业可利用资源较少，容易面临人才短缺的状况。同时，我国经济地区的发展很不平衡，沿海地区优于内陆地区，如北京、上海、广州等一线城市经济飞速发展，吸引了更多的人员，而一些内陆城市由于人才的流失，经济不能得到更快的发展。二是我国中小企业数量太少，就业容量不大且待遇低，发展空间小，对毕业生的吸引力小。

4. 专业培养与社会需求脱节

大学生的能力和培养方向与社会需求之间存在明显的差异，高校专业设置不能完全适应市场的需求，信息不对称导致了"人不知其位，位不得其人"的状况，这些都加剧了就业形势的严峻性。

经济的发展促进了文化发展，随着文化事业的发展，中国的教育事业也得到了很大的发展。然而，更多受过高等教育的学子从象牙塔中走出时，面临的不是良好的就业环境，而是"毕业即失业"的尴尬境地。毕业生数量的迅猛增加，与社会有效需求短期内增幅有限的供需结构性矛盾突出。尽管中国的经济飞速发展，但是受宏观经济形势的影响，中国企业的用人规模不断缩减，这与毕业生数量的迅猛增加产生了矛盾。高校毕业生数量逐年增加，2016 年达到了 765 万人。大学生经过了二十年左右的学习生涯，本希望毕业后能得到一份理想的工作，可是迎接他们的是拥挤的人才市场和人山人海的招聘现场，投上百封简历，面试几十家公司，可能还是没能找到一份自己心仪的工作。花了四年的时间在大学里学习自己的专业知识，可是最后还是没有找到与自己专业对口的工作，工资也与自己预想的有差别。刚刚走出大学，面临的不仅是与自己拥有同样条件的高校毕业生，还有受过更高教育的硕士、博士和"海归"，激烈的竞争让许多大学生在寻找工作的路上步履蹒跚。高校毕业生供需结构性矛盾是造成就业形势严峻的原因之一。

二、大学毕业生的择业观念

择业观念是影响大学毕业生就业的一个重要因素。实证研究结果表明：大学毕业生择业时，其对单位性质和职业类型的要求与就业机会获得和地位获得后的月收入水平呈负相关；求职主动性与就业机会呈正相关；工资水平期望与地位获得后的月收入呈正相关；职业苦乐意识与职业满意度呈负相关。因此，高等学校必须大力加强就业形势教育，引导大学毕业生树立正确的择业竞争观、职业地位观、职业苦乐观，端正择业态度，转变择业观念，从而有利于其获得职业地位。

目前大学毕业生的就业观念正在发生积极的变化：一是大学毕业生已经意识到靠政府分配工作的时代已经一去不复返，大部分毕业生在找工作时，都会以实现自己的经济自立、不再依靠父母为基本目标。二是大学毕业生青睐第三产业，调查显示大学毕业生就业时最愿去的行业是高新技术产业、信息产业、社会福利和社会服务业，以及交通运输、仓储与邮电通信业，这些均属第三产业，尤其是与生活服务有关的第三产业。三是多次就业和非全日制就业得到了多数大学毕业生的肯定，毕业生普遍树立了先就业后择业的观念。

与此同时我们也要看到大学毕业生在就业观念上还是存在偏差，导致不能准确定位，错失工作机会。具体包括以下六点。

1. 注重个体的功利性

个体的功利性是指以功利为原则，即赞成或不赞成某种行为，其依据是以这一行为是增加还是减少利益当事人的幸福作为道德价值取向的行为。经济全球化带来了文化的全球化，西方的价值观时刻影响着大学生的就业价值取向，学生以追求个人的最大幸福为出发点，越来越注重功利性。例如"拜金主义"及"金钱不是万能的，但没有金钱却是万万不能的"等思想造成大学生就业主导思想的功利意识不断加强，许多大学生对工作的期望是"钱多事少离家近"，忽略自身的能力和特长。具体表现为"求大、求稳、求高、求闲"，"大"是指大城市、大机关、大单位，"稳"是指国家机关、事业单位等稳定工作，"高"是指高起点、高工资、高福利，"闲"是指悠闲、清闲，不愿主动承担责任和压力。因此，大学生在选择就业区域时更愿意考虑发达地区、沿海城市及大城市。但大学生在就业时把个人利益看成是至高无上的，就容易忽视他人利益、社会利益和国家利益。例如，对于西部地区与农村地区来讲，公务员和老师的缺乏已经造成代际贫困的转移。"孔雀东南飞"造成的西部塌陷，亟待大批有生力量在国家的激励政策下去支撑和弥补。在全球化经济观念强化的同时，大学生的功利性倾向还表现在就业的专业意识淡化、唯利是图，进而忽略自身特长和能力的发挥。

2. 专门人才素质不达标

社会发展日新月异，高校的人才培养方案与社会发展的节奏不一致，导致专门人才素质不能适应社会的需要。根据瑞士洛桑国际管理开发研究院公布的 2015 年度《国际竞争力报告》（又称"洛桑报告"），在参与排名的 51 个国家和地区中，我国的综合生产率仅高于印度和印度尼西亚，是泰国的 6%，巴西的 45%，马来西亚的 33%，而管理人才的缺乏是制约企业竞争力提高的核心问题。有关人士认为，专业人才有一个如何配套的问题，而我国却一直未能处理好这方面的问题，从另外一个角度反映出了我国高等教育"重分数轻能力，重书本轻实践"的弊端。尽管我国每年有大量的高校毕业生，但是能适应企业需要的人才并不多。例如，适合到跨国公司工作的毕业生寥寥无几，大多数毕业生在英语语言表达和项目实践上极度缺乏经验。

3. 缺乏个体创业主动性

在美国，大学生创业的比重高达 20%～23%；而在我国，大学生创业的比重还不到 1%。在创业意识方面，许多大学生受传统观念的影响，对大学毕业后的创业存在观望态度，他们缺乏创业的决心和勇气，也不愿意承担创业的风险，更不愿意承受创业过程的艰辛。"我国知识型人才在创业时多半处于被动、顺应的地位，缺少主体精神和自主意识，我国知识型人才往往缺少创业的意识。从我国民营个体经济的发展来看，早期的创业者中低知识层次者比重很大，以致一度出现'知识无用论'的声音。"虽然当前大学生的创业实践越来越多，但大多数学生迫于资金的压力和经验的缺乏，对自己创业的积极性并不高。教育部 2015 年发布的《2015 年中国大学生就业报告》显示，在 2014 届 727 万毕业大学生中，仅有 21 万大学生选择自主创业，占比仅为 2.9%。大学生作为高层次人才，不应当只是被动的求职者，也可以成为主动的创业者，成为创业的主力军，因此，我国大学生的创业意识仍有待增强。

4. 缺乏把控自我的能力

大学阶段，大学生的自我意识日趋完善，对于自我的存在及意义有比较明确的认识，但在择业过程中，却表现出目标与行为不统一，缺乏理智、冷静的心理准备，缺乏把握自我的能力。一是多数学生对自己的评价偏高，时常产生自我欣赏、自我陶醉的心态，择业时容易出现期望值过高，进而错过最佳就业时机，多次受挫后如不能正确调试，有可能产生自怨自艾，甚至全面否定自我的倾向等。二是就业也是一种竞争，竞争就有可能失败，失败后不能总结经验教训，不善于调整目标，缺乏竞争的勇气。三是缺乏责任感，"高不成低不就"的心态使得毕业生在初次就业后的工作岗位上不能脚踏实地，不能发挥艰苦奋斗的精神，缺乏责任意识，"做一天和尚撞一天钟"，频繁"跳槽"，导致企业对大学毕业生的评价越来越低。

5. 择业观念存在偏差

随着受长期计划经济和精英教育的影响，部分毕业生择业观念存在偏差，就业期望值和社会需求差距较大。一方面，县、市中小企业急需人才，部分毕业生不愿去第一线、基层，有业不就的错位现象依然存在。毕业生的基层意识和创业意识有待加强，亟待做更加细致深入的思想教育工作和就业指导工作。"高不成低不就"是毕业生择业观念中较为常见的一种，许多毕业生在没有看清社会就业形势的情况下，就妄下结论，好高骛远，没有就实际做出明智的决定，错过最佳就业时机，从而陷入就业困难的窘境。另一方面，一些学生的就业观念模糊，通常受到传统观念的影响，不求发展，但求稳定的观念深入人心，不敢面对就业的风险。抱着专业必须对口的想法，求职思路狭隘，择业方法随波逐流。

6. 掌握的知识不适用于社会

一些毕业生的专业知识不够扎实，对专业的掌握能力不够，同时在学校学习的知识不适用于现实工作，基础知识的学习时间多，但对于实用性的课程学习时间少的问题，使大学生的知识结构不适用于社会。

三、党和国家十分重视大学生就业工作

就业是民生之本、安邦之策。党和国家十分重视就业问题，尤其是大学毕业生的就业问题。党的十八届三中全会提出，要健全促进就业创业的体制机制。政府将"稳增长、保就业"作为经济运行合理区间的下限，坚持把稳定和扩大就业作为宏观调控的重要目标，连续出台了多个促进就业创业的政策文件。根据就业形势变化和劳动者就业需要，2015年，国务院又制定实施了新的就业创业政策。新一轮政策将鼓励创业与促进就业有机结合在一起，系统梳理和整合现有的各项政策，加大了扶持力度，完善了相关措施，是对积极就业政策的丰富和发展。

在培养高校毕业生正确的择业观念时，中共中央总书记习近平勉励当代大学生志存高远、脚踏实地，转变择业观念，勇于到基层一线和艰苦的地方去，善于在平凡的岗位上创造不平凡的业绩。同时要求加大对高校毕业生的自主创业的支持力度，对就业困难的毕业生进行帮扶，增强学生就业创业的转换能力。

国务院总理李克强年在2015全国就业创业工作电视电话会议中做出重要批示，批示指出：就业是民生之本，就业稳则心定、家宁、国安。近年来，各地区各部门积极作为，在经济下行压力加大的情况下实现了就业人数的持续增加，成绩来之不易。

当前，我国经济发展进入新常态，处于动能转换"衔接期"，确保就业稳定面临着新的机遇和挑战。要坚持实施更加积极的就业政策，突出抓好高校毕业生、就业困难人员等重点群体就业；坚持以大众创业、万众创新拓展就业空间，以服务业、新兴产业加快发展扩大就业容量；坚持简政放权、放管结合、优化服务，用改革的办法搭建更优创业平台，用市场的力量创造更多就业机会，推动经济持续健康发展，促进社会公平正义。

原教育部部长袁贵仁在2016年"两会"期间回答记者提问时强调，教育部要做四件事情：第一件事情，要会同有关部门，深入做好已经启动的大学生就业促进计划和大学生创业引领计划，鼓励毕业生勇于创业，积极就业。第二件事情，要认真细化落实国

家对大学生就业创业的优惠政策，并且通过多种方式，让每一位毕业生深入了解，并且充分利用国家的优惠政策，使他们能够更好地去就业和创业。第三件事情，需要加强就业指导，要充分收集和广泛发布就业信息，要召开多种类型的甚至针对不同群体的招聘会，来认真地为学生和用人单位之间牵线搭桥，使每个学生能够获得更多心仪的就业单位的信息，为他们创造更多机会。第四件事情，要开展精准帮扶。特别是对那些想就业又未能就业的人，要一人一策，使他们能够找到自己理想的可以接受的工作岗位。另外，袁贵仁同志还强调："虽然目前就业的形势还是严峻复杂，但是正像我们对国家的经济形势充满信心一样，我们对大学毕业生的就业创业形势也充满信心。"

思考：

1）大学生就业形势严峻的原因有哪些？针对你自己的情况，谈谈主要的制约因素。

2）结合目前的就业形势，谈谈应如何改变大学生的就业观念。

第二节　国家就业政策

就业政策是指以国家或政府为主体，在特定经济社会条件下实行的以促进劳动就业、加强就业管理为主要形式，旨在解决就业问题，从而满足社会经济发展以及劳动者个人需要的一种社会政策。目前我国政府实施的是"促进就业政策"，采取各种有效措施，大力促进就业。我国政府确立了"劳动者自主就业，市场调节就业，政府促进就业"的就业方针，坚持通过发展经济、调整经济结构、深化改革、协调发展城乡经济以及完善社会保障体系促进就业，并采取各种有效措施增加就业，扩大就业规模，努力把失业率控制在社会可承受的限度内。

一、提升高校毕业生就业质量

2011年以来，我国将高校毕业生就业摆在就业工作的首位，连续出台做好高校毕业生就业服务工作的通知，2014年将下列五个方面的内容列入通知要求：落实和完善高校毕业生就业创业扶持政策；深入实施离校未就业高校毕业生就业促进计划；启动实施新一轮大学生创业引领计划；改进和加强公共就业人才服务；进一步加大高校毕业生就业工作宣传力度。同时，高校毕业生求职补贴、见习补助、培训补助、创业补助等扶持政策陆续出台。

二、鼓励创业促进就业

创业是就业之源，它不但具有就业倍增效应，而且能够最大限度地实现创业者的价值，从根本上提高就业质量。自2008年提出创业带动就业战略以来，我国鼓励创业的政策体系不断完善。创业平台方面，推进创业型城市创建、创业孵化示范基地创建；创业支持方面，实施小额担保贷款及贴息、减免税收、社会保险补贴、创业补助等；创业服务方面，提供创业培训、创业指导，并针对重点人群和特殊人群，如为回国创业留学人员、高校毕业生创业人员等提供专属创业服务政策。自 2015 年 3 月政府工作报告提出"大众创业、万众创新"以来，社会创新创业的热情持续高涨。

三、扶持企业吸纳和促进就业

中小微企业是吸纳就业的主体，促进中小微企业的发展有利于提升就业质量。目前我国对中小微企业尤其是小微企业就业支持政策力度逐年加强。对吸纳和促进就业的中小微企业在税收方面提供了减免政策；企业招用就业困难人员等就业援助重点人群，符合条件的可享受养老、医疗、失业保险补贴；此外，在企业融资、企业升级等方面均有扶持政策。

四、政府促进就业的新举措

1. 发展经济，调整结构，积极创造就业岗位

通过发展经济扩大就业。我国政府始终将促进就业作为国民经济和社会发展的战略任务，将控制失业率和增加就业岗位作为宏观调控的主要目标，纳入国民经济和社会发展计划，坚持实行扩大内需的方针，实施积极的财政政策和稳健的货币政策，保持国民经济平稳较快的发展，并积极调整经济结构，提高经济增长对就业的拉动能力。

2. 发展第三产业，扩大就业容量

中国政府坚持把发展服务业作为扩大就业的主要方向，鼓励发展社区服务、餐饮、商贸流通、旅游等行业，更多地增加这些行业的就业岗位。我国政府制定了大力发展第三产业、拓展传统服务业领域的就业渠道、努力发展旅游业等增加就业岗位的扶持政策，重点开发社区公益性就业岗位，帮助和促进下岗失业人员和其他就业困难群体再就业。

3. 鼓励发展多种所有制经济，拓宽就业渠道

我国政府注重发挥劳动力资源优势，积极发展具有比较优势和市场需求的劳动密集型产业和企业，特别是就业容量大的私营、个体经济和中小企业，吸纳的劳动力占城镇就业增量的 80%左右。我国还颁布了《中华人民共和国中小企业促进法》，进一步规范和推动了中小企业的发展。

4. 发展灵活多样的就业形式，增加就业途径

我国政府鼓励劳动者通过灵活多样的方式实现就业，积极发展劳务派遣组织和就业基地，为灵活就业提供服务和帮助。政府制定了非全日制用工、临时就业人员医疗保险等政策，在劳动关系、工资支付、社会保险等方面建立制度，促进和保障灵活就业人员的合法权益。

5. 完善公共就业服务体系，培育发展劳动力市场

建立市场导向的就业机制。我国政府积极培育和发展劳动力市场，逐步确立企业作为劳动力市场的用人主体、劳动者作为供给主体的地位。同时，协调推进社会保障制度、住房制度、户籍制度等各项改革，劳动力市场发育的客观环境明显改善，市场机制已经在劳动力资源配置中发挥基础性作用。

目前在大中城市和部分有条件的小城市，市、区两级普遍建立了以公共职业介绍机构为窗口的综合性服务场所，地级以上城市基本建立了街道社区劳动保障工作平台，完善了基层就业服务组织网络。在大中城市建立了劳动力市场信息网，实现了市、区就业服务机构的信息计算机联网，部分城市已经将信息网络连接到街道、社区。多个城市按季向社会发布劳动力市场职业供求分析信息，对促进劳动力资源合理配置和职业培训事业的发展起到了引导作用。政府还鼓励和规范民办职业介绍机构的发展。

五、鼓励大学生到基层就业

积极引导高校毕业生到基层就业，有利于青年人才的健康成长和改善基层人才的结构，有利于促进城乡和区域经济的协调发展，有利于建设社会主义和谐社会和巩固党的执政地位。

六、我国就业发展趋势及就业展望

1. 就业发展趋势

就业形势的发展可以从以下三个方面进行分析。

（1）从所有制结构上看

国家采取鼓励、支持和引导个体及非公有制经济发展的政策，为我国非公有制经济的发展提供了很大的空间，私营、个体经济成为增加就业的一条重要途径。

（2）从产业结构上看

我国产业经济发展逐步向第三产业转移，第三产业有很大的发展潜力。第三产业从业人员逐年增加，成为扩大就业的一个主要出路。除了传统的商贸服务、餐饮业之外，保洁、绿化、保安、公共设施护卫等成了新兴的就业岗位。

（3）从企业结构上看

中小企业和民营企业成为我国新增就业的主体。中小型企业比重大，创造的最终产品和服务的价值多，提供的产品、技术、出口所占比例也不低，中小型企业为人民的日常生活提供了及时而快捷的服务，满足了人们的日常生活需要。高校毕业后不应好高骛远，应该充分发挥自己的优势，避开自己的不足，向中小型企业进军，抓住职业发展的历练机会。

2. 毕业生就业政策展望

毕业生就业制度改革作为教育改革的重要组成部分，其目标就是探索并建立一种新的就业机制，使其适应社会主义市场经济体制的要求。发展市场经济需要政策方针的不断完善，同样要求与之配套的就业政策必须加强。具体包含以下五点。

1）在就业方针政策指导下，国家应加大毕业生就业宏观调控的力度。例如，鼓励建立提供人才需求信息、就业咨询指导或职业介绍等的社会中介组织，通过发布社会就业率及国家各行业和各地区的人才需求信息等，指导毕业生做出正确的职业选择，为毕业生就业提供服务。

2）实行完全自主择业的就业方式。"就业市场化"是毕业生就业不可逆转的趋势。就业市场化，即指由原来单一的计划派遣方式，转向用人单位与毕业生之间"双向选择、供需见面"，使毕业生通过多种方式就业，如录用、聘用、自谋职业等。只有这样，才有利于人力资源配置的市场化。

3）培育、发展和健全人才劳务市场。只有建立健全人才劳务市场，运用市场机制来调节毕业生的供求关系，才能实现毕业生资源的优化配置。

4）进一步完善人事代理制度，建立健全社会保障机制。随着国家人事制度改革的不断深化，"自主择业-双向选择"的用人机制及全员劳动合同制、全员聘任制的实行，劳动者从"企业人-单位人"变为"社会人"，这就体现了完善人事代理制度的重要性。只有更好地完善人事代理制度，才能更有效地为这种转变提供社会保障服务。

5）加强就业政策和就业法规建设。现在，毕业生择业期延长、就业难的现象更加明显，就业市场化与保障国家重点建设单位需要之间的矛盾更加突出。上述问题的解决要求不断加强和完善国家的就业政策。同时，通过完善的毕业生就业法规，可明确就业工作的基本原则，明确劳动人事部门的职责、用人单位及毕业生的权利和义务，使就业程序真正做到公正、公开、公平。通过条例法规的形式更好地规范毕业生就业市场、就业行为，使得政府在促进就业方面有法可依。

思考：

1）你所了解的大学生目前的就业途径有哪些？

2）在你看来，目前大学生在就业过程中遇到最多的政策问题是什么？

第五章

大学生就业途径

名人名言

纸上得来终觉浅，绝知此事要躬行。

——陆游

目前大学课程和社会需求有一定落差，建议在校大学生利用暑期多打工，了解企业的工作方式，已经毕业的大学生就业时，不要要求太高，期望太高，要从基层磨炼学习，未来一定光明。

——李开复（创新工场董事长兼首席执行官）

毕业找不到工作，对于一个大学生是很痛苦的事情，因为在大学的时候花了很多学费，父母很辛苦，而且毕业生出来得工作，这是他们人生中最重要的事情，但是中国大市场没有做好准备，不是大学生工作能力的问题，也不只是我们有没有工作经验的问题，而是市场没有办法一下子吞吐这么多大学生的问题。

——俞敏洪（新东方董事长兼总裁）

导入案例

小张的困惑

小张是某省工科类院校的一名毕业生，所学的是高分子材料工程专业。在校期间成绩优异，担任班级学习委员，通过国家英语六级考试，家庭经济条件富裕。毕业时，省内一家重点国有企业来学校招聘，小张凭借自己的实力，顺利拿到这家单位的录取通知书并与其签约。不久后，小张远在澳大利亚的亲戚通知他，正在帮助他联系澳大利亚的一所学校自费留学，让他把大学期间的相关资料尽快邮寄到这所学校。过了几个月亲属通知他申请留学成功，让他办理出国和留学的相关手续。这时，小张开始犹豫了：一方面是国外高校的留学机会，能够开阔视野，增长才干，学到其他国家的前沿知识；另一方面，其所签约的单位是一家知名国有企业，在材料科学方面的技术也处在世界前沿，同样会为自己将来的事业发展提供一个良好的平台。面对这两个选择，小张陷入了深思……

第一节　就业信息的收集与筛选

一、就业信息的收集

就业信息是毕业生求职择业的前提和必备条件，关系到求职择业的成败。在就业形势日益严峻的信息时代，就业不仅是实力的竞争，也是信息的竞争。新世纪的大学毕业生应当高度重视就业信息的重要性，积极主动、广辟途径地收集就业信息，并进行认真细致的分析、筛选和整理，去伪存真，从而做出准确的处理，把握选择的主动权，抓住就业机会，为成功就业奠定基础。

就业信息一般可分为以下四种类型。

1. 口头信息

口头信息是指通过与人交谈获取的信息。毕业生通过与老师、同学、亲朋好友交谈，了解、打听到的就业信息就属于口头信息。口头信息的权威性和可信度与谈话对象本身对信息掌握的程度有关。因此，毕业生对口头信息要做进一步了解、核实。

2. 书面信息

书面信息是指通过书面材料获取的信息，如各种有关就业工作的指导性文件，学校和用人单位的各种书面通知、函件等。书面信息比较正式，权威性强，是毕业生必须重视和把握的信息。

3. 媒体信息

媒体信息是指通过各种正式公开发行、发布信息的媒介载体获取的信息，如在有关报纸杂志、电视广播、网站上发布的就业信息等。在现代社会，这些媒介是承载信息的主要载体，特别是网络，因其信息更新速度快、信息量大而受到广大毕业生的青睐。但是，媒体信息，尤其是网络上的就业信息，混杂着众多虚假信息、失效信息和失真信息，甚至还有诱人进入"陷阱"的误导信息，毕业生对其一定要慎重，并及时向就业指导老师和有关部门咨询，以免受骗。

4. 行为信息

行为信息是指通过信息传递人的面部表情和肢体语言获取的信息。例如，在接受面试的过程中，毕业生要善于捕捉主考官的表情、动作、姿势，读出其中蕴涵的潜在意义，从而相应地调整自己的行为和心理。

二、了解和把握求职途径

对于求职者来说，目前最常用的求职途径主要有报纸广告、参加招聘会、网上求职、学校就业指导中心推荐及亲朋好友介绍等。每种求职途径的特点和优势如下。

1. 报纸广告

通过报纸广告求职，是传统的求职方式。报纸招聘广告的真实性和有效性较强，因为刊登招聘广告是要支付一定费用的，同时广告版面的大小也可以反映出企业的实力和对人才的需求程度。它的不足之处在于，如果单位好、职位好，竞争力是很大的，几百人争抢一个职位的情况时常发生。

报纸广告也包括自我推销式的求职广告，即求职者把自己的简历和求职信刊登在广告上，以寻求工作单位。但这种求职方式因为求职成本高，所以不太适合普通的求职者。

在报纸广告上查找求职信息的时候，可以优先考虑专业的人才类、招聘类报纸，还有一些日报、晚报的人才或招聘类版块。

另外，通过报纸求职往往会要求按照求职程序进行，如先邮寄简历，简历初审合格之后再通知面试等。作为求职者来说，应该严格遵守这样的求职程序，而不要贸然造访。遵守程序既是对用人单位的尊重，也是对自己的尊重。

2. 参加招聘会

通过参加招聘会，求职者可以和用人单位直接见面，推销自己。因此，参加招聘会已成为求职者经常选择的求职途径。但这种形式主要适用于刚刚毕业不久的大学毕业生或工作职位不高的白领人士。招聘会有很多种，如综合招聘会、专场招聘会、行业招聘会、院校招聘会等。因此，要有选择地参加招聘会，才会取得明显的效果。特别是专场招聘会、行业招聘会，如师范类、综合类、理工类、医药类、外语外贸类等，或是分行业的专场招聘会，如金融、电子、电力、IT 等。因为在这种招聘会上，用人单位的需求明确而集中，专业人才参加这样的招聘会能够使求职的成功率大大提高。

院校举办的招聘会也十分重要。一般学校召开的招聘会不会限制外校学生入场，因此，聪明的毕业生会及时了解同类学校的校内大型招聘会的时间，做好准备，按时前往，寻找就业机会。一般学校召开的招聘会不要求有工作经验，求职的成功率往往比其他招聘会的成功率高。

人才中介机构举办的招聘会，招聘单位大多希望招聘到有工作经验的人才，希望新招聘的员工能够立刻上岗工作。因此，参加这样的招聘会，对应届学生来说成功率就会稍微低一些。正确地选择招聘会，可以降低求职成本，缩短求职周期。

3. 网上求职

网上求职是一种特殊的择业形式，避免了人群大范围集中和近距离接触，给天南海北的求职者提供了平等的表现机会。因此，网上招聘受到了越来越多用人单位和求职者的青睐。用人单位进行网上招聘，大多是通过搜索求职者的个人信息实现的。因此，求职者在发布相关信息时就有一些技巧可言。例如，求职方向是"网页制作"一职，简历上"求职意向栏"最好写"网页（主页、网站）制作"。这样被检索到的概率就更大一些。另外，在"个人资料"一栏要详细填写工作经历和教育经历，这是招聘单位最为看重的两项内容，因为其能够体现出应聘者的优势。

网上求职的时候，如果要求填写目标薪金，一定要灵活处理。如不分情况填写"面议"，反而容易失去一些就业机会。"薪水"是求职者自信心、能力和经验的量化指标，"明码标价"有时更利于招聘单位做出选择；同时也省去了与那些不能提供该薪水的单位联络的麻烦。

网上求职，除了等待招聘单位联系自己外，自己也可以主动联系招聘单位。很多知名公司会把公司的简介、招聘情况等一一罗列在自己网站上的。求职者可以通过发送E-mail 的方式来投递简历。自己主动联系招聘单位时，要综合运用职位搜索、与用人单位电话联系等多种方式，增强求职的针对性，增加展示自己的机会。

网上求职在给人们提供方便的同时，也存在一些不足的地方。虚假招聘消息或虚假简历极大挫伤了求职者或招聘单位的积极性，个人隐私的泄露也会给求职者带来麻烦，这些都严重影响了网上招聘的健康发展。

4. 学校就业指导中心推荐

学校就业指导中心是连接毕业生与社会的桥梁。学校的毕业生就业指导部门与各级主管毕业生就业工作的部门和社会各界保持着广泛而密切的联系，每年都会及时向有关劳动和人事部门及用人单位发函征集用人信息，同时为毕业生提供大量的就业信息。目前，大部分学校都建立了就业指导网站，会及时发布用人单位的招聘信息，毕业生应该经常登录学校的就业指导网站，及时掌握招聘信息，选择适合自己的岗位应聘。应聘这类岗位的成功率是最高的。

另外，参加学校组织的大型双选会也是找工作的极佳途径。近年来，用人单位都非常重视校园招聘，可以说高校是企业集中选拔高素质人才的最佳场所，也是引进人才最方便、成本最低的渠道。用人单位往往是带着对学校及对该校学生的认可而来的，而且不要求应聘者有工作经验。因此，毕业生在双选会上应聘的成功率也是比较高的。

5. 亲朋好友介绍

通过亲朋好友的关系找到工作是较快捷、可靠的，并且成功率也高。亲戚朋友的推荐分为两种情况，一种是没有力度的推荐，即通过企业一般员工的推荐来完成就业。这种推荐与推荐人的表达方式很大关系，如果引起人力资源部门的反感，将会产生负面的效果。另一种是有力度的推荐，如推荐人可以影响人力资源部门的决策，如果拥有类似的资源，不要轻易错过，但获得有力度的推荐的前提是自己必须符合该单位和该职位的聘用条件，或者说完全能够胜任这份工作。

三、就业信息的筛选

就业信息的筛选是成功择业的第一步。总体来说，就业信息的筛选应立足于两点：一是务必切合自己的实际（如紧扣自身的职业生涯规划与自身的综合素质和能力），切忌漫无边际。二是应当适度拓宽求职视野。一般地说，信息收集越广泛，求职视野越宽广；信息判断与定位越准确，信息筛选的质量就会越高，就业自荐的成功率也就越高。因此，应鼓励毕业生主动出击，并充分利用一切可能的渠道与手段，力求广泛、全面、有效地搜集各类就业信息，积极寻找就业机会。一个人掌握有用的就业信息越多，就越有可能选择到切合自身的工作职位。

但与此同时，不得不面对就业信息数量大、范围广和时效快的现实。具体针对某一种特定的职业而言，它就包含大量的相关信息，如单位性质、工作内容、每月收入、福利措施、工作地点、人际气氛、上班时间、考核方式、培训机会、升迁发展和领导方式等内容。

广泛收集就业信息仅仅是择业的第一步，收集的信息越多，机会就越多。但是对这些大量的相关信息进行一番去伪存真、去粗取精的鉴别筛选更是一项必不可少的工作。只有做好鉴别筛选工作后，有用的信息才会对一个人的求职活动真正发挥积极的推动作用，起到事半功倍的效果。

对信息进行筛选的原则要坚持以下三点。

1. 求真

求真就是要了解信息的真实程度。外界的信息可谓真假难辨，有的求职信息纯粹是子虚乌有、空穴来风；有的信息则仅仅是单位出于一种宣传的目的，而非真心实意地想录用新人，这样的招聘广告含有大量的水分；有的则是一些单位尤其是一些非法机构发布的具有欺骗性、欺诈性的聘用信息，它们常通过收取报名费、中介费和面试费等方式来达到骗取求职者钱财的目的。由于信息的虚假常会导致求职者的决策失误，给就业工作带来多方面的麻烦和损失。因此，求职者一定要对那些值得怀疑、可信度低的用人信息多加以了解、考察、分析和核实，及早将虚假性或欺骗性的信息排除在外。

2. 求新

求新就是要求自己掌握的就业信息要具有时效性。一般而言，就业信息具有一定的有效期，越是新近发布的信息，越具有较高的使用价值，这对于单位招聘计划、相关就业政策等尤其如此。过时的信息、政策常会干扰或误导求职者的求职活动。因此，对求职者来说，及时拥有新的职位信息，就多了一份成功的把握。

3. 求专

求专就是要有的放矢，缩小范围，从所有接触的信息中找到适合自己具体情况的有效信息。对一个人的求职进程而言，就业信息并非数量越多越有益处，因为人们接触的信息往往同时包括高相关的、低相关的、无关的及错误的几类。如果无关或错误的信息过多，它们反而会成为就业决策中的负担和额外的干扰源，对做出合理的决策会造成消极影响。毕业生应当格外关注那些与自己的专业、性格、兴趣、能力和特长相符的职位信息，因为它们更适合自己的发展，成为自己未来职业的可能性更大。

（1）筛选就业信息的原则

筛选适合自己的、高质量的就业信息要遵循以下四点原则。

1）准确性、真实性。近年来，社会上出现了各种各样以赢利为目的的中介机构，他们利用一些过时或虚假的就业信息吸引学生，毕业生为此徒劳奔波。因此，在求职过程中应当加以警惕，尤其应当防止"陷阱"性信息导致毕业生误入传销圈套之类的恶性事件的发生。总之，一定要了解清楚信息来源的准确性、真实性。

2）实用性、针对性。毕业生首先要充分认识自己，其次根据自己的专业、特长、能力、性格等方面的综合因素收集信息，避免出现收集范围过大或收集信息无用的盲目局面。

3）系统性、连续性。将各种相关的信息积累起来，然后分析、加工、整理与分类，形成一种能客观地、系统地反映当前就业市场、就业政策、就业动向的有效就业信息，为自己的择业提供可靠的依据。

4）计划性、条理性。首先要明确收集信息的目的，其次应明确自己所需就业信息的范围，做到有的放矢。

（2）就业信息的具体要素

真实性、有效性和适合性只是评判一条就业信息使用价值的一般原则，除此之外，其还应当包括以下三个具体要素。

1）单位情况的简单介绍，包括单位名称、性质及上级主管部门，单位的发展历史、现状及远景规划，在本行业中的实力或排名等。单位的整体发展状况为应聘者提供了一个实现自我价值的大环境。

2）对应聘人员的具体要求，包括对当事人思想政治素质、人品修养和职业道德水平等的要求，对年龄、身高、体重、相貌和体力等生理内容的要求，对学历、专业方向、学习成绩和职业技能的要求。有的单位还可能对应聘人员的职业兴趣、职业能力、性格和气质等心理特点提出要求。

3）招聘职位情况的介绍，包括所设立职位的收入福利、工作地点、工作时间、工作环境和发展前途等方面的具体内容。这方面的信息与毕业生切身利益的关系最为密切，也最能够吸引他们关注的目光。

通过过滤，广而杂的就业信息就只剩下最重要、最有价值的部分，要发挥它们的价值，求职者就需要立即行动，及时向用人单位进行反馈，以免坐失良机。

四、毕业生就业信息查询的主要网站

1. 国家部委毕业生就业信息网

国家部委毕业生就业信息网如表 5-1 所示。

表 5-1　国家部委毕业生就业信息网

网站名称	域名网址
中华人民共和国中央人民政府门户网	www.gov.cn
中华人民共和国教育部网	www.moe.gov.cn
中华人民共和国人力资源和社会保障部	www.mohrss.gov.cn
中国共青团网	www.ccyl.org.cn
中国高等教育学生信息网	www.chsi.com.cn
中国教育信息网	www.chinaedu.edu.cn（系统正在改版中）
全国大学生就业公共服务立体化平台	www.ncss.org.cn
全国高校毕业生就业网络联盟	www.ncss.org.cn/wllm
中国中小企业信息网	www.sme.gov.cn
应届求职网	www.yingjiesheng.com
中国劳动力市场信息网	www.lm.gov.cn
中国国家人才网	dxs.newjobs.com.cn
中国青年志愿者网	www.zgzyz.org.cn
中国就业网	www.chinajob.gov.cn

2. 全国各省级毕业生就业信息网

全国各省级毕业生就业信息网如表 5-2 所示。

表5-2　全国各省级毕业生就业信息网

省市	域名网址	省市	域名网址
重庆	www.cqbys.com	北京	www.bjbys.net.cn
河北	www.hbxsw.com	天津	www.tjbys.com
山西	www.sxbys.com.cn	内蒙古	www.nmbys.com
江苏	www.jsbys.com.cn	辽宁	www.lnjy.com.cn
黑龙江	www.work.gov.cn	吉林	www.jilinjobs.cn
福建	www.fjbys.gov.cn	上海	www.firstjob.com.cn
江西	www.jxbys.net.cn	浙江	www.ejobmart.cn
安徽	www.ahbys.com	山东	www.sdbys.cn
河南	www.hnbys.gov.cn	湖南	www.hunbys.com
湖北	job.e21.cn	广东	www.gradjob.com.cn
广西	www.gxbys.com	海南	www.hnbys.net
四川	www.scbys.net	贵州	www.gzsjyzx.com
云南	www.yn111.com	西藏	www.xzjyzdzx.gov.cn
陕西	www.sxgxbys.com	甘肃	www.gsedu.cn
宁夏	www.nxbys.com	青海	www.qhbys.com
新疆	bys.xjnews.com		

3. 重庆就业相关信息网

重庆就业相关信息网如表5-3所示。

表5-3　重庆就业相关信息网

网站名称	域名网址
重庆市政府公众信息网	www.cq.gov.cn
重庆市教育委员会	www.cqjw.gov.cn
重庆市人力资源和社会保障网	www.cqhrss.gov.cn/u/cqhrss
重庆共青团网	www.cqyl.org.cn
重庆高校毕业生就业信息网	www.cqbys.com

思考：

1）大学生搜集就业信息的途径和平台有哪些？

2）如何针对自己的实际情况对就业信息进行筛选整合？

第二节　人才聘用制度

人才聘用制度是关于我国基本单位（国家党政机关、社会团体、企事业单位）的人员选拔、任用、聘任、聘用的一系列规章制度的总称。其核心内容是建立以公开、平等竞争、择优为先导，利于优秀人才脱颖而出、充分施展才能的选人用人机制。

一、事业单位人才聘用制度

事业单位是介于政府与社会之间的社会服务性组织。我国的事业单位共有 130 多万个，职工近 3000 万人，包括教育科研、文化卫生、新闻传媒等行业，是中国各类人才的主要集中地。事业单位聘用制是根据工作需要，按照科学合理的原则，确定专业技术人员、管理人员和工勤人员岗位，按岗聘用，竞争上岗。

1. 事业单位受聘人员应当具备的条件

遵守法律、法规、规章和政策；具有良好的职业道德；具有聘用岗位要求的文化程度、专业知识及工作能力；身体健康，能胜任聘用岗位的正常工作；聘用岗位职责要求的其他条件。

2. 事业单位聘用人员的基本程序和方法

1）成立聘用工作组织，制定聘用工作方案。聘用工作组织由聘用单位分管负责人及其人事部门、纪检监察部门负责人和工会会员代表组成。聘用专业技术人员的，还应当聘请有关专家参加。人员的聘用、考核、续聘、解聘等事项由聘用工作组织提出意见，报本单位负责人会议集体决定。聘用工作方案应经职工代表大会通过。未建立职工代表大会的，应经职工大会或工会通过。

2）事业单位制定的聘用工作方案应当报行政主管部门和同级政府人事行政部门备案。同级政府人事行政部门应当加强监督。

3）公布聘用岗位、岗位职责、聘用条件、聘用待遇、聘期及聘用方法等事项。

4）通过本人申请、民主推荐、负责人提名、公开招聘等形式产生应聘人选。

5）聘用工作组织对应聘人员进行考试或者考核，择优确定拟聘人选，公示拟聘结果。

6）聘用单位负责人集体讨论决定受聘人员，公布聘用结果。

7）订立聘用合同。

二、国有企业人才聘用制度

2014 年 11 月 4 日，人社部出台了《关于国有企业招聘应届高校毕业生信息公开的意见》（以下简称《意见》）。《意见》要求国有企业要建立健全公开招聘应届高校毕业生制度。根据《意见》，国有企业招聘应届高校毕业生信息，要按照企业所属层级在相应的政府网站公开发布。《意见》规定国有企业招聘应届高校毕业生，除涉密等不适宜公开招聘的特殊岗位外，应当实行公开招聘。国有企业在招聘应届高校毕业生的过程中，要坚持公开、平等、竞争、择优的原则，扩大选人用人范围，积极促进公平就业。招聘计划不得缺少招聘岗位及条件、招聘人员数量、招聘时间安排、采用的招聘方式等内容，不得设置民族、种族、性别、宗教信仰等歧视性条件，不得设置与岗位要求无关的条件，不得将院校作为限制性条件。

国有企业公开招聘应届高校毕业生可以采取考试的方式，也可以采取考核的方式，择优聘用。在同一批次招聘中，不得降低或提高已公开发布的招聘条件。当次公开招聘发布的岗位未招满或需增加招聘数量的，要在招聘工作结束后另行组织公开招聘。

国有企业要在本单位网站或其他公共媒体对招聘结果进行公示。公示信息不得缺少拟聘人员姓名、性别、毕业院校等内容，并同时公布本单位纪检部门监督电话与通信地址，公示期不得少于七天。公示期间，应聘者或其他人员认为公示人员存在问题的，可以实名向国有企业纪检部门反映，由国有企业纪检部门做出处理。被录用的毕业生与企业签订劳动（聘用）合同。

三、人事代理制度

人事代理是指由政府人事部门所属的人才服务中心，按照国家有关人事政策法规的要求，接受单位或个人委托，在其服务项目范围内，为多种所有制经济尤其是非公有制经济单位及各类人才提供人事档案管理、职称评定、社会养老保险金收缴、出国政审等全方位服务，是实现人员使用与人事关系管理分离的一项人事改革新举措。人事代理的方式有委托人事代理，可由单位委托，也可由个人委托；可多项委托，将人事关系、工资关系、人事档案、养老保险社会统筹等委托人才服务中心管理，也可单项委托，将人事档案委托人才服务中心管理。人事代理的当事人为代理方和委托方，一般是县级以上政府人事行政部门所属的人才流动服务机构；委托方为需要人事代理服务的各类企业、事业单位和个人。委托代理的方式由委托方与代理方商定，并以合同的形式予以明确。

1. 人事代理制度的意义

传统的人事管理模式越来越不适应社会主义市场经济的要求，随着人事制度改革的进一步深入，市场经济要求单位成为独立的用人主体，逐步把由原来承担的社会职责从单位中分离出来，走向社会管理。实行人事代理制度对于减轻用人单位的负担，提高人事管理效率；对于管理中长期存在的人员能进不能出、职务能上不能下、待遇能高不能低与干好干坏一个样等弊端；对于建立具有生机和活力的用人机制，优化人才结构，稳定人才队伍，解除人才流动的后顾之忧；对于将目前实际存在的人才单位所有转变为社会所有，实现单位自主选人、人才自主择业，促进人才合理流动和人才市场主体到位，发挥人才市场在人才资源配置中的基础作用；对于推行政府职能转变，建立社会化服务体系，使人事工作更好地为经济建设服务，都具有重要意义。

2. 人事代理的具体内容

人事代理的具体内容由代理方和委托方协商确定，代理方可以提供以下九种服务。

1）为委托方提供人事政策咨询，并协助委托方研究制定人才发展规划和人事管理方案等。

2）为委托方管理人事关系、人事档案。办理专业技术人员专业技术职务任职资格的申报工作；办理大中专毕业生见习期满后的转正定级手续，调整档案工资；出具因公或因私出国、自费留学、报考研究生、婚姻登记和独生子女手续等与人事档案有关的证明材料。

3）为国家承认学历的大中专毕业生提供人事代理服务，从签订人事代理合同之日起按有关规定承认身份，申报职称，计算工龄，确定档案工资，办理流动手续。

4）为委托方接转党团组织关系，建立流动人员党团组织，开展组织活动。

5）为委托方代办失业、养老等社会保险业务。

6）为委托方代办人才招聘业务，提供人才供需信息，推荐所需专业技术人员和管理人员，负责聘用人员合同签证。

7）根据委托方要求，开展岗位培训，并协助委托方制订培训计划。

8）根据委托方要求，开展人才测评业务。

9）代理与人事管理相关业务。

3. 人事代理的有关规定

1）凡注册"三资企业"、私营企业、股份制企业、民办科研机构等无主管单位及不具备人事管理权限的单位，聘用专业技术人员和管理人员，均由单位办理委托人事代理。其他以聘用方式使用专业技术人员和管理人员的单位，可根据需要办理委托人事代理。

2）各级人事行政部门所属人才流动机构在核准委托人事代理的有关材料后，应当和委托单位或个人签订人事代理委托合同书，确立委托关系。

3）单位委托人事代理人员及个人委托人事代理人员在委托人事代理期间，工龄连续计算。

4）尚未就业的个人委托人事代理人员重新就业后，其辞职和解聘前的工龄与重新就业后的工龄合并计算。

5）在委托人事代理项目内有档案工资关系的，其代理期间涉及国家统一调资的，档案工资的调整根据国家及各省有关政策，按照自收自支事业单位的工资标准核定。

6）单位委托人事代理的大中专毕业生，其见习期考核、转正定级，由用人单位定期向人才流动机构提供有关毕业生见习期间工作表现等书面材料，其手续由委托代理的各级人才流动机构负责。

7）单位委托人事代理的大中专毕业生在见习期间，解除聘（任）用合同的，毕业生可应聘到其他单位工作，代理其人事关系的人才流动机构继续负责毕业生的见习期管理。待聘期超过一个月的，见习期顺延。

8）委托期间，所委托代理的人员被全民、集体单位正式接收，由其委托代理的人才流动机构凭接收单位人事主管部门的接收函办理其人事关系及档案的转递手续；被其他单位重新聘用的委托人事代理人员，应及时变更人事代理手续。

4. 人事代理的程序

1）委托方向代理方提出申请，并提供有关材料。

个人办理委托人事代理，根据各自情况的不同，须向当地人才流动机构分别提交下列有关证件：①应聘到外地工作的，须提交委托人事代理申请、聘用合同复印件、身份证复印件、聘用单位证明信（证明其单位性质、主管部门、业务范围）等；②自费出国留学的人员，须提交委托人事代理申请、原单位同意由人才流动机构保存人事关系的函件、出国的有关材料等；③辞职、解聘人员尚未落实单位的，须提交委托人事代理申请及辞职、解聘证明、身份证复印件等证件。

2）代理方对委托方申报的材料进行审核。

3）委托方与代理方签订人事代理合同。

4）代理方向有关方面索取人事档案及行政、工资、组织关系等材料，并办理有关手续。

5）人事代理当事人的权利和义务，由双方以协议的形式予以明确，共同遵守。

思考：

1）事业单位人才聘用制度和企业人才聘用制度有什么不同？

2）针对自己的实际情况分析自己更适合哪种聘用制度，并说明原因。

第三节　国家公务员制度

国家公务员制度，是指党和国家对国家公务员进行管理的有关法律、法规、政策等的统称或总称。其中包括《中华人民共和国公务员法》（以下简称《公务员法》）和录用、考核、职务任免和升降、奖励、惩戒、培训、交流与回避、工资福利保险、辞职辞退、退休等单项制度及实施办法、实施细则等。

一、国家公务员制度的基本内容

我国国家公务员制度的基本内容体现在《公务员法》中。该法有 18 章 107 条，规定了十二种制度：职务与级别制度、录用制度、考核制度、职务任免制度、职务升降制度、奖惩制度、惩戒制度、培训制度、交流与回避制度、工资福利保险制度、辞职辞退制度、退休制度、申诉控告制度、职位聘任制度和法律责任制度。总体来说，政府应该推动研究改革，以人为本，关心公务员成长，制定措施吸引优秀人才，精简机构和人员，分散下放权力，强调制度的灵活性，加强能力培训，提高人员素质，完善竞争机制，改革分类制度，改革业绩评估制度和考核制度，建立灵活的工资制度，提升道德标准。我国国家公务员制度是根据我国的国情建立的，同时又改革了传统的人事制度的弊端，因此它既不同于西方文官制度，也不同于我国传统的人事管理制度。我国公务员正规统一称为国家公务员，不管是中央还是地方都是国家公务员，具体分为中央、国家机关公务员和地方国家公务员。

二、报考国家公务员应当具备的条件

1）具有中华人民共和国国籍。

2）年龄为 18 周岁以上、35 周岁以下。

3）拥护《中华人民共和国宪法》。

4）具有良好的品行。

5）具有正常履行职责的身体条件。

6）具有符合职位要求的工作能力。

7）具有大专及以上文化程度。

8）省级以上公务员主管部门规定的拟任职位所要求的资格条件。

9）法律、法规规定的其他条件。

其中 2）、7）项所列条件，经省级以上公务员主管部门批准，可以适当调整。公务员主管部门和招录机关不得设置与职位要求无关的报考资格条件。

三、公务员考试

公务员考试分为中央和地方两个级别：国家公务员考试是指中央、国家机关以及中央国家行政机关派驻机构、垂直管理系统所属机构录用机关工作人员和国家公务员的考试；地方公务员考试是指地方各级党政机关、社团等为招录机关工作人员和国家公务员而组织进行的各级地方性考试。

《公务员法》规定，录用担任主任科员以下及其他相当职务层次的非领导职务公务员，采取公开考试、严格考察、平等竞争、择优录取的办法。民族自治地方依照国家公务员应当具备的条件录用公务员时，可以依照法律和有关规定对少数民族报考者予以适当照顾。中央机关及其直属机构公务员的录用，由中央公务员主管部门负责组织。地方各级机关公务员的录用，由省级公务员主管部门负责组织，必要时省级公务员主管部门可以授权设区的市级公务员主管部门组织。

中央和地方单独进行考试，不存在从属关系，考生根据自己要报考的政府机关部门选择要参加的考试，也可同时报考，相互之间不受影响。

中央公务员考试和地方公务员考试，都属于招录考试，考生填报相应的职位进行考试，一旦被录取便成为该职位的工作人员。公务员招录的具体政策可参看国家公务员考试网或各地方公务员考试章程。

四、国家公务员录用考试内容

国家公务员考试公共科目笔试的内容包括行政职业能力测验和申论两科。报考综合管理类和行政执法类职位的考生均参加行政职业能力测验和申论两科考试，其中行政职业能力测验试卷分为（一）、（二）两卷，分别用于综合管理类和行政执法类的报考者，并在题型、题量、难度等方面有所不同。

1. 行政职业能力测验

行政职业能力测验试卷全部为客观性试题，主要题型为单选题。主要测查与公务员职业密切相关的、适合通过客观化纸笔测验方式进行考查的基本素质和能力要素，包括言语理解与表达、常识判断（侧重法律知识运用）、数量关系、判断推理和资料分析。

1）言语理解与表达主要测查报考者运用语言文字进行思考和交流、迅速准确地理解和把握文字材料内涵的能力，包括根据材料查找主要信息及重要细节；正确理解阅读材料中指定词语、语句的含义；概括归纳阅读材料的中心；判断新组成的语句与阅读材料原意是否一致；根据上下文内容合理推断阅读材料中的隐含信息；判断作者的态度、意图、倾向、目的；准确、得体地遣词用字等。常见的题型有片段阅读、篇章阅读、逻辑填空及语句表达等。

2）常识判断主要测查报考者应掌握的基本知识及运用这些知识分析判断的基本能力，重点测查对国情社情的了解程度、综合管理基本素质等，涉及政治、经济、法律、历史、文化、地理、环境、自然、科技等方面。

3）数量关系主要测查报考者理解、把握事物间量化关系和解决数量关系问题的能力，主要涉及数据关系的分析、推理、判断、运算等。常见的题型有数字推理、数学运算等。

4）判断推理主要测查报考者对各种事物关系的分析推理能力，涉及对图形、语词概念、事物关系和文字材料的理解、比较、组合、演绎和归纳等。常见的题型有图形推理、定义判断、类比推理、逻辑判断等。

5）资料分析主要测查报考者对各种形式的文字、图表等资料的综合理解与分析加工能力，这部分内容通常由统计性的图表、数字及文字材料构成。

2. 申论

申论主要通过报考者对给定材料的分析、概括、提炼、加工，测查报考者的阅读理解能力、综合分析能力、提出问题解决问题能力和文字表达能力。

申论适当地借鉴了我国古代科举考试中"策论"的一些经验与做法，但在内容上比"策论"更具有现实针对性，在形式上比"策论"更加灵活多变。"策论"大多要求应试者就一些重大问题展开论述，即论证国家政策或对策的可行性与合理性，侧重于考查应试者解决问题的能力。申论则要求应试者从一些反映日常问题的现实材料中去发现问题并解决问题，全面考查应试者搜集和处理各类日常信息的素质与潜能，充分体现了信息时代的特征，也适应国家公务员实际工作的需要。申论要求考查的七个核心能力包括阅读理解能力、分析判断能力、提出和解决问题能力、语言表达能力、文体写作能力、时事政治运用能力、行政管理能力。

思考：

1）用所学知识结合自己的实际认知，分析国家公务员具备的能力特征和要素。

2）假设你要参加公务员考试，应从哪些方面着手准备？

第四节　大学生参军入伍

大学生参军入伍是指部队每年从在校大学生和大学毕业生中招收义务兵，从 2013 年开始征兵工作由冬季改为夏秋季，开始时间调整为 4 月中旬。

一、大学生参军入伍的意义

1）参军入伍是大学生的法定义务。2011 年 10 月，《中华人民共和国兵役法》完成了第三次修订，在这次修订中，取消了关于"正在全日制学校就学的学生，可以缓征"的规定，并明确：普通高等学校毕业生的征集年龄可以放宽至 24 周岁。因此，依法服兵役是每个公民应尽的义务，不是我们去选择"是否要为国家、军队服务"，而是国家和军队来选择"是否需要我们去服务"。

2）大学生参军入伍是保护国家利益的需要。国家兴亡，匹夫有责。自古以来，参军入伍都是服务国家最直接的方式。当前，战争的形态已经从机械化战争向信息化战争转变。在高技术广泛运用于军事领域的今天，高科技武器无疑是战争中的主要武器，而掌握和运用高科技武器的必然是具备现代科技素质的人，因此，是否拥有高素质的人才是决定现代战争胜负的关键性因素。现代战争中，人员素质的高低已经不是简单的能力差，而是战斗力的质量差。因此，国家和军队都需要较高文化素质的兵员，近年来整个国家征兵政策都在向大学生倾斜。

3）参军入伍对大学生的个人成长有益。从大学生个人角度来讲：第一，应征入伍的学生，除可以享受政府、军队提供的各种优抚政策外，学校还给予其特殊优待。这些政策为学生入伍提供了极大的便利。第二，以城镇在校大学生普通士兵为例，在基本补助方面，其可获得学费补偿金、退役金、家庭优待金，服役期满还可获得一次性给予的经济补助金等。服役期间，每人每月可以领取津贴，在衣、食、住、行、医等方面的开支也全部由国家负担。第三，参军入伍不失为一条很好的就业发展之路，大学生在入伍后会被尽可能地安排到文化程度高、专业复杂、技术性强的部队服役，充分发挥大学生士兵的优势和专长。表现优秀的大学生士兵，在学习技术、选取士官、报考军校、直接提升军官等方面会被优先安排。如果觉得不适合在部队继续发展，大学生士兵退役后也会享受很多的就业优惠政策。第四，部队能为人才的成长提供良好的发展环境和氛围，在部队成长起来的军事人才是多岗位经历、素质复合的人才，从多方面锻炼自己，会使个人受益终生。

二、大学生入伍流程

1. 女兵入伍流程

1）网上报名。符合当年征集基本条件的女性大学生（含在校生、应届毕业生）在当年 8 月 5 日前，可登录全国征兵网，填写报名信息。报名截止后，网上报名系统将自动依据报名人员当年高考的相对分数进行排序，择优选择初选预征对象并张榜公示。被确定为初选预征对象的女青年，8 月 6 日起，登录全国征兵网，下载打印《应征女青年网上报名审核表》（以下简称《审核表》）。符合国家学费资助条件的，同时还应下载打印《高校学生应征入伍学费补偿国家助学贷款代偿申请表》（以下简称《申请表》），并交由学校学生资助管理部门审核。

2）初审初检。被确定为初选预征对象的女青年持《审核表》、本人身份证（户口簿）、毕业证书（高校在校生持学生证）等相关证件，按兵役机关通知要求参加地市级征兵办公室组织的初审初检，合格者确定为送检对象并张榜公示。

3）体检考评。征兵开始后，送检对象根据兵役机关通知，携带本人身份证（户口簿）、毕业证书（高校在校生持学生证）等相关证件，到指定的体检站参加体格检查和综合素质考评。

4）政治审查。体格检查和综合素质考评后，由县级兵役机关会同当地公安、教育等部门，对其进行政治联审和走访调查。

5）预定新兵。省级或地市级征兵办公室对学历、年龄、体检和政治考核全部合格的应征女青年，按照综合素质考评分数由高到低的顺序，依次确定为预定新兵。预定新兵名单（包括姓名、户籍地、学历、高考原始总分数、综合素质考评分数）同时在省、地市、县三级征兵办公室营院外张榜公示，接受群众监督，公示时间不少于五天。

6）批准入伍。经公示未被举报的人员，确定为批准入伍对象，由县级征兵办公室办理批准入伍手续，发放《入伍通知书》。学生凭《入伍通知书》办理户口注销、享受义务兵优待，等待交接起运，统一输送至部队服役。申请学费资助的，还要将加盖有县级征兵办公室公章的《申请表》原件和《入伍通知书》复印件，寄送至原就读高校学生资助管理部门。

2. 男兵入伍流程

1）网上报名。每年 8 月 5 日前，有应征意向的男性大学生（含在校生、应届毕业生）可登录全国征兵网，填写个人基本信息，报名成功后，自行下载打印《大学生预征对象登记表》（以下简称《登记表》），符合国家学费资助条件的，同时还应下载打印

《申请表》，将《登记表》和《申请表》分别交由所在高校征兵和学生资助管理部门进行审核。

2）初审初检。大学生在毕业离校或放假前，根据学校通知，携带本人身份证（户口簿）、毕业证书（高校在校生持学生证），按规定的时间到指定的地点参加学校所在地县级兵役机关组织的初审初检，被确定为预征对象的学生，领取兵役机关和学校有关部门审核盖章后的《登记表》和《申请表》。

3）体检政审。大学生可在学校所在地或入学前户籍所在地、经常居住地选择一个作为自己参军入伍的应征地。征兵工作开始后，应征地兵役机关会将具体的体检时间、地点通知大学生本人，大学生可根据通知要求，携带本人身份证（户口簿）、毕业证书（高校在校生持学生证）及审核盖章后的《登记表》和《申请表》直接参加应征地县级征兵办公室组织的体格检查，由当地公安、教育等部门同步展开政治联审工作。

4）走访调查。政治联审和体检初步合格者，将由县级征兵办公室通知大学生所在乡（镇、街道）基层人民武装部，安排走访调查。

5）预定新兵。县级征兵办公室对体检和政审合格者进行全面衡量，确定预定批准入伍对象，同等条件下，优先确定学历高的应届毕业生为预定新兵。

6）张榜公示。预定新兵名单将在县（市、区）、乡（镇、街道）张榜公示，接受群众监督，公示时间不少于五天。

7）批准入伍。体检、政审合格并经公示的，由县级征兵办公室正式批准入伍，发放《入伍通知书》。学生凭《入伍通知书》办理户口注销、享受义务兵优待，等待交接起运，统一输送至部队服役。申请学费资助的，还要将加盖有县级征兵办公室公章的《申请表》原件和《入伍通知书》复印件，寄送至原就读高校学生资助管理部门。

三、大学生参军优惠政策

1. 享受优先政策

大学生入伍享受优先报名应征、优先体检政审、优先审批定兵、优先安排使用政策及体检绿色通道，大学文化程度青年未批准入伍前不得批准高中以下文化程度青年入伍。

2. 享受优待政策

优待金由批准入伍地发放，其家庭享受军属待遇，由户籍所在地负责落实相关优待。

3. 可选拔为军官

普通高等学校全日制毕业生应征入伍的士兵可被选拔为军官，具体包括大学毕业生士兵提干、报考军队院校和保送入学。

1）大学毕业生士兵提干。符合本科以上学历，截至当年6月30日，入伍一年半以上（服役期间取得学历和学位的应当入伍两年以上），且在推荐的旅（团）级单位工作半年以上等基本条件的，可以列为提干对象；根据规定符合一定条件的，优先列为提干对象。

2）报考军队院校。参加全国普通高等学校招生统一考试，经省招生办公室专科统一录取且取得全日制专科学历的毕业生士兵，可以参加全军统一组织的本科层次招生考试，被录取人员入有关军队院校学习，学制两年，毕业合格的列入年度生长干部毕业学员分配计划。报考条件、考试组织、录取办法等另行规定。

3）保送入学。大学毕业生士兵参加优秀士兵保送入学对象选拔的，年龄放宽一岁，同等条件下优先列为优秀士兵保送入学推荐对象，选拔办法按照优秀士兵保送入学有关规定执行。大学毕业生士兵保送入学对象具有本科以上学历的，安排六个月任职培训；具有专科学历的，安排两年本科层次学历培训。

4. 优先选取为士官

对于符合士官选取条件的士兵，同等条件下具有全日制大专以上学历的要优先选取；师（旅）级单位范围内相同专业岗位的士兵，在任职能力相当的情况下，应优先选取高学历士兵。

5. 退役后享受的优惠政策

1）保留入学资格或学籍。入伍高校新生可以申请保留入学资格。退役后两年内，可以在退役当年或者第二年高校新生入学期间，持《保留入学资格通知书》和高校录取通知书，到录取高校办理入学手续。

2）现役军人入伍前已被普通高等学校录取或者是正在普通高等学校就学的学生，服役期间保留入学资格或者学籍，退出现役后两年内允许入学或复学。

6. 享受学费补偿和国家助学贷款代偿

1）应届毕业生享受学费补偿和助学贷款代偿。国家对应征入伍服义务兵役的高等学校毕业生在校期间缴纳的学费实行补偿。在校期间获得国家助学贷款的，学费补偿款必须首先用于偿还助学贷款本金及其全部偿还之前产生的利息。国家对每名高校毕业生每学年补偿学费或代偿国家助学贷款本息的金额，最高不超过 8000 元。

2）在校大学生享受学费补偿和助学贷款代偿。国家对应征入伍服义务兵役的高等学校在校生在校期间缴纳的学费实行补偿，退役后复学的原高校在校生实行学费资助。国家对每名高校在校生应征入伍前在校期间每学年学费补偿或国家助学贷款代偿的金额，按实际缴纳的学费或获得的国家助学贷款金额计算，每人每年最高不超过 8000 元。

3）往届毕业生享受学费补偿和助学贷款代偿。简化学费补偿代偿及学费减免程序，将往届毕业生纳入资助范围。

4）录取未报到新生享受学费补偿和助学贷款代偿。应征入伍服义务兵役前正在高等学校就读的学生（含按国家招生规定录取的高等学校新生），服役期间按国家有关规定保留学籍，退役后自愿复学的，国家实行学费减免。

7. 享受升学优惠政策

1）高职（专科）学生入伍经历可作为毕业实习经历。

2）退役大学生士兵入学或复学后免修军事技能训练，直接获得学分。

3）普通高校应届毕业生应征入伍服义务兵役，退役后三年内参加全国硕士研究生招生考试的，初试总分加 10 分，立二等功及以上的免试（指初试）攻读硕士研究生。

4）具有高职（高专）学历的，退役后免试入读成人本科或经过一定考核入读普通本科；荣立三等功以上奖励的，在完成高职（专科）学业后，免试入读普通本科。

5）应征入伍的高校毕业生退役后报考政法干警招录培养体制改革试点招生时，教育考试笔试成绩总分加 10 分。

8. 享受就业安置优惠政策

1）高校应届毕业生入伍服义务兵役退出现役后一年内，可视同当年的高校应届毕业生，凭用人单位录（聘）用手续，向原就读高校再次申请办理就业报到手续，户档随迁（直辖市按照有关规定执行）。

2）退役一年内的自主就业退役士兵可按规定免费参加教育培训。

3）对退役士兵从事个体经营的，三年内限额减免营业税、城市维护建设税、教育费附加和个人所得税，限额标准为每户每年 8000 元，最高上浮 20%。

4）在招录公务员、参照《公务员法》管理机关（单位）工作人员，招聘事业单位工作人员时，要确保同等条件下优先录用（聘用）符合政府安排工作条件的退役士兵。边疆、民族地区乡镇机关招录公务员时，可专门设置一定数量的职位，招录符合职位要求、政府安排工作的退役士兵。退役士兵报考公务员、应聘事业单位职位的，在军队服现役经历视为基层工作经历，服现役年限计算为工龄。财政支付工资的各类工勤辅助岗位遇有空缺时，应当首先用于接收由政府安排的符合岗位条件的退役士兵。

5）国有、国有控股和国有资本占主导地位企业在新招录职工时，应设置 5% 的工作岗位，在符合政府安排工作条件的退役士兵之间公开竞争，用人单位择优招录。

6）按照国家规定发给退役金，由安置地的县级以上地方人民政府接收，根据当地的实际情况，可以发给经济补助；安置地的县级以上地方人民政府应当组织其免费参加职业教育、技能培训，经考试考核合格的，发给相应的学历证书、职业资格证书并推荐就业；报考公务员应聘事业单位职位的，在军队的服役经历视为基层工作经历，同行条件下应当优先录用或聘用。

7）参加户籍所在地省级毕业生就业指导机构、原毕业高校就业招聘会，享受重点推荐、就业指导等就业服务。

8）乡镇补充干部、基层专职武装干部配备时，应注重从退役大学生士兵中招录；

对返乡务农的退役大学生士兵，鼓励通过法定程序积极参与村中国共产党员支部委员会和村民自治委员会的选举。

思考：

1）你如何看待大学生参军入伍的行为？

2）你了解大学生参军入伍的流程和优惠政策吗？你愿意毕业时选择参军入伍吗？为什么？

第五节　基层就业项目

基层就业是指到城乡基层工作。国家近年来出台了一系列优惠政策鼓励高校毕业生积极参加社会主义新农村建设、城市社区建设和应征入伍。一般来讲，"基层"既包括广大农村，也包括城市街道社区；既涵盖县级以下党政机关、企事业单位，也包括社会团体、非公有制组织和中小企业；既包含自主创业、自谋职业，也包括艰苦行业和艰苦岗位。

近年来，中央各有关部门主要组织实施了四个引导高校毕业生到基层就业的专门项目，包括团中央、教育部等四部门从 2003 年起组织实施的"大学生志愿服务西部计划"；中组部、原人事部、教育部等八部门从 2006 年开始组织实施的"三支一扶"（支教、支农、支医和扶贫）计划；教育部等四部门从 2006 年开始组织实施的"农村义务教育阶段学校教师特设岗位计划"；中组部、教育部等四部门从 2008 年起组织实施的"选聘高校毕业生到村任职工作"。

大学生志愿服务西部计划，简称"西部计划"，是团中央、教育部等四部门根据国务院常务会议、《国务院办公厅关于做好 2003 年普通高等学校毕业生就业工作通知》和 2003 年全国高校毕业生就业工作电视电话会议精神的要求而实施的，由财政部、人社部给予相关政策、资金支持。西部计划从 2003 年开始，按照公开招募、自愿报名、组织选拔、集中派遣的方式，每年招募一定数量的普通高等学校应届毕业生，到西部贫困县的乡镇从事为期 1～2 年的教育、卫生、农技、扶贫及青年中心建设和管理等方面的志愿服务工作。

西部计划的服务地主要是内蒙古、广西、重庆、四川、贵州、云南、西藏、陕西、甘肃、青海、宁夏、新疆等西部 12 个省（区、市）加海南省、新疆生产建设兵团及湖南湘西州、湖北恩施州、吉林延边州部分地区贫困县的乡镇。西部计划的主题口号是"到西部去、到基层去、到祖国最需要的地方去"。

截至 2016 年，我国共选派 14 批 10 多万名高校毕业生到中西部 22 个省（区、市）及新疆生产建设兵团 2100 多个县服务。加上地方项目，西部计划实施总规模超过 20 万人，先后有 2 万人扎根西部。西部计划实施以来，得到了党中央、国务院的亲切关怀，党和国家领导人多次对此项工作做出重要批示。另外，西部计划还被列入国家重大人才工程"高校毕业生基层培养计划"子项目及中央财政绩效考核项目，各项工作持续、健康发展，取得了积极成效。

凡大专以上学历，毕业学校为教育部当年公布的《全国普通高校名单》中所列高校的应届毕业生和在读研究生均可报名参加西部计划。不在名单范围内的高校应届毕业生及在校生、往届生、部队院校毕业生、海外留学毕业生暂时不在招募范围之内。具体招募要求包括学分总绩点（或学业成绩）排名在本院系同年级学生总数前 70% 之内；本科及本科以上学历优先；优秀学生干部和有志愿服务经历者优先；西部急需的农、林、水、医、师、金融、法学类专业者优先；西部地区生源优先；身体健康，通过本校毕业体检和西部计划体检项目的优先。

学生自愿报名，学校会对报名信息的真实性进行审查。审查之后组织笔试、面试及心理测试。主要考查基本素质、心理健康水平、逻辑与语言组织能力、志愿精神、沟通表达能力等。通过笔试、面试后，接受体检，体检合格后，由高校项目办公室进行公示，公示结果无异议的被正式录取为该年度西部计划志愿者。

志愿者服务期间，由中央财政给予一定的生活补贴。生活补贴为每人每月 1000 元。同时，志愿者所在地列入国家艰苦边远地区津贴范围的，执行所在地艰苦边远地区津贴标准，按月发放。全国 984 个县、市、区纳入实施艰苦边远地区津贴范围，每月津贴标准分别为一类地区 65 元，二类地区 210 元，三类地区 350 元，四类地区 515 元，五类地区 900 元，六类地区 1490 元。交通补贴按志愿者家庭所在地和服务地之间的实际里程计算，每年分两次发放。

西部计划志愿者服务期为 1~3 年，服务协议一年一签。志愿者在当年服务期满后可以于下一年度 3 月份向服务县项目办公室提出延期服务申请。其中，申请高等学校毕业生学费和国家助学贷款代偿的，需一次性签订服务期为三年的服务协议。西部计划各服务省将面向全国高校开展招募工作。报名学生原则上可选报全国任意服务省参加服务，并可根据个人意愿通过西部计划信息系统选择至多三个意向服务省（其中至少选择一个高校所在地原对口服务省），同时自愿选择是否"服从调剂"。

根据《关于统筹实施引导高校毕业生到农村基层服务项目工作的通知》的有关规定，一是服务期满两年且考核合格的志愿者，三年内报考研究生，初试总分加 10 分，同等条件下优先录取。二是志愿者服务期满两年且考核合格的，享受报考公务员等相关优惠政策。具体优惠政策由各省人力资源与社会保障部门确定。大学生志愿者服务期满后，考虑到参加西部计划的大学生全部为志愿者，因此，主办单位不承诺志愿者服务期满后的就业保障，鼓励志愿者在服务期满后扎根基层或自主择业、流动就业。

思考：

1）你所了解的大学生基层就业项目有哪些？

2）你对大学生基层就业感兴趣吗？为什么？

第六节 就业程序

一、签订就业协议书

毕业生和用人单位经过双向选择确定就业和录用意向后，须签订由毕业生就业主管部门统一印制的就业协议书（三方协议）。

1. 签订就业协议书应遵循的原则

（1）诚实守信原则

诚实守信是一项属于社会道德的原则。在签订就业协议时，各主体方都要诚实守信，任何一方不得有欺诈行为。例如，用人单位对毕业生工作岗位、薪酬待遇的兑现，毕业生对用人单位如实说明自己的主修专业及参加更高一级学历教育的入学考试或报考公务员等方面的情况等。

（2）主体合法原则

签订就业协议的当事方必须具有合法的主体资格。对于毕业生而言，必须是按照国家高等学校招生计划和研究生招生计划招收的具有学籍、取得毕业资格的本、专科（高职）生和硕士、博士研究生。如果毕业生在派遣时未取得毕业资格，用人单位可以不执行就业协议，不予接收毕业生，且不用承担法律责任。

对于用人单位而言，必须具有从事各项经营或管理活动的能力，具有录用毕业生的计划和自主权，否则毕业生和学校均有权解除协议，且不用承担法律责任。

高校虽作为就业协议的一个主体方，但是属于见证方，其责任是见证毕业生具有毕业资格，保证就业协议书的真实合法性，并根据用人单位的要求如实地向用人单位推荐、介绍毕业生，同时也要将所掌握的用人单位情况如实地发布给毕业生。

（3）平等自愿原则

就业协议的当事三方在签订就业协议时的法律地位是平等的，任何一方不得将自己的意志强加给另一方。用人单位不应在签订就业协议时要求大学毕业生承担过高数额的违约金，更不能要求大学毕业生缴纳就业保证金，学校也不能采用行政手段要求毕业生（定向生、委培生等有特殊情况的毕业生除外）到指定单位就业。三方当事人的权利、义务应当是对等的。除协议书规定的内容外，三方如有其他约定事项可在协议书"备注"中加以补充确定，如工作岗位、薪酬待遇的简要说明和违约责任的约定等。

2. 就业协议订立的法律步骤

从法律意义上讲，就业协议的订立一般要经历两个步骤，即要约和承诺。

（1）要约

《中华人民共和国合同法》（以下简称《合同法》）第十四条规定："要约是希望和他人订立合同的意思表示，该意思表示应当符合下列规定：①内容具体确定；②表明经受要约人承诺，要约人即受该意思表示约束。"

大学毕业生持学校统一印制的推荐表与用人单位联系就业事宜，应视为要约邀请；用人单位收到大学毕业生就业材料，对大学毕业生进行考察后，表示同意接收并通知大学生签署就业协议，则为要约。

（2）承诺

《合同法》第二十一条规定："承诺是受要约人同意要约的意思表示。"大学毕业生收到用人单位同意签约的通知后，到学校大学生就业工作部门领取就业协议书，与用人单位签订协议，即为承诺。

对用人单位不能解决毕业生户口，或者毕业生本人不愿意将户口迁至单位所在省（市）的毕业生，用人单位和学校之间就可以不签订就业协议书。因为毕业生就业主管部门打印《全国普通高等学校本、专科毕业生（毕业研究生）就业报到证》（以下简称报到证）完全依据就业协议书，即毕业生就业报到证是履行毕业生就业协议的结果，而报到证是派出所落户口、人事部门接受档案的依据，毕业生落户口、接受档案的省（市）必须与报到证上所签发的单位所在省（市）一致。

3. 毕业生签订就业协议后须承担的责任

1）守信。就业协议书一经签订便视为生效合同，不能随便更改。因此，毕业生必须信守协议。如果万不得已要单方面毁约，就必须在规定的时间内征得原签订单位的同意，经学校毕业生主管部门批准，方可列入计划派遣。

2）签订后的毕业生仍需努力学习。通过各种方式了解签约单位的生产、工作情况，做好相应的准备，以提高上岗适应性。

3）要加强思想品德和职业道德修养。遵守校纪校规，顺利完成学业，以示对用人单位负责。否则，学校可视情况如实向用人单位反映，取消所签订协议或取消其派遣资格，责任由其本人承担。

4. 就业协议书的签订程序

就业协议书的签订程序以书面就业协议书为例，具体流程如下。

1）毕业生与用人单位经过双向选择后，根据当地毕业生就业主管部门和学校要求，持相关材料到学校就业部门领取就业协议书。

2）毕业生认真阅读协议书说明，并将"毕业生情况及意见"一栏填写清楚后，由院系在"院（系、所）意见"一栏中签署意见并盖章。

3）毕业生将就业协议书先后送交用人单位及用人单位的上级主管部门，由用人单位及用人单位的上级主管部门（或人事代理机构）签署意见并盖章。

4）毕业生将就业协议书递交单位所在地毕业生就业主管部门申请审核签证，以落实是否符合当地的户口、人事关系的准入政策。

5）毕业生将已签订的就业协议书交回学校毕业生就业主管部门审核同意盖章后，及时将其中一份就业协议书反馈给用人单位。同时由学校毕业生就业主管部门列入本校毕业生就业方案准备上报相应政府毕业生就业主管部门审批。就业协议书分别由毕业生本人、用人单位、学校就业主管部门各执一份存档备查。

二、就业派遣和暂缓就业

根据教育部规定，地方主管毕业生调配部门和高等学校按照国家的有关政策派遣毕业生时，统一使用报到证。

就业派遣，从表面层次看只是报到证的打印和签发。随着高等教育大众化及高校毕业生就业市场化，就业派遣的内涵除了报到证的打印和签发之外，还包括对就业政策的理解、职业生涯规划与就业指导、就业信息的收集和报送、就业率的统计等，就业派遣与毕业生的切身利益紧密相关。

1. 就业派遣

（1）生源地的确认

生源地是毕业生资源信息中的一项重要内容。在每年最终派遣计划生成后，主动申请回生源地的毕业生、未签署就业协议也未办理暂缓就业手续的毕业生，以及申请调整就业去向未获批准的毕业生，全部凭回生源地的报到证，到生源所在地市人力资源和社会保障局报到。因此，如不能正确判断个人生源地或错误上报生源地信息，将导致毕业生档案投递错误，或因多次往返寄递增加档案丢失的概率，还会造成毕业生户口迁出后在规定的时间内无法落户，出现所谓"黑户"的情况。因此，毕业生要掌握确定生源地的方法，并向学校提供相关材料。

生源地是指学生的来源地。一般情况下，生源地的判断容易出现问题。其中常见的情形主要有以下四种。

1）借考。例如，小王在参加高考时户口所在地为重庆市万州区，高中时一直在深圳某中学就读，并在深圳报名参加了高考。在上报资源信息时，小王的生源地应为重庆市万州区。

2）父母工作调动。例如，小刘在参加高考时户口所在地为四川省成都市，且在成都市参加高考，在大学读书期间，其父母因工作调动至广州市，并将户口迁移到工作单位。此时，小刘的生源地应为广州市。

3）购买商品房。例如，小陈在参加高考时户口所在地为重庆市北碚区，在大学读书期间，小陈在北京市购买了商品房，此时小陈的生源地应为重庆市北碚区。

4）由中职升学。例如，小邓原为某中职学校的学生，户口在该中职学校，考取了普通高校后，小邓应以其读该中职学校前的户口所在地为生源地。

需要注意的是，毕业生如遇到以上情况，一定要与学校就业指导中心老师联系，避免报错信息，增加不必要的麻烦。

（2）制定建议就业方案

各高校根据毕业生取得的有效的单位接收证明，制定本校毕业生的建议就业方案，并上报至省级毕业生就业主管部门。省级毕业生就业主管部门对此方案审核后，形成就业方案下发给各高校执行。

（3）审核就业方案进行就业派遣

就业方案，即以报到证形式反映出来的就业信息。省级毕业生就业主管部门对学校的建议就业方案进行审核通过后，形成具体执行的就业方案，并以此为依据打印并签发报到证，对毕业生进行就业派遣。

（4）报到证

报到证是毕业生就业派遣的书面依据，是毕业生人事关系正式从学校转移到就业单位的证明。它是到接收单位报到的凭证，毕业生就业后的工龄自报到之日起开始计算；报到证证明持证的毕业生是纳入国家统一招生计划的学生；接收单位凭报到证予以办理毕业生的接收手续和户口关系；报到证是毕业生在工作单位转正和身份的证明。

报到证目前仍在中国人事管理体制中扮演着重要的角色，因此，毕业生应注意保管好自己的报到证，并在报到期限内到相关单位报到。如在报到期限内遗失报到证，毕业生应及时向学校写申请说明情况，并由学校报省级毕业生就业主管部门给予补办。报到证只能一人一份，由其他部门印制或签发的报到证无效。不论什么原因，凡自行涂改、撕毁的报到证一律作废。

一份报到证由正、副两联组成：正联（蓝色）由学校就业工作部门发放给学生个人，副联（白色，也叫通知书）连同档案由学校就业工作部门寄至报到证开具的接收部门。

2. 暂缓就业

暂缓就业，是国家为了缓解高校毕业生就业压力，延长毕业生择业期至其毕业后两年的做法。办理暂缓就业的毕业生，可以享受相应的户口保留、档案托管、就业服务等政策。《国务院办公厅转发教育部门关于进一步深化高等学校毕业生就业制度改革有关问题意见的通知》（国办发〔2002〕19号）指出："对毕业离校时未落实工作单位的高校毕业生，档案管理机构对保管其档案免收服务费用。学校可根据本人意愿，将其户口转至入学前户籍地或两年内继续保留在原就读的高校，待落实工作单位后，将户口迁至工作单位所在地。超过两年仍未落实工作单位的高校毕业生，学校和档案管理机构将其在校户口及档案迁回其入学前户籍所在地。"

部分地区，如广东省，在暂缓期限内，毕业生在就业过程中享受应届毕业生的待遇，其档案交由省就业指导中心免费托管，户口及党团关系（包括材料）按有关规定保留在原毕业院校。

三、档案、户口、组织关系的转移

档案包括所有保留价值的各种介质的实物材料，这里是指个人人事档案。学生档案就是学生在校学习期间德、智、体、美、劳等方面的客观反映，是用人单位考察和录用毕业生的重要参考材料之一，也是毕业生进入单位后转正、定级、增资、提职、调动乃至将来退休的重要依据。因此，档案材料对于每个毕业生而言都是非常重要的。

根据相关规定，档案原则上不允许本人接触，因此，档案的转接都是在各档案管理部门之间直接转递，不能由非档案管理人员携带转交，更不能由本人保存或转交。

1．毕业生档案的转递

高校毕业生的档案材料主要包括高中材料（学籍、思想品德鉴定、高考等材料）、大学材料（学生登记表、奖惩决定、成绩单、学位证明、思想品德鉴定、毕业生登记表等）、党团材料、诚信记录（还贷记录等）、就业材料（体检表、报到证）及其他一些有必要装入档案内的材料。

2．档案去向

已经签约的毕业生，其档案由就业协议书上规定的档案转递单位转递；升学继续深造的毕业生，其档案转至即将入学的学校或科研单位；出国的毕业生，要将档案转至生源地毕业生就业主管部门的档案管理部门；出国留学的毕业生，其档案也可转至教育部留学服务中心留学人员档案室；灵活就业或待就业的毕业生，其档案可转至生源地毕业生就业主管部门，毕业生在落实具体单位后，再由生源地毕业生就业主管部门进行二次派遣，将档案调入所在单位。

3．档案转递的要求

档案可通过 EMS 邮寄到档案接收单位。单位工作人员来学校调档或阅档时，必须由单位出具证明，查看并记录工作人员的证件。档案不能由毕业生自己提取。

4．户口迁移

1）入学时户口迁至学校的毕业生，离校前还须办理户口转移手续，将户口迁至用人单位所在地或生源地。一般由学校户籍管理部门统一到辖区公安机关按规定办理户口迁移证，再发放给毕业生本人，领取户口迁移证后，毕业生应仔细核对并妥善保管，不要污损，更不能丢失；有错漏时不要自行涂改，否则作废。

2）入学时户口未迁至学校的毕业生，离校后，可以根据自己的需要和用人单位的要求，持报到证、就业协议书及用人单位所在地的毕业生就业主管部门的签证材料到户口所在地派出所自行办理户口迁移手续。毕业生到户口迁入地公安机关落户时，要同时携带户口迁移证和报到证。若办理集体户口，还要携带工作单位或相关部门的证明。

5. 组织关系的转移

毕业生离校前，应到学校党、团组织部门办理组织关系转出手续。

（1）党员组织关系转移的注意事项

党员组织关系介绍信是党员政治身份的证明，是党员变动组织关系的凭证。

毕业生要与接收党员组织关系的单位组织部门联系，核实接收党员组织关系的党组织名称。

所去单位党组织机构不健全的，可将党员组织关系转到所去单位上级主管部门的党组织或单位所在地或居住地或区县级以上人才服务机构的党组织。党员组织关系转到区县级以上人才服务机构，首先须办理人事代理；转到本人或父母居住地党组织的，要征得对方的同意。

认真核准党员组织关系介绍信上的隶属党组织名称、姓名、性别、年龄、民族、是否正式或预备党员、身份证号码、接收党员组织关系的单位、党费交至何月及联系电话和所在党委通信地址是否正确，并注意接转党员组织关系的有效时间，确保准确无误。

一定要妥善保管党员组织关系介绍信，不得涂改、不能遗失。

到工作岗位后，须持党员组织关系介绍信尽快同党组织联系，务必在规定的有效期限内接转党员组织关系。需逐级接转的党员组织关系应逐级接转。无正当理由超过六个月未过组织生活、未缴纳党费的党员将按《中国共产党章程》受到处理。

（2）团员组织关系转移的注意事项

团关系转移，包括团员组织关系转移介绍信、入团志愿书、团员证的转移。

已经有工作单位的毕业生，可以将团关系转移介绍信直接转到工作单位团委；暂时未找到工作的，团关系转移介绍信的转移单位可暂不填写。

团员证必须由团支部将毕业生团关系转入、转出时间，每学期团员注册时间填写清楚，并加盖团委同意注册章。

四、毕业生离校、报到的流程

1. 毕业生办理离校手续的流程

1）以院系为单位集体办理毕业生离校的，一般需要办理以下手续：①收缴学生证；②到保卫处领取户口迁移证；③办理党团组织关系转移介绍信；④到学校就业部门领取报到证；⑤到学校教务部门领取毕业证、学位证。

2）由毕业生个人办理毕业生离校的，一般需要办理以下手续：①到图书馆还清图书、交回借书证；②偿还借款或签署还款计划书；③清缴学费；④领取毕业证、学位证、报到证、户口迁移证、组织关系转移介绍信；⑤离校前请公寓管理部门查验公寓设备，办理离宿手续。

2. 毕业生就业报到的流程

毕业生就业报到的流程如图 5-1 所示。

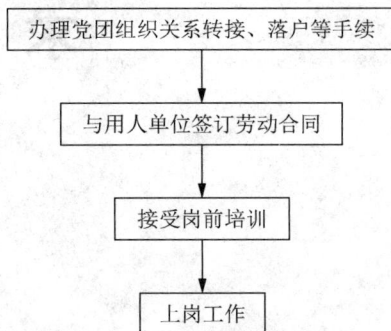

办理党团组织关系转接、落户等手续

↓

与用人单位签订劳动合同

↓

接受岗前培训

↓

上岗工作

图 5-1 毕业生就业报到的流程

思考：

1）大学生签订就业协议书、劳动合同、就业接收函的区别有哪些？

2）你了解报到证的办理流程、使用方法、改签流程吗？

第六章

求 职 技 巧

名人名言

你若要喜爱你自己的价值，你就得给世界创造价值。

——歌德

人生就像弈棋，一步失误，全盘皆输，这是令人悲哀之事；而且人生还不如弈棋，不可能再来一局，也不能悔棋。

——弗洛伊德

导入案例

小杨面试成功的启示

小杨从原公司离职后已在家休息一个月，经朋友介绍应聘某公司某部门主管，在对这家公司进行详细了解后，小杨认为自己与该岗位要求的能力相当，并且这是一家处于成长期的企业，市场前景很好。此前，朋友已经把小杨的详细情况向公司的李总进行了介绍，约定今天见面。公司9点上班，小杨8点50分就赶到了公司，向前台接待人员说明来意后，小杨被公司前台工作人员安排在会客室休息。9点3分，李总来到会客室，很友善地同小杨打招呼，小杨也起身问好。李总手中拿着小杨的简历，注视着小杨说："小杨，能不能再简单介绍一下你的个人情况？"于是小杨用了大概3分钟把自己的学习和工作经历进行了简单说明，其中重点描述了与应聘职位相关的工作经历。李总问小杨："小杨，你觉得你自己最大的缺点是什么？"小杨对此也有些意外，稍加思考还是很客观地说明了自己对自己性格当中不满意的两点，也着重强调自己对此已经十分重视，并且在生活、工作中有意识地在改善，还顺便对自己的优劣势做了简单的分析。谈话进行了约25分钟，最后李总告诉小杨："今天第一次面谈，时间有限。希望你能再适当准备一下，我们改天再详聊一次。"小杨表示会认真准备下次面谈，对李总能抽时间与自己详谈深表感谢。临走时，小杨顺手把用完的一次性纸杯扔进会客室的垃圾桶里。

五天后，小杨与李总进行第二次面谈，最终进入了这家公司。正是由于在面试细节、职业素养及语言表达效果、目的性方面表现优异，小杨才获得了面试的成功。

小杨面试成功的例子对我们有以下几点启示。

（1）面试须守约

守约是一个人职业素养的基本表现，不管刮风下雨，求职者都应该在约定时间赶到约定地点。因特殊情况无法准时到达时，应该提前打电话与招聘单位取得联系，表示歉意后询问对方是今天继续面谈还是另外约定时间。

但守约并不意味着越早越好，一般情况下，提前五分钟左右到达即可，以免影响对方工作。同时，还应尽可能避免踩着点进门。

（2）注重细节

初次面试，企业更多的是考察一个人的职业素养、思维特点、个人品行等，不会过多关注其工作技能与工作思路，除非企业不再安排二次面试。这样，求职者在面试过程中需注重细节，如说话、走路不要影响他人，临走时把座椅推回桌下，取走自己用过的一次性纸杯等，这些细节往往是面试中的一部分内容。小处见大，举手投足间更能表现出求职者的基础素质，这些都是成熟、完善的现代企业所十分关注的。

（3）坦率、真诚，心态平和

面试过程中，每个人都可能遇到过考官的刁钻问题。其实面对这些不必紧张，应该保持平和心态，用最坦诚的沟通来展示自己。面试过程中，考官会十分关注求职者的沟通、表达能力，但更注重的是求职者能否足够坦率、真诚。人无完人是路人皆知的道理，把自己描述得近乎完美的求职者更容易让招聘方感到不安。相反，像案例中的小杨一样坦率地承认自己存在的不足，并说明已经有意识地进行改善，更能为别人理解和接受。

（4）对个人优劣势进行分析，准确切入岗位要求

不管是在自我介绍中还是在对工作设想进行陈述时，对自己的优劣势必须进行客观分析，结合自己的个人经历和对岗位要求的理解，准确地切入招聘企业的岗位需求，打动考官的心。也就是说，求职者必须拿出充足的理由，证明自己适合这个岗位。现实中，没有对自己认真分析、没有明确职业规划、盲目求职、对企业岗位需求不做认真分析的求职者不在少数，这样的求职者的应聘成功率也是非常低的。

（5）最后一分钟

"善始善终"是一句古话，面试过程中求职者可以做到镇定自若、滴水不漏，但千万不要因为最后一分钟的疏忽冲淡招聘方刚刚建立起来的对自己的好感。例如，谈话结束后表现出如释重负的感觉，没能够表达谢意以结束谈话；一转身就叼上一根烟等。职业素养不是假装出来的，它源于工作中点滴的积累与精益求精的改善。

第一节 求职信的书写技巧

一、求职信的作用和种类

1. 求职信的作用

一般来讲，写求职信是为了主动出击，发给那些暂时没有明确的招聘计划的单位，主要起投石问路的作用。一封好的求职信，可以让用人单位充分地了解你的优点，并且找到适合你的工作岗位。

2. 求职信的种类

（1）有目的地向单位做自我介绍

这种求职信，是在你已经知道了某个单位正在进行招聘的情况下写的。此时，自己已了解这个单位的相关信息，如单位性质和名称、主要从事的工作、经营项目、人员需求情况、主管人姓名等。因此，它具有高度的针对性。在求职信中，其称呼和内容都要针对特定单位的特定人，主要表述你的主观愿望和特长，以求吸引招聘者的注意，取得面试机会。

由于这样的求职信具有很强的针对性，因此，在写的时候需花费一定的工夫，有的放矢，这样才会有较高的命中率。

（2）"广普"适用的求职信

这种求职信不分职业、单位和对象，也没有求职的具体目标，带有一定的盲目性，因此，投中目标的成功率相对而言会比较小。因此，在毕业生供需见面会和人才市场招聘会上，毕业生普遍使用的都是这样的求职信，这种求职信主要是向用人单位介绍自己的概况，让单位了解并对自己感兴趣。

总之，无论是第一种还是第二种求职信，信的主体部分固定不变，只是开头和结尾可以根据不同的单位采用不同的内容和措辞。

二、求职信的书写

1. 求职信的书写格式

求职信作为一种信函，具有一般信件的书写格式。它主要由以下几个部分组成，即称谓，开头，主体，结尾，致敬语、署名、日期。

（1）称谓

要根据求职信的阅读对象来决定称谓。如果知道对方的姓名和职位，可以用"尊敬的××经理"这样的格式；如果不清楚对方情况，就用"尊敬的××公司领导"来泛指。对方的头衔和单位名称一定要写准确，不能出现错误，否则会给用人招聘人员留下不好的印象。

（2）开头

求职信的开头应开门见山，自报家门，直截了当地说明求职的意图，使信的主旨明确醒目，引起对方注意，如"我是中南大学即将毕业的学生，想在贵单位谋求一份工作"。求职信的开头应力求简洁，并能引起对方的阅读兴趣。切忌空话套话，让对方产生厌恶情绪。

（3）主体

主体是求职信的重点，书写形式可以多样，但主要内容一般包括姓名、学历、毕业学校、专业及辅修专业、自己求职的理由和目标、自己应聘或寻求工作的条件、自己的敬业精神、自己的个性等。

总之，写求职信时应做到告知情况，突出重点，言简意赅，具有吸引力和新鲜感，语气自然。

（4）结尾

求职信的结尾主要是进一步强调求职的愿望，希望用人单位能给予考虑，或希望前往面谈，接受单位的进一步考察等。

总之，无论怎样表述，都要注意用语恰当得体，掌握分寸，以免造成不好的印象。

（5）致敬语、署名、日期

因为写的是求职信，此时的用人单位和求职者对彼此都比较陌生，因此，更要讲究必要的礼节性的致敬语。在正文结束后，可写上一句祝福语或在正文结束后，紧接着在下一行空两格，写上"此致"二字，后面不加标点，再在"此致"的下一行，顶格书写"敬礼"二字，并加上感叹号。同时在"致敬"二字的右下方，署上自己的姓名及具体日期。

求职信的书写范例如下。

求 职 信

尊敬的领导：

　　您好！

　　我叫×××，毕业于×××学院×××专业。普通的院校，普通的我，却拥有一颗不甘于平凡的心。

　　我，自信，乐观，敢于迎接一切挑战。虽然只是一名普通的本科毕业生，但是，年轻是我的本钱，拼搏是我的天性，努力是我的责任。我坚信，成功定会成为必然。

　　在大学的四年中，我学习了机械专业及相关专业的理论知识，并以优异的成绩完成了相关的课程，为以后的实践工作打下了坚实的专业基础。同时，我注重外语的学习，具有良好的英语听、说、读、写能力，并通过了大学英语国家四级测试。在科技迅猛发展的今天，我紧跟科技发展的步伐，不断汲取新知识，熟练掌握了计算机的基本理论和应用技术。在此期间，我利用课余时间考取了驾照。

　　我虽然只是一个普通的本科毕业生，但大学三年教会了我什么叫"学无止境"，我相信，在我不断努力刻苦的学习中，我一定能够胜任这份高尚的职业。

　　一直坚信"天道酬勤"，我的人生信条是"人生在勤，不索何获"。给我一次机会，我会尽职尽责。

　　一个人唯有把所擅长的投入社会中才能使自我价值得以实现。别人不愿做的，我会义不容辞地做好；别人能做到的，我会尽最大努力做到更好！发挥自身优势，我愿与贵公司同事携手共进，共创辉煌！

　　感谢您在百忙之中读完我的个人简历，诚祝事业蒸蒸日上！

　　相信您的信任与我的实力将为我们带来共同的成功！希望我能为贵公司贡献自己的力量！更进一步来实现自我的价值。

　　此致

　　敬礼！

自荐人：×××

××××年××月××日

---

2. 书写求职信的注意事项

（1）篇幅尽量短小

每天用人单位都会收到很多的求职信，因此，只有篇幅简短、重点突出的求职信才会引起招聘人员的注意，收到较好的效果。

（2）开头应有吸引力

要想让招聘人员有兴趣读你的求职信，就要在写求职信的时候根据所应聘的职位，揣摩招聘者的心理，这样才能取得良好的效果。

（3）中心部分应突出重点

能突出自己个性、吸引对方、打动对方的内容要详细地写，而且要写出自己的风格。若你的求职信写得毫无特色，招聘人员往往只用几秒或十几秒的时间将你的求职信快速"扫描"一番，然后扔在一边。相反，如果你的求职信写得与众不同，一开始就引起了招聘人员的注意，并且表述得体，招聘人员就会有兴趣将信看完。这样，你的名字就有可能列入候选人名册。

（4）要用合适的语言来表达

"言之无文，行而不远。"语言的作用是不可轻估的。我国语言讲究"微言大义"，表现力十分丰富，其细微之处需反复推敲才能把握准确。有这样一个笑话：一位同学上课时，手里拿着书睡着了，老师批评他说："你太懒了，拿着书还睡觉。"另一位同学也拿着书在课堂上睡着了，老师比较喜欢这位学生，就对别的同学说："你看他多努力啊，睡着了还拿着书。"同样一件事情，用不同的话讲出来，意义完全不同。因此，我们必须重视语言的准确性，要将写完的求职信多读几遍，以免因不恰当的语言误事。

（5）要给人规范、整洁的印象

在求职过程中，求职信起着重要的作用，要想使用人单位对自己有良好的印象，求职者在写求职信的时候，文笔要流畅、字迹要整洁、设计要优美。因此，求职信的内容可以打印，但签名要手写。另外，应选用美观、大方的信纸和信封。

求职信如果采用寄发的形式，应选择标准的信封、信纸，注意书写的格式，并贴上漂亮的邮票。这样也会引起用人单位的注意并对你的求职起到一定的作用。

（6）可以用中、英文两种文字写求职信

现在有很多用人单位非常重视求职者的英语水平。因此，用中、英文两种文字写求职信，可以使你的英语水平得到展示和提高。如果你应聘的是一家中外合资企业或外企，那么中、英文求职信就更有必要了。

（7）写求职信的目的是传递信息

在大多数情况下，求职者应聘时将简历提供给用人单位就足够了。有很多招聘单位对求职信并不感兴趣，这主要是因为大多数求职信充满了表决心之类的套话，千篇一律，对用人单位来说阅读这样的求职信简直是耽误时间。因此，在求职信中一定要传递一些在简历中难以传递的，对用人单位十分重要的信息。如果没有这样的信息，宁可不写求职信，以免弄巧成拙。

思考：

1）你如何认识求职信在就业过程中的意义？

2）你将从哪些方面设计自己的求职信？你将如何体现自己的特点和亮点？

第二节　个人简历的书写技巧

对应聘者来说，个人简历是最重要的求职材料。招聘单位的人事部门主要通过个人简历来了解应聘者的情况，决定是否给予其面试的机会。

一、个人简历的主要内容

1. 简历的类型

常用的简历一般分为文字型简历和表格型简历两类。

（1）文字型简历

文字型简历就是用文字来描述自己的经历，如个人基本情况、工作经历、个人成绩、获得的奖励等。传统个人简历的写法是按时间的先后顺序列出自己的学习、工作经历，或者根据需要，有选择地列出自己的某些经历，以充分展示自己的技能和才干。

文字型简历的好处是便于求职者详细地、完整地介绍自己的有关情况。

（2）表格型简历

表格型简历是以表格的形式分栏目地介绍个人情况。它比较简练，一目了然，是许多大学生喜欢采用的个人简历的形式。特别是经过计算机进行文字处理后的表格型简历，非常规范、美观。

在 Word 中有很多简历模板，如下所示。这些简历模板基本上可以满足求职者的需求。简历主要是为了突出个人信息，不应太过花哨。当然，如果你应聘的是一些设计类的职位，花一些时间做一些个性化的简历，以此来展示自己的设计水平，还是很有必要的。

2. 简历的内容

简历通常包含以下五个方面的内容。

（1）个人信息

个人信息如姓名、性别、民族、出生年月、政治面貌、籍贯、学校、系别、专业及获得学位情况。

（2）学习和工作经历

学习情况是必不可少的，主要应突出那些与应聘职位相关的课程。大学期间的社会实践活动也为很多单位所看重，在课余时间进行的兼职也可以体现在简历中。如果参加过一些实训项目的开发，还可以简要叙述自己在其中所担任的角色及取得的成果。

个 人 简 历

求职意向		求职区域		
姓名		性别		
籍贯		民族		
政治面貌		毕业院校		
学历		专业		
联系电话		邮编		
现地址		电子邮件		
英语水平		计算机水平		
特长爱好				
教育经历				
社会实践				
专业实践				
专业技能证书				
其他证书				
自我评价				
其他				

（3）有关自己能力的实证或经历

1）如在学校、班级所担任的职务，在校期间获得的各种奖励和荣誉，自己的业余爱好，特长及适宜从事的工作。

2）可列出自己获得的其他资格证书，如英语四、六级证书，计算机等级证书，汽车驾驶证等。证书最好与应聘的工作直接相关，或者能证明自己的能力。

3）可列出代表自己能力的有关资料，如所出版的书籍、发表的文章、社会实践的论文、实训项目的成果，荣获的各项成果、专利、荣誉证书、资格证书等。

4）可列出在社会实践活动中，自己独自创意设计或合作研究的作品，并应有详细的说明。

（4）简述自己的愿望和工作目的

这是用人单位用来评断求职者是否对自己有一定程度的期望、对这份工作是否了解的问题。对于工作有确定学习目标的人，通常其学习较快，对于新工作自然较容易进入状态。面对此类情况，建议写出自己一个或几个确定的方向，比较有针对性。

（5）联系方式

自己详细的联系方式，如电话号码、电子邮件、通信地址等。

二、个人简历与求职信的区别

求职信和简历是有区别的。有些学生常常用简历代替求职信，这是不严谨的。它们二者既相互独立又不能互相替代，既紧密联系又不能混为一谈。

1. 书写格式不同

1）标题不同。求职信在写作类型上与普通的书信相同，其标题可以是"求职信""自荐信"，也可以省略标题，直接用一般书信格式来行文。简历的标题比较单一，可以是"简历"或"个人简历"。

2）称谓不同。求职信开头要有称谓，如尊敬的领导、××单位的负责人等，给不同的收信人，在称谓上有明确的区分。简历则不必用称呼，在标题下直截了当地填写个人经历和取得的成绩就可以了。

2. 内容侧重点不同

1）求职信主要是阐述求职的愿望、求职的理由和求职条件，力求说明自己的能力能够胜任某项工作；而简历则主要侧重展示自己的资历，是对求职信中提到的求职条件所做出的更为详尽的描述。

2）个人简历也可以说是求职信的附件，是求职信的补充和佐证材料。一份好的简历往往可以起到画龙点睛、锦上添花的作用。

3）求职信和简历是推荐材料中不可缺少的两个重要组成部分。求职信在前，简历附在其后，可以起到立体展示自己的效果。如果只有求职信而无简历，就会使用人单位对求职者产生了解不够具体的感觉；如果只有简历而无求职信，用人单位则不明确在哪方面更适合求职者。因此，求职信和个人简历是相互补充的。

个人简历的书写范例如下所示。

（一）基本信息

姓名：李文　　　　　　　　　　性别：女

出生年月：1994 年 1 月　　　　　籍贯：湖北省武汉市

E-mail: 888@sina.com　　　　　　电话：86-10-99999999

地址：×××大学 001 信箱　　　　邮编：100000

（二）教育背景

时间：2012 年 9 月～2016 年 7 月

院校：×××大学信息工程学院

专业：软件测试

主要专业课成绩：汇编语言 84 分，C 语言 90 分，操作系统 93 分，计算机网络 87 分，数据库原理 96 分，系统分析与统计 92 分。

在校期间学习成绩优异。综合测评排名第一，核心专业课成绩排名第二；2013 年获得院校级二等奖学金；2014 年获得院校级一等奖学金。

积极参加学校管理，在校期间担任了院团委组织委员、班级学习委员，具有优秀的沟通管理能力。

……

（三）工作经验

2013 年 7 月，在中国国际展览中心 "2013 年国际电子商务展览会" 上为台湾世纪股份有限公司做软件产品展示员，介绍网络应用软件 "沟通大师" 和 "沟通精灵"，以工作耐心负责、讲解明晰透彻受到公司的好评。

2014 年 11 月～2015 年 3 月，在和新世纪信息技术有限公司实习期间，独立完成了嵌入式门禁系统的模块测试工作。

……

（四）外语水平与 IT 知识技能

通过了国家英语四级考试，成绩优秀。具有娴熟的英文阅读、写作能力，良好的英语听说能力；熟练掌握专业英语。

通过了全国计算机等级二级考试，北京市计算机应用水平测试成绩优秀。能够熟练使用 Office 软件，如 Word、Excel、PowerPoint、FrontPage 等，精通动画软件 3Dmax 等。

（五）自我评价

个性坚韧，能吃苦耐劳，工作认真，有突出的钻研开拓精神；为人热情乐观，兴趣广泛，适应性强，人际关系和睦；有优秀的组织、协调能力，善于沟通，有良好的团队协作精神。

三、书写个人简历应注意的问题

1. 真实

简历最主要、最基本的要求就是真实。诚实地记录和描述，能够使用人单位对求职者产生信任感，而用人单位对求职应聘者最基本的要求就是诚实。

个人简历不能弄虚作假、编造事实、抬高身价。要知道争取面试的机会并非最终目的，最终目的是要获得工作。如果一时造假而被对方识破，既会丢掉工作机会，又会失去人格。

不要过分渲染或天花乱坠地描述，这样会使用人单位对你产生反感情绪。大多数毕业生也不可能有非常显赫的经历，过分的吹嘘会产生适得其反的效果。

2. 简练

招聘人员每天要面对大量的求职简历，一般在粗略地进行第一次阅读和筛选时，每份简历所花费的时间不超过一分钟，如果写得很长，阅读者缺乏耐心，难免漏看部分内容，这对求职者是很不利的。有些求职者认为简历越长越好，容易引起注意，其实这恰恰淡化了阅读者对主要内容的印象。简历太长不但让招聘人员觉得你在浪费时间，还会认为你做事不够干练。

3. 突出重点

重点突出才会给人留下深刻的印象。优势部分是整份简历的点睛之笔，也是最能表现个性的地方。在写优势部分时应当深思熟虑，写法要不落俗套，还应当有理有据，才能说服负责招聘的人员。

4. 自己动手，切勿过度包装

自己的情况自己才是最了解的，所以最好自己动手制作简历。写简历时不需要妙笔生花，尽量真实地展现自己的情况即可。

现在还有不少学生准备了印制非常精美的个人简历，从实际效果来看，多数用人单位更看重应聘者的真才实学，对过度包装的简历不会有特别的好感。因此，过度包装的简历既浪费时间和金钱，也不会取得很大的实际效用，所以求职者要多在简历的内容上下功夫。

5. 体现特色

用人单位在招聘期间，通常会收到大量简历。如何让负责招聘的人员注意到你的简历，对你的简历留下深刻印象，并决定给你一个面试的机会？这就需要求职者在简历中突出自己的特色。

特色不是写出来的。"天生我材必有用"，每个人都是独一无二的，只要善于发掘，一定会发现自身的优势。

要结合应聘单位性质和应聘职位来突出特色，否则会适得其反。平时应多了解一些不同行业的信息，看看这些单位更看重员工哪方面的品质。例如，销售人员要有好的口才和亲和力，研发人员需要有广博的知识面和钻研精神，财务人员必须耐心细致，只有根据不同行业、不同职位来突出自己的优势，才会引起招聘人员的兴趣。

总之，由于每个人生活、工作经历的不同，个人简历的内容也会有很大的差异。准备个人简历的目的就是要更多地展现自己的优势，少暴露自己的缺点，更大程度地吸引用人单位的注意，从而获得一份满意的工作。

思考：

1）你接触过哪些类型的简历？你更偏重哪一类？

2）制作你的求职简历。

第三节　毕业生推荐表的填写

我们现在使用的推荐表，是由学校毕业生就业指导服务中心统一印制的，其主要内容有学生姓名、性别、民族、出生年月、政治面貌、学校名称、专业、学历、培养类别、外语水平、健康状况、学校地址、特长、奖惩情况、在校表现、院系推荐意见、学校毕业生就业指导中心意见等（包括从事的工作范围等）。

一、毕业生推荐表填写的注意事项

1）毕业生推荐表的内容与表格型简历相近，制作推荐材料时任选一种就可以。

2）一份完整的毕业生推荐表应填写好所有栏目，院系在规定栏内加盖鉴定公章，学校毕业生就业指导服务中心在"学校推荐意见"一栏签署"同意推荐"字样并加盖公章。

3）毕业生推荐表具有代表校方向用人单位推荐毕业生的作用，由有关部门加盖公章，具有唯一的可信性。为避免重复签协议，毕业生只能用推荐表原件和就业协议书原件与一家单位签订协议，用人单位也只能坚持用推荐表原件和就业协议书原件才能签协议。

二、毕业生推荐表的填写技巧

1．不能涂改

毕业生在填写推荐表时一定要细心、认真，特别是成绩单、院系推荐意见等部分，一旦有涂改的痕迹，就可能引起用人单位的误解。因此，发现错误时，应当换一张表重新填写。

2．用"备注"栏来表现自己的突出优势

自己具有的一些突出优势可以在"备注"栏里表现，如发表过重要作品或有突出的外语能力、突出的工作经历等。

3．保证推荐表的唯一可信性

1）推荐表原件不可仿制，更不可谎称遗失而重新补办。这样做，会影响学校的声

誉，从而给学校造成不良影响。

2）毕业生在"双向选择"的过程中可以使用推荐表的复印件进行"自我推销"。

3）只有与用人单位签订协议时，才向用人单位或人事主管部门交出推荐表的原件。

4）一定要保管好推荐表。

思考：

1）毕业生推荐表在毕业生求职过程中的作用有哪些？

2）填写毕业生推荐表时，你应该注意哪些方面的问题？

第四节 求职材料的整理

求职材料是毕业生学习、生活经历的集锦，是毕业生就业的"敲门砖"。如何将多年寒窗苦读学得的知识和本领展现出来，令用人单位满意就显得尤为重要。

求职材料的整理，不是求职信、个人简历、毕业生就业推荐表和各类证书的简单装订，而是整理出一份吸引用人单位、展示自我才能的精美手册。同样的内容采用不同的整理方法，可能导致不同的结果。因此，在整理的过程中要注意以下事项。

一、查看封面设计是否合理

封面是整个求职材料的"脸面"，封面设计既要美观、有个性，还要突出主要内容，但不能过于花哨。成功的设计，会给用人单位留下良好的第一印象；若设计不成功，可能直接影响用人单位对求职者能力的评价。

一份较好的求职材料应包括以下内容：学校名称（可附上学校的标志性图案）；专业名称；个人姓名；联系方式，如通信地址、联系电话（附上区域号码）、手机号码、电子邮件地址等。

为了求职材料不显得单调，还可以在封面的右下角设计一个简单的图案。但切不可把图案当成封面的主体，否则，就会产生喧宾夺主的效果。

如果学校为毕业生统一制作了推荐材料封面，毕业生就不必自己再制作了。

二、认真审阅、校对内容

求职信、简历写完后，应认真审核校对，看看是否充分反映了自己的优点和特长，态度是否诚恳、平和。另外，简历内容与求职信是否一致，行文是否简洁顺畅，反复阅读并修改其中的病句和错别字。自己校对完后，可以找文字功底较好的同学帮着再校对一遍。一定要记住，语句不通、错字连篇的求职材料只会给自己带来不良的影响。

三、认真审核各类材料

1）学历证明，如毕业证书、学位证书、参加过社会培训的结业证书、第二学位的学位证书等。

2）学校或政府、社会机构颁发的荣誉证书，如"三好学生""优秀学生干部""优秀团员""优秀毕业生"等。

3）英语四级、六级证书，计算机等级证书，各类奖学金等级证书。

4）校级以上社会实践、征文比赛、文艺演出、体育运动会、社团活动等各类活动的获奖荣誉证书。

5）在正式出版社发表过的文学作品、科研论文、美术设计作品、音像作品、摄影作品及各类小制作、小发明、小创作的图像资料等。

6）参加过项目实训的有一定水平的实训成果，如软件产品、手工作品等。

用人单位对能证明毕业生工作能力的材料会特别重视，如果你在某方面有特长，一定要以有说服力的材料充分展示出来。

将封面、求职信、个人简历、毕业生推荐表、各类获奖证明复印成若干份，并装订成册，这样一份完整的、详细的推荐材料就整理好了。

思考：

1）结合自己的实际情况，你认为求职材料有必要做封面吗？

2）求职材料整理的过程中应该注意哪些问题？

第五节　就业心理调适

大学生要充分认识和正确处理求职过程中遇到的心理问题，要了解心理调适的重要作用，并学会用积极的心态面对问题，更好地应对求职挫折，缓解负面情绪。

一、大学生择业中常见的心理问题

1. 自卑心理

自卑是低估自己的能力，认为自己各方面不如别人的心理。其表现为对自己的能力、品质评价过低，同时可伴有一些特殊的情绪体验，如害羞、不安、内疚、忧郁、失望等。自卑不仅使一些毕业生悲观失望，不思进取，而且有碍于其自身聪明才智的正常发挥。

2. 自负心理

自卑的反面是自负，就是自己过高地估计自己的心理。自负也是因为不能正确估计自己而产生的一种心理现象。自负心理在部分大学毕业生身上表现得比较突出。部分毕业生过高地估计个人的能力，缺乏自知之明，自认为高人一等，非常傲气。他们或者认为自己已学了很多知识，各方面条件也不错，不会没有好的归宿；或者认为现实状况太落后，自己"英雄无用武之地"；或者认为自己接受了高等教育，应该获得理想的归宿。在这种自负心理的支配下，他们在求职中总是自负骄傲，好高骛远，看不上这个单位，瞧不起那种职业，使自己的择业目标与现实产生很大反差。例如：

杨雪在校期间表现出色，学习成绩优秀，曾获得院校级二等奖学金，同时，她还是学生干部，参加过多个社团，人际交往能力和组织能力都不错。

到了年底，部分用人单位开始进校园招聘，别的同学都忙着制作简历，向用人单位推销自己，她却悠闲地在图书馆看书准备考研。她有自己的想法：如果考不上研究生，等节后再找工作也不是什么难事。转眼到了3月份，考研成绩下来了，她没有考上自己心仪院校的研究生，这时用人单位的需求也达到高峰，杨雪开始行动了，她向几家中意的媒体、杂志社投出简历，也参加了一些笔试、面试，却没有单位录用她。经历过几次打击后，杨雪开始怀疑自己，也变得有些慌张；于是，决定放弃自己的梦想。在毕业前半个月，她应聘到上海一家五星级酒店做服务员。后来，她孤身一人前往北京，加入了"北漂"一族。杨雪在之后的总结中说道："我只能说，最初的我太自信，以至于没有认清自己，对就业准备不充分"。

部分大学生的就业期望值过高，只把就业目标锁定在大城市、大企业、高地位、高层次、高报酬的工作上，不愿意去小企业或起点低、偏远地区和广大农村就业。有的学生倘若不能如愿，情绪就会一落千丈，从而产生失落、烦躁、抑郁等心理现象。

自卑与自负是大学毕业生择业中常见的心理问题，在就业中的表现都是对自己缺乏客观的评价，同时对职业缺乏深入的认识。在就业中自卑与自负常相伴而生，如一些大学生在求职比较顺利时容易自负，一旦出现挫折就自卑；一些大学生虽然对自身条件比较自卑，但是真正遇到用人单位时却表现得十分自大，对期望薪金要求很高。

3. 嫉妒心理

《心理学辞典》中说："嫉妒是与他人比较，发现自己在才能、名誉、地位或境遇等方面不如别人而产生的一种由羞愧、愤怒、怨恨等组成的复杂的情绪状态。"嫉妒俗称"红眼病""吃醋""吃不到葡萄说葡萄酸"等。嫉妒心在大学生中是比较常见的一种心理，但轻重有别。这种心理的主要特征是把别人的优越之处视为对自己的威胁，因而感到心理不平衡，甚至是恐惧和愤怒，于是借助贬低、诽谤及报复的手段来求得心理的补偿或摆脱恐惧和愤怒的困扰。实际上这是一种变态的心理满足方式。

大学生求职时的嫉妒心理表现在多个方面。例如，看到别人在某些方面求职条件好，或找到比较理想的工作时产生羡慕，转而产生痛苦和不甘心的心态；为不让别人超过自己，而采取背后拆台等手段；别人成功了则说一些风凉话，讽刺挖苦、造谣中伤以发泄自己的恼怒。

在择业中，嫉妒心会使人把朋友当对头，导致朋友关系恶化，嫉妒心还会使班级或宿舍内人心涣散、人际关系冷漠，嫉妒者本人也会增加内心的痛苦和烦恼，甚至影响求职的顺利进行。因此嫉妒心是于人于己都不利的不良心态，新时代积极进取的大学生一定要注意克服它。

4. 挫折心理

挫折心理是指人在从事有目的的活动中遇到障碍时所表现出来的诸如苦闷、焦虑、失望、悔恨、愤怒等复杂的情绪。挫折心理的缺失一方面与大学生缺乏社会实践锻炼有关，另一方面更与许多大学生害怕失败有关。

不少大学生在求职时只想成功，一旦遭受挫折就像泄了气的皮球，一蹶不振，陷入苦闷、焦虑、失望的情绪之中难以自拔。他们对求职中的挫折既缺乏估计也缺乏承受能力，不能很好地调节自己的心态，也不会通过总结求职中的经验教训来获得下一次的成功。

5. 从众心理

从众心理是指个人受到外界人群行为的影响，而在自己的知觉、判断、认识上表现出符合公众舆论或多数人的行为方式。通俗地解释就是"人云亦云""随大流""大家都这么认为，我也就这么认为；大家都这么做，我也就跟着这么做"。通常情况下，多数人的意见往往是对的，从众、服从多数，一般是不会错的。但缺乏分析，不做独立思考，不顾是非曲直地一味地服从多数，随大流走，则是不可取的，是消极的"盲目从众心理"，这是不健康的心态。

一些大学生在择业中往往会出现盲目从众心理，具体表现为求职中缺乏择业的主动性，不考虑自己的兴趣、特长、专业优势等特点，盲目听从或跟随别人的意见及盲目寻求热门职业等。持有这种心理的毕业生往往脱离自己的实际状况，跟在别人的后面走，如在就业市场中哪个摊位前人多他们就往哪里去，别人说什么工作好他们就寻求什么样的工作，全然不顾自己的能力和现状，不会扬长避短。一些大学生有盲目的攀比心理，缺乏对就业市场、形势和政策的了解，习惯随大流。如在求职中，同学之间"追高比低"的现象时有发生。一些学生在求职中经常相互吹嘘自己的职业待遇好、收入高，导致职业期望越来越高，求职变成了自我炫耀。还有些学生看见或听说别人找到了条件优越、效益较好的单位心理上就不平衡，抱着"他能去，我更能去"的态度一定要找一个条件更好的单位，而不考虑自身的条件、社会需要、职业发展及就业中的机遇因素。

6. 消极等待心理

有些大学毕业生就业意识比较淡薄，缺乏竞争意识，对择业持"生死由命，富贵在天"的消极态度。平时也不参加招聘会，有单位来了就看看，如果不满意就继续等待，满意时也不主动争取，抱着"你不要我是你的损失"的态度，期待着有单位会主动邀请自己。还有些人"这山望着那山高"，不肯轻易低就，明明已经找到工作，但拖着不肯签约，总希望有更好的单位出现。

7. 依赖心理

依赖是指在就业中不愿承担责任，缺乏独立意识，没有独立的决策能力，没有进取精神，依赖父母或老师、学校，甚至只等工作送上门而不去积极争取的消极心理。一些大学毕业生自己不去找工作，只等着父母和亲朋好友出面帮自己找工作，甚至还怀恋过去那种统包统分的制度，希望学校帮助解决就业问题。还有不少大学毕业生由家长陪着参加供需见面会、招聘会，职业的好坏完全由父母决定，缺乏自主择业的能力。

8. 求稳求全心理

有的大学生存在思维定式，习惯用职业门类的旧观念思考问题，从而影响了对新职业的选择，甚至失去就业机会。有些大学生对择业和就业持特别慎重的态度，因为按照"专业对口"的传统模式，一旦选定一种职业，就将自己终身束缚于此，不能再加以改变了。这种思维定式使他们不敢在更大的范围内选择职业，害怕选错而终身难改。有的大学生在择业时求稳求全，不敢冒风险。因此，在择业时顾虑重重，不敢冒险，从而妨碍了自我推销的有效展开。也有的大学生出于求全而慎重，"这山望着那山高"，表现出迟疑、犹豫，最终亦将妨碍择业的成功。

9. 怕苦心理

当代的大学生大部分没有经过艰苦生活的磨炼，普遍缺乏艰苦奋斗的创业精神。目前在大学生中存在着"学工不爱工""学农不爱农"的现象，在毕业择业中死守大城市就是明显的例证。大学生在求职过程中，普遍存在着攀高心理，理想职业的选择标准是三高，即起点高、薪水高、职位高。起点高是要求工作环境好又有发展前途，最好是弹性坐班的单位。薪水高就是注重经济收入，追求较高的生活水平。职位高就是要求社会地位高，最好是国家机关单位、大公司、大企业。有的大学生要求所选择的工作要达到"六点"要求：名声好一点，牌子响一点，效益高一点，工作轻一点，离家近一点，管理松一点。这是典型的贪图享受怕吃苦的表现。在怕苦心理的驱使下，学生选择职业范围很窄，形成"千军万马过独木桥"的局面。怕苦的心理严重影响择业的成功率，因此大学生求职前就应克服怕苦的心理。

10. 就业焦虑心理

就业焦虑是指毕业生在落实工作单位之前表现出来的焦虑不安的心理。个体对多种生活环境的担忧或对现实危险性的错误认识直接导致了焦虑心理。美国心理学家贝克的研究表明：焦虑水平与对伤害的不现实期望和幻想有关，所期望和幻想的伤害越严重，其焦虑水平就越高。

大学毕业的双向选择制度使当代大学生求职择业时呈现多元化的趋势，在拓宽了大学生职业选择面的同时，也加重了大学毕业生职业选择行为的责任和择业心理压力。

例如，有的学生面对用人单位严格的录用程序（如笔试、口试、面试、心理测试）而感到胆战心惊；有的因性别、学历层次等不敢大胆求职；有的为自己学习成绩不佳而烦恼；有的为自己能力低而紧张焦虑。有的毕业生在认知上存在错误，他们认为进入社会后无论从事何种工作都必须面对复杂的人际关系，而这些人际关系是他们在大学校园少有接触的，缺乏勇气面对复杂多变的社会，这种过度或持久的焦虑心理，一定程度上影响了其正常的生活和就业。还有些毕业生在就业过程中希望自己可以谋求到理想的职业，但是又怕会被拒绝，担心因自己择业失误而终身遗憾，对自己未来的职业规划感到迷茫等。因此，他们对就业产生了各种不必要的担心以致造成精神上的严重焦虑和紧张感。毕业前夕，过度焦虑的情绪，如不能在一定时间内化解，则会严重影响学生主观能动性的发挥。这既影响其身心健康，也将给求职带来不必要的困难，甚至造成择业失败的后果。

二、大学生择业心理问题产生的成因

导致大学生择业心理问题的原因很多，可以概括为以下几种。

1. 自身因素

（1）自我认知不准确，择业目标定位出现偏差

有些大学生缺乏正确的自我认识，对自己各方面的特点缺乏清晰的判断，在就业过程中始终以"社会精英"的心态为自己的职业目标进行定位。在选择工作时过分重视物质条件、经济待遇而忽视自身的特点和长远发展目标，结果由于择业目标与自身条件差距过大而遭到挫折，且难以及时有效地调整消极心态，导致精神过度紧张、情绪异常沮丧，进而形成巨大的心理压力而产生各种心理问题。

（2）对就业形势缺乏正确判断，择业目标脱离现实

有些毕业生对就业形势缺乏客观准确的判断，择业时缺乏理性思考，抱有侥幸心理，期望值居高不下，择业目标往往脱离现实，择业时仍然过分重视大中城市而轻视小城镇及农村；重视大单位、大企业而轻视小单位、小企业，对于急需人才的边远贫困地区和基层单位工作不屑一顾。这就容易导致就业遭遇挫折和失败，进而在就业过程中产生种种心理问题。

（3）大学生自身素质、能力不足

大学生自身素质既包括文化素质，也含有心理素质。有的大学生在大学期间没有利用好宝贵的学习资源，荒废了学业，结果应有的知识文化不能很好地满足市场的需求。在心理素质方面，大学生一般是初次择业，缺少很好的心理调整技巧，心理承受能力弱，难以正确地对待择业过程中遇到的一系列问题和挫折。另外，大学生初入社会，缺乏为人处世的经验和能力，对自身没有客观分析，往往具有很强的盲目性，这也导致大学生出现自负、自卑等不良心理反应。

（4）存在一定的人格问题

有些大学生就业心理问题的产生与其人格特点密切相关。人格特点是个体多年来家庭影响、学校教育、社会人际关系的交互作用及其个人特质有机结合的产物。大学生在择业中表现的诸如缺乏信心、过度依赖、自卑怯懦、怀疑偏执等心理状态，是其多年来

形成的人格特点在特定的就业事件中的具体体现。当这些大学生进行正常学习、生活等活动时，这些人格特点表现得还不十分清晰，但遇到就业这个几乎决定人生命运的重大特定事件产生的压力时，他们的人格特点就以放大的形式在这个事件中夸张地表现出来，导致各种各样的就业心理问题出现。

2. 社会因素

（1）供需矛盾不断扩大，就业竞争愈加激烈

在高等教育由精英化向大众化转变的背景下，大学每年在扩招，而就业岗位却没有相应增多，导致扩招剧增的大学毕业生与就业岗位的数量严重失调。因此，就业的供需矛盾仍在不断扩大，就业竞争仍然激烈，毕业生自然会产生越来越大的心理压力而出现各种心理问题。

（2）平等竞争的用人机制尚未完全形成

我国的用人机制虽然正朝着规范化、科学化方向发展，但由于多种原因，现阶段大学毕业生就业背后各种社会关系的影响是显而易见的。社会上还存在着一些不正之风，对就业工作和毕业生的就业心理产生了巨大的冲击，严重干扰了就业工作的顺利进行，从而造成了一些大学生就业心态的失衡。

（3）大学毕业生结构性矛盾依然存在

尽管近年来国家和各个高校在化解大学毕业生结构性矛盾上做出了较大的努力，但矛盾仍然存在。例如，大学毕业生的知识结构、能力水平与社会需求之间仍然存在一定的矛盾；西部生源不足和东部生源过剩的矛盾仍没有得到有效的化解；用人单位热衷追求重点大学毕业生的现象依然存在。这些自然会加剧大学毕业生就业形势的严峻，进而导致其就业心理问题的出现。

3. 高校因素

（1）专业设置的滞后性与盲目性

高校专业的设置及课程设置是以社会需求为依据的，因而在时间上往往会显示出一定的滞后性；而一些高校的专业设置、课程设置与调整往往带有"随风而动"的盲目性，这样，学生"学非所用"的现象在就业中就必然会凸显出来，遭遇就业挫折也就不足为怪了。因此，没有通过深入周密的社会调查和论证而进行的专业设置和调整，以及相应的招生规模的扩大，必然造成毕业生就业困难，进而导致毕业生就业心理问题的产生。

（2）大学生就业指导工作不完善

很多高校的就业指导工作内容与学生的实际需求脱节，往往偏重思想和政策教育，很少在毕业生就业过程中有效地关注、分析和解决毕业生因就业而产生的心理问题。虽然有些学校专门设置了心理咨询中心，但由于其无法实现与高校毕业生就业过程的紧密结合和有效指导，仍然无法及时发现和疏导毕业生的就业心理问题。这样就使得高校的

就业指导工作流于形式，不能在学生就业中发挥积极的作用，不能积极地预防和解决大学生就业过程中遇到的具体问题，从而导致大学生就业心理问题不断地增加。

4. 家庭因素

家庭的经济状态、家长的价值观、家长的教育观念等，直接影响大学生的择业观。目前，我国的家庭普遍对孩子的期望值过大，大多数父母都望子成龙、望女成凤，家长把自己的希望寄托在孩子的身上，企图通过上大学的孩子来改变家庭的状况。有一些家长甚至想将自己没有实现的人生理想，让下一代来完成。这使得大学生背负着很大的就业压力，害怕自己找不到令家人满意的工作。有些家长在子女择业时过分强调工作的高收入、高稳定性和无风险性，往往没有考虑子女的主观愿望和个性特点及能力特长等，让其偏离自己所喜爱的职业和发展方向。这无形中让子女背上了沉重的包袱，在很大程度上影响了孩子的就业心理。例如：

王萌是某地方高校的中文系高才生，大学期间他刻苦勤奋，表现优秀，曾担任校学生会副主席，大量的学生工作经历增长了他的胆识和经验，同时他还写得一手好字。他的就业意向是从事学生工作或宣传工作，想留在高校或进国家机关，一心想成就一番大事业。大四上学期，他投了几份简历，有几家很不错的单位很中意他，但他想进更好的单位，最终未与其签约。而好的岗位又要求至少是研究生学历。到了四五月份，看见其他同学都签约了，自己还无着落，这时的王萌才慌了神。

其实，王萌这种志存高远的态度是很值得提倡的，问题是他的目标定位过高，一心想成就一番大事业，而忽视了自身的实际情况。在就业中，有不少大学生眼高手低，心比天高，一心想找一份令人瞩目的工作。不少大学生要求毕业后至少年薪 10 万元；还有的大学生夸下海口，认为自己上班后最起码会成为科长或办公室副主任，干事或跑腿的职位一律免谈。这其中有不少是拥有真才实学的名牌大学的学生，也有许多是不切实际的幻想者，但无论有怎样的才华和壮志雄心，一定要记住"一锹挖不了一口井""不积跬步，无以至千里"。小事情也能磨砺大意志，小职位也能成就大事业，凡事要量力而行。

三、进行自我心理调适

高校毕业生在求职时遇到困难、挫折和心理冲突是不可避免的，但是，将伤害降到最低需要社会、学校、家庭、个人共同努力。从社会层面上看，需要国家采取有力措施，为大学生提供良好的择业环境，提供更多的择业机会，提供公开、公正、公平的就业环境等。从学校层面上看需要加强对毕业生的就业指导和心理辅导。从家庭层面上看，需要家长给孩子创造一个宽松的就业环境，及时了解子女的思想动态，减轻子女的择业心理压力。从个人层面上看，大学毕业生在面对可能出现的择业心理问题时，能自觉、及时地进行自我心理调适是至关重要的。大学毕业生在择业时应如何进行自我心理调适呢？

1. 客观认识社会现实，树立科学的择业观和职业价值观

就业市场化、自主择业给大学生带来了机遇与实惠，但一部分大学毕业生对就业市场残酷的一面认识不足，对就业市场的客观实际了解不够。经过对就业市场、就业形势的客观了解与深刻体验后，大学毕业生必须学会面对现实、接受现实，不能怨天尤人。毕业生必须明白现实情况就是如此，无论是抱怨还是气愤都没有用，这种就业情况不可能是在短时间内就能改变的。与其每天怨天尤人，浪费自己的时间，影响自己的心情，还不如勇敢地承认和接受当前所面临的现实，彻底打破以往的美好想象，脚踏实地地寻求解决问题的好办法。具体包括以下两点。

（1）大学毕业生要树立科学的择业观

就业市场上的用人单位招不到合适的人才、大量的毕业生无处去的"错位"现象普遍存在，这是因为大学生的就业期望值普遍较高。因此，要顺利就业就必须首先根据自己的实际情况和就业形势，树立科学的择业观，适当调整自己的就业期望值。调整就业期望值不是对用人单位没有选择，只要有单位招聘就去，而是要在职业生涯规划和职业发展观念的基础上重新确定自己的人生轨迹。有一种说法是"求上得中、求中得下"，意思是说对事情的期望值不要太高，因为事情的结果往往和所预想的有一定差距，要有从最坏处着想，向最好处努力的思想准备，要树立长远的职业发展观念，放弃过去那种择业就是"一次到位"，要求绝对安稳的观念。大学毕业生刚刚走出校门，虽然具备了一定的知识技能，但人生经历、社会经验还欠缺，要获得一份理想职业的时机还不成熟，所以应采取"先就业，后择业，再创业"的办法。也就是说，在择业时不要期望太高，先选择一个职业，在工作中不断提高自己的社会生存能力、增加实际经验，然后凭借自己的努力，通过正当的职业流动，来逐步实现自我价值。

（2）大学毕业生要树立科学的职业价值观

社会发展到如今，对大学生来说，职业对个人的意义已经远不是仅仅满足生存的需要，职业的价值是丰富的，职业可以满足人们从低层次到高层次的多方面需要。大学生要充分认识到职业对个人发展、社会进步所起到的重要作用，在择业时要看得长远一些，学会规划自己整个人生的职业生涯。在择业时不能只考虑工作的经济收入、工作条件、地点等因素，更要考虑职业对自我一生发展的影响和作用，应看重职业能否帮助实现自我价值。因此，要在考察社会需要的基础上，树立重建自我职业发展、才能发挥、事业成功的职业价值观。对于那些虽然现在工作条件并不理想，但发展空间大，能让自己充分发挥作用的单位要优先考虑；对于那些现在经济发展水平不太高，但发展潜力大、创业机会多的工作也要重视。总之，盲目到一些表面上看来不错，但不适合自己，自己才能不能得到有效发挥的单位去工作，是不会让自己满意的。与其将来后悔，不如现在就改变自己，建立适应我国当前市场经济发展、人才需求规律的合理的职业价值观，以指导自己正确择业。

2. 正确认识自我，主动寻找机遇

大学生在择业过程中受到许多心理困扰都与自己不能正确认识和接受自我的职业有关，因此正确地认识自我职业的心理特点并接受自我，是调节就业心理的重要途径，并可以帮助自己找到合适自己的职业方向。要客观、正确地认识自己德、智、体等诸方面的情况，自己的优点和长处、缺点和短处，自己的性格、兴趣、特长等。要知道自己喜欢什么样的职业、需要什么样的职业、自己的择业标准及依据自己目前的能力能从事什么样的工作，这样才能知道什么样的工作更适合自己。许多学生通过求职活动后就会发现自己的能力与水平并不像自己以前想象得那么高，于是容易出现各种失望、悲观、不满情绪。因此，在认识自我特点后还要接受自我，对自我当前存在的问题不能一味抱怨，也没有必要自卑，因为自己当前的特点是客观现实，在毕业期间要有大的改变是不可能的，因此要承认自己的现状，学会扬长避短。另外，要用发展的眼光来看待自己，要知道有些缺点并不可怕，可以先就业然后在工作岗位上不断地发展自己。

大学生就业中的机遇因素也是非常重要的，因此了解并接受自我以后，还要学会抓住属于自己的机遇。莎士比亚曾说："好花盛开，就该尽先摘，慎莫待美景难再，否则一瞬间，它就要凋零萎谢，落在尘埃。"这样才能保证以后的求职活动顺利进行。要抓住机遇首先必须多收集有关的职业信息，多参加一些招聘会，并根据已定的择业标准进行选择。需要注意的是，机遇并不是对任何人都适用。一份工作的好与不好，是相对的，对别人合适的，对自己不一定合适，因此一定不能盲从；要时时记住，只有合适自己的才是最好的。最后要注意机遇的时效性，在发现就业机会时要主动出击，不能犹豫，也不要害怕失败，应有敢试敢闯的精神。

3. 坦然面对就业挫折，提高心理承受能力

鲁迅说："我觉得坦途在前，人又何必因为一点小障碍而不走路呢？"首先，应调整自己的求职心态。面对市场竞争、就业压力，大学生的求职总会遇到许多困难、挫折甚至是委屈。例如，有些专业是"热门"，有些则是"冷门"；又如，女大学生找工作容易受到歧视等。面对这些问题仅抱怨是没有用的，更重要的是调整自我心态，用冷静和坦然的态度对待它，客观地分析自己失败的原因，进行正确的归因，提高自己对各种突发事件的心理承受能力。首先，在就业市场化、需求形势不佳、就业竞争激烈的条件下，求职失败是在所难免的，不能期望自己每次求职都能成功。《礼记·中庸》中写道："凡事预则立，不预则废。"求职者要对可能出现的求职挫折有充分的心理准备。同时，要把就业看作一个很好的重新认识自我、认识社会、认识职业生活、适应社会的机会，应通过求职活动来发展自己，促进自我成熟，"不以成败论英雄"。其次，认识到自己求职失败并不说明自己的能力低。实际上每个大学生都有自身的优势，求职失败有许多原因，可能是自己选择求职单位的方向不对，也可能是自己的价值观与单位的企业文化不符合，还可能是其他一些偶然因素。总之，要正确分析自己失败的原因，调整自己的求职

策略，多接受困难的磨炼，增强自我心理调节与承受能力，以便在下次的求职中获得成功，这对今后的职业生活也是非常有意义的。

4. 学会自我心理调适，促进人格完善

求职时出现一些不健康的心态是正常的，没有必要过度害怕。当然对于这些不良心态要学会主动调适，必要时可以寻求有关心理专家的帮助。进行自我心理调适的方法有以下四种。

1）可以进行积极的自我心理暗示，鼓励自己、相信自己，帮助自己渡过难关。例如，有的毕业生在择业面试中出现胆怯、信心不足等现象时，可以通过"冬天来了，春天还会远吗""上帝为我关上了这扇门，自然会为我打开另一扇窗"等这些积极的心理暗示，来鼓舞斗志，激发原动力，从而产生良好的心理效应。

2）进行适度宣泄。择业中遇到挫折而产生焦虑和紧张时，不能一味地把不良情绪藏在心底，当就业不良情绪不易控制时，应进行适度的宣泄。宣泄情绪比较好的办法是大声哭泣；或者向知心朋友、老师倾诉，寻求他们的安慰与支持；或者参加打球、爬山等运动量大的活动来宣泄不良情绪。宣泄时一定要注意场合、身份、气氛，注意适度，应该是无破坏性的。

3）学会自我慰藉。择业时遇到困难和挫折，尽最大努力仍无法改变时应说服自己适当让步，不必苛求，找一个自己可以接受的理由来保持内心的安宁，承认并接受现实。这样就能缓解因心理矛盾而引起的悲观、失望等不良情绪，重新找回自信，树立继续努力的信心。

4）积极参加各种有益的活动，如体育锻炼、听音乐、郊游等方式转移自己的注意力，排解心中的烦闷，放松自己的心情。

总之，大学生应将学会自我心理调适，应对择业心理问题贯穿整个大学学习过程，大学生从低年级开始就应该利用寒暑假进行社会实践、实习等机会与社会接触。尽早尝试求职过程的酸甜苦辣，在心态上为以后的就业打下良好的基础。

通过对自己在就业时出现的种种不良心态的分析，可以发现自己平时不容易察觉的一些人格缺陷。应该说这些人格缺陷是产生这种就业心理问题的根本原因，如果现在没有很好地完善自己的人格，那么这些问题还会给今后的工作、生活继续带来困扰。因此，要正确面对就业过程中暴露的问题，有些问题其实是暴露得越早越好，不必为自己所存在的人格缺陷而懊恼，因为绝对的人格健全者是不存在的，关键是要在发现自己问题的基础上，积极改变自己、发展自己，使自己更加成熟，使自己的择业及将来的人生道路更顺利。

5. 做好就业技能准备，增强就业竞争实力

大学生在步入大学校门时，就要自觉把自己所学的专业与日后的求职目标联系起来，认真学习，刻苦钻研，建立合理的知识结构，如注重知识和基本技能的掌握，提高自身的适应能力和学习能力，提升自身的实践能力和组织协调能力；掌握一定的求职技巧；树立艰苦创业、立志成才的意识等。只有如此，才能在激烈的竞争中占据有利位置。

（1）建立合理的知识结构

合理的知识结构的建立包括以下三点。

1）注重知识和基本技能的掌握。大学生在校期间应当接受和掌握的知识及技能是综合的，一些共性的基本技能主要表现为在以后工作中所必须具备的阅读、写作、计算、听说及计算机应用能力，而且这些技能需要终身学习，不断提升；在有的行业，还会涉及具备特殊职业所需的技术知识和技能，以及完成某项工作所必备的知识、技术和能力。

2）提高自身的适应能力和学习能力。大学生在校学习期间，重要的是要学会适应环境，增强自己的适应能力，提高自身的综合素质，才能以不变应万变。学习能力、适应能力是能动的，可以不断挖掘和培养出来。

3）提升自身的实践能力和组织协调能力。大学生应积极通过学校各项活动或社会实践活动，锤炼自身的动手能力，积攒实践经验，自觉培养组织协调、管理能力。

（2）掌握一定的求职技巧

求职是一门艺术，求职的技巧会对学生能否成功择业产生一定的影响。因此，掌握求职的方法与技巧，对大学毕业生初涉职场、建立自信、顺利求职等方面具有重要意义。求职技巧主要包括求职信撰写、简历制作、面试技巧等内容。

6. 树立艰苦创业、立志成才的意识

成功的事业有时会由于良好的机遇而变得一帆风顺，但是绝大多数求职者必须付出艰苦的努力。艰苦创业、自强不息、立志成才不仅是社会主义现代化建设事业对青年一代的要求，也是当代大学生实现自我价值、实现理想抱负、获得幸福的良方。因此，大学生要有自主创业的意识，这既可以在毕业后马上实现，也可以通过一定的社会积累后再实行。虽然当前的一些大学生在创业时遇到了一些困难，但也有成功的案例。大学生创业的关键是要有准确的观念和思路，要对自己有一个合理的规划与定位，要与有市场经验的人合作，要进行科学化、职业化的管理，要有开拓自己事业的信心与勇气。只有不断努力、不断进取、不断付出、不断尝试方能获得丰厚的回报，只有从小事做起、从具体事做起、从基层做起才能最终取得辉煌的成就和业绩。

思考：

1）大学生在毕业求职受挫时经常产生的心理有哪些？

2）假设你求职失败多次，如何进行心理调适？

第七章

大学生面试策略

名人名言

人类常犯的基本错误就是忽略前提。他不知道，一旦忽略了前提，在不同前提下所做的貌似正确的一切结论都是荒唐可笑的……

——刘东华（中国企业家俱乐部创始人）

古之立大事者，不惟有超世之才，亦必有坚忍不拔之志。

——苏轼

立志、工作、成就，是人类活动的三大要素。立志是事业的大门，工作是登堂入室的旅程。这旅程的尽头有个成就在等待着，来庆祝你的努力结果。

——巴斯德（法国微生物学家、化学家）

导入案例

小七面试的失败

小七，女，24岁，学的会计专业，以下是她一次面试失败的经历：那时我接到了一家知名企业的面试通知。这让我既高兴又紧张，因为我从来没有面试的经验，就从图书馆里借来了《面试轻松过关》《面试宝典》之类的书来阅读参考。

真正面试的那一天终于来到了。我走进考场后才发觉，与我一同面试的其他五个人都是男生。考场是一间很小的会议室，中间是一张圆桌。考官坐在圆桌一边，我们几个人坐在另外一边。服务员拿来六杯水，那几个男生直接拿起自己面前的水杯就开始喝。我转念一想，不对啊，考官还没有喝水呢，我们怎么可以抢先呢？于是我很有礼貌地把杯子递给离我最近的一位考官。

"还是女孩子心细啊。"坐在中间的一位考官说，那几个正在喝水的男生立刻窘住了，面面相觑。我暗暗自得，不忘对考官露出谦逊的微笑。

几位考官介绍了公司运营方面的具体情况，我们也聊了聊各自的专业和对公司的想法。由于刚才的"喝水事件"，另外几个男生都比较拘谨，反倒是我和考官们谈笑自如。这时，坐在正中央的主考官突然问我一个意想不到的问题："你的简历上写着会跳舞，你会跳哪种舞呢？"我立刻懵了。还是小时候学过一些最基本的舞蹈，后来就没再进行过舞蹈训练。要是说实话，多丢面子啊。于是我就撒谎说会跳新疆舞，说完之后就觉得脸有些发热。谁知考官要求我随便摆个姿势。我窘极了，感到无所适从，只好站起来在原地转了一个圈。

好不容易面试结束，考官们走出会议室进行讨论，没过多久把我叫了出去。

"根据你的性格特点，我们想把你安排在外事部门，不过户口方面可能还需要再争取。"

听到这句话，我愣住了：他们不是答应可以解决吗？但是我没说出来。要是户口解决不了，我也许就不会来应聘了。我左思右想，轻轻咬着下唇说："要不，我跟爸爸妈妈商量一下。"

主考官突然愣了一下，我马上意识到，自己似乎说错了什么。

"好吧。"他微笑着说，"不过要记得，以后你参加面试的时候，不要说'和爸爸妈妈商量'的话，因为这样会显得你没有主见，明白吗？"

我抬头看了看主考官的眼睛，他眼里满是真诚。但我意识到，我错失了进入这家公司的机会。

（资料来源：http://www.doc88.com/p-9059614953513.html.）

面试要想获得成功，需要掌握一定的方法和技巧，下面就来了解下与面试相关的内容。

第一节　了解面试

参加求职面试，除了携带必要的证书、照片等常规的用品之外，还要事先做以下四个方面的准备工作。

1）背熟自己的求职简历。常常有求职过于频繁，自己的求职简历是经过精心"包装"，含有大量"水分"的求职者，轮到自己面试时，连自己都记不清楚究竟"工作经验"是怎样"排列组合"的，一上阵便露出马脚，不战自败。当然，如今企业在选拔人才时也会着重考查简历的真实性，那些精心包装简历的求职者最终会自食恶果。

2）准备好与所申请的职位相吻合的"道具"。衣着打扮反映出求职者对所申请的职位的理解程度。试想如果一家五星级酒店招聘一名公关经理，而这位公关经理的候选人下雨天穿着高筒雨鞋去面试，与所申请的职位形象相去甚远，恐怕不会被录用。因此，面试时的"道具"也应有所选择。

3）准备好同自己身份相吻合的语言。每个人都应对语言和遣词用字有所选择，面试不同于闲聊，对所说的每句话、每一个词，甚至每个字都应有所准备。不少不谙世事的求职者参加面试时缺乏应有的礼貌，容易引起用人单位的反感。

4）准备好与选择的职业和身份相吻合的行为规范。面试时的细小行为最能说明一个人的真实情况，所谓"于细微处见真情"。例如，一位前来应聘秘书的女士，有的面试官会令其将携带的包打开，以从中可以看出这位女士的条理性，他们认为一个连自己包内物品都弄得杂乱无章、毫无头绪的人，很难在工作中显得有条理。

一、面试的基本程序

面试的基本程序有以下四个步骤。

1）招聘单位对求职者的申请材料进行审核，确定面试名单。

2）招聘单位向求职者通知面试的时间和地点。面试地点一般按照就近、便利等原则，安排在学校、招聘单位或其附近场地。通知面试的方式可以是招聘单位通知学校就业主管部门，由学校通知学生；也可以是招聘单位直接通知学生本人。

3）求职者准备面试。

4）正式面试。

二、面试的主要类型

面试的主要类型有以下六种。

1）一对一的个别面试。常用于第一轮面试，主要目的是剔除一些素质相对较差的求职者。

2）多对一的主试团面试。由多个部门组成主试团，考核应聘者的人格素质、业务素质、行为风格等。

3）多对多的小组面试。面试对象有多个，便于对应聘者进行比较权衡。

4）小组讨论。由应聘者组成一个临时工作小组，讨论给定的问题并且做出决策。目的是考核应聘者的领导能力、组织能力、口头表达能力、说服力、洞察力、处理人际关系的技巧等。

5）评估中心。专业化程度高的外企通常会用一两天的时间通过评估中心进行人才选拔。评估中心将进行一系列综合性的考核，包括在公众人物面前发表演讲、无论题的讨论、团队创建游戏、辩论等，目的是考核应聘者的适应能力，以及在一个全新的毫无准备的情境中处理问题的能力。

6）无领导小组面试。采用情景模拟的方式对考生进行集体的面试，考官通过观察考生在给定情景下如何应对危机、处理紧急事件，以及与他人合作的状况来判断该考生是否符合公司的岗位需要。近几年来无领导小组面试法得到了越来越多单位的认可，它给考生提供了一个充分展现个人才能与人格特征的舞台，这类面试对考生而言更加有利，在既定情景下，通过对问题的分析、论述，给考官留下良好的印象，从而在激烈的竞争中脱颖而出。

三、典型的结构化面试的阶段

典型的结构化面试主要包括以下五个阶段。

1）自我介绍。这是应聘者与面试官建立互动关系的第一步，一般用2～3分钟即可。面试官将会对应聘者的精神面貌、表达方式、对工作的渴望态度等进行初步的判断，形成至关重要的第一印象。

2）背景陈述。重点考核应聘者是否具备与未来工作要求相符或有超越的基本能力。

3）交流讨论。这是面试过程中最关键的部分，面试官将试图把应聘者的资质和职业兴趣与单位可提供的工作职位进行有机的对应。在这一阶段，应聘者应该针对所讨论的话题进行富有建设性和吸引力的对话，还可以结合没有涉及或没有充分展开的问题与面试官进行交流。

4）专业测试。对就任教师及技术型的职位，还需要进行试讲、表演或操作测试程序等专业测试。

5）结束阶段。面试官会再次对单位做简要介绍，回答应聘者仍有困惑的问题，告知何时得到面试结果或介绍接下来的考核方式。

思考：

1）结合你的学习情况及所见所闻，列举尽可能多的面试形式。

2）你擅长参加哪种形式的面试？不擅长哪种形式？如何改善？

第二节　面试礼仪与技巧

一、面试的基本礼仪

面试的基本礼仪有以下几点。

1）有较强的时间观念。提前到达面试地点，既表示了诚意，又可调整自己的心态。

2）出场和入场要有礼貌。求职者应先敲门，在得到允许后才可以进入面试现场。应向用人单位问好致意，并做自我介绍，此时可以递上一份求职材料，然后在用人单位许可后方可入座。坐姿要端正，不要有小动作。离去时应说"再见"。

3）在交谈过程中要认真聆听，不要左顾右盼，不要随意走动，不要未经允许随便翻阅用人单位的资料，手机要关机或设置为静音模式，不要因为自己的不良行为而影响面试时间和效果。举止要文雅大方，谈吐要谦虚谨慎，态度要积极热情。

4）面试时的装扮要大方得体。勿穿新衣，勿浓妆艳抹，不要标新立异。整洁最重要，头发和指甲要干净，衣服要整齐，皮鞋要漂亮。

5）握手时，应注意姿势、伸手的顺序、握手的力度。

6）恰当运用肢体语言。与面试官对视时，切忌目光躲闪，应当仔细聆听、面带微笑、措辞严谨，回答应简洁明了，展现出乐观积极的精神风貌。这些丰富的肢体语言和恰当的语音语调，势必会使面试取得良好的效果。

7）诚实守信。很多求职者为了能得到工作机会，在面试中采取撒谎策略。在这个诚信的时代，千万不要在面试时说谎，因为有经验的招聘人员会很快识破你的谎言，这样会失掉自己的求职机会。

二、面试的方法与技巧

求职者在面试时可运用以下方法或技巧，以促成面试的成功。

1. 要有谦虚诚实的态度

谦虚诚实永远是人的美德，也是用人的重要标准之一，求职者在面试时应保持这样的态度：首先，不要自以为是，不懂装懂，摆出凌驾于他人之上的架势。招聘人员中不乏专家、学者，即使遇到比较年轻的招聘人员也应该谦虚谨慎。因为年轻的招聘人员除有一定的能力和思想外，更有年轻人的机智和广泛的兴趣，如果予以轻视，就易招致失败。其次，不要谦虚过度，过度的谦虚是求职者的大忌。有的招聘人员会把求职者的谦虚错误地理解为自我否定。因此，在面试时，不好意思谈自己的特长、优点与经验，或者轻描淡写、否定自己的求职者只能被淘汰。另外，回答问题时要尽可能地准确、细致并留有充分余地。特别是当谈论到自己时，一般不宜用"很""最""极"等表示极端的词来夸耀自己的成绩和长处，应用客观的语言来叙述，切忌自我夸奖和赞扬。当自己的观点与招聘人员发生分歧时，应先试着同意对方的看法，然后陈述自己的观点，采用婉转的态度进行反驳。这样既不伤害对方的自尊心，又容易获得对方的认可。回答问题时，还要注意不能为证实自己的观点正确而随意攻击他人。

2. 要机智应变

面试的机智既体现在头脑灵活、聪明冷静、善于把自己引入有利形势，又体现在善于把自己从尴尬境地引开。面试中常会遇到以下几种情况：有时招聘人员提出几个问题，求职者一时答不出来，甚至答错了或未听清问题，这些情况可能使自己处于尴尬的境地。这时，对一时答不出的问题可请求招聘人员提下一个问题，待考虑成熟后再回答；对未听清的问题，可以请招聘人员重复或解释一遍，以使自己稍稳定后再作答；确实答不上来的问题要冷静地告诉对方自己不会，暂时不要提新的问题。面试的机智还体现在扬己所长，也就是在面试时要敢于表现自己，善于宣传自己，向对方充分展现自己的才华和风采。这有利于对方了解你、赏识你，提高你求职成功的机会。面试结束后应主动留下自己的名字、地址、电话等。事实证明，在众多求职者条件相差无几的情况下，谁能扬长避短，表现出与众不同的优点，谁就容易获得成功。

3. 要尽可能多地了解用人单位

了解用人单位的一些情况，包括用人单位的性质、业务、历史现状、发展情况等，还有该单位目前存在哪些优势和问题，这也是面谈时的重要话题。它常常使招聘单位的招聘人员认为你是有诚意的。这可能会缩短彼此之间的心理距离，有助于面谈的成功。

4. 提前预测对方可能会提出的问题并进行准备

只有提前预测对方可能会提的问题，求职者才能有所准备，并做出一些巧妙的回答。一般面试者可能会提的问题如"你了解我们单位吗""你对我们单位的规章制度和人事制度有什么看法""你对我们这个行业的发展做过什么预测"等。还有的应试者会被问及"你的人际关系如何""谈谈你的情况""你有什么业余爱好""你有哪些特长""你的主要缺点是什么"等。对于诸如此类的问题，既要事先预测，又要进行诚实巧妙的回答。除回答面试者提的问题之外，求职者也可以提出一些问题请招聘人员回答，以便进一步了解该单位的情况，从而做出正确的选择。

5. 注意穿着打扮

一个人的穿着打扮从某种程度上可以反映出求职者的修养水平，影响着招聘人员对其形成的第一印象。大学生应聘时应服饰得体、仪表端庄，切忌追求时髦、浓妆艳抹、花枝招展，更不要衣着不整、蓬头垢面、不修边幅。另外，穿着打扮还要注意与面试的职业相称，与招聘人员的兴趣、爱好及个性特征相称。因此在面试前，最好了解一下主试者的大致情况。若对招聘人员的情况一无所知，那么最好在穿着打扮方面传统一些。

6. 进行模拟训练

在做好上述准备后，应该进行一次模拟训练。训练的方式可借助录音机进行，或以其他方式进行。经过几次反复训练，会使你充满自信，精神饱满地去面对招聘人员。

思考：

1）面试的基本礼仪你掌握了吗？自己欠缺的是哪些方面？如何改善？

2）细节决定成败，你认为面试中绝对不能出现的问题是什么？如何避免？

第三节　面 试 应 答

　　招聘人员在面试时有时会有意"为难"求职者，这不足为奇。特别是对于应聘管理或销售等职位的求职者，遇到这种情况的可能性更大。"为难"求职者主要是为了考查求职者的反应能力。如果求职者遇到了招聘人员的"刁难"，应该沉着应对，对于实在难以回答的问题，可以直截了当地讲明原因，或者以一些幽默的方式回应。如果求职者不知所措，这恰恰说明了其应急能力和反应能力较差。千万不要认为招聘人员是在故意刁难自己，而鲁莽行事，应保持风度和礼貌，就问题的核心内容阐述自己的观点。在处于尴尬的时刻，回答"我不知道""我也不知道""我也不知道该如何计算"是最糟糕的。此时，不妨另起一个话题，或者对前面的谈话加以总结。总之，机智应答，从容应对才是最佳的表现。

　　下面就十一个方面分别提供了五种可能的答案供求职者选择。求职者可先自行回答，然后对照五种答案来进行自我评价。

　　（1）自我介绍

　　【问题】请简要进行一下自我介绍，好吗？

　　【答案】

　　A．针对所聘职位要求，重点突出、简要介绍自己。

　　B．过于炫耀自己的学历、能力或业绩。

　　C．准备不充分，不全面或重点不突出，缺乏针对性。

　　D．过分谦虚，甚至自我贬低。

　　E．如果时间允许，我想详细介绍一下。

　　【评价】A答案符合招聘人员的提问，因为面试时间通常很紧，抓紧时间突出重点，有针对性地简要介绍非常必要；B、C答案缺乏对自我的辩证认识，往往得不到招聘人员的认同；D答案表现为求职者可能缺乏诚恳、强烈的求职意愿；E答案如果得到招聘人员的同意也未尝不可，但应注意掌握时间的长短。

　　（2）应聘的原因

　　【问题】你为何应聘我们公司？

　　【答案】

　　A．贵公司在某一方面存在问题，我愿意帮助解决。

　　B．我还没有认真思考过，请问下一个问题好吗？

　　C．贵公司收入较高或本人性格内向，贵公司工作相对稳定。

　　D．从该职位的社会功能，本人的专业特长，特别是对该项工作的兴趣和热情等方面回答。

E. 因为看到了贵公司的招聘启事，而且贵公司离我家很近或专业比较对口等。

【评价】这是很多公司必问的一个问题，求职者应认真做好充分准备。A答案好像一副"救世主"的样子；B答案回避问题的做法不可取；C、E答案仅仅是收入高、工作稳定、离家近或专业对口等，理由不够充分，缺乏对应聘职位的兴趣和热情；D答案容易得到招聘人员的认同，因为体现出应聘者既有专业特长，又有工作兴趣和热情。

（3）对招聘单位的了解

【问题】你对我们公司有何了解？

【答案】

A. 我做过一些调查，较详细地了解了贵公司的发展战略、奋斗目标、工作成就及工作作风等，例如……

B. 没有多少了解，但我相信工作一段时间后会加强认识。

C. 我了解到贵公司工作条件和效益都很好，自己来了以后可以充分发挥特长。

D. 有一些了解，但不全面，例如，贵公司的主要产品是……贵公司的广告是……

E. 贵公司有住房，还有出国进修的机会，有利于实现自己的远大理想。

【评价】这个问题的实质是在考查求职者是否有诚意。A答案间接地表现为对所聘职位的渴求，给人"未进某某门，便是某某人"的感觉，容易引起招聘人员的关注和好感；B答案则显得求职诚意不足；C、E答案容易给人"单向索取"的不良印象，但不排除确有真才实学的人才对自我价值的肯定和实现职业理想安心工作的意愿；D答案表现为准备不足。

（4）自身的特长

【问题】欢迎你应聘会计职位，你有何优点和特长吗？

【答案】

A. 本人的优点是好静、稳重、办事认真，特长是计算机操作能力较强。

B. 我是会计专业毕业生，专业学习成绩较好。

C. 我的特长是英语口语较好，优点是热情开朗，喜欢和人打交道，喜欢旅游和运动。

D. 特长谈不上，优点是心直口快，待人热情。

E. 我比较注重专业能力的培养和提高，无论在实习期间还是在日常工作中都在不断钻研业务。

【评价】A答案符合会计工作的性格要求，而且较强的计算机操作能力是会计工作的潜在实力；B答案强调自己专业对口，成绩较好，是典型的"学生腔调"，但也具有会计工作的发展潜力；C、D答案则是所答非所问，甚至与会计工作的内在要求相违背，热情开朗、心直口快可能引起用人单位的疑虑和担心；E答案强调自己的专业能力强，表现出从事会计工作的长远打算，容易引起考官的好感和关注。

（5）自己的缺点和不足

【问题】你有何缺点和不足？

【答案】

A．我的适应性较差，不善于处理人际关系。

B．我的缺点很多，如对自己要求不太严格、纪律性较差等。

C．缺乏实践经验，而且在知识结构上还需要进一步充实完善。

D．我的性格外向，办事急于求成，有时忽略细节，或我的性格内向，办事过于求稳，有时效率不高。

E．我觉得我很适应这项工作，如果有缺点和不足，希望您能提醒一下，好吗？

【评价】这是每位应聘者都难以回答，而又必须回答的问题。因为当招聘人员问及这一问题时，一般是对求职者产生了兴趣和关注，所谓"褒贬是买主"，作为求职者则应做到"人贵有自知之明"，正确认识自己的不足，有改进的愿望和行动。A、B答案直率坦诚，但对某些职位来讲可能是致命的缺点，绝对不能录用；C答案比较符合这一要求；D答案则比较客观地分析了自己，前者坦诚自己有时脾气急躁，但隐含热情高、办事效率高的优点，后者则包含办事认真、一丝不苟的工作作风；E答案闪烁其词，大有"外交家"的风度，但缺乏自知之明，忘记了"金无足赤，人无完人"的道理。

因此，职业指导专家提醒求职者在面试前要正确地认识自己，既要认真总结优点和长处，又要客观地认识自己的缺点和不足，并提出改进的措施；还要针对职位要求，有的放矢地回答，这就需要求职者事先调查研究，不但要正确认识自己，还要深入了解用人单位的要求。

（6）工作计划

【问题】如果我公司录取你，你打算怎样开展工作？

【答案】

A．希望录用以后再详细谈，好吗？

B．还没有考虑，希望给我一段时间认真考虑一下。

C．服从分配，努力工作。

D．贵公司有很多优势，但也存在一些不足，我愿对此加以改进。

E．有准备地说明做好某些工作的初步打算或详细计划。

【评价】A答案显得"自视清高，待价而沽"；B答案显得求职诚意不足，但也给人留下办事老成的印象；C答案直接表达上述愿望，但明显准备不足；D答案如果事先有准备，直言不讳，有可能引起用人单位的好奇和关注，但更大的可能是引起反感；E答案表现出对某项工作的热情和追求这一职位的强烈愿望，容易得到招聘人员的赞同，这一点来自事先的认真准备。

（7）对公司的要求

【问题】如果我们录用你，你有何要求？

【答案】

A．没有什么要求。

B．我家在外地，希望解决住处。

C．我还没有考虑好，不过要求婚后解决住房问题，工资和福利待遇较为合理。

D．自己目前没有家庭负担，如果谈要求的话，希望给予更多的任务，在工作中不断提高自己的实际能力。

E．希望有较好的工作条件，以便发挥自己的专业特长。

【评价】求职择业是一种"双向选择"的过程，应当满足双方的客观需要。A 答案显得缺乏自信，不合实际；B、E 答案实事求是地提出自己的要求，无可厚非；C 答案虽然也无可厚非，但解决婚后住房问题，有些强人所难，住房制度的改革，往往使用人单位不敢贸然允诺；而 D 答案则更容易得到用人单位的认同。

（8）薪酬水平

【问题】如果我公司录用你，你希望月薪多少？

【答案】

A．我是××专业毕业生，因此每月工资应在 3000 元以上。

B．公司无论开多少工资，我都能接受。

C．希望公司按国家有关规定或公司的惯例发工资。

D．至少不能低于 500 元。

E．具体工资多少我不在意，只是希望公司以后能按工作成绩或工作效率合理发放工资。

【评价】求职者的薪金待遇是"双向选择"中一个必不可少的话题。C、E 答案显然有所考虑，比较理智地回答了这一"难以启齿"的问题，其中 E 回答更是具有挑战性，既表现了做好这一工作的自信心，也表现出维护自身权益的意识；相比之下，A、B、D 答案则显得有些欠考虑甚至轻率。如果公司正在创业时期，你提出要 3000 元，可能让人难以接受；假如公司兴旺发达，蒸蒸日上，你只要 500 元，显得有些缺乏自信；B 答案也是如此，如果其他人的月薪都是 1000 元以上，给你 300 元或 500 元，自己肯定也不会接受。

（9）怎样评价他人

【问题】你刚才看到了其他人的面试，请你简要评价一下前几位考生的表现，好吗？

【答案】

A．刚才我只考虑自己的问题了，没有认真注意别人的表现。

B．我个人认为第一位考生回答得不太好，第二位还凑合，第三位有些夸夸其谈，不切实际……

C．他们的表现都非常出色，例如……

D．我认为他们都有很多长处值得我学习，例如，第一位的材料准备得充分，第二位机智灵活，第三位……但我认为做好这项工作更重要的是自信和热诚。

E．每个人都有长处和不足，我也不例外。

【评价】这是一道难度较大的问题。A 答案不足取，等于放弃了表现自己分辨能力的机会；如果贬低别人，突出自己，也会给人一种不善于处理人际关系、不能客观对待

159

别人的感觉，如 B 答案；如果一味夸奖别人很出色，都比自己强，似乎意味着退出竞争，如 C 答案；D、E 答案可以借鉴，其中 D 答案表现出虚心的态度，同时还强调了自身的态度和优势。

（10）如何面对失误

【问题】如果你的工作出现失误，给本公司造成经济损失，你认为该怎么办？

【答案】

A．如果是我的责任，我甘愿受罚。

B．我本意是为公司努力工作，如果造成经济损失，我无能力负责，希望公司帮助解决。

C．我办事一向谨慎、认真，我想不会出现失误吧。

D．我想首先的问题是分清责任，各负其责。

E．我认为首要的问题是想方设法去弥补或挽回经济损失，其次才是责任问题。

【评价】这是一个具有挑战性的问题。A 答案坦诚接受处罚；B 答案企图逃避责任，但是如果损失重大，则无法逃避；C 答案则认为自己不会出现这种情况，是一种不切实际的回避；D 答案理智地提出分清责任，各负其责；E 答案的态度较可取，先尽力挽回损失，表现出较强的责任心。

（11）求职经历

【问题】在此之前你去过什么公司求职？结果如何？

【答案】

A．这是我第一次求职，结果还不知道。

B．来此之前我报考过国家公务员和申请过留校工作，公务员录用工作还没开始，留校任教需要硕士以上学历，所以我到贵公司求职。

C．我去过两家公司求职，一家是××公司，另一家是××公司，都认为我不错，准备录用我。

D．我去过一些公司求职，都没成功，原因是双向的，但主要是我不愿意去。

E．我曾在××公司实习过，担任过××职位，干得也不错，他们也想让我留下，但我觉得贵公司更能发挥我的特长，所以我没答应他们。

【评价】A 答案是面试比较深入以后涉及的问题，用以了解求职者在人才市场中的经历；B 答案则是"脚踏两只船"；C 答案是把自己"吊起来"卖，暗示"我很受欢迎，已经有两家单位准备录用我，你们想不想要"，这是一个不明智甚至愚蠢的做法，极易引起用人单位的反感；D 答案说出自己在人才市场的境遇，可能工作更安心些，但表白"自己不愿去"显得画蛇添足；E 答案表示了"人往高处走"的愿望。

通过以上介绍，我们了解到在面试过程中应注意哪些事项，以及如何巧妙地回答招聘人员的问题，希望能助求职者一臂之力。

思考：

1）面试过程中回答招聘人员问题的注意事项有哪些？

2）假设遇到自己不会回答的或者不确定答案的问题应该如何应对？

第八章

就业权益保护

口头约定的就业协议

张军是某高校 2012 届毕业生,在毕业之前,他找到一家保险公司,与其签订了就业协议。在签订就业协议过程中,张军考虑到其专升本考试的成绩还没出来,与用人单位口头约定,如果自己考入上一级学校,则此就业协议失效,但并未写入就业协议中。用人单位为了给张军办理相关保险,扣留了张军的毕业证及相关职业资格证书原件。就业协议中约定劳动期限为三年,试用期一年;如一方违约,违约方将向另一方支付违约金 2000 元;如双方发生劳动纠纷,可直接向所在地人民法院起诉。专升本考试成绩公布之后,张军幸运地考入上一级学校,并提前一个月通知了用人单位,但却在与用人单位解除劳动协议的过程中与对方产生纠纷,用人单位要求张军支付 2000 元违约金,而张军却声明已经与用人单位口头约定相关事宜,不愿支付违约金,后用人单位直接将张军告上所在地法院。

以上案例中的哪些情况违反了相关法律规定?

第一节　毕业生的权利和义务

一、毕业生的权利

1. 自主择业权

自主择业权是指毕业生享有就业与不就业的权利,如申请自费出国的毕业生在毕业时可以申请不就业;自主选择就业方式的权利;职业选择决定权等。

2. 平等待遇权

用人单位在招录毕业生时,应坚持公开、公平、公正的原则,任何凭关系、"走后门"及性别歧视等都是对毕业生平等待遇权的侵犯。《中华人民共和国劳动法》(以下简称《劳动法》)第十二条规定:"劳动者就业,不因民族、种族、性别、宗教信仰不同而受歧视。"第十三条规定:"妇女享有与男子平等的就业权利。在录用职工时,除国家规定的不适合妇女的工种或者岗位外,不得以性别为由拒绝录用妇女或者提高对妇女的录用标准。"

3. 接受就业指导、就业服务权

毕业生有权接受学校的就业指导和就业服务。高校应及时向毕业生传达有关就业方针、政策、规定的内容,并对毕业生进行择业观教育和择业技巧的指导等。

4. 自荐权和被荐权

毕业生有权向有需求的用人单位进行自我推荐并接受学校的推荐。学校应广泛地向用人单位推荐毕业生，并坚持优生优荐的原则，发挥学校推荐的导向作用。

5. 信息知晓权

就业信息是毕业生成功择业的前提，学校和有关就业指导部门应该如实地、毫无保留地向毕业生及时提供就业信息。这些信息包括用人单位的需求信息，对所选单位基本情况、工作安排、福利待遇等情况的了解，对国家就业政策、就业形势的了解。

6. 享受国家规定的待遇权

毕业生就业后，其工资标准和福利待遇应按国家有关规定执行，工龄从报到之日起开始计算。毕业生报到后，用人单位应根据工作需要和毕业生所学专业及时安排工作岗位。到非公有制单位就业的毕业生，其档案按国家有关规定进行管理，工资待遇由毕业生与用人单位协商确定，但工资标准原则上应不低于国家规定。此外，毕业生还应享有自谋职业和自主创业及享受相应优惠政策的权利、支边及享受相应的优惠政策的权利。患有疾病的毕业生在就业时应享有的权利，参照《普通高等学校毕业生就业工作暂行规定》（以下简称《暂行规定》）第三十七条规定："学校应在派遣前认真负责地对毕业生进行健康检查，不能坚持正常工作的，让其回家休养。一年内治愈的（须经学校指定县级以上医院证明能坚持正常工作的）可以随下一届毕业生就业；一年后仍未治愈或无用人单位接收的，户粮关系和档案材料转至家庭所在地，按社会待业人员办理。"毕业生报到后，发生疾病不能坚持正常工作的，应按在职人员有关规定处理，不得把上岗后发生疾病的毕业生退回学校。

7. 申请调整改派权

符合下列条件之一的毕业生，可以提出申请改派：因家庭发生不可预知的困难需要回家庭所在地就业的；符合国家、省有关政策导向，流向合理的；接收单位因不可抗拒的原因（如单位倒闭、破产或被兼并等）无法接收毕业生的；国家政策照顾对象情况发生变化的；毕业生就业主管部门下达调整分配计划的；其他经批准要求改派的。

8. 解除协议权

当履行协议后毕业生的权益或人身自由、人身安全受到用人单位严重侵害时，毕业生可以主动提出解除协议。《劳动法》第三十二条规定："有下列情形之一的，劳动者可以随时通知用人单位解除劳动合同：在试用期内的；用人单位以暴力、威胁或者非法限制人身自由的手段强迫劳动的；用人单位未按照劳动合同约定支付劳动报酬或者提供劳动条件的。"

9. 申诉权

《劳动法》第七十七条规定："用人单位与劳动者发生劳动争议，当事人可以依法申请调解、仲裁、提起诉讼，也可以协商解决。"第七十九条规定："劳动争议发生后，当事人可以向本单位劳动争议调解委员会申请调解；调解不成，当事人一方要求仲裁的，可以向劳动争议仲裁委员会申请仲裁。当事人一方也可以直接向劳动争议仲裁委员会申请仲裁。对仲裁裁决不服的，可以向人民法院提起诉讼。"第八十三条规定："劳动争议当事人对仲裁裁决不服的，可以自收到仲裁裁决书之日起十五日内向人民法院提起诉讼。一方当事人在法定期限内不起诉又不履行仲裁裁决的，另一方当事人可以申请人民法院强制执行。"此外，《合同法》第一百二十八条规定，"当事人可以通过和解或者调解解决合同争议。当事人不愿和解、调解或者和解、调解不成的，可以根据仲裁协议向仲裁机构申请仲裁"，"当事人没有订立仲裁协议或者仲裁协议无效的，可以向人民法院起诉。当事人应当履行发生法律效力的判决、仲裁裁决、调解书；拒不履行的，对方可以请求人民法院执行"。

10. 求偿权

求偿权是指毕业生享有向违约方要求承担违约责任、获得赔偿的权利。

二、毕业生的义务

权利与义务是相辅相成的，毕业生在享有国家规定的权利的同时，还必须履行一定的义务。大学毕业生在就业过程中应当承担的主要义务有：①执行国家就业方针、政策和规定的义务；②向用人单位实事求是介绍个人情况的义务；③严格履行就业协议的义务；④遵守学校有关规定的义务；⑤承担自身违约而带来的相应责任，依法履行其他义务。

三、毕业生保护自身权益的方式

1. 毕业生就业主管部门的保护

毕业生就业主管部门可通过制定相应的规范来确保毕业生的权益，并对侵犯毕业生权益的行为进行补偿。

2. 高校的保护

学校对学生权益的保护最为直接。学校可通过制定各项措施来规范毕业生就业指导和就业推荐，对于用人单位在录用毕业生过程中的不公平、不公正行为，学校有权予以抵制以维护毕业生公平接受录用权。对于用人单位与毕业生签订不符合有关规定的就业协议，学校有权不予同意，未经学校同意的就业协议不会发生法律效力，不能作为编制就业计划的依据。

3. 毕业生的自我保护

毕业生应深入了解目前国家关于毕业生就业的有关方针、政策和规范及它们之间的关系，熟悉毕业生在就业过程中的权利和义务，这是毕业生权益自我保护的前提。如果在就业过程中因为公司规定或部门规定与国家政策法规有抵触，侵犯了自己的权益，则可以依据国家政策法规的有关内容，维护自己的合法权益。毕业生应自觉遵循有关就业规范，接受其制约，保证自己的就业行为不违反就业规范。在与用人单位签约及其接收毕业生后，毕业生也应对自身权益进行自我保护。例如，按照规定毕业生在报到后应享受正常的福利待遇；对某些工作岗位的特殊体质要求，用人单位应在与毕业生双向选择时便明确，否则不得以单位体检不合格为由与学生解约；正常的人才流动应根据国家和当地的有关人才流动规定，不应受到限制；报到后毕业生发生疾病不能坚持正常工作的，应按单位在职人员有关规定处理等。

思考：

1）毕业生就业过程中的权利和义务有哪些？

2）毕业生如何保证自己在就业过程中的权利不受侵害？

第二节　就业协议书与劳动合同

一、就业协议书与劳动合同的区别

就业协议书与劳动合同均为用人单位与劳动者确立劳动关系的协议，但它们是两种不同类型的协议。其主要区别如下。

1. 两者的作用不同

就业协议书专指为维护国家就业计划的严肃性，明确毕业生、用人单位、学校三方在毕业生就业工作中的权利和义务的书面表现形式，作为办理报到、接转行政和户口关系的依据；而劳动合同是指劳动者与用人单位确立劳动关系、明确双方权利与义务的协议，是劳动者从事何种岗位、享受何种待遇等权利和义务的依据。

2. 两者的主体不同

就业协议书由毕业生、用人单位、学校三方协商签订；而劳动合同由劳动者与用人单位签订，这些劳动者既可以是高校毕业生，也可以是其他人，学校不是劳动合同的主体也不是劳动合同的见证方。

3. 两者的内容不同

就业协议书是高校毕业生与用人单位签订的初次工作协议，其主要意义在于将毕业生与用人单位双方互相选择的关系确定下来，一般并没有详细规定双方具体的权利与义务；而劳动合同则指用人单位在劳动者确定工作关系之后签订的关于双方权利与义务的协议。劳动合同具体内容包括劳动合同期限、工作内容、劳动保护和劳动条件、劳动报酬、社会保险和福利、劳动纪律、劳动合同终止的条件、违反劳动合同的责任等。因此，毕业生与用人单位签订了就业协议不能等同于签订了劳动合同，毕业生与用人单位在签订就业协议之后，还必须签订劳动合同，以保护自己的合法权益。目前的实际情况是，通常毕业生到单位工作后，双方才签订劳动合同。

4. 两者的法律效力、效力时段不同

就业协议书的依据是 1989 年 3 月 2 日教育部颁布的《高等学校毕业生分配制度改革方案》和 1997 年制定的《暂行规定》，而劳动合同的依据是于 1995 年实施的《劳动法》。前者属部门规章，后者属于国家基本法律，部门规章的法律效力低于国家劳动基本法律。就业协议的效力始于签订之日，终于学生到工作岗位报到之时。一般就业协议的作用仅限于对学生就业过程的约定，一旦毕业生到用人单位报到，就业协议的使命也就完成了。就业协议不能替代劳动合同，不是确定劳动关系的凭证。

5. 两者发生问题处理的部门不同

在毕业生就业协议发生问题需要处理时，一般首先由毕业生和用人单位进行协商，如果取得一致意见，则报送毕业生所属的学校主管部门，由学校主管部门审查认可后，报上级主管部门批准，予以调整。而若劳动合同发生问题，则毕业生和用人单位需要向劳动争议调解委员会或劳动仲裁机构报送，请求处理，还可以根据《劳动法》处理劳动纠纷。

二、与就业协议书相关的内容

（一）毕业生与用人单位签订就业协议书时应注意的问题

1. 签协议前，毕业生一定要全方位地了解用人单位的相关情况

例如，企业的发展趋势、企业招聘的岗位性质、企业的员工培养制度、待遇状况、福利项目等系列内容，不但要掌握资料，更要实地考察。并且需要重点了解单位的人事状况，了解用人单位是否具有应届毕业生的接收资格。有些毕业生涉世未深，社会经验不足，在选择用人单位时往往被那些招聘单位所罗列的诱人的条件所迷惑，一时头脑发热，也不管这些信息是否真实，甚至连用人单位附加的诸多苛刻条件也满口答应，等到发现事实真相，头脑冷静下来已为时晚矣。

2. 毕业生在签约时要按照正常程序进行

毕业生到学校领取就业协议书后，要认真如实填写基本情况及应聘意见，并签名；

用人单位、主管部门及人事调配部门签订意见，署清档案详细转递地址；院系签署意见；交给学校就业主管部门代表学校签署意见后，就业协议书生效并到省就业主管部门签证。有的毕业生为节省时间，要求学校先签署意见，但这样做使学校无法起到监督、公正的作用，最可能受害的将是毕业生本人。

3. 签署协议书时，一定要认真、如实地填写协议书内容

如果报考了研究生或准备出国，应事先向用人单位说明这些情况，以免遭到违约处理。

4. 毕业生在签约时也要考虑对自身权益的保护

协议具有双向约定的作用，如果有双方需要相互承诺的部分，一定要在就业协议书或补充协议中加以说明。就业协议书中可以规定违约金的数额，一般以 2000~3000 元为宜，最高不超过毕业生十二个月的工资总和。

5. 毕业生在签约中，一定要注意条款的合理性

我国《劳动法》规明确规定，用人单位不得以任何理由，向毕业生收取报名费、培训费、押金、保证金等，并以此作为是否录用的决定条件。

6. 毕业生、用人单位双方不得单方面拖延签约周期

毕业生遇到问题犹豫不决时，最好能够及时咨询高校就业部门负责老师，征求相关的意见和指导。

7. 就业协议书经三方面签字、盖章后生效

就业协议签订后，三方都应严格履行，若有一方提出变更，须征得另外两方的同意，责任由违约方承担。如果毕业生万不得已要单方面毁约，就必须在规定的时间内征得原签约单位的同意，经学校毕业生就业主管部门批准，并按照有关规定交纳一定的违约金，方可改派。

8. 就业协议书一式三份，毕业生、用人单位、学校各执一份，复印无效

为保障协议的严肃性，就业协议书还要对应编号。有的毕业生在与用人单位签订协议后，又去联系其他单位，误解了双向选择的真正含义，这种做法是极端错误的，是极端不负责任且没有信誉的表现，会招致用人单位的反感。与用人单位签订了就业协议书，而就业协议书又是劳动合同的一种形式，随意违约是要受到法律制裁的，包括一定的经济制裁。

9. 签订就业协议书后，一定要签署劳动合同

正式的劳动合同可能是学生毕业前签订、毕业后生效的，也可能是毕业后签订、立

即生效的。一般就业协议书也会在劳动合同生效时而终止其效力。

（二）签订就业协议书的三方应承担的责任和义务

1）毕业生应按国家规定就业，向用人单位如实介绍自己的情况，了解单位的用人意图，表明自己的就业意见，在规定的时间内到用人单位报到。若遇到特殊情况不能按时报到，应书面通知用人单位说明理由，征得用人单位同意。签约后的毕业生仍需努力学习，通过各种方式了解签约单位的生产、工作情况，做好相应的准备，以提高适应工作的能力；同时，要加强思想品德和职业道德修养，遵守校纪校规，顺利完成学业，以示对用人单位负责。如果签约后放松学习，纪律松散，思想道德品质恶劣，学校可视情况如实向用人单位反映。未取得毕业资格的毕业生，协议无效，责任由其本人承担。

2）用人单位要如实介绍本单位的情况，明确对毕业生的需求及使用意图，做好各项接收工作。凡取得毕业资格的毕业生，用人单位不得以学习成绩为由提出违约。

3）学校要如实向用人单位介绍毕业生的情况，做好推荐工作。用人单位同意录用后，经学校审核，报教育主管部门批准，学校负责办理有关报到手续。

4）学校应安排或要求学生体检，不合格者不派遣，协议自行取消，由学校通知用人单位。如用人单位对毕业生身体条件有特殊要求，原则上应在签约前进行单独体检，否则，以学校体检为准。

5）毕业生、用人单位、学校三方面如有其他约定，应在"备注"栏注明，并视为协议书的一部分。

（三）毕业生不慎将就业协议书遗失时应采取的措施

毕业生不慎将就业协议书遗失，学校原则上不再补发。若因特殊情况需要补发，毕业生须以书面形式提出申请，由学校就业主管部门负责人签署意见，经调查研究且具备以下条件时予以受理：①经核查，就业协议书确属遗失者；②毕业生须交纳相当于违约金数额的费用；③有一段需确认的时间。

（四）毕业生签订就业协议书后违约所造成的影响

除本人承担违约责任，支付违约金外，还会造成其他不良后果，主要表现如下。

1）用人单位花费在录用人员上的人力、物力、财力，以及按已录用而进行的工作安排，将付之东流。

2）用人单位往往将毕业生违约当成是学校管理不严的结果，会影响学校与用人单位的长期合作关系。

3）随意地签约和违约会对其他毕业生产生影响。

4）违约须征得用人单位、学校的同意，再次派遣要有原签约单位的书面退函，还要重新办理手续，加重了就业工作的负担。

（五）无效的就业协议

一般来说，常见的无效就业协议有以下几种情形。

1）协议一方或者双方不具备合法的主体资格。毕业生主体资格不符主要是指毕业于不具有合法办学资格的院校或届时不能取得毕业资格（未修满学分、因违纪被开除、延长学籍等）；用人单位不符主体资格主要是指单位未登记注册或经批准单位已被注销、单位从事非法活动、特定单位无用人指标等。

2）就业协议书中的内容不合法或损害公共利益。这主要指某些条款的规定不符合法律、行政法规等强制性规定，如试用期规定、工资规定、福利待遇，以及因性别、种族、民族、宗教信仰等不同而受歧视的条款。内容不合法可能导致就业协议全部无效和部分无效。一般情况下，全部无效的可能性较小；在内容部分无效时，其他条款继续有效，无效条款由双方协商解决，这有利于就业协议的履行，保障当事人的权益。

3）恶意串通，损害集体、第三人利益的就业协议无效。

4）请人代签的就业协议无效。就业协议是一种具有很强人身性质的合同，一般不适用"代理"，必须由毕业生亲自签字完成。因此，一般来讲代签的就业协议是无效的。

5）附生效条件的就业协议，条件不成立，协议无效。毕业生与用人单位约定一定条件的条款作为协议生效的要件，如单位规定毕业生毕业时必须过英语六级或通过司法考试，毕业生毕业时未能实现这一要求，协议自然无效。

6）可变更和可撤销的就业协议。这是指因毕业生或用人单位的意思表示有瑕疵导致争议，经撤销权人请求，由法院或者仲裁机构变更其内容或者使其效力自始消灭的就业协议。此种就业协议的效力待定，须看一方是否行使撤销权及司法机关的裁决情况。主要有以下几种情况。

① 因重大误解订立的就业协议。重大误解是指双方对就业协议内容的认识存在重大偏差，并且这种偏差造成了当事人较大损失。例如，工资条款中应当是"2700元/月"，"7"写得像"1"，实际发工资时毕业生认为2700元/月，用人单位则认为2100元/月，就对工资条款存在了重大误解。此时若单位不同意纠正错误，毕业生可以向法院或仲裁机关申请变更或者撤销就业协议。

② 显失公平的就业协议。显失公平是指在签订过程中，出于非自愿的原因，对一方当事人过分有利，对他方当事人过分不利的行为。例如，规定一方有权解除就业协议，另一方则无相应权利；一方违约需承担违约责任，另一方违约无须承担违约责任或承担较轻的责任等。

③ 基于欺诈、胁迫而签订的就业协议。在如今就业形势严峻、就业困难的情况下，毕业生在就业过程中可能处于不利地位。部分用人单位可能会利用毕业生急于找到工作的心态，采取隐瞒单位真实情况、动辄以不录用相胁迫等手段与毕业生签订就业协议，毕业生往往感到无计可施。事实上对这类协议书毕业生是可以要求变更或者撤销的。

毕业生和用人单位碰到上述三种情形下签订的就业协议，可以向法院或者仲裁机关申请变更或者撤销，一旦裁决撤销，则就业协议自始不发生效力。值得注意的是，一方撤销权的行使必须在其知道或者应当知道撤销事由之日起一年内行使，超过这一期限就丧失了权利。

三、与劳动合同相关的内容

（一）劳动合同的具体内容

劳动合同也称劳动契约、劳动协议，它是指劳动者同企业、事业、机关单位等用人单位为确立劳动关系，明确双方责任、权利和义务而订立的协议。根据协议，劳动者加入某一用人单位，承担某一项工作和任务，遵守单位内部的劳动规则和其他规章制度。企业、事业、机关、团体等用人单位有义务按照劳动者的劳动数量和质量支付劳动报酬，并根据劳动法律、法规和双方的协议，提供各种劳动条件，保证劳动者享受本单位成员的各种权利和福利待遇。

劳动合同的条款包括必备条款和约定条款两部分。

必备条款包括：①用人单位的名称、地点和法定代表人或主要负责人；②劳动者的姓名、住址和居民身份证或者其他有效证件号码；③劳动合同期限，主要分为有固定期限、无固定期限和以完成一定的工作为期限三种形式；④工作内容，主要包括工种和岗位，以及该岗位应完成的生产（工作）劳务、工作班次等内容；⑤劳动保护和劳动条件，主要包括劳动安全和卫生规程，女工和未成年人的保护规定，工作时间和休息休假等内容；⑥劳动报酬，主要包括劳动者的工资、奖金、津贴和补贴等内容；⑦劳动纪律，主要包括企业规章制度、劳动纪律等内容及其执行程序；⑧劳动合同终止的条件；⑨违反劳动合同的责任。

劳动合同除以上规定的必备条款外，劳动合同当事人还可以通过协商订立约定条款。双方当事人可以就用人单位出资招收录用、出资培训、劳动者保守用人单位商业秘密等事项，约定双方的权利和义务。但双方的约定条款不能违背法律、法规和有关规章的规定。

（二）订立劳动合同需遵循的原则

订立劳动合同必须遵循以下原则。

1）合法原则。合法原则就是订立劳动合同必须遵守国家的法律法规和政策的规定。它包括：①订立劳动合同的主体必须合法，作为用人单位，必须是依法成立的企业、事业单位、国家机关、社会团体和个体经营户等用人单位；作为劳动者，必须是具有劳动权利能力和劳动行为能力的公民。②劳动合同的内容必须合法，劳动合同条款不能违反国家法律、法规和政策的规定，不得违背国家利益和社会公共利益。③劳动合同订立的形式和程序必须合法。

2）平等、自愿、协商一致原则。平等是指当事人双方在签订劳动合同时的法律地位平等，没有任何隶属关系、服从关系，用人单位与劳动者以平等的身份订立劳动合同。自愿是指订立劳动合同完全出于当事人自己的意志，任何一方不得将自己的意志强加给对方，也不允许第三者干涉劳动合同的订立。协商一致是指合同的双方当事人对合同的各项条款，只有在双方充分表达自己意志的基础上，经过平等协商，取得一致意见的情况下，劳动合同才能成立。违反平等、自愿、协商一致原则签订的劳动合同不具有法律效力。

（三）《劳动合同法》的适用范围

与《劳动法》相比，《中华人民共和国劳动合同法》（以下简称《劳动合同法》）扩大了适用范围。除企业、个体经济组织以外，一是将民办非企业纳入《劳动合同法》的调整范围，所谓民办非企业单位是企业、事业单位、社会团体和其他社会力量及公民个人利用非国有资产举办的，从事非营利性社会服务活动的社会组织，如民办学校、民办医院、民办图书馆、民办博物馆、民办科技馆等。二是对事业单位与实行聘用制的人员是否适用做了灵活规定，即法律、行政法规或者国务院另有规定的，依照其规定；未做规定的，依照《劳动合同法》的规定执行。三是规定国家机关、事业单位、社会团体和其建立劳动关系的劳动者，也就是除公务员和参照《公务员法》管理的人员，以及事业单位中实行聘用制的工作人员外，依照《劳动合同法》执行。四是对劳务派遣工做了专门的规定。因此，如果毕业生选择了适用范围内的组织（用人单位）就业，就受《劳动合同法》的规范和保护。

（四）毕业生与用人单位签订劳动合同的程序

与用人单位签订劳动合同时应按以下程序进行。

1）索取合同文本。用人单位在招聘新员工之前，一般会草拟合同文本。在合同文本中对双方的权利与义务都进行了界定。在拿到文本后，应该详细阅读，了解文本中双方的权利与义务是否对等、明确、具体。一般而言，合同对受聘时间、劳动日的长短、劳动保护、工资待遇、劳动保险都应明确具体，不能含糊其辞，这是完整、有效合同必备的。当拿到合同文本之后，切莫在对合同的条款还没弄清之前就草率地签字。因为合同一经签字，就具有法律效力，最好是先将合同文本拿回家，请有经验的长者或律师审阅，确认无疑之后再签字。

2）进行合同解释。合同中若有不够明确或者理解困难的内容，可以请用人单位对此条款进行解释。即使有些条款表面看来已经十分清楚，但仍有必要进行解释，以防止对合同内容产生分歧。

3）商谈。合同双方是对等的，毕业生对合同条款的内容若有不同看法，甚至分歧的地方，是可以商谈的，有的条款内容是可以修订的。如果双方不能达成共识，毕业生宁可另谋高就，决不要委曲求全。当然，除非有特别令人满意的地方，这时毕业生就须对其进行全面衡量。切莫因求职心切而胡乱"投医"，这样自己的损失会更大。

4）识别合同真伪。利用毕业生社会经验不足、急于就业的心理进行合同欺骗的用人单位屡见不鲜，在劳动合同的签订中吃亏、受骗的毕业生也大有人在。因此，在签订劳动合同时要逐条审核，辨别真假。

（五）无效劳动合同的区分

《劳动法》规定，无效的劳动合同有两种：一是违反法律、行政法规的劳动合同；二是采取欺诈、威胁等手段订立的劳动合同。欺诈是指一方当事人故意告知对方当事人虚假的情况，或者故意隐瞒真实的情况，诱使对方当事人做出错误意见表示的行为；威胁是指以给公民及其亲友的生命健康、荣誉、名誉、财产等造成危害为要挟，迫使对方做出违背真实意愿表示的行为。

无效的劳动合同，从订立的时候起就没有法律约束力。确认劳动合同部分无效的，如果不影响其余部分的效力，其余部分仍然有效。劳动合同是否无效，应由劳动争议仲裁委员会或者人民法院确认。

（六）与用人单位解除劳动合同的相关规定

（1）随意"跳槽"行为受约束

《劳动法》中规定，劳动者"跳槽"前30天应告之企业，但现在仍存在着员工想走就走，以致给企业经营造成不良影响的现象。新出台的《劳动合同法》规定："劳动者违反提前30日或者约定的提前通知期要求与用人单位解除劳动合同的，用人单位可以不予办理解除劳动合同手续。"也就是说单位可以不给违反规定的个人转档案，不给转走保险关系，不给新单位出具离职证明等，这就对随意"跳槽"行为进行了约束。

（2）对于特殊员工离职通知期可延长

针对一些企业发现掌握企业机密的员工"跳槽"后泄密的现象，为维护企业的利益，新《劳动合同法》中规定，用人单位在与按照岗位要求需要保守用人单位商业机密的劳动者订立劳动合同时，可以协商约定解除劳动合同的提前通知期；提前通知期最长不得超过六个月，在此期间，用人单位可以采取相应的脱密措施。

（3）裁员条件被放宽

对于确属经营困难的企业，新《劳动合同法》中放宽了企业裁员的条件。除在原有的濒临破产进行法定整顿期间的企业基础上，新《劳动合同法》中又增加了因防治工业污染源搬迁的和生产经营发生严重困难的两种企业，应当提前30日向工会或者全体职工说明情况，听取工会或者职工的意见，经向劳动部门报告后，可以裁减人员。

（4）不得对企业变更合同不理不睬

在《劳动法》中有这样的规定，订立合同时依据客观情况发生变化，当事人应协商变更劳动合同，如协商结果不一致，企业可单方面解除劳动合同。但在现实中常常出现这样的情况，当企业提出变更时，员工对此不置可否，使企业束手无策。新《劳动合同法》中明确规定，企业应当将变更要求以书面形式送交员工手中，员工应在15日之内给予答复，逾期不答复的，视为不同意变更劳动合同。

（5）劳动者违反劳动合同的赔偿责任被明确

新《劳动合同法》中明确了劳动者违反本规定或者劳动合同约定，对用人单位造成损失的要进行赔偿，赔偿内容包括以下三项：一是用人单位为录用劳动者直接支付的费用；二是用人单位为劳动者支付的培训费用；三是对生产、经营和工作造成的直接经济损失。新《劳动合同法》实际上要求企业树立保存好原始凭证作为证据的意识。

（6）未按约定承担违约责任的，用人单位有权不解除合同

新《劳动合同法》中明确规定，劳动者解除劳动合同，应当提前 30 日或者按照劳动合同约定的提前通知期，以书面形式通知用人单位。劳动者给单位造成经济损失尚未处理完毕或者未按照劳动合同约定承担违约责任的，不得解除劳动合同。

（7）企业可在劳动合同中约定某些具体内容

新《劳动合同法》中明确了经当事人协商一致可以在劳动合同中约定试用期、培训、保守商业秘密、补充保险和福利待遇及其他事项等内容。

（8）规定了不用支付补偿金的劳动合同的终止条件

新《劳动合同法》中明确了符合下列条件之一的劳动合同即可终止：劳动合同期限届满的，劳动合同约定的终止条件出现的，劳动者达到法定退休年龄的，劳动者死亡或者被人民法院宣告失踪、死亡的，用人单位依法破产、解散的。

（七）签订劳动合同前的准备

劳动合同的签订，不仅事关个人在薪酬、福利、保险等方面的物质利益，还涉及诸如培训、晋升等个人长远发展的问题，因此必须慎重对待。应首先注意的是，签订劳动合同一般是用人单位与劳动者个人之间进行的，劳动中介机构（职业介绍所）不能与劳动者签订劳动合同。在试用期间或面试接触时就应全面了解与工作相关的情况，切忌仓促签约。在签订合同前，劳动者至少应具备以下两个方面的常识。

1）提前准备。在劳动合同订立前，可以要求用人单位提供合同文本，以便对合同内容有充分的了解，特别是对于双方协商约定的条款，应引起高度注意。

2）把握内容。了解《劳动法》，注意劳动合同的条款包括的两部分内容：一是法律规定的条款，包括劳动合同期限、工作内容、劳动保护条件、劳动报酬、劳动纪律、劳动合同终止的条件、违反劳动合同应负的责任等方面的内容；二是双方认为有必要明确规定的条款。在把握合同条款的基础上，还应清楚了解事关自身利益的内容。签订劳动合同，还应做好手续工作：①附加条款要看清楚。求职者在签订前一定要让企业拿出原文，仔细审看无异议后，还要盖章留存以作为依据。要认真检查有无遗漏的约定事项或附加说明，需要立即补缺的决不拖延。②当面签字、盖章，并仔细鉴定单位所盖的公章是否与自己即将进入的单位一致。③数字一定要大写。④要充分注意合同生效的条件和时间。有些合同需要登记才能生效，而时间涉及权益期限和合同续签等问题。⑤要注意合同生效的必要条件和附加条件；合同至少一式两份，双方各持一份，妥善保管；双方

在签订时如产生纠纷，应通过合法方式解决。

思考：

1）大学生签订劳动合同时应该注意哪些方面？

2）作为一名应届毕业生，若已签订就业协议书，但又应聘到更好的工作岗位，应该怎么办？

第三节　社会保险与劳动争议

一般劳动者的四金（养老保险金、医疗保险金、失业保险金、住房公积金）基数就是其当月的工资，但如果工资很高（如超过了上年所在城市社会月平均工资的三倍），那基数也会很高。而如果工资特别低（如低于上年所在城市社会月平均工资的 60%），那基数也有封底。

一、依法处理劳动争议

劳动争议是劳动者与用人单位之间因实现劳动权力和履行劳动义务而发生的纠纷。现实生活中劳动者与用人单位在形成劳动关系的过程中，劳动争议主要是适用法律规范和履行、变更、解除或终止劳动合同，以及其他与劳动关系有关问题而引发的纠纷。《劳动法》赋予劳动者提请有关机构解决，以维护自身的合法权益的权利。

二、劳动就业协议纠纷案例分析

1. 如何签订就业协议

小张是某高校电子专业的应届毕业生，学习成绩和综合素质在班级当中属于中上水平，由于他找工作总持观望态度，"这山望着那山高"，总是期望能找到更理想的工作，以至于错失了几次很好的就业机会。眼看着自己的同学都落实了就业单位，小张非常着急，因此也迫切希望尽快找到一家适合自己的单位。

这时一家生产电器元件的中外合资企业到学校招聘，小张凭借充足的准备和良好的心态，在经过两轮面试及两周的试用以后，该公司正式通知小张签订就业协议，并对他说："就业协议书拿来拿去签比较麻烦，你先让学校签证、盖好章，我们可以当场签。"小张同意了，于是在领取就业协议时要求就业办的老师在空白协议上事先进行签证。老师提醒他如果学校事先签证可能会对他产生不利的影响，但是在他的再三要求并写下责任承担书的基础上给他加盖了学校签证章。当天他就拿着协议到公司签约，人事部主管在与他就协议的服务期限、工资、违约金等事项进行细致协商并在协议上详细注明后，要求小张签字，并以公司总经理出差、单位公章没在为由要他第二天来拿就业协议。小张签约心切，爽快地答应了。

第二天小张一拿到协议就愣住了，原本没有约定条款的就业协议现在多了两条附加条款："1. 本协议所约定的收入为税前收入并包括四金；2. 毕业生自签约之日起开始上班，至正式报到期间为实习期，实习期工资为每月 500 元。"他想争辩，却发现他根本没有任何理由。

对于关系到自己切身利益的重大事项，签约之前一定要协商清楚，否则就会出现一些不必要的争议。像这家企业的做法也是短视的，并不利于企业的长远发展，但现在社会上的企业良莠不齐，毕业生在签约时应当谨慎一些。

2. 是否该交"风险抵押金"

小赵学的是信息技术专业。在招聘会上，他看到一家待遇和条件都不错的 IT 公司正在进行招聘，经过一番努力，小赵终于被公司录用。当他报到时，公司负责人告诉他："你刚毕业，没什么工作经验，我们提供给你的薪金是 3500 元。待遇是很高的，今后，公司还会给你很多培训机会，要培养你。为了避免日后由于你个人原因给公司造成损失，在咱们正式签劳动合同前，请你先交 2 万元风险抵押金，这是公司的规定。"小王很看重这份工作，但不知是否该交风险抵押金。

劳动和社会保障部《关于贯彻〈中华人民共和国劳动法〉若干问题的意见》中规定："用人单位在与劳动者订立劳动合同时，不得以任何形式向劳动者收取定金、保证金（物）或抵押金（物）。"由此看来，公司的要求是非法的。

3. 是否该交违约金

小杜毕业后，被分配到某工厂做车工。他与工厂签订了为期五年的劳动合同。回家过春节，小杜看到家乡的变化很大，很多人通过做买卖挣了大钱，他跟妻子商量后，决定辞职，在家乡开家小商店。春节刚刚结来，小杜回到工厂立即写了份辞职报告，要求解除劳动合同，厂领导不同意，认为按规定应提前 30 天通知工厂才行。小杜没有理会工厂的意见，径自就离开了工厂。

小杜开了个体商店应享受政策优惠。在办有关手续时，有关部门要求他出具解除劳动合同的证明。厂领导明确表示，不能为他出具劳动合同证明。原因是，没有提前30 天通知解除劳动合同，小杜擅自离去给工厂的生产造成了损失。

《劳动法》规定："劳动者解除劳动合同，应当提前 30 日以书面形式通知用人单位。"这是对劳动者单方面解除劳动合同的程序要求。小杜所在地区的有关地方法规还明确规定："劳动者违反提前 30 日或者约定的提前日期要求与用人单位解除劳动合同的，用人单位可以不予办理解除劳动合同手续。"

4. 是否可以开除孕产期间的女职工

财会专业毕业的小黄受聘于一家会计师事务所，并与其签订了五年劳动合同。工作三年多后，小黄结婚怀孕，产期期满后，又因患病，在家休假长达五个月，早已超过了她的医疗期。由于小黄长期患病，医疗期满后也不能从事工作，单位决定与她解除劳动合同。小黄找单位进行辩解："我虽然休病假超过了医疗期，但我的哺乳期还没满呢，单位不能与我解除劳动合同。"

关于劳动合同解除问题，《劳动法》规定："女职工在孕期、产期、哺乳期内的，用人单位不得解除劳动合同。"小黄不同意解除劳动合同是正确的。

5. 试用期的时长

小张被某连锁超市录用为收银员，签订了为期一年的劳动合同，其中约定试用期为三个月。该劳动合同履行完毕后，单位同意，再与她续订一年的劳动合同，但是，单位强调必须再订三个月的试用期。小张发现她的工作岗位未发生变化，还是继续做收银员。小张不解："怎么还有试用期？"

原劳动和社会保障部《关于实行劳动合同制度若干问题的通知》（以下简称《通知》）要求："按照《劳动法》的规定，劳动合同中可以约定劳动期限一年以上两年以下的，试用期不得超过六十日。试用期包括在劳动合同期限中。"同时《通知》还明确规定："用人单位对工作岗位没有发生变化的同一劳动者只能试用一次。"显然，小张所在单位存在两处违规，一是三个月的试用期违反了规定；二是试用次数违反了规定。

6. 用人单位应为劳动者缴纳保险

小张毕业后经人介绍被一家物业公司录用，工作一段时间后，她发现每个月的工资条"应扣税、费项"项目上，只有扣除个人所得税和养老保险的款项，但她听别人说，社会保险有好几个险种，为此不免产生疑惑。结果，她去询问同事，谁知同事却说，每个月扣除的各项费用不仅有养老保险，还有医疗保险、失业保险。"那我的其他几项保险，单位到底有没有给我缴纳呢？"小张找到公司人事主管，人事主管告诉她说："公司最近一年录用的员工，只给上养老保险。"小张听罢更糊涂了。

《劳动法》规定："国家发展社会保险事业，建立社会保险制度，设立社会保险基金，使劳动者在年老、患病、工伤、失业、生育等情况下获得帮助和补偿。""用人单位和劳动者必须依法参加社会保险，缴纳社会保险费。"小张所在公司关于保险问题给她的答复是错误的，不能只为小张上养老保险。

用人单位和劳动者必须依法参加社会保险和缴纳社会保险费，社会保险一般指"三险"，即失业保险、医疗保险、养老保险，社会保险强调权利和义务的对等。只有依法参加和缴纳，劳动者才有享受社会保险的权利。国家通过建立社会保险制度，设立社会保险基金，使劳动者暂时或永久丧失劳动能力或劳动机会时，获得国家和社会必要的物质帮助，以保障劳动者的基本生活。

思考：

1）劳动争议处理的方法包括哪些内容？

2）大学生若在就业过程中发生劳动就业协议纠纷，应采取哪些途径解决？

下篇

大学生创新创业教育

第九章

创新创业概述

导入案例

景德镇陶瓷大学以"三创"教育促进大学生创新创业

"三创"是指把创意、创新、创业三者有机地融合在一起，以创意为灵魂，以创新为核心，以创业为目的，构筑创新创业人才培养体系。景德镇陶瓷大学以此方式进行改革探索，取得初步成效，该校毕业生自主创业率连续五年居全省高校前列，高于全国高校自主创业率五个百分点。

2016年4月18日，景德镇陶瓷大学更名揭牌仪式隆重举行，这座百年学府从此踏上了新的征程。作为全国唯一一所陶瓷本科高等院校，景德镇陶瓷大学一直是景德镇市的一张靓丽名片。该校100多年的办学历史既是一部奋斗史，也是一部创业史，从职业教育到高等专科教育，再到本科、研究生教育，学校始终把创新创业教育深深植入人才培养的全过程。

百余年来，景德镇陶瓷大学秉承"诚朴恕毅"的校训精神，坚守"脑手并用、科艺结合"的人才培养理念，铸就了"创意创新创业"三创合一的浓厚文化氛围，构建了一个第一、第二、第三课堂衔接互动的"学业、就业、职业、专业、产业"五业一体的教育体系，在创新创业工作领域取得了满意的效果。

景德镇陶瓷大学以"三创"教育促进大学生创新创业具体表现在以下三个方面。

1. 创意智库激发创意热情

近几年来，景德镇陶瓷大学聘请国内外著名的学者、企业家、艺术家等进行现身说法，通过高岭讲坛、创意讲堂和产业精英进课堂等系列活动，引入新思想、新理念和新设计，营造全校的创意氛围，激发学生的创意热情。这些讲座既能反映相关学科领域学术研究的新成果和新进展，又是社会实践活动中具有学术价值的观点及经验的总结。

2. 创意生态铸就生长基因

景德镇陶瓷大学注重创意的办学传统，孕育了浓厚的艺术创作和科技创新的文化土壤，学生可以通过"学习"和"实践"自由地尝试自己的想法，共同构成了学校的创意生态。创意思想融入了学生血液，成为他们生命中不断生长的基因，成为学生毕生的追求和信仰。

3. 创意竞赛推动形态转变

景德镇陶瓷大学突出创造精神的培养，推动创意由观念形态向行为形态转变，每年有2000余名学生参加分层次、强实践、重孵化的创意竞技竞赛。例如，"挑战杯"全国大学生科技作品比赛和科技论文比赛、数学建模比赛、陶瓷电子商务大赛、全国"互联网+"大学生创新创业大赛等，获得全国奖55项，其中全国一等奖6项，省级奖273项，撑起了中华陶瓷文化学院派大旗。

（资料来源：http://jxjdz.jxnews.com.cn/system/2016/04/28/014854280.shtml.）

第一节　创新创业基础知识

一、创新的定义、内涵与类型

（一）创新的定义与内涵

党的十八大以来，习近平总书记对创新发展提出了一系列重要思想和论断，把创新发展提高到事关国家和民族前途命运的高度，摆到了国家发展全局的核心位置。党的十八届五中全会提出"五大发展理念"，排在首位的就是"创新发展"。创新是引领发展的第一动力。

"创新是一个民族进步的灵魂，是一个国家兴旺发达的不竭动力，也是一个政党永葆生机的源泉。"这是江泽民同志总结20世纪世界各国政党，特别是中国共产党兴衰成败的历史经验和教训得出的科学结论。

近代以来，人类文明进步所取得的丰硕成果，主要得益于科学发现、技术创新和工程技术的不断进步，得益于科学技术应用于生产实践中形成的先进生产力，得益于近代启蒙运动所带来的人们思想观念的巨大解放。可以这样说，人类社会从低级到高级、从简单到复杂、从原始到现代的进化历程，就是一个不断创新的过程。不同民族发展的速度有快有慢，发展的阶段有先有后，发展的水平有高有低，究其原因，民族创新能力的高低是一个主要因素。

1. 创新的定义

创新是指以现有的思维模式提出有别于常规或常人思路的见解，利用现有的知识和物质，在特定的环境中，本着理想化需要或为满足社会需求，而改进或创造新的事物、方法、元素、路径、环境，并能获得一定有益效果的行为。

创新是人类特有的认识能力和实践能力，是人类主观能动性的高级表现，是推动民族进步和社会发展的不竭动力。一个民族要想走在时代前列，就一刻也不能没有创新思维，一刻也不能停止各种创新。创新在经济、技术、社会学及建筑学等领域的研究中有着举足轻重的作用。从本质上说，创新是创新思维蓝图的外化、物化。

20世纪80年代以来，我国也开始了技术创新方面的研究，傅家骥先生对技术创新的定义是企业家抓住市场的潜在赢利机会，以获取商业利益为目标，重新组织生产条件和要素，建立起效能更强、效率更高和费用更低的生产经营方法，从而推出新的产品、新的生产（工艺）方法、开辟新的市场，获得新的原材料或半成品供给来源或建立企业新的组织，它包括科技、组织、商业和金融等一系列活动的综合过程。此定义是从企业的角度给出的。彭玉冰、白国红也从企业的角度为技术创新下了定义："企业技术创新是企业家对生产要素、生产条件、生产组织进行重新组合，以建立效能更好、效率更高的新生产体系，获得更大利润的过程。"

进入 21 世纪，信息技术推动下知识社会的形成及其对技术创新的影响进一步被人们所认识，科学界对创新的认识有了进一步的反思：技术创新是一个科技、经济一体化的过程，是在技术进步与应用创新"双螺旋结构"共同作用下的产物，在知识社会条件下，以需求为导向、以人为本的创新 2.0 模式进一步得到人们的关注。

2. 创新的内涵

马克思主义经济学的根本在于劳动概念，而创新是劳动的基本形式，是劳动实践的阶段性发展。基于科学的人类进化、自我创造的发展学说的经济学思想，是来自人类自我内在矛盾的实践思想。劳动价值论是马克思主义经济学的核心，揭示出社会发展的本质变量。其在广义上是一切社会存在的基本决定要素。

创新劳动是劳动的阶段性发展，是对于同质劳动的超越。劳动的基本矛盾是生产工具与劳动力的矛盾，劳动力与生产工具的发展推动生产力整体的革命性进步。创新是人类对于其实践范畴的扩展性发现、创造的结果，在人类历史上首先表现为个人行为，在近代实验科学发展起来后，创新在不同领域就不断成为一种集体性行为。但个人的独立实践对于前沿科学的发现及创新依然起到引领作用。创新的社会化推动社会生产力的整体进步。

人类创造自我的行为就是以发现、创新的质变到重复、积累的量变。对自然及社会的发现是创新的前提条件。人类来自自然物质世界，以创新自我的物质形态为起源，对社会本身的发现与创造构成新的社会关系。在个人的发现及创新以各种信息系统传播开来形成社会化的大生产后，就形成以人民主导的生产力体系。这个体系主要是重复新的生产技术的生产过程，同时积累财富与实践范畴。在某个时期表现为被新的劳动者发现新的领域及创新新的生产方式所超越，这是一个质变与量变交替发展的阶段。

创新行为的社会化与创新成果的社会化是相辅相成的。创新社会依赖创新成果的有效社会化。创新成果的有效社会化同时是创新劳动的社会价值实现，同时其创造了创新理念的社会化。从社会历史发展的过程看，创新的社会化根本是创新劳动行为的社会化。创新行为的社会化与分工的社会化结合在一起形成了总体对于简单劳动的超越性发展。

在经济领域，创新是劳动的一个重要的阶段性成果，是生产力发展的阶段性标志。其是社会经济发展的前置因素，是形成规模性效益的源泉。创新与积累劳动形成经济发展的两大矛盾性劳动根源。创新的价值在于以新的生产方式重新配置生产要素形成新的生产力，创造新形式的劳动成果或者更大规模的生产，在于创新成果社会化过程对于经济领域的路径选择或者创造新的路径。创新价值是从个别主体的垄断价值到社会再生产的普遍价值转化。

创新劳动的价值论在于创新成果的分配过程，分配又取决于所有制。从社会关系的发展史看，财富的流通过程就是形成社会各个主体间关系的直接路径。但社会财富的创造的分工才是根本的决定通道，决定分工的竞争要素取决于劳动者的劳动素质。

创新劳动的根本问题在于创新劳动者自我，劳动者的劳动是对于自我劳动素质的创造。人虽来自自然，但却是靠自己创造了自我的人格与生命的统一。人的内在矛盾要素就是人的自我创造并在有意识的连续发展中。人在一定实践范畴中，却无时不在超越已有的生命经历。

社会创新是社会人对于社会关系的创新性发展。其对于社会关系的内在本质及范畴的发现和创新是对于人类自我解放的自觉实践的反映。只有人类自觉的自我解放行为才可以形成真的社会创新，才可以形成整体的社会革命性创新。社会的革命性创新路径依赖的是生产力的解放，是劳动人民内在自我解放能力的提升，是劳动科技中劳动者素质及工具的整体进步。其最终表现为所有劳动者的社会化总体生产力的提升与劳动者作为人的存在的发展。

（二）创新的类型

创新虽有大小、层次之分，但无领域、范围之限。虽然创新的种类是无穷尽的，但是若按大的属性划分，可以粗略地分为知识创新、技术创新、管理创新和方法创新四大类。

1. 知识创新

知识创新就是对现有知识构成要素进行新的组合或分解，是在现有知识基础上的进步或发展，是在现有知识基础上的发明或创造。知识是人们在探索、利用或改造世界的实践中所获得的认识和经验的总和。人们一般将知识分为自然科学知识和社会科学知识两类。因此，知识创新也可以进一步划分为自然科学知识创新和社会科学知识创新。

1）自然科学知识创新。自然科学是研究自然界的各种物质或现象的科学。自然科学主要包括物理学、化学、动物学、植物学、矿物学、生理学、数学等。自然科学知识是人们在探索或改造自然界的各种物质或现象的实践中获得的认识和经验的总和。

自然科学知识创新就是对现有自然科学知识构成要素进行新的组合或分解，是在现有自然科学知识基础上的进步或发展，是在现有自然科学知识基础上的发明或创造。

2）社会科学知识创新。社会科学知识是人们在探索或改造社会的各种现象的实践中获得的认识和经验的总和，是人们在探索或改造社会的各种现象的实践中获得的对哲学、法律学、管理学、历史学、文艺学、美学、伦理学等方面的各种现象的认识和经验的总和。

社会科学知识创新就是对现有社会科学知识构成要素进行新的组合或分解，是在现有社会科学知识基础上的进步或发展，是在现有社会科学知识基础上的发明或创造。

2. 技术创新

技术创新就是对现有技术构成要素进行新的组合或分解，是在现有技术基础上的进步或发展，是在现有技术基础上的发明或创造。"技术"一词一般有两层含义：第一层含义是指人们在探索、利用和改造自然界和社会的各种物质或现象的过程中积累起来并在生产劳动或社会实践中体现出来的经验和知识。第二层含义是泛指各种操作技巧。技术一般可以分为自然科学技术和社会科学技术两大类。技术创新也可以进一步分为自然科学技术创新和社会科学技术创新。

1）自然科学技术创新。自然科学技术就是人们在探索、利用和改造自然界的各种物质或现象的过程中积累起来并在生产劳动中体现出来的物理学、化学、动物学、植物学、矿物学、生理学、数学等学科领域的经验、知识和各种操作技巧。

自然科学技术创新就是对现有自然科学技术构成要素进行新的组合或分解，是在现有自然科学技术基础上的进步或发展，是在现有自然科学技术基础上的发明或创造。自然科学技术创新包括物理学、化学、动物学、植物学、矿物学、生理学、数学等学科领域的技术的创新。

2）社会科学技术创新。社会科学技术就是人们在探索、利用和改造社会的各种现象的过程中积累起来并在社会实践中体现出来的哲学、法律学、管理学、历史学、文艺学、美学、伦理学等学科领域的经验、知识和各种操作技巧。

社会科学技术创新就是对现有社会科学技术构成要素进行新的组合或分解，是在现有社会科学技术基础上的进步或发展，是在现有社会科学技术基础上的发明或创造。社会科学技术创新包括哲学、法律学、管理学、历史学、文艺学、美学、伦理学等学科领域的技术的创新。

知识创新与技术创新作为人类创新活动的主要方面，互相之间存在着复杂的交互作用。知识创新是技术创新的基础，技术创新是知识创新的应用与发展。

3. 管理创新

管理创新就是对现有管理构成要素进行新的组合或分解，是在现有管理基础上的进步或发展，是在现有管理基础上的发明或创造。"管理"一词一般有三层含义：一是负责某项工作，使其顺利进行；二是保管和料理；三是照管并约束。但是从本质上看，管理的主要构成要素是管理知识、管理制度、管理技术和管理方法。管理可进一步分为行政管理、企业管理、事业管理、团体管理和个人管理五类。管理创新也可以进一步分为行政管理创新、企业管理创新、事业管理创新、团体管理创新和个人管理创新。

1）行政管理创新。行政管理一般有两层含义。第一层含义是指行使国家权力的管理；第二层含义是指机关、企业、团体等内部的管理。但其管理的原理、规律和方法是相同或相似的。因此，这里探讨的行政管理既包括行使国家权力的管理，又包括机关、企业、团体等内部的管理。

行政管理创新就是对现有行政管理构成要素进行新的组合或分解，是在现有行政管理基础上的进步或发展，是在现有行政管理基础上的发明或创造。行政管理创新既包括行使国家权力的管理创新，又包括机关、企业、团体等内部的管理创新。行政管理创新是行政管理知识创新、行政管理制度创新、行政管理技术创新和行政管理方法创新的总称。

2）企业管理创新。企业管理是指从事生产、运输、贸易等经济活动部门（如工厂、矿山、铁路、贸易公司等）的管理。企业管理的共性是企业部门按照经济核算的原则，独立计算盈亏。

企业管理创新就是对现有企业管理构成要素进行新的组合或分解，是在现有企业管理基础上的进步或发展，是在现有企业管理基础上的发明或创造。企业管理创新是企业管理知识创新、企业管理制度创新、企业管理技术创新和企业管理方法创新的总称。

3）事业管理创新。事业管理是指没有生产收入、由国家经费开支的部门（如学校、科研机构等）的管理。事业管理的共性是事业部门不进行经济核算。

事业管理创新就是对现有事业管理构成要素进行新的组合或分解，是在现有事业管理基础上的进步或发展，是在现有事业管理基础上的发明或创造。事业管理创新是事业管理知识创新、事业管理制度创新、事业管理技术创新和事业管理方法创新的总称。

4）团体管理创新。团体管理是指对由有共同的目的、志趣的人所组成的集体的管理。团体管理一般具有行政管理、企业管理和事业管理的综合特征。

团体管理创新就是对现有团体管理构成要素进行新的组合或分解，是在现有团体管理基础上的进步或发展，是在现有团体管理基础上的发明或创造。团体管理创新是团体管理知识创新、团体管理制度创新、团体管理技术创新和团体管理方法创新的总称。

5）个人管理创新。个人管理主要是指对个人的管理，如家庭中的管理。个人管理具有灵活性和多样性的特征。

个人管理创新就是对现有个人管理构成要素进行新的组合或分解，是在现有个人管理基础上的进步或发展，是在现有个人管理基础上的发明或创造。

4. 方法创新

方法是指人们在探索、利用或改造世界的实践中积累起来的观察问题、分析问题或解决问题的途径、程序或诀窍等。

方法创新就是对现有方法构成要素进行新的组合或分解，是在现有方法基础上的进步或发展，是在现有方法基础上的发明或创造。方法创新是永无止境的，其种类也是无穷尽的。

二、创业的含义与类型

（一）创业的含义

创业是指某个人发现某种信息、资源、机会或掌握某种技术，利用或借用相应的平台或载体，将其发现的信息、资源、机会或掌握的技术，以一定的方式，转化、创造成更多的财富、价值，并实现某种追求或目标的过程。

创业就是创业者对自己拥有的资源或通过努力能够拥有的资源进行优化整合，从而创造出更大经济或社会价值的过程。

创业就是利用创造创新的思维和方法，创造出某种对人类、对社会或者对个人有益的具体成果的过程。创业是理论创新或科技创新等成果向实际生产力的转化，由实际过程和具体结果来体现。这里所说的创业结果，是指各种各样的企业和事业，而且具有好的经济效益和（或）社会效益。

通常意义上，创业是人类社会生活中最能体现人的主体性的一项社会实践活动。它是一种劳动方式，是一种需要创业者组织、运用服务、技术、器物作业的思考、推理、判断的行为。创业有广义和狭义之分。广义的创业是指社会生活各个领域里的人为开创新的事业所从事的社会实践活动，其突出强调的是主体在能动性的社会实践中所体现的一种特定的精神、能力和行为方式。狭义的创业是一个经济学的范畴，是指主体以创造价值和就业机会为目的，通过组建一定的企业组织形式，为社会提供产品服务的经济活动。

创业成功带来的财富是巨大的，不仅是个人能力的体现，还能够为一部分人提供就业岗位，为社会做出的贡献。根据杰夫里·提蒙斯所著的创业教育领域的经典教科书《创业创造》中的定义，创业是一种思考、推理结合运气的行为方式，它为运气带来的机会所驱动，需要在方法上全盘考虑并拥有和谐的领导能力。

创业具有以下特点：是创造具有"更多价值"的新事物的过程；需要贡献必要的时间，付出极大的努力；承担必然存在的风险，如财务、精神、社会风险等；能够获得报酬，如金钱、独立自主、个人满足等。

创业是一种劳动方式，是一种"无中生有"的财富创造现象。创业过程充满了艰辛和挫折，而且需要坚持不懈地付出努力。渐进的成功也会给创业者带来无穷的欢乐与幸福。创业作为商业领域的行为，致力于寻求创造新事物（新产品、新市场、新生产过程或原材料、组织现有技术的新方法）的机会，以及运用各种方法加以利用和开发。科尔在 1965 年将创业定义为发起、维持和发展以利润为导向的企业的有目的性的行为。史蒂文森、罗伯茨和苟斯拜客提出：创业是一个人（无论是独立的还是在一个组织内部）追踪和捕捉机会的过程，这一过程与当时控制的资源无关。

（二）创业的类型

1. 按照人群数量分类

《科学投资》期刊中包含国内上千例创业者案例，经过研究后发现国内的创业者基本可以分为以下几种类型。

1）生存型创业者。此类创业者大多为下岗工人、失去土地或因为种种原因不愿困守乡村的农民，以及刚刚毕业找不到工作的大学生。这是我国数量最大的一批创业人群，清华大学的调查报告指出这一类型的创业者，占中国创业者总数的90%。其中许多人是为了谋生被"逼上梁山"，一般创业范围均局限于商业贸易，少量从事实业，但也基本是规模不大的加工业。当然也有因为抓住机遇成长为大中型企业的，但数量极少。仅仅想依靠机遇成就大业，早已经成为不切实际的幻想。

2）变现型创业者。过去在党、政、军、行政、事业单位掌握一定权力，或者在国有、民营企业担任经理人期间聚拢了大量资源的人，在机会适当的时候开公司、办企业，实际是将过去的权力和市场关系变现，将无形资源变现为有形的货币。20世纪80年代末至90年代中期，第一类变现型创业者最多，现在则以第二类变现型创业者居多。但第一类变现型创业者当前又有抬头的趋势，而且相当一部分人受到地方政府的鼓励。例如，一些地方政府出台鼓励公务员带薪"下海"、允许政府官员创业失败之后重新回到原工作岗位的政策，都在为第一类变现型创业者创造机会。这是一种公然破坏市场经济环境、人为制造市场不公平竞争的行为。

3）主动型创业者。主动型创业者包括两种类型：一种是盲动型创业者，另一种是冷静型创业者。盲动型创业者大多极为自信，做事冲动。有人说，这种类型的创业者大多也是博彩爱好者，不太关注成功概率。冷静型创业者是创业者中的精英，其特点是谋定而后动，不打无准备之仗，或是掌握资源，或是拥有技术，一旦行动，成功概率通常很高。

2. 按照创业起步方式分类

不同类型的创业者因为不同的动机而走上创业的道路，个人背景、生活经历等方面的差异会让他们选择不同的创业类型，也就是不同的起步方式。按照创业起步方式不同，创业类型主要包括以下几种。

1）离职创立新公司，新公司与创业者原来任职公司属于不同行业，但也面临着激烈的市场竞争。

2）新公司由原行业精英组成，希望集合众家之长，发挥竞争优势。

3）创业者运用原有的专业技术与顾客关系创立新公司，并且能够提供比原公司更好的服务。

4）接手一家营运中的小公司，快速实现个人创业梦想。

5）创业者拥有专业技术，能预先察觉未来市场变迁与顾客需求的新趋势，把握机会，创立新公司。

6）针对特定的市场需求，自己创办公司，使之具有服务特殊市场的专业能力与竞争优势。

7）创业者为创办新企业，在一个刚萌芽的新市场中从事创新，企图获得领先创新的竞争优势，但相对地，不确定性风险也比较高。

8）离职创立新公司，产品或服务和原有公司相似，但是在流程与营销上有所创新，能提供让顾客更满意的产品与服务。

3. 按照创业模式分类

就过程来看，根据对市场的不同认识，创业者多会采用以下四种创业模式。

1）复制型创业。复制原有公司的经营模式，创新的成分很低。例如，某人原本在某餐厅担任厨师，后来离职自行创办了一家与原服务餐厅类似的新餐厅。新创公司中属于复制型创业的比例虽然很高，但由于这类创业的创新贡献率太低，缺乏创业精神的内涵，因此，不是创业管理主要研究的对象，很少会被列入创业管理课程中学习的对象。

2）模仿型创业。这种形式的创业，无法带来新价值的创造，创新的成分也很低，但与复制型创业的不同之处在于，创业过程对于创业者而言具有很大的冒险成分。例如，某纺织公司的经理辞掉工作，开设了一家当下流行的网络咖啡店。这种形式的创业具有较高的不确定性，学习过程长，犯错机会多，代价也较高昂。这种创业者如果具有适合的创业人格特性，经过系统的创业管理培训，掌握正确的市场进入时机，还是有很大机会获得成功的。

3）安定型创业。这种形式的创业，虽然为市场创造了新的价值，但对创业者而言，本身并没有面临太大的改变，从事的也是比较熟悉的工作。这种创业模式强调的是创业精神的实现，也就是创新的活动，而不是新组织的创造，企业内部创业即属于这类型。例如，研发单位的某小组在开发完成一项新产品后，继续在该企业部门开发另一项新产品。

4）冒险型创业。这种类型的创业，除了对创业者本身带来极大改变，个人前途的不确定性也很高。对新企业的产品创新活动而言，也将面临很高的失败风险。冒险型创业是一种难度很高的创业类型，有较高的失败率，但成功后所获得的报酬也很惊人。这种类型的创业如果想要获得成功，必须在创业者能力、创业时机、创业精神发挥、创业策略研究拟订、经营模式设计、创业过程管理等方面，都有很好的搭配。

想创业，首先必须深入地了解创业，通过调查与学习，人们才能拥有自己的经验，才能为以后的创业过程铺平道路。了解创业的类型，为自己选择一条合适的出路，也就是为自己选择合适的生活。

三、创新与创业的关系

虽然创业与创新是两个不同的概念，但是二者却存在着本质上的一致性：内涵上的相互包容和实践过程中的互动发展。第一次提出"创新"概念的熊彼特认为，创新是生产要素和生产条件的一种从未有过的新组合，这种新组合能够使原来的成本曲线不断更新，由此会产生超额利润或潜在的超额利润。创新活动的这些本质内涵，体现着它与创业活动本质上的一致性和关联性。创新是创业的基础，而创业推动着创新。

创业和创新在本质上具有一致性，即都具有"开创"的性质，只不过，创新一般多指理论、思维方面的创造活动，是整个创造活动的第一阶段；创业是实际活动中的创造，是创新思维、理论和技法的应用与现实体现，属于创造活动的第一阶段，也是创新的终极目的。

一方面，科学技术、思想观念的创新，促进着人们物质生产和生活方式的变革，产生了新的生产和生活方式，进而为整个社会不断地提供新的消费需求，这是创业活动之所以源源不断的根本动因；另一方面，创业在本质上是一种创新性实践活动。无论是何种性质、类型的创业活动，它们都有一个共同的特征，那就是创业是主体的一种能动的、开创性的实践活动，是一种高度的自主行为。在创业实践的过程中，主体的主观能动性将会得到充分的发挥和张扬，正是这种主观能动性充分体现了创业的创新性特征。

创新最早是一个经济学概念。狭义的创新是指把技术和经济结合起来，即创新是从新思想的产生到产品设计、试制、生产、营销和市场化的系列行动。广义的创新是力求将科学、技术、教育等与经济融汇起来，即创新表现为不同参与者和机构（包括企业、政府、大学、科研机构等）之间交互作用的网络。在这个网络中，任何一个结点都可能成为创新行为实现的特定空间。创新行为因而可以表现在技术、体制或知识等不同的侧面。随着科学技术的突飞猛进和社会经济的飞速发展，以及人们创新意识的加强和创新水平的提升，创新已不再仅局限于经济方面，而是扩展到政治、科技、文化、军事、社会生活的各个方面，出现了许多新的创新概念，如科技创新、产业创新、技术创新、体制创新、管理创新、金融创新、知识创新、政治创新、军事创新、教育创新、文化创新、观念创新、理念创新、企业创新和社会创新等。简而言之，创新就是将新的观念和方法付诸实施，创造出与现存事物不同的新事物，从而改善现状。只要是新的事物、观念付诸实施，并得到认可，推动人类社会进步的过程就是创新。

而创业实际上就是一种经济投资，主要表现为经济领域的活动，使没有的职业或行业被开创出来，使已有的行业和职业做大做强。经济领域内的创业的基本类型包括：按创业主体的性质划分，可分为个人独立创业和公司附属创业；按创业的不同起点划分，可分为创建新企业和公司再创业；按制度创新层次划分，可分为基于产品创新而创建企业、基于市场营销模式创新而创建企业和基于企业组织管理体系创新而创建企业。我们可以看到，这些类型的创业都与创新紧紧相连。但是本书中所介绍的创业，还涵盖行政、事业等各个领域，只要在这些范围内利用创新的理论和手段取得良好的结果，都可以称为创业。

思考：

1）谈谈你对创新创业的认识和理解。

2）谈谈你对创新与创业之间关系的认识。

第二节 创新创业的意义

一、时代的选择

（一）社会发展需要创新创业

人类自脱离蛮荒时代进入文明社会已有几千年的历史，虽然有些国家已经进入知识经济时代，但还有相当一部分国家连温饱问题都尚未解决。不过，有一种说法似乎多数国家都很认同，那就是现在人类社会整体上处于全球化时代，其标志就是席卷全球的信息技术产业革命。

目前，全球化的准确名称应该是"经济全球化"，这种全球化的本质是生产要素的跨国界自由流动，追求的最终目的是经济效益的最大化。为实现这个目标，就要以发展各个领域里的创新实现创业为手段，最终取得极大的经济效益。

江泽民同志的"创新是一个民族进步的灵魂，是国家兴旺发达的不竭动力"的立论是高度概括的真理。任何国家要改变其经济、科技落后的状况，从根本上讲，必须提高全民族的科学文化素质和创新意识，培养和造就大批有创新精神和创造能力的人才。

如果说目前知识经济仅在部分发达国家出现，那么 21 世纪将是知识经济在国际经济中占主导地位的世纪。而知识经济的推进器就是创新，创新是知识经济的内核。创新将成为进入 21 世纪国际经济"竞技场"的"入场券"，谁能抢占创新的制高点，谁就是21 世纪的主角。

可以预见，知识经济社会的发展范围会更广。它的发展方式、社会结构、人们的相处方式和共存度等都会有许多新的变化和新的特点。要适应社会发展的变化，就要运用创造的思维和创新的成果来解决人类发展中不断遇到的新问题，极大地开发人的创造创新能力。

（二）科技发展需要创新创业

知识经济是高科技的发展促成的，是创新的结果。以信息技术、生物技术、先进制造技术、先进环保技术、新材料技术和新能源技术为代表的高科技领域，集中体现了人类创新能力开发带来的创业成果，冲击着传统的生产方式和产业结构，使人类的生产生活产生了革命性的变化，把社会生产力推进到了一个前所未有的高度。知识经济又催生着高科技的不断创新和科技产业的不断发展。

任何国家创新能力的提高带来的直接结果都是国力的迅速强盛和人民生活水平的急剧提高。因此，从 20 世纪 50 年代起，许多国家大力提倡推进创新能力的开发和应用，斥巨资创立高科技产业。

从历史发展来看，技术创新是创业的重要切入点。分别以蒸汽动力的改革和应用、电力的广泛应用以及电子计算机的广泛应用为特征的三次技术革命，引起了社会生产的深层次变革，振兴了相关产业，也造就了大批的科学家、技术发明家和产业巨头，特别突出的有爱迪生、诺贝尔、西门子、贝尔等。他们用自己的科学发现、技术发明成功创业，积累了巨大的财富，成就了辉煌的事业，成为当代青年大学生关注科技创业、投身科技产业的光辉典范。目前，人类社会的技术革命正在从第三次技术革命逐步转向以新材料技术、新能源技术等的广泛应用为主要标志的更高的发展阶段。从技术发明、技术改良到终端产品的创新发明与规模化生产，周期越来越短，更新频率越来越高。这在客观上对传统生产方式形成巨大冲击的同时，也为掌握高新知识与高新技术的青年大学生提供了很好的创业环境，成为青年大学生端正创业观念、寻找机会的必备要素之一。

在推进科技创新的进程中，技术创新具有十分重要的作用。没有活跃的技术创新，知识经济就失去了承受"知识生产、传播和运用"的物质载体。许多发达国家为适应知识经济的发展，纷纷采取发展创新企业和鼓励企业创新的政策，使技术创新成果立即推广应用，产生效益。要在世界高科技领域占有一席之地，必须提升技术创新的能力，冲破发达国家的技术垄断。为此，我国必须建立一整套技术创新可持续发展的机制，包括加速科技成果转化的新机制，开发适应市场需求的新工艺、新产品的新机制，发展新兴产业和高新技术产业的新机制等。只有这样，才能给科技创新以持久动力，不断增强我国经济发展的动力和后劲，促进我国经济的长远发展。

总之，在科学技术迅猛发展的今天，创新对于社会经济发展的强大推动作用，已远远超过了以往任何时代。综合国力的竞争已经进入了创新领域，竞争的最终结果是科研成果的产业化。一个民族、一个国家的创新能力已经关乎国运的兴衰。因此，顺应时代要求，培养具有创新精神和创新能力的人才，大力提高民族的创新素质，就成为一项重大而迫切的任务。

（三）经济全球化需要创新

经济全球化趋势的形成，使世界各国在市场和生产上的相互依存度日益加深。全球化推动了人力、资金、商品、服务、知识、技术和信息等实现跨国界的流动，促进了各种生产要素和资源的优化配置。这些变化是一种全球范围内的经济实力的竞争。为在世界大舞台上有自己的立足之地，各国在政治、经济、科技、文化等领域都必须进行创新，以增强竞争实力。

我国已于 2001 年加入世界贸易组织（World Trade Organization，WTO），成为 WTO 中的重要一员，已经进入经济全球化的轨道。在经济全球化的形势下，我们必须用新的观点全面审视各方面的处境，利用创新的头脑，发展经济，增强国力，在较短的时间内实现民族的伟大复兴。目前，我国面临的最紧迫的任务是科技创新，科技水平的提高是发展生产力的决定因素。纵观当前世界各个国家的表现，发达国家在经济全球化中占据主导地位，获得的利益也最多，其法宝就是紧抓科技创新，并将高科技成果转化为以应用为目的的创业。这也是其他国家为了不被抛出经济全球化浪潮之外，进而从全球化过程中受益的必由之路。因此，凡是有能力、有作为的国家，其科技创新浪潮云涌，技术应用日新月异，知识或智力资源的占有、配置、生产和运用已经成为其大力发展经济的重要依托。

经济全球化对创新提出的要求远不只局限在科技领域，其他如制度、观念、文化等，都面临着创新的问题，而且在某些时候，还可能成为创新的主要方面或制约因素。例如，我国原有的制度、运行机制，包括改革开放以来制定的新的制度和现行机制，许多已不能适应经济全球化的需求。如果不着手创新，就难以促使经济活动健康、有序地进行，甚至会造成与他国交往时面临举步维艰的困境。

二、国情的呼唤

（一）中国的人口负担呼唤创新创业

有创业才能就业，就业充分，人民才能安居乐业，国家才能繁荣富强。只有存在着大量的创业者，才能为广大的劳动者拓宽就业渠道，才能使每个人的才能无论大小都能得到发挥，做到"人尽其才，才尽其用"。没有创业，现有的就业市场就不可能容纳数量如此庞大的劳动力，很多人将失去就业的机会并成为社会的巨大负担，全面建设小康社会的目标就不能顺利实现。

目前，我国人口总量已超 13 亿人（不含港澳台地区），预计未来 20 年，我国 16 岁以上人口将以年均 550 万人的规模增长，到 2020 年劳动年龄人口总规模将达到 94 亿人。2000 年以来，我国城镇失业率为 4%左右，每年新增劳动力 1300 万人，下岗再就业人员 1000 万人，农村富余劳动力人口数有 2.5 亿～3 亿。虽然随着国民经济持续、稳定、健康发展，国内生产总值（Gross Domestic Product，GDP）保持 7%～8%的增长率，每年能新增 560 万～800 万个工作岗位，但与人数众多的劳动力大军比起来，只是杯水车薪。严峻的就业形势使人们充满危机，使国家感到忧虑。

就业是民生之本。扩大就业，实现比较充分的社会就业是全面建设小康社会的基础目标，是全面提高人民收入和生活水平的根本保证。扩大就业是化解劳动者流动日益频繁带来的压力、保证社会经济乃至政治稳定的基础。在无法通过政府、社会解决就业问题的情况下，只能引导、鼓励更多的人自谋职业和自主创业。只有创业的人不断增加，经济发展逐步加快，就业问题才能得到根本改善。

（二）我国人力资源开发的目的是创新创业

我国是人口大国，人力资源的开发还有很大的提升空间。一旦人力资源的开发取得良好效果，将会取得可观的财富。目前各级政府和企事业单位极其关注以提高人口素质为根本目的的人力资源开发事业。"十二五"时期，我国学前教育入园率大幅提高，2014 年学前教育的毛入园率达到 70.5%，比 2009 年提高了 19.6 个百分点，提前六年实现了教育规划纲要确定的 2020 年 70%的目标。义务教育普及成果得到了有效巩固，小学净入学率达到 99.8%、初中毛入学率达到 103.5%，九年义务教育巩固率达到 92.6%，比 2009 年提高了 1.8 个百分点。高中阶段教育入学机会进一步扩大，毛入学率达 86.5%，比 2009 年提高了 7.3 个百分点。高等教育大众化水平逐步提升，毛入学率达 37.5%，比 2009 年提高了 13.3 个百分点。提高人口素质的终极目的是培养具有创造创新精神和能力的各级各类人才，以便开创和壮大各项事业，增强综合国力，实现民族振兴。世界各发达国家和发展较快国家的经验说明，这种开发人力资源的办法是明智的，是提高现代生产力的核心之举。

（三）创业是民族振兴的必由之路

产业是一个民族的依托，创业是一个民族振兴的必由之路。鸦片战争后，洋务派为挽救满清政府，开始了第一次大规模的创业尝试，但由于封建主义的本质和外国势力的入侵，这次创业终以失败而告终，中国进一步陷入了半殖民地半封建社会的深渊。

新中国成立以来，特别是改革开放以来，在中国共产党的领导下，一大批高举振兴民族产业大旗的有志之士开始了新一轮的创业壮举，再一次证实了振兴中华民族的有效途径就是创业，特别是高科技领域的创业。

我国依靠创业实现民族强盛取得了初步的成果，拥有了海尔、长虹、春兰、红塔、TCL等国际知名品牌，也拥有了方正集团、联想集团、紫光股份有限公司、网易公司、华为技术有限公司等高科技公司，还拥有了张瑞敏、倪润峰、李东生、柳传志、丁磊等大批以振兴民族产业为己任的优秀创业人、企业家。他们为我国初步实现小康做出了巨大贡献。正是在以他们为代表的创业者的努力下，我国才成为了"世界工厂"，才谱写了令世人瞩目的经济发展奇迹。他们撑起了中国的脊梁。

未来国际社会的竞争，将越来越体现为以经济、科技和军事实力为基础的综合国力的较量。要迎接这种挑战，就要以国家创新体系（包括知识创新系统、技术创新系统、知识传播系统和知识应用系统）为平台，全面增强国家的科技创新能力。科技进步促发学习的革命，知识经济催化教育的改革，这些都需要我们具有创新的精神，运用创新的方法，推进创新的改革。

对一个国家来说，创新是一个民族进步的灵魂，是一个国家兴旺发达的不竭动力，随着竞争的加剧，能否创新已成为一个国家发展与发达的关键。创新是带有氧气的新鲜血液，是一个国家的生命。

对社会而言，创业可以促进国家经济发展与科技创新，创造巨大的经济效益和物质财富，同时还提高了社会就业率，丰富了就业渠道，特别是对于缓解我国目前存在的就业压力更具有重要的作用和深远的意义。人们的创业实践活动还具有推动我国创新教育发展和加快培养创新型人才的功能，以满足和适应人们创业需要为宗旨的教育实践。

三、人类的追求

（一）人类未来的物质需求呼唤创新创业

人类的未来从表面看取决于空间、能源和耕地等资源的储备，但最终仍取决于人类智慧的开发程度，取决于科技创新的成果。地球上的人口数量仍然在增长，人们面临的问题有两个：一是怎样不断满足人类物质文化生活的需要；二是怎样有效控制地球人口的不断增长。目前解决这两个问题的急迫和可靠的办法是增加物质总量。但是，物质生产的增加，不能再以过去那种简单的方式进行了。很长的时期内，人们都是靠简单的资本投入或劳动力的增加来提高生产力，这是一种低层次的，既浪费资源又破坏环境的发展方式，必须靠科技的创新和开发来解决。

人的基本需求是人作为自然人的需求和作为社会人的需求的统一。根据马斯洛的需求层次理论，人类有五种基本需求（生理需要、安全需要、社会需要、尊重需要、自我超越），物质需求是众多需求中首要和基本的需求。人的物质需求包括吃、穿、住、用、行等基本的需求。在市场经济条件下，消费者的需求是进行投资、生产、销售的指挥棒，是市场上一只"看不见的手"。可以说，有什么样的需求，就有什么样的供给，这样才能维持市场经济的正常运行。人的需求随客观环境的变化而变化。例如，随着经济社会的发展和科学技术的进步，人们的物质需求也越来越讲究绿色、保健、方便、舒适等。吃的方面要求食品绿色无公害，能起到保健作用；穿的方面追求年轻、时尚、漂亮；住的方面追求情调、方便、环境舒适等。这都要求针对人们未来生活的需求，对现有的物质供给进行创新，依靠科技，改进和提高现有的技术工艺，提高人们的技术水平和艺术审美感，才能提供令人们满意的物质消费品和服务，才能在竞争激烈的市场上占有一席之地。

（二）人类未来的精神需求呼唤创新创业

人类的需求除了物质需求以外，还有精神需求。这是人类区别于动物的根本点。即使再充足再优越的物资满足也不能代替精神需要。相反，精神上的满足可以抑制对物质的追求。

所谓精神需求是指科学、美学、仁爱、崇拜、尊重、抚养需求等，从人的本性来讲，渴求内心的愉悦和满足永远都是人类精神需求的主题。在未来社会，随着物质生产条件的逐步提高，人们的物质需求将得到更大的满足，随之而来的精神需求将急剧增加。在现实生活中，人们往往感叹人与人之间冷漠、缺乏关爱，知识匮乏，生活变得空虚，社会道德沦丧等，这都是精神需求没有得到满足的具体表现。这些都是未来精神需求急需解决的突出问题，这也从另一个角度对科技创新、制度创新提出了新的要求。

（三）个人的发展呼唤创新创业

对于个人而言，提升自己的创新能力来提高创业能力和生存竞争能力已是必由之路。大量实践证明，具有较高创造创新能力的人，其工作适应面更广，工作质量更高，创造的效益远远大于创造创新能力低的人。未来的社会千变万化，新知识、新事物、新问题层出不穷，一个人无论从事什么工作，都必须具备创造性地解决问题的能力。不仅科学家、技术人员需要创新，而且从政、从文、从艺、从工、从商的人，也要不断地产生新思想、新路子。行行有发明，人人需创造，处处看发现，时时讲创新，整个社会才有活力，才会进步。创新能力是充分体现人生价值的主要方面。大学生作为社会中单独的个体，处于科技日新月异、经济飞速发展的社会大变革时期，个人的发展与社会、国家的发展休戚相关。一个人的自我价值，只有与社会价值形成高度的统一才有意义，也才容易得以实现。青年学生，要清醒地认识到时代寄予的期望，自觉培养创新意识，锻炼创新能力，提高创造性地解决问题的能力。只有这样，才会永远对社会有用，不会被淘汰。

创新是一个人在工作乃至事业上永葆生机和活力的源泉。具体而言，创新将决定一个人的发展前途、事业高低和勇气谋略等。人们在创业过程中会遇到各种各样的困难与风险，在解决这些问题的同时，人们会不断地增强自身的综合能力，使自己不断成熟。从大学生自身来看，技术创新是创业获得市场认可的手段。大学生既没有资金，也没有社会关系，更没有相关的工作经验，而他们所拥有的正是社会所需要的创新精神和能力，只有运用自身的技术创新能力才能在创业的道路上获得"第一桶金"，从而成为成功的创业者。当代大学生是伴随着商品经济、互联网经济等的飞速发展而成长起来的，相对于其父辈、祖辈而言，更容易接受新观念、新事物。尽管作为 90 后，他们身上存在着这样那样的不足，但是崇尚拼搏、敢于挑战、追求成功的特征，使得他们最有可能成为创业大军中以技术创新为特征的生力军与成功者。

我国每年都会有数以万计的大学生毕业，但是由于种种复杂的因素导致并不是每一位毕业的学生都能顺利就业。有些人即使有工作也感觉不满意，即使拥有旺盛的工作热情也做不出一番成绩来。所以越来越多的人想到了创业这一条路子，事实上有很多人毕业即创业，但是成功的例子却很少。这些创业失败的根本原因就是没有创新。现在的社会竞争如此激烈，同一行业会有很多人涉足，如果做得不够好或者不如别人做得好，那么就只能失败。如果不盲目地跟随他人的步伐，而是认真调研，分析各行各业的形势，发掘那些少见的、新鲜的区域，想出从未有过的点子，再进行充分的准备工作，那么创业的结果必然是成功的。

思考：

1）谈谈当今社会的新事物的发展趋势。

2）谈谈当今大学生对创业的认识。

第三节 创新创业的方法

一、改进教育模式——创新与创业协同互融

创业与创新有着密切的联系。离开创业，探讨创新就失去了意义和目的，而不首先弄清楚科学的创新理论、创新能力及其开发问题，创业也就缺失了理论支持和灵魂。创新的职业和行业是在科学、技术、理论、制度、管理、市场等的创新的情况下产生的，如果没有这些方面的创新，就不可能有新的创业出现。有的创新，本身就会带来一个新的产业的出现，和创业没有截然的界限。进入 21 世纪以来，由创新带动创业已成为世界范围内规模空前、备受关注的"运动"，与国家、民族和个人息息相关。

创业和创新是一对既紧密联系又互不相同的概念。一方面，创业需要创新，创新是

创业的源泉，创业通过创新拓宽商业视野，推进企业成长。虽然创新不是创业的唯一途径，但是，创新特别是可持续创新可以不断创造竞争优势，进而推动创业的成功。另一方面，创新必须注意市场需求，并有创业的需要。因为创业为创新的成功创造条件，并且推动创新成果产业化，继而产生经济效益。新技术或新发明能否转化为产品，能否产业化、市场化，还要有一个创业的过程。创新只完成了一半，如果没有创业，这一半就可能半途而废。创业和创新之间的概念性关系已经被讨论多年。在众多文献里，创业和创新被视为一对密切相关的词汇，近几年很多研究侧重于创业和创新之间本性上的无法分割的关系。研究表明，企业的创新和创业相辅相成。二者之间的关系呈正相关，在目前变幻莫测的环境中，二者的结合及相互作用对于企业的成功极为重要。同时，研究还指出创业和创新的结合并非仅仅存在于新企业的启动阶段，而是存在于整个创业和创新的动态的过程中。

因此，做好大学生创新创业教育，就必须把创新和创业知识与技能结合起来。

（一）专业课教师要更新课程理念，改革教学方法

目前，许多高校已经认识到问题的紧迫性，开展了多种形式的创业思想教育课程，培养大学生的创业理念。但这项工作的组织者和开展者，绝大多数是高校的思想政治教师、学生工作处教师、就业指导教师、辅导员等，专业课教师参与的程度不高，甚至少部分专业课教师认为那不是自己的工作。实际上，从普通的基础教育到专业教育，再到今后的从业，专业课教师的作用非常关键，具有无可替代性。专业课教师是将学生从学习生涯带到职业生涯的领路人，是社会和学校沟通的桥梁，是大学生今后工作的引导者和示范者。从现有的经验看，专业课教师的思想和认识对学生从业观念和今后成长的过程影响巨大。大学生对所学专业的理解和认识、今后从业所应具备的知识能力和素质，这些信息的第一个来源就是其专业课教师。这些都是由专业课教师在日常的教学过程中点点滴滴灌输给他们的。

现阶段，许多高校在课程设置模式上还在采用传统的三段式学科式教育模式，即基础课、专业基础课、专业课，课程设置与社会需求脱节；教学方式采用理论课加实训课的模式，表现出的现象是理论课上教师"满堂灌"，技能实践课上学生"拼命练"，理论和实践缺乏有机融合；毕业找工作时，学生背了很多书，拿了很多证书，面对各类职业岗位提出的要求，还是茫然不知所措。

由于传统的教学方式存在着很大的局限性，因此，融入创业教育思想的教学方法必须具有新思维、新突破，打破以往教学方式的束缚。各门专业课教师都应该根据其专业的内容和教学特点，在教学环节的设计中，有机渗透创业意识、创业能力的教育与培养等信息，将创新思维、创业意识和创业能力的教育和培养与专业课程的教学融为一体，同步进行，这样才能收到事半功倍的效果。

专业课教师要更新课程理念，改革教学方法，具体应做到：首先，专业教学的内容不能拘泥于书本，要紧跟时代需求，做相应的调整和扩充。专业教师要对新技术、新工

艺、新设备有充分的认识和了解，要将专业技术前沿的动向和信息及时传达给学生；专业教学所采用的项目、案例和载体要来自真实的生产实践，专业教师要跟踪新技术的发展，不断更新教学内容，努力把生产一线正在使用和短期内将推广的技术，以及现有技术存在的问题引进课程教学中。其次，教学方式要灵活，教学手段要多样化，实现教学方法与手段的创新。例如，采用"启发式教学法""探究式教学法""集体讨论式""优秀生示范式""合作式教与学"等多种教学方法，借助网络资源与多媒体手段进行教学；引入师生互动的平台，使教学由传统的以教师为中心、以课堂为中心、以知识为中心逐步向以学生为中心、以实践为中心、以能力为中心转移。再次，考核、评价学生的方式要全面立体，不要把考试分数作为衡量学生学习成果的唯一标准。例如，专业课程成绩的构成可采取"考试（50%）+上课（10%）+作业（20%）+创新（20%）"的模式，作业多以综合性分析、调研报告、信息搜寻、构思方案等形式布置，把创新能力纳入考核中，使只会机械记忆书本知识的学生的学习成绩最高不超过良，激发学生的创新欲望。

除了专业课程教学要采用灵活有效的多种形式外，教师还应把专业教学的活动场所延伸到课堂外、实验室外和学校外。在学生毕业论文的写作过程中培养学生的科研和创新能力，促进大学生科研创新能力的提高。

（二）发挥共青团文化育人作用，营造良好的创新创业校园氛围

1. 以校园文化活动为载体，积极营造创新创业的校园环境

共青团组织要积极弘扬校园文化的育人功能，唱响主旋律，用丰富多彩的校园文化活动营造良好的创新创业校园文化环境。通过组织"科技文化艺术节""青年创业论坛""校网营销精英挑战赛"等活动，开展内容丰富、形式多样的高品位校园文化艺术活动，陶冶大学生的高尚情操，使创新创业意识、创新创业精神成为校园文化、校园精神的重要内容。

2. 加强职业生涯教育，引导学生树立创新创业价值目标

职业生涯规划教育是创新创业教育的一个重要载体。与最初的职业指导相比，职业生涯教育已不仅仅是指导学生选择职业或就业，而是重在以正确的人生观、人才观和职业观引导学生，让他们能从社会需要出发，结合自己的特点，掌握合理选择职业方向的能力。职业生涯教育既可以培养学生的创新精神与创业意识，还可以引导学生追求以创新创业为自我价值取向和行为方式，帮助学生逐步建立创新创业价值目标。

3. 建立创业园、众创空间孵化器，提升学生动手能力

创业比赛、入驻创业基地能够在一定程度上加强创新创业教育的目的性和对创新创业教育的反馈，能够提升创新创业的针对性，引导学生追求创新创业，为将来的就业或创业工作做好准备。

二、改进教学方法——理论与实践协同互动

（一）搭建创新创业素质训练平台，培育大学生创新创业精神

1. 以科技竞赛为抓手，培养大学生科技创新与创业意识

课外科技作品竞赛是高校共青团开展创新创业教育的立足点，也是培养大学生创业兴趣的有效途径。例如，"挑战杯"全国大学生课外学术科技作品竞赛、"挑战杯"中国大学生创业计划大赛、青年创意创业计划大赛三个在全国范围内影响较大且具有普遍意义的科技创新创业类竞赛，课外学术科技作品竞赛、大学生创业计划竞赛、校园营销精英挑战赛、电子设计竞赛及电子商务竞赛等不具有普遍意义的竞赛在学生中都极有影响。要在竞赛过程中提高学生参与科研活动的积极性，培养大学生创新创业的兴趣，增强青年学生的创业主动性。

2. 以社会实践为依托，激发青年大学生的创新创业热情

共青团通过组织暑期、寒假社会实践活动，坚持把大学生社会实践与创新创业教育紧密结合，力争在实践中不断激发青年学生的创新创业热情，强化创业内驱力。在高年级团员青年中开展"学业、就业、创业、事业"为主题的大学生社会实践主题活动，进行有目的、有计划的创新创业培训，锻炼其执行能力，提升其综合素质，为他们将来有效地创新创业打下坚实的基础。

3. 以勤工助学为纽带，提升在校大学生的创新创业动力

随着高校勤工助学的不断发展，越来越多的大学生开始从事经营型、管理型勤工助学，甚至有一部分学生开始从事科研型勤工助学工作，创办勤工助学企业，提前走上自主创业的道路。参与勤工助学实践活动是培养创新精神和提升创业动力的一条重要途径。大学生通过参与智力型、管理型、经营型、服务型等类型的勤工助学活动，运用自己的聪明才智和知识能力，不断推陈出新，创造性地解决工作中的各种问题，敢于和愿意承担风险，尝试做些具有创新性质的事情，感受创业过程中的艰难和快乐。在这一过程中，学生就会不知不觉地培养创新创业意识，使得创新能力在不断实践中得到增强。

（二）完善创新创业教育服务体系，提高大学生创新创业的能力

1. 建立一支创新创业教育导师团队，加强对青年学生创新创业实践活动的指导

一方面，通过集中培训使教师了解并具备创业教育的基本知识。另一方面，在一些与实践结合密切的学科中，开展"产、学、研一体化"活动，可以使教师深入高新技术企业，体验创业过程，积攒创业案例，丰富创业教学经验。高校在政策上鼓励有能力的教师进行创业，造就一批创业者兼学者，同时在政策上吸引成功的创业者成为高校教师。

在师资队伍的结构上，学习美国的经验，将兼职教师和专职教师相搭配，主动吸纳社会优秀青年企业家和政府官员作为兼职教师为学生讲授课程，这样既弥补了高校创业教育教师数量的不足，也实现了创业教师个性、能力、学识和经验的互补，优化了师资结构。

同时，学校应完善创新创业激励和扶持机制，积极筹措资金，通过"青年成才发展基金"、小额担保贷款等渠道，健全大学生创新创业的促动机制，促进学生的职业自立，增强大学生的创新创业理念，推动大学生创新创业实践活动向纵深发展，培育一批团员青年创新创业典型，打造出一批创新创业的领军人物，逐步提升大学生整体创新创业的水平。

2. 建设一批创新创业实训基地，培养大学生的创新创业实战技能

实施创新创业教育还要增加投入和改善软硬环境，组建坚实的创新创业教育实践训练基地。其一是共青团组织、就业部门主动与企业联姻，通过走产、学、研相结合的道路，以校企联合的模式，建立大学生创新创业教育实践训练基地，实行真项目、真操作、真环境的见习模式，使学生的创新创业活动与企业之间形成良好的互动。其二是学校有关部门牵头建立创新创业基金会、创新创业协会等组织机构，为学生提供创新创业的实战演习场所，以项目化的运作手段，保证学生实践训练活动的开展，促进大学生与创业企业、创业者建立互动关系，体验创业过程，提升创业企业的运行管理能力。其三是通过其他方式多样、丰富多彩的创新创业实践活动，推动学生参与科研，为学生提供创新创业的实践平台，提高他们的创新创业能力，为将来的创新创业积累有益经验。

企业的人才储备和技术创新离不开高校的支持，而企业是学生创新创业实践的重要阵地，并且拥有丰富的创新创业教育资源。企业只有以更主动的姿态参与大学创新创业教育，才能更好地发现人才、培养人才和储备人才。一是发挥资金优势，设立"种子基金""天使基金""创投基金"等，与大学创业项目对接，扶持和培育一批优秀的项目和企业。二是发挥人力资源优势，选派一些经营管理精英到高校担任学生创新创业导师，为学生提供创新创业指导和实训，使学生少走弯路，规避风险，成功创业。三是和高校开展"订单式培养"，共同参与适合企业人才的培养，把企业作为人才培养的重要实习实践基地，同时在与高校的科研互动中为企业的技术创新寻找机遇，实现企业的可持续发展。

思考：

1）我国高校创业教育中存在哪些问题？

2）有利于高校创业教育的可行性发展模式有哪些？

第十章

创 新 思 维

名人名言

对于创新来说，方法就是新的世界，最重要的不是知识，而是思路。

——郎加明（著名创新专家）

导入案例

眼镜的发明

眼镜在人们的日常生活中起着非常重要的作用。它可以帮助我们看到清晰的图像，顺利地阅读文章，接受教育，享受生活。它虽然是一项简单的发明，但是意义非凡。它的发明者就是意大利佛罗伦萨的发明家亚历山大·斯皮那。13世纪中期的意大利威尼斯，已经有人掌握了制作眼镜的相关工艺，如磨削、抛光等。这为眼镜的发明提供了必要的前提。可是由于技术所限，人们始终无法清除玻璃中的杂质，而且当时的打磨技术也很难使玻璃光滑平整，因此透过镜片看到的图像容易扭曲变形。为了解决这一难题，从1275年开始，意大利的发明家亚历山大·斯皮那开始进行各种关于光的特性的实验。在物理学家阿尔马提的帮助下，亚历山大·斯皮那研究了光在通过水、石英、玻璃等材料时发生的弯曲现象，发现凸透镜对于改善视力有很大帮助，在凸透镜的帮助下看物体显得更大更清晰。于是，带着这样的发现，亚历山大·斯皮那来到威尼斯，和工匠们不断改变镜片的形状和凸曲线的弧度，尝试用圆形、椭圆形、方形等大小不同、形状各异的镜片求得最佳的视觉效果。通过努力，1280年，世界上第一副眼镜诞生了。虽然亚历山大·斯皮那设计的眼镜没有鼻部固定装置，也没有镜框和镜腿，但是仍极大地方便了阅读。到了14世纪，眼镜普遍配上了卡钳式镜桥，于是眼镜风靡一时，戴眼镜便成为一种时尚。

第一节 创新思维概述

一、创新思维的含义

创新思维是指以新颖独创的方法解决问题的思维过程，通过这种思维能突破常规思维的界限，以超常规甚至反常规的方法、视角去思考问题，提出与众不同的解决方案，从而产生新颖的、独到的、有社会意义的思维成果。一个人如果具有创新思维，就能够打破常规、突破传统，具有敏锐的洞察力、直觉力、丰富的想象力、预测力和捕捉机会的能力等，从而使思维具有一种超前性、变通性。

二、创新思维的本质

创新思维的本质在于将创新意识的感性愿望提升到理性的探索上，实现创新活动由感性认识到理性思考的飞跃。创新精神属于科学精神和科学思想范畴，是进行创新活动必须具备的一些心理特征，包括创新意识、创新兴趣、创新胆量、创新决心及相关的思维活动。

三、创新思维的特征

1. 概括性

概括性是创新思维最显著的特点。感觉、知觉只能反映个别事物或事物的个别属性；而思维则能反映一类事物的本质和事物之间的规律性的联系。概括性是人们形成或掌握概念的前提，也是一切科学研究的出发点。

2. 问题性

思维总是指向于解决某个任务或问题。当人们在实践活动中接触某种新的、不太理解的事物时，就必须去认识、揭示和理解它，以便完成任务，解决问题。创新思维的问题性特征体现在以下几个方面：①发现问题（提出问题）；②明确问题；③提出假设；④检验假设。

3. 创新性

创新性特征体现在以下两个方面。
1）独创性。独创性是指独立于前人、他人，没有现成的规律可循。
2）新颖性。新颖性是指对于新情况、新问题，力求找到它新的本质、新的解决方法，表现出不同于一般之处。求异思维的创新并不是无中生有、凭空捏造，而是有其客观根据的，其客观根据就是事物的特殊性。

4. 超越性

创新即突破、超越。思维的本质即是超越的，因而，才有创新性思维，才有创新性思维对客观事物和对象的超越。创新思维的超越性特征体现在以下几个方面：①对过去的超越；②对将来的超越；③对空间的超越；④对具体事物、具体现象、具体物品等的超越；⑤对"有"与"无"的超越；⑥对"传统"的超越。

四、创新思维的类型

创新思维的类型多种多样，一般分为以下几种。

1. 发散思维

发散思维又称辐射思维、放射思维、扩散思维或求异思维，是指大脑在思考时呈现的一种扩散状态的思维模式，表现为思维视野广阔，呈现出多维发散状，是从一点出发，向不同方向辐射，产生大量不同设想的思维方式，如"一题多解""一事多写""一物多用"等。不少心理学家认为，发散思维是创造性思维的最主要的特点，是测定创造力的主要标志之一。运用发散思维可以产生大量设想，提供更多选择机会，摆脱习惯性思维束缚，破除思维定式。

（1）发散性思维的特点

1）流畅性。流畅性就是指观念可以自由发挥，在尽可能短的时间内生成并表达出尽可能多的思维观念，以及较快地适应、消化新的思想观念。机智与流畅性密切相关。流畅性反映的是发散思维的速度和数量特征。

2）变通性。变通性就是指克服头脑中某种自己设置的僵化的思维框架，按照某一个新的方向来思索问题的过程。变通性需要借助横向类比、跨域转化、触类旁通，使发散思维沿着不同的方面和方向扩散，表现出极其丰富的多样性和多面性。

3）独特性。独特性是指人们在发散思维中做出不同寻常的、异于他人的、新奇反应的能力。独特性是发散思维的最高目标。

4）多感官性。发散性思维不仅运用视觉思维和听觉思维，也充分利用其他感官接收信息并进行加工。发散思维还与情感有密切关系。如果思维者能够想办法激发兴趣，产生激情，把信息感性化，赋于信息感情色彩，就会提高发散思维的速度与效果。

（2）发散性思维举例

发散性思维包括立体思维，立体思维是指思考问题时跳出点、线、面的限制，立体式地进行思维。立体思维在实际生产生活中的应用有：①立体绿化，屋顶花园增加绿化面积、减少占地改善环境、净化空气；②立体农业、间作，如玉米地里种绿豆、高粱地里种花生等；③立体森林，高大乔木下种灌木、灌木下种草，草下种食用菌；④立体渔业，网箱养鱼充分利用水面、水体；⑤立体开发资源，煤、石油、开发产品。

（3）发散性思维的方法

1）材料发散法。以某个物品为"材料"，并以它作为发散点，设想它的多种用途。

2）功能发散法。从某事物的功能出发，构想出获得该功能的各种可能性。

3）结构发散法。以某事物的结构为发散点，设想出利用该结构的各种可能性。

4）形态发散法。以事物的形态为发散点，设想出利用某种形态的各种可能性。

5）组合发散法。以某事物为发散点，尽可能多地把它与别的事物组合成新事物。

6）方法发散法，以某种方法为发散点，设想出利用方法的各种可能性。

7）因果发散法。以某个事物发展的结果为发散点，推测出造成该结果的各种缘由，或者由原因推测出可能产生的各种结果。

8）集体发散思维。发散思维不仅需要用上我们自己的全部大脑，有时候还需要用上我们身边的无限资源，集思广益。集体发散思维可以采取不同的形式，如我们常常戏称的"诸葛亮会""头脑风暴"等。

2. 逆向思维

逆向思维是对司空见惯的、似乎已成定论的事物或观点进行反向思考的一种思维方式。敢于"反其道而思之"，让思维向对立面的方向发展，从问题的相反面深入地进行探索，树立新思想，创立新形象。人们习惯沿着事物发展的正方向去思考问题并寻求解决办法。其实，对于某些问题，尤其是一些特殊问题，从结论往回推，倒过来思考，从求解回到已知条件，反过去想或许会使问题简单化。

（1）逆向思维的特点

1）普遍性。逆向思维在各种领域、各种活动中都有适用性，由于对立统一规律是普遍适用的，而对立统一的形式又是多种多样的，有一种对立统一的形式，相应地就有一种逆向思维的角度。因此，逆向思维也有无限多种形式。例如，性质上对立两极的转换，如软与硬、高与低等；结构、位置上的互换、颠倒，如上与下、左与右等；过程上的逆转，如气态变液态或液态变气态、电转为磁或磁转为电等。不论哪种方式，只要从一个方面想到与之对立的另一方面，就是逆向思维。

2）批判性。逆向是与正向比较而言的，正向是指常规的、常识的、公认的或习惯的想法与做法。逆向思维则恰恰相反，是对传统、惯例、常识的反叛，是对常规的挑战。它能够克服思维定式，破除由经验和习惯造成的僵化的认识模式。

3）新颖性。循规蹈矩的思维和按传统方式解决问题虽然简单，但容易使思路僵化、刻板，摆脱不掉习惯的束缚，得到的往往是一些司空见惯的答案。其实，任何事物都具有多方面属性。由于受过去经验的影响，人们容易看到熟悉的一面，而对另一面却视而不见。逆向思维能克服这一障碍，往往给人以出人意料、耳目一新的感觉。

（2）逆向思维的类型

1）反转型逆向思维法。这种方法是指从已知事物的相反方向进行思考，产生发明构思的途径。事物的相反方向常常从事物的功能、结构、因果关系三个方面进行反向思维。例如，市场上出售的无烟煎鱼锅就是把原有煎鱼锅的热源由锅的下面安装到锅的上面。这是利用逆向思维，对结构进行反转型思考的产物。

2）转换型逆向思维法。这是指在研究某一问题时，由于解决该问题的手段受阻，而转换成另一种手段，或转换思考角度，以使问题顺利解决的思维方法。例如，历史上被传为佳话的司马光砸缸的故事，实质上就是一个用转换型逆向思维法的例子。由于司马光不能用通过爬进缸中救人的手段解决同题，因而他就转换为另一手段——破缸救人，进而顺利地解决了问题。

3）缺点逆向思维法。这是一种利用事物的缺点，将缺点变为可利用的东西，化被动为主动、化不利为有利的思维发明方法。这种方法并不以克服事物的缺点为目的，相反，它将缺点化弊为利，找到解决方法。例如，金属腐蚀是一种坏事，但人们利用金属腐蚀原理进行金属粉末的生产，或进行电镀等其他用途，无疑是缺点逆向思维法的一种应用。

（3）逆向思维哲理故事

【故事一】有一家人决定搬进城里，于是去找房子。全家共有三口人，夫妻两个和一个5岁的孩子。直到傍晚，他们才好不容易看到一张公寓出租的广告。于是，他们赶紧前去敲门询问。这时，温和的房东走出来，对这三位客人从上到下地打量了一番。丈夫鼓起勇气问道："这房屋出租吗？"房东遗憾地说："啊，实在对不起，我们公寓不招有孩子的住户。"丈夫和妻子听了，一时不知如何是好，于是，他们默默地走开了。那个 5 岁的孩子，把事情的经过从头至尾都看在眼里。他不停地思考：真的就没办法了？他抬起那已经冻得通红的小手，又去敲房东的大门。这时，丈夫和妻子已走出 5 米远，都回头望着。

门开了，房东又出来了。这孩子精神抖擞地说："老爷爷，这个房子我租了。我没有孩子，我只带来两个大人。"房东听了之后，高声笑了起来，决定把房子租给他们住。

【故事二】某时装店的经理不小心将一条高档呢裙烧了一个洞，其身价一落千丈。如果用织补法补救，也只是蒙混过关，欺骗顾客。这位经理突发奇想，干脆在小洞的周围又挖了许多小洞，并精心修饰，将其命名为"凤尾裙"。一下子，"凤尾裙"销路顿开，该时装商店也出了名。

【故事三】一种高产量的土豆刚传到法国时，法国农民并不感兴趣。为了提倡种植这种土豆，法国政府进行了大量的宣传，但效果甚微。优良土豆一时被冷落。后来，有人出了一个"怪招"。不多久，人们突然发现，在各地种植土豆的试验田边，都有全副武装的哨兵日夜把守。一块庄稼地怎么会有哨兵把守呢？周围的农民觉得奇怪，他们判断：这里种植的东西一定非常金贵。于是，他们经常趁着士兵"疏忽"时溜进试验田去偷土豆，然后小心翼翼地把偷来的土豆拿回家种在自家的地里，用心侍弄。一个季节下来，这种土豆的优点广为人知。新土豆就这样被推广到法国各地，成为最受法国农民欢迎的农作物之一。

【故事四】20 世纪 60 年代中期，在福特分公司任副总经理的艾科卡正在寻求方法改善公司业绩。他认为，改善公司业绩的关键在于推出一款设计大胆、能引起大众广泛兴趣的新型小汽车。在确定了最终决定成败的人就是顾客之后，他便开始绘制战略蓝图。

以下是艾科卡如何从顾客着手，反向推回到设计一款新车的步骤：顾客买车的唯一途径是试车。要让潜在顾客试车，就必须把车放进汽车交易商的展室中。吸引交易商的办法是对新车进行大规模、富有吸引力的商业推广，使交易商本人对新车型热情高涨。因此，他必须在营销活动开始前将小汽车生产完成，并改进交易商的展车室。为达到这一目的，他需要得到公司市场营销和生产部门百分之百的支持。同时，他也意识到生产汽车模型所需的厂商、人力、设备及原材料都得由公司的高级行政人员来决定。艾科卡认真仔细地确定了为达到目标必须征求同意的人员名单后，就将整个过程倒过来，从头向前推进。

几个月后，艾科卡的设计的新型汽车从流水线上生产出来了，并在 20 世纪 60 年代风行一时。它的成功也使艾科卡在福特公司一跃成为整个小汽车和卡车集团的副总裁。

【故事五】茉莉亚是一个具有犹太血统的老人，退休后，她在学校附近买了一间简陋的房子。住下的前几周还很安静，不久有三个年轻人开始在附近踢垃圾桶闹着玩。老人受不了这些噪声，出去跟年轻人谈判。

"你们玩得真开心。"她说，"我喜欢看你们玩得这样高兴。如果你们每天都来踢垃圾桶，我将每天给你们每人一块钱。"三个年轻人很高兴，更加卖力地表演"足下功夫"。

不料三天后，老人忧愁地说："通货膨胀减少了我的收入，从明天起，只能给你们每人五毛钱了。"年轻人显得不大开心，但还是接受了老人的条件。他们每天继续去踢垃圾桶。一周后，老人又对他们说："最近没有收到养老金支票，对不起，每天只能给你们两毛钱了。""两毛钱？"一个年轻人脸色发青，"我们才不会为了区区两毛钱浪费宝贵的时间在这里表演呢，不干了！"

从此以后，老人又过上了安静的日子。

一切事物都有两面性，从相反的角度去思考，有时会有出人意料的效果。逆向思维的最大特点，就在于改变常规的思考轨迹，用新的角度、新的方式研究和处理问题。循规蹈矩的思维和按传统方式解决问题虽然简单，但是容易使思路僵化、刻板，摆脱不掉习惯的束缚，得到的往往是一些司空见惯的答案。其实，任何事物都具有多方面属性。由于受过去经验的影响，人们往往容易看到熟悉的一面而忽视另一面。逆向思维能克服这一障碍，往往是出人意料给人以耳目一新的感觉。

3. 联想思维

联想思维是指人脑记忆表象系统中，由于某种诱因导致不同表象之间发生联系的一种没有固定思维方向的自由思维活动。其主要思维形式包括幻想、空想、玄想。其中，幻想，尤其是科学幻想，在人们的创造活动中具有重要的作用。

（1）联想思维的特征

1）连续性。联想思维的主要特征是由此及彼、连绵不断地进行，可以是直接的，也可以是迂回曲折地形成闪电般的联想链，而链的首尾两端往往是风马牛不相及的。

2）形象性。由于联想思维是形象思维的具体化，其基本的思维操作单元是表象，是一幅幅画面。因此，联想思维和想象思维一样显得十分生动，具有鲜明的形象性。

3）概括性。联想思维可以很快把联想到的思维结果呈现在联想者的眼前，而不顾及其细节如何，是一种整体把握的思维操作活动，因此可以说其有很强的概括性。

（2）联想思维的作用

1）在两个以上的思维对象之间建立联系。通过联想，可以在较短时间内在问题对象和某些思维对象间建立起联系，这种联系会帮助人们找到解决问题的答案。正如《科学研究的艺术》一书的作者贝佛里奇所说，独创性常常在于发现两个或两个以上对象或设想之间的联系或相似点，而原来认为这些对象或设想之间没有联系。

2）为其他思维方法提供一定的基础。联想思维一般不能直接产生有创新价值的新的形象，但是，它往往能为产生新形象的想象思维提供一定的基础。

3）活化创新思维的活动空间。联想，就像风一样，扰动了人脑的活动空间。由于联想思维有由此及彼、触类旁通的特性，常常把思维引向深处或更加广阔的天地，导致想象思维的形成，甚至灵感、直觉、顿悟的产生。

4）有利于信息的储存和检索。思维操作系统的重要功能之一，就是把知识信息按一定的规则存储在信息存储系统，并在需要的时候再把其中有用的信息检索出来。联想思维就是思维操作系统中的重要操作方式。

（3）联想思维的类型

1）相似联想。相似联想是指由一个事物外部构造、形状或某种状态与另一种事物的类同、近似而引发的想象延伸和连接。

2）相关联想。相关联想是指联想物和触发物之间存在一种或多种相同而又具有极为明显属性的联想。例如，看到鸟想到飞机。

3）对比联想。对比联想是指联想物和触发物之间具有相反性质的联想。例如，看到白色想到黑色。

4）因果联想。因果联想是指人们对事物发展变化结果的经验性判断和想象，触发物和联想物之间存在一定因果关系。例如，看到蚕蛹就想到飞蛾，看到鸡蛋就想到小鸡。

5）接近联想。接近联想是指联想物和触发物之间存在很大关联或关系极为密切的联想。例如，看到学生想到教室、实验室及课本等相关事物。

（4）联想思维的方法

1）类比法。类比法是将陌生的对象与熟悉的对象，将未知的东西与已知的东西进行比较，从中获得启发而解决问题的方法。例如，浙江省某食品机械厂的技术人员去贵阳某糕点厂安装蛋卷机，在本厂使用得很满意的蛋卷机，在贵阳却不听使唤了，蛋卷坯子在卷制过程中碎掉了。他们在原料、配方、卷制尺度等很多方面花了许多精力也解决不了问题。后来，他们看到贵阳即便是阴天，晾在外面的湿衣服半天也能干，便想到丝绸厂空气湿度不当会造成断丝。蛋卷在卷制过程中碎掉可能与空气湿度有关，于是，他们采取了在本车间及机器内保湿加湿的措施，漂亮的蛋卷终于做出来了。

类比法的实施分为直接类比、仿生类比、因果类比、对称类比。

① 直接类比是指根据原型的启发，直接将一类事物的现象或规律用到另一类事物上。例如，日本在扣子上戳个小洞注入香水，成为"香扣子"。

② 仿生类比是指通过仿生学对自然系统生物分析和类比的启发创造新方法。例如，根据气步甲虫（当它遇敌时会喷出一种液体"炮弹"），德国科学家研制了世界上先进的二元化学武器；由于狗鼻子灵敏，人们发明了"电子警狗"，灵敏度达到普通狗的 1000 倍。

③ 因果类比是指根据某一事物的因果关系推出另一个事物的因果关系，而产生新成果的类比方式。例如，美国教授根据浴池里的水流旋向，推断出台风旋向的结论。

④ 对称类比是指利用对称关系进行类比而产生新成果的类比方式。例如，原来化妆品是女人的专属，根据对称类比，男士化妆品应运而生。

2）移植法。移植法是指把某一事物的原理、结构、方法、材料等转到当前研究对象中，从而产生新成果的方法。

移植法的实施分为原理移植、结构移植、方法移植、材料移植。

① 原理移植是指将某种科学技术原理转用到新的研究领域。例如根据贺卡，台湾一位业余发明家将其移植到汽车倒车提示器上，在倒车时会发出"倒车请注意"的提示音。

② 结构移植是指将某事物的结构形式和结构特征转用到另一个事物上，以产生新的事物。例如，某公司为有口蹄疫地区的动物做了数双短筒拉链靴；美国将拉链移植到外科手术的缝合上。

③ 方法移植是指将新的方法转用到新的情境中，以产生新的成果。例如，香港某集团的总裁根据参观荷兰的"小人国"——荷兰风光的缩影，建成了"锦绣中华园"，年收入十分可观。

④ 材料移植是指将某种产品使用的材料移植到别的产品制作上，以起到更新产品、改善性能、节约材料、降低成本的目的。例如，亚硫酸锌具有白天能吸收光线、夜间发光的特性，有人将它制造电器开关、夜光工艺品、夜光航标灯、夜光门牌等。

4. 组合思维

组合思维又称连接思维或合向思维，是指把多项貌似不相关的事物通过想象加以连接，从而使之变成彼此不可分割的新的整体的一种思考方式。例如，在一次国际酒类展销会上，各国代表都拿出自己国家的名酒进行展示：中国——茅台酒，俄罗斯——伏特加，德国——威士忌，意大利——葡萄酒，法国——香槟，美国——鸡尾酒。

（1）组合思维的特征

1）创新性。许多科学家认为知识体系的不断重新组合是人类知识不断丰富发展的主要途径之一，从这个角度看，近现代科学的三次大创造是由三次大组合所带来的。第一次大组合是牛顿组合了开普勒天体运行三定律和伽利略的物体垂直运动与水平运动规律，从而创造了经典力学，引起了以蒸汽机为标志的技术革命。第二次大组合是麦克斯韦组合了法拉第的电磁感应理论和拉格朗日、哈密顿的数学方法，创造了更加完备的电磁理论，因此引发了以发电机、电动机为标志的技术革命。第三次大组合是狄拉克组合了爱因斯坦的相对论和薛定谔方程，创造了相对量子力学，引起了以原子能技术和电子计算机技术为标志的新技术革命。

2）时代性和继承性。例如，电视+电话=可视电话；数据+文字+图像+声音=多媒体；电子管+电阻+电容=集成电路；台秤+电子计算机=电子秤；飞机+飞机库+军舰=航空母舰；手枪+消音器=无声手枪；自行车+电机+蓄电池=电动自行车。

（2）组合思维的类型

1）同类组合。同类组合是若干相同事物的组合。参与组合的对象在组合前后的基本原理和结构一般没有根本的变化，往往具有组合的对称性或一致性的趋向。例如，双向拉锁、三合米、鸡尾酒、双排订书机、多缸发动机、双头液化气灶、双层文具盒、三面电风扇、双头绣花针、由3000个易拉罐组合在一起的汽车、由1000只空玻璃瓶组合在一起的埃菲尔铁塔等。

2）异类组合。异类组合是两种或两种以上不同领域的技术思想的组合，是两种或两种不同功能物质产品的组合。组合对象（技术思想或产品）来自不同的方面，一般无主次关系。参与组合的对象从意义、原子、构造、成分、功能等任一方面和多方面互相渗透，整体变化显著。异类组合是异类求同的创新，创新性很强。例如，居住在我国云南哀牢山地区的彝族人将火药、铅块、铁矿石渣、铁锅碎片等物放入一个掏尽籽的干葫芦里，在葫芦颈部塞入火草作为引火物，把葫芦装进网兜。这就是一个异类组合创造——"葫芦飞雷"，它被称为世界上最早的手榴弹。被组合的东西（火药、铅块、铁矿石渣、铁锅碎片等物）是旧的，组合的结果（"葫芦飞雷"）是新的。把旧变新、由旧出新，这就是创造。

3）重组组合。重组组合就是在事物的不同层次分解原来的组合，然后按照新的目标重新安排的思维方式。重组作为手段，可以更有效地挖掘和发挥现有技术的潜力。例如，飞机的螺旋桨装在尾部就是喷气式飞机，装在顶部就是直升机。又如，积木、变形金刚、七巧板等玩具，都有利于儿童建立重组意识，培养重组能力。

4）共享与补代组合。共享组合是指把某一事物中具有相同功能的要素组合到一起，达到共享的目的，如蒸汽机的使用（火车、轮船、发电等）、内燃机的使用（汽车、火车、飞机）、微机的使用（电脑控制的各种仪器设备）。补代组合是指通过对某事物的要素进行摒弃、补充和替代，形成一种在性能上更为先进、新颖、实用的新事物，如洗衣机、电视机、微机的更新换代，手机、照相机的更新换代。

5）概念组合。概念组合就是以词类或命题进行的组合，如绿色食品、阳光拆迁、阳光录取、音乐餐厅、裴多菲俱乐部等。

6）综合。综合是指为了完成重大课题，在已有的学科、原理、知识、方法、技术不能解决时，创造出新的学科、新的原理、新的方法和新的技术，并对其进行重新组织和安排的思维过程。例如，肯尼迪召集美国各有关部门首脑商量对策，宣布："美国将第一个登上月球。"1961 年 5 月 25 日，肯尼迪在题为"国家紧急需要"的特别咨文中，提出在 10 年内将美国人送上月球，他说："我相信国会会同意，必须在 10 年内，将美国人送上月球，并保证其安全返回。""整个国家的威望在此一举。"于是，美国宇航局制订了著名的"阿波罗"登月计划。阿波罗是古代希腊神话传说中掌管诗歌和音乐的太阳神，传说他是月神的同胞姐弟，曾用金箭杀死巨蟒，替母亲报仇雪恨。美国政府选用这位能报仇雪恨的太阳神来命名登月计划，其决心可想而知。在美国宇航局组织下，2万多家厂商，120 多个高等院校和科研所，400 多万人参加，开发项目 1300 多个，共耗资 250 亿美元，历时 9 年，整个系统共使用 300 多万个零部件。

（3）组合思维的方法

1）主体附加法。主体附加法是指以某一特定的对象为主体，通过置换或插入其他技术或增加新的附件而使发明或创新诞生的方法。例如，电扇加定时器、电冰箱加温度显示器、彩色电视机上附加一个遥控器、带橡皮头的铅笔、含微量元素的食品等。

2）二元坐标法。二元坐标法就是借用平面直角坐标系在两条数轴上的标点（元素），按照顺序轮番地进行两两组合，然后选出有意义的组合物的创新方法。例如，床与沙发组合成沙发床，床与衣柜组合成床头柜，床与镜子组合成床头镜，等等。示例如图 10-1所示。

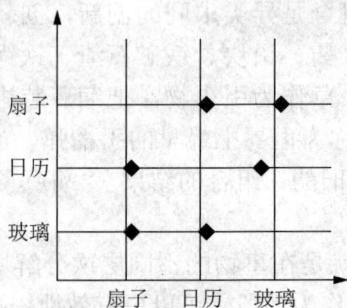

图 10-1　二元坐标法应用示例

3）焦点法。焦点法是指以一预定事物为中心，依次与罗列的各元素——构成联想点，寻求新产品、新技术、新思想的推广应用和对某一问题的解决途径。示例如图 10-2 所示。

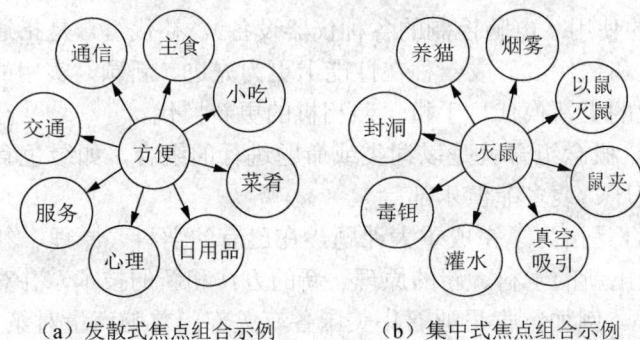

（a）发散式焦点组合示例　　　　（b）集中式焦点组合示例

图 10-2　焦点法应用示例

4）形态分析法。形态分析法就是通过对研究对象相关形态要素的分析和重新组合，全面寻求各种解决问题方案的方法。例如。要想为公园游人设计出新颖别致的小游船，应分析其独立要素——船的外形、动力、材料。找出每一独立要素的解决途径，如材料可以选用木材、钢材、玻璃钢、塑料、水泥、铝合金、橡胶板等；动力可以采用划桨、脚踏螺旋桨、电动螺旋桨、明轮、喷水等；外形可以用鸳鸯、鹅、龙、画舫、龟等。然后，把这三种要素的各种材料再进行组合。

5. 延伸思维

所谓延伸思维，就是借助已有的知识，沿袭前人的思维逻辑去探求未知的知识，将认识向前推移，从而丰富和完善原有知识体系的思维方式。

（1）延伸思维的特征

延伸思维是对某一事物认识上纵向伸展、延长的一种思维方式。其特征有两个：一是前瞻性，能够预见某一事物未来发展变化的趋势；二是深入性，能够洞察某一事物在更深层次上的内涵。如果具体到新闻发现而言，延伸思维的前瞻性，即是对那些已经发生或还只是处于苗头状态的新闻事件，能够有一个比较准确的预测，知道下一步将会怎样变化，以便有意识地捕捉到更多有价值的新闻素材，并在第一时间写出读者需要的稿件。

延伸思维通过对事物的联系方式和相互作用的认知，表现为一种见微知著、见局部知整体、见个别知全貌、见过去知未来、见已知洞悉未知的能力。

（2）延伸思维的案例

用质优的产品、良好的服务、低廉的成本、大力度的宣传等去赢得市场，已经是经营者普遍采用的营销策略。倘若想在市场竞争中独占鳌头，经营者必须有自己独特的思维方法。在美国当年的淘金热中，做着淘金致富美梦的淘金者何止千万。然而，哈默尔看到成千上万的淘金者需要喝水时，他当机立断，放弃淘金改为卖凉水。延伸思维让哈默尔成为富翁，哈默尔也成为用延伸思维捕捉市场的典型。

6. 综合思维

综合思维是把某一事物的某些要素分离出来，组接到另一事物或事物的某些要素上的创造性、创新性思维的过程。

（1）综合思维的内涵

综合思维是掌握系统、整体及其结构层次上的综合，有着更高层次的认识基点。在综合基础上的分析，即从综合到综合分析，才是认识的制高点。因此，综合思维把相关事物的整体作为认识的前提和起点，对事物的整体进行分析以达到对事物整体的把握。综合思维中的分析是综合的分析，以综合作为认识的起点，并以综合作为认识的归属，是"综合—综合分析—新的综合"的思维逻辑。

任何事物都是作为系统而存在的，都是由相互联系、相互依存、相互制约的多层次、多方面的因素，按照一定结构组成的有机整体。这就要求创新者在思维时，将事物放在系统中思考，进行全方位、多层次、多方面的分析与综合，找出与事物相互作用、相互制约、相互影响的内在联系。而不是孤立地观察事物，也不只是利用某一种方法思维，应是多种思维方式的综合运用。不是只凭借一知半解、道听途说，而是详尽地掌握大量的事实、材料及相关知识，运用智慧杂交优势，发挥思维统摄作用，深入分析，把握特点，找出规律。

这种"由综合而创造"的思维方式，体现了对已有智慧、知识的杂交和升华，不是简单的相加、拼凑。综合后的整体大于原来部分之和，综合可以变不利因素为有利因素，变平凡为神奇。这个过程是从个别到一般、由局部到全面、由静态到动态的矛盾转化过程，是辩证思维的运动过程，是认识、观念得以突破从而形成更具普遍意义的新成果的过程。

"瞎子背瘸子"就是综合思维的形象事例。瞎子看不见，瘸子跑不动，房子着了火谁也跑不掉。但是瞎子背瘸子，二人都发挥了自己的优势，不仅可以跑还可以看，而且比常人"站得高看得远"。

（2）综合思维的特征

1）综合思维方式的对象是外在客观事物，它把外在的客观事物看作多种要素相互联系、相互作用的有机整体。

2）综合思维是多角度、多途径的想象组合。

3）综合思维是超越时空、大范围、大跨度的想象组合，是思维想象的飞升。

4）综合思维渗透着非逻辑因素，可以是基本型逻辑框架内超常规的甚至非逻辑的要素组合。综合思维是把不同领域中的几种原理或技术置于正在思考的创造对象中去，组合形成了一种新的综合型产品。这里所说的综合，可以从以下两个方面进行思考。一是多角度、多途径的综合，这是从不同角度、不同途径构成的想象组合，可以是同类的组合，也可是异类的组合。美国《读者文摘》的创刊是"组合"成果的一个例子。第一次世界大战后，沃利斯将各种杂志中优秀文章的精华汇集在一本期刊中，至今一直深受读者欢迎。二是超时空的组合，这是一种大范围、大跨度的组合，是组合思路的深化，虽然组合的技法难度加大，但组合的结果更为新颖。例如，儿童"少帅服装"及仿唐装服饰等，服装设计是与历史结合的结果。

创造性思维是高级综合性的思维活动。这里提到的"创造活动"是广义的，应当包括给出新的概念，做出新的判断，提出新的假设、新的方法、新的理论，有新的发现，产生新的技术、新的产品等。"创造过程"应从整体进行系统综述。

7. 纵向思维

所谓纵向思维，是指思维从对象的不同层面切入，纵向跳跃、突破、递进、渐变的联系过程。具有这种思维特点的人，对事物的见解往往入木三分、一针见血，对事物动态把握能力较强，具有预见性。纵向思维是指在一种结构范围内，按照有顺序的、可预测的、程式化的方向进行的思维形式，这是一种符合事物发展方向和人类认识习惯的思维方式，遵循由低到高、由浅到深、由始到终等线索，因而清晰明了、合乎逻辑。我们平常的生活、学习中大都采用这种思维方式。

（1）纵向思维的特点

1）由轴线贯串的思维进程。当人们在对事物进行纵向思维时，会抓住事物的不同发展阶段所具有的特征进行考量、比照、分析。事物体现出发生发展等连续的动态演变特性，而所有片段都由其本质轴线贯串始终。如人类历史由人类的不同发展历史串联而成，这里的时间轴是最常见的一种。特别是在各种各样的专项研究中，轴的概念类型更加丰富，例如，在物理研究中，水在不同温度中表现的物理特性，则是由温度轴来贯串的。

2）清晰的等级、层次、阶段性。纵向思维能够考查事物背景参数由量变到质变的特征，能够准确把握临界值，清晰界定事物的各个发展阶段。

3）良好的稳定性。运用纵向思维，人们会在设定条件下进行一种沉浸式的思考，思路清晰、连续、单纯，不易受干扰。

4）目标性、方向性明确。纵向思维有着明确的目标，执行时就如同导弹根据设定的参数锁定目标一样，直到运行条件溢出才会终止。一旦条件满足、时机成熟就会死灰复燃，不死不休。《大话西游》中紫霞和悟空之间穿越时空的千年之恋就是一种纵向思维剧情设计脚本之荧幕展现。

5）强烈的风格化特点。纵向思维本身的种种专精特质，决定其具有极高的严密性、独立性，个性突出，难于被复制广泛流传。于人性情方面显得泾渭分明，甚至格格不入，很多专家都是这种性格。

（2）纵向思维的类型

纵向思维的类型可以分为以下几种：①按结构分为骨头上长肉型、召唤聚合型、回心型、离心型；②按虚实分为物质的、现实的、经验的、文化的、精神的、想象的；③按主体分为主流、官方、正规、山寨、成熟、潮流、边缘、传统；④按价值分为投资型、消费型、增长型、衰变型；⑤按审美分为时尚、经典、通俗。

事物发展的过程性是纵向思维得以形成的客观基础，任何一个事物都不会无中生有，它本身有一个萌芽、成长、壮大、发展和衰亡的过程，并且在这个发展过程中可捕捉到事物的规律性，纵向思维就是对事物发展过程的反映。因此，纵向思维是我们在日常生活、形势分析、科学研究中经常用到的方法。

8. 横向思维

横向思维是指人的思维有其横向发展的特点。具有这种思维特点的人，思维面宽广，且善于举一反三。有一个形象的比喻，这种思维就像河流一样，遇到宽广处，很自然地就会蔓延开来，但欠缺的是深度。

（1）横向思维的主要方法

爱德华·德波诺提出了一些促进横向思维的方法：①对问题本身产生多种选择方案（类似发散思维）；②打破定式，提出富有挑战性的假设；③对头脑中冒出的新主意不要急着做是非判断；④反向思考，用与已建立的模式完全相反的方式思维，以产生新的思想；⑤对他人的建议持开放态度，让一个人头脑中的主意刺激另一个人头脑里的东西，形成交叉刺激；⑥扩大接触面，寻求随机信息刺激，以获得有益的联想和启发（如到图书馆随便找本书翻翻，从事一些非专业工作等）等。

（2）横向思维哲理故事

【故事一】 两个妇女被带到所罗门王面前，她们都自称是一个婴儿的母亲。所罗门王下令将那个婴儿切成两半，给两个妇女一人一半。所罗门王的本意是要处以公正，将婴儿救下，但这条命令乍听起来显然与此背道而驰。然而最终的结果是发现了真正的母亲：她宁愿让另一个母亲占有自己的孩子也不愿让他死去。

【故事二】 纵向思维是需要步步正确，但横向思维可能绕个弯，甚至是逆向而行，却有效地解决了棘手的难题。战国时代齐将田忌与齐王赛马，孙膑所出主意"今以君之下驷与彼之上驷，取君上驷与彼中驷，取君中驷与彼下驷"，终使田忌三局两胜，得金五千。这也是利用横向思维产生奇思妙想的实例。

【故事三】在美国的一个城市里，地铁里的灯泡经常被偷，这会导致安全问题。接手此事的工程师在不能改变灯泡的位置，也没多少预算供他使用的前提下，提出了一个非常好的横向解决方案，是什么方案呢？

这位工程师把电灯泡的螺纹改为左手方向或者逆时针方向，而不再用传统的右手方向或顺时针万向，这意味着当小偷认为他们正在试图拧下电灯泡时，实际上他们反而是在拧紧它们。

【故事四】许多商店把价格定得略微低于一个整数，如 9.99 美元而不是 10 美元，或者 99.95 美元而不是 100 美元。这种定价方式最初始的目的是什么呢？一开始的做法是为了保证店员不得不在每笔交易中打开放钱的抽屉，找零钱给顾客。这样商家就会把销售收入记录下来，并且使得店员不能把这些钱据为己有。

【故事五】在加利福尼亚淘金热期间，一位年轻的创业者怀着把帐篷卖给矿工的想法来到此地。他认为，成千上万的人聚集在一起找金矿，那里肯定会有一个非常好的帐篷市场。不幸的是天气非常温暖，矿工们都是露天睡觉，没有多少人买他的帐篷。他该怎么办呢？他把他帐篷上的粗棉布割下来，然后用它做成裤子卖给矿工们。这个人的名字叫莱维·施特劳斯。通过适应市场环境和创新，他得以创造了一个一直持续到今天的品牌。

创新思维形式是多种多样的，我们只有真正理解、掌握创新思维的多样性，在实践中灵活运用创新思维的多种形式，才能自由地步入创新王国，获取创新的丰硕成果。

五、逻辑思维和创新思维的关系

逻辑思维是指按照严格的逻辑结构、规范，采用严密的逻辑推理方法进行的由因导果或执果溯因的思维活动形式。

人在逻辑思维过程中，能否激发或显示创新能力呢？答案应该是肯定的。尽管有的学者认为，逻辑思维是从两个前提，即大前提和小前提出发，推出一个结论的，显然这个结论应该是包含在大前提中的，所以逻辑推理的结果是没有创新、创造的含义的，但大量的社会实践能够表明，逻辑思维能够显现创新能力应该是确信无疑的。

1）在对人们获得创新成果，无论是发明成果，还是发明成果的全过程的研究中可以发现，几乎没有一种创新成果的获得是完全离开逻辑思维而获得的，而有的创新成果的获得则完全是逻辑推理的结果。

2）逻辑推理的基本思维模式是三段论证，但人在实际的思维活动中，绝大多数并不仅仅是由一个三段论证来组成和完成的，而是由一个接一个三段论证来组成的，它们组成了逻辑推理的思维链。在这个思维链中，前一个三段论证所得到的结论，也就成为下一个三段论证的一个条件，而问题又恰恰在于这些在论证过程中逐步发现、逐步推得的判断。在实际工作中，完成一个三段论证，对许多人来说，也许并不困难，但要完成一个思维链，可能就有相当多的人无法完成，说明这时就有极高的思维能力要求和创新性的要求。

3）逻辑思维的目标当然是要得到思维的成果，但要获得思维成果，必定先要同时找到、想出推理或证明方法，而这种推理或证明方法的获得本身也是一种发现结果，也是创新成果。在科学发展史上，有许多以找到一种具体的证明方法为目标的创新活动，有的科学家、学者为了寻找、探求和发现一种推理论证的方法，甚至不惜耗费他一生的精力和心血。

4）人们在实践工作或研究活动中具体进行逻辑思维的时候，由于可以用作大前提、小前提的条件、性质或判断本身是具有多元性的，这样无论是从这些性质中选择具体的大前提、小前提，还是从确定的大前提、小前提来推断相应的结论，都会出现多种可能性。人们在逻辑思维的过程中，考虑多种可能情况，并从中筛选出有价值的，甚至是具有突破性的结果，显然也就是完整的创新性思维的过程，所以在这一过程中，是能够激发和显示人的创新性的。

5）逻辑思维的创新性表现的一个非常重要的方面就是逻辑否定。在实际工作中，形成某一种结果的原因可能很多，设想的情况可能也很多，然而从实际发生来讲，就只可能是一种情况，而为了确认其中真正发生的某种情况，就必须将其他种种情况逐一地加以否定、排除，而在这样一个逐步否定、排除的过程中，就逐渐发现了问题的症结所在。这样一种否定，就是逻辑否定，当然它属于逻辑思维的范畴，然而思维的结果却完全是有创新性的。

第二节　创新思维训练方法

创新思维是思维的一种高级形式，它具有跳跃性、发散性、独创性等鲜明特征。一般来讲，以模仿思维为主的常规思维方式，比较适合已知的世界。在这个世界中，人们的思维活动通常是在模仿以前的成熟经验或他人的成功方法，这种复制成功的做法可以帮助人们节省思考摸索的时间和精力，少走弯路，从而提高思维效率。但是，这种思维方式一旦进入未知的世界，由于人们没有可参照的模仿对象，它就不再适用，这时候人们就需要启动一种新的思维方式来适应陌生的环境，这种思维方式就是创新思维。

当人们面对的情境越陌生，面对的问题越深奥，模仿思维所能起的作用越小，可以说越是在高层次的智力活动中，人们越需要创造力，对创新思维的需求就越大。众所周知，超强的记忆力可以造就一个学习天才，但一旦进入应用领域，初级智能记忆力所能起的作用就非常有限了，不论是观察、分析，还是设计、决策，最需要的都是高级智能创造力，许多在学校成绩出众的优等生到了社会上却变得平庸无奇，关键就是他们在高级智能方面缺乏培养。因此，众多的专家学者认为，创新思维是人类思维活动中最积极、最活跃和最富有成果的一种思维形式，创新思维比模仿思维更能体现人的主观能动性。假如人类不懂得创新思维，也许今天仍生活在茹毛饮血、刀耕火种的蒙昧时代。从钻燧取火到大规模使用火柴,从驾驭牲畜到驱使机械汽车,从农业经济社会到创意经济社会,从知识短缺时代到信息爆炸时代,人类能够一步步走到今天,超越万物,主宰世界,靠的就是不断的创新。

现在的社会是一个不断发展的社会,每一天都在不断地创新,不断地进步。我们知道社会需要一些新的东西来推动其发展,同时要想取得成功也需要有足够的创新思维。如果一味地模仿前人的脚步,只能落后于人,很难取得突破。所以我们要在生活、学习、工作中培养良好的创新思维,掌握创新思维训练方法。

一、头脑风暴法

(一)头脑风暴法的定义

头脑风暴法出自"头脑风暴(brain-storming)"一词。"头脑风暴"最早是精神病理学上的用语,它是针对精神病患者的精神错乱状态而言的,现在转为形容无限制的自由联想和讨论,其目的在于产生新观念或激发创新设想。

头脑风暴法又称智力激励法、BS 法、自由思考法,是由美国创造学家奥斯本于1939 年首次提出、1953 年正式发表的一种激发性思维的方法。此法经各国创造学研究者的实践和发展,至今已经形成了一个发明技法群,如奥斯本智力激励法、默写式智力激励法、卡片式智力激励法等。

在群体决策中,由于群体成员心理相互作用的影响,易屈于权威或大多数人意见,形成所谓的"群体思维"。群体思维削弱了群体的批判精神和创造力,损害了决策的质量。为了保证群体决策的创造性,提高决策质量,管理上发展了一系列改善群体决策的方法,头脑风暴法是较为典型的一种。

头脑风暴法可分为直接头脑风暴法(通常简称为头脑风暴法)和质疑头脑风暴法(也称反头脑风暴法)。前者是在专家群体决策中尽可能激发创造性,产生尽可能多的设想的方法;后者则是对前者提出的设想、方案逐一质疑,分析其现实可行性的方法。

采用头脑风暴法组织群体决策时,要集中有关专家召开专题会议,主持者以明确的方式向所有参与者阐明问题,说明会议的规则,尽力创造融洽轻松的会议气氛。主持者一般不发表意见,以免影响会议的自由气氛,由专家们自由提出尽可能多的方案。

(二)头脑风暴法的激发机理

头脑风暴何以能激发创新思维?根据奥斯本及其他研究者的看法,主要有以下几点。

1)联想反应。联想是产生新观念的基本过程。在集体讨论问题的过程中,每提出一个新的观念,都能引发他人的联想。相继产生一连串的新观念,产生连锁反应,形成新观念堆,为创造性地解决问题提供更多的可能性。

2)热情感染。在不受任何限制的情况下,集体讨论问题能激发人的热情。人人自由发言、相互影响、相互感染，能形成热潮，突破固有观念的束缚，最大限度地发挥创造性思维能力。

3）竞争意识。在有竞争意识情况下，人人争先恐后，竞相发言，不断地开动思维机器，力求有独到见解、新奇观念。心理学的原理告诉我们，人类有争强好胜的心理，在有竞争意识的情况下，人的心理活动效率可增加50%或更多。

4）个人欲望。在集体讨论解决问题的过程中，个人的欲望自由，不受任何干扰和控制，是非常重要的。头脑风暴法有一条原则，不得批评仓促的发言，甚至不许有任何怀疑的表情、动作、神色。这就能使每个人畅所欲言，提出大量的新观念。

（三）头脑风暴法的组织形式及类型

1. 组织形式

1）参加人数一般为5～10人（课堂教学也可以班为单位），最好由不同专业或不同岗位者组成。

2）会议时间控制在一小时左右。

3）设主持人一名，主持人只主持会议，对设想不做评论。设记录员一两名，要求认真将与会者每一个设想都完整地记录下来。

2. 会议类型

1）设想开发型。这是为获取大量的设想、为课题寻找多种解题思路而召开的会议，因此，要求参与者要善于想象，语言表达能力要强。

2）设想论证型。这是为将众多的设想归纳转换成实用型方案召开的会议，要求与会者善于归纳、善于分析判断。

（四）头脑风暴法的原则

为使与会者畅所欲言，互相启发和激励，达到较高效率，必须严格遵守下列原则。

1）禁止批评和评论，也不要自谦。对别人提出的任何想法都不能批判、不得阻拦。即使自己认为是幼稚的、错误的，甚至是荒诞离奇的设想，亦不得予以驳斥；同时也不允许自我批判，在心理上调动每一个与会者的积极性，避免出现"扼杀性语句"和"自我扼杀性语句"。诸如"这根本行不通""你这想法太陈旧了""这是不可能的""这不符合××定律"，以及"我提一个不成熟的看法""我有一个不一定行得通的想法"等语句，禁止在会议上出现。只有这样，与会者才可能在充分放松的心境下，在别人设想的激励下，集中全部精力开拓自己的思路。

2）目标集中，追求设想数量，越多越好。在头脑风暴法实施会上，只强调大家提设想，越多越好。会议以谋取设想的数量为目标。

3）鼓励巧妙地利用和改善他人的设想，是激励的关键所在。每个与会者都要从他人的设想中激励自己，从中得到启示，或补充他人的设想，或将他人的若干设想综合起来提出新的设想等。

4）与会人员一律平等，各种设想全部记录下来。与会人员，不论是该方面的专家、员工，还是其他领域的学者，以及该领域的外行，一律平等；各种设想，不论大小，甚至是最荒诞的设想，记录人员也要认真地将其完整地记录下来。

5）主张独立思考，不允许私下交谈，以免干扰别人的思维。

6）提倡自由发言，畅所欲言，任意思考。会议提倡自由奔放、随便思考、任意想象、尽量发挥，主意越新、越怪越好，因为它能启发人推导出好的观念。

7）不强调个人的成绩，应以小组的整体利益为重。注意和理解别人的贡献，人人创造民主环境，不以多数人的意见阻碍个人新的观点的产生，激发个人追求更多更好的主意。

（五）头脑风暴法的实施流程

1）准备阶段。准备阶段包括产生问题，组建头脑风暴小组，培训主持人和组员及通知会议的内容、时间和地点。

2）热身活动。为了使头脑风暴会议在热烈和轻松的氛围中进行，使与会者的思维活跃起来，可以做一些智力游戏，如猜谜语、讲幽默小故事等。

3）明确问题。由主持人向大家介绍所要解决的问题，提的问题要简单、明了、具体。对一般性的问题要把它分成几个具体的问题。例如，"怎样引进一种新型的合成纤维？"这个问题很不具体，至少应该分成三个小问题：①提出把新型纤维引入纺织厂的方法；②提出一些将新型纤维引进服装店的设想；③提出一些将新型纤维引进零售商店的设想。

4）自由畅谈。由与会者自由地提出设想。主持人要坚持原则，尤其要坚持严禁评判的原则。对违反原则的与会者要及时制止，如其坚持不改可劝其退场。会议秘书要对与会者提出的每个设想予以记录或进行现场录音。

5）会后收集设想。在会议的第二天再向与会者收集设想，这时得到的设想往往更富有创见。如果问题未能解决，可重复上述过程。在由原班人马进行讨论时，要从另一个侧面或用最广义的表述来讨论课题，这样才能变已知任务为未知任务，使与会者的思路改变。

6）评判组会议。对头脑风暴会议所产生的设想进行评价与优选应慎重行事。务必要详尽细致地思考所有设想，即使是不严肃的、不现实的或荒诞无稽的设想亦应认真对待。

（六）主持人技巧

1）主持人应懂得各种创造思维和技法，会前要向与会者重申会议应严守的原则和纪律，善于激发成员思考，使场面轻松活跃而又不失脑力激荡的规则。

2）可轮流发言，每轮每人简明扼要地说清楚一个创意设想，避免形成辩论会，产生发言不均的现象；要以赏识激励的词句、语气和微笑、点头的行为语言，鼓励与会者多提出设想，如说"对，就是这样""太棒了""好主意，这一点对开阔思路很有好处"等。

3）禁止使用的话语，如"这点别人已说过了""实际情况会怎样""请解释一下你的意思""就这一点有用""我不赞赏那种观点"等。

4）经常强调设想的数量，如平均三分钟内要发表十种设想。

5）遇到人人都才穷计短出现暂时停滞时，可采取一些措施。例如，休息几分钟，自选休息方法，散步、唱歌、喝水等，再进行几轮脑力激荡；或发给每人一张与问题无关的图画，要求讲出从图画中所获得的灵感。

6）根据课题和实际情况需要，引导大家掀起一次又一次脑力激荡的"激波"。如课题是某产品的进一步开发，可以从产品改进配方思考作为第一激波，从降低成本思考作为第二激波，从扩大销售思考作为第三激波等。又如，对某一问题解决方案的讨论，引导大家掀起"设想开发"的激波，及时抓住"拐点"，适时引导进入"设想论证"的激波。

7）要掌握好时间，会议持续一小时左右，形成的设想应不少于 100 种。但最好的设想往往是会议要结束时提出的，因此，到了预定结束的时间可以根据情况再延长五分钟，这是人们容易提出好的设想的时候。在一分钟时间里再没有新主意、新观点出现时，头脑风暴会议可宣布结束或告一段落。

（七）头脑风暴法的典型案例

【案例一】 在北美地区，冬天常降大雪，传输电力的电缆上经常积满冰雪，大跨度的高压电缆常被积雪压断，由此造成长时间的断电事故，严重影响人们的生活。过去，许多人试图解决这一问题，但都未能如愿以偿。后来某电信公司经理决定采用头脑风暴法来寻求问题的答案。他在做了一定的准备工作之后，召开了头脑风暴会议，与会人员在会上自由畅谈，开始时人们提出了一些设想：采用专用电缆清雪机；采用电热化解积雪；采用振荡技术清除积雪……好一阵子，人们陷入沉思中，似乎别无良方。

突然有人幽默地提出："带上大扫帚乘直升机沿着线路去扫雪！"有一位工程师却因此触发了灵感，他想，用扫帚扫不可行，但直升机螺旋桨旋转产生的风力不正可以起到扫雪的作用吗？于是一种简单可行、高效率的清雪方案诞生了。

公司会后对设想进行了分类评判，最后确定了用改进的直升机扇雪的方案。

【案例二】 某头脑风暴会议就"怎样破核桃壳"展开了热烈的讨论，会议内容如下。

主持人：今天会议要解决的问题是如何砸核桃才能砸得多、快、好。大家有什么好办法？

甲：平常在家里是用牙嗑、用手掰、用门掩、用榔头砸或用钳子夹。

主持人：大家再想一想，用什么样的力才能把核桃砸开，用什么办法才能得到这些力？

甲：需要加一个集中挤压力，用某种东西冲击核桃，就能产生这种力，或者用核桃冲击某种东西！（逆向思维开始产生）

乙：可用气动机枪往墙上射击核桃，可以用装泡沫塑料弹的儿童气枪射击。

丙：当核桃落地时，可以利用重力砸核桃。

丁：核桃壳很硬，应该先用溶剂加工，使它们软化、溶解，或者使它们变得较脆。要使核桃变脆，可以冷冻。

主持人：鸟儿用嘴啄果壳或者飞得高高的，把核桃扔到硬地上。我们应该将核桃装在袋子里，从高处如直升机上、电梯上等往硬的物体（如水泥板）上扔，然后把摔碎的核桃抬起来。（类比）

主持人：如果我们运用逆向思维来解决问题，又会怎样？

丁：可以把核桃放在空气室里，往里加高压打气，然后使空气室里压力锐减，因为内部压力不能立即降低，这时，内部气压使核桃破裂（发展了上一个设想）。或者使空气里的压力交替地剧增与锐减，使核桃壳处于负荷状态。

在这次头脑风暴会议中，短短10分钟就产生了40种设想，其中一个方案（使空气压力超过大气压力并随即降到大气压力以下，核桃壳破裂，核桃仁保持完好，获发明专利。

二、组合创新法

（一）组合创新法的定义

组合创新法是将两个及两个以上的技术因素或按不同技术制成的不同物质，通过巧妙的组合或重组，获得具有统一整体功能的新产品、新材料、新工艺等的一种创造方法。日本创造学家菊池诚博士说过："我认为从事发明有两条路，第一条是全新的发现，第二条是把已知其原理的事实进行组合。"

组合的现象十分普遍。小到儿童的积木，大到遨游太空的航天飞机，任何一项技术的发展和完善，特别是重大技术的改造，都离不开组合。例如，遥感技术是以微波技术和红外技术为结合点，将照相技术、扫描技术、自动控制技术和电子计算机技术等组合在一起形成的。

组合不是将研究对象进行简单的叠加或初级的组合，而是在分析各个构成要素基本性质的基础上，综合其可取的部分，使综合后所形成的整体具有优化的特点和创新的特征。许多杰出的创造性思维的精神产物与物质产物，都是由人类点滴积累的思维材料经过综合处理或个性加工而实现的。例如，轮子与轿子的综合产生了轿车，轮子与舟楫的综合产生了轮船，而"阿波罗"登月的壮举则是由空前的大综合实现的大创造。

因此，组合创新法是人类运用已有文明成果的智慧，它往往是支付较少、收获甚丰的创造方式。

正如一位哲学家所说："组织得好的石头能成为建筑，组织得好的词汇能成为漂亮文章，组织得好的想象和激情能成为优美的诗篇。"事实上，任何美术作品都是色彩和图案的组合，任何一部电影都是大量的镜头的有机组合。古人说："声不过五，五声之变不可胜听也。"有限音符的组合可以产生无尽的乐章。世间的事物又何止千万，它们的组合更会永无穷尽。这正如万花筒里的菱花，其实只是由有限的几个图形元素和色彩元素拼组而成，但变化万千、永不重复，每次呈现的都是一个唯一。而我们要做的，就是让它旋转起来。

（二）组合创新法的形式

1. 功能组合

功能组合是指把不同物品的不同功能、不同用途组合到一个新的物品上，使之具有多种功能和用途。例如，按摩椅就是按摩功能和椅子功能的结合体，具有计算功能的闹钟也是一种新的组合。

2. 意义组合

意义组合是指组合功能不变，但组合之后被赋予新的意义。例如，在文化衫上印上旅游景点的标志和名字，就变成了具有纪念意义的旅游商品。

3. 构造组合

构造组合是指把两种东西组合在一起，使其具有新的结构并带来新的实用功能。例如，房车就是房屋与汽车的组合，它不仅可以作为交通工具，还可以作为居住的场所。

4. 成分组合

成分组合是指将成分不相同的两种物品组合在一起，构成一种新的产品。例如，柠檬和红茶组合在一起，就开发出了柠檬茶。调酒师调制鸡尾酒采用的也是一种不同的成分组合。

5. 原理组合

原理组合是指把原理相同的两种物品组合在一起，产生一种新产品。例如，将几个相同的衣服架组合在一起，就可构成一个多层挂衣架，以分别挂上衣和裤子，从而达到充分利用衣柜空间的目的。

6. 材料组合

不同材料组合在一起，不仅可以改善原物品的功能，还能带来新的经济效益。例如，现在电力工业使用的远距离电缆，其芯用铁制造，而外层则用铜制造，由两种材料组合制成的新电缆，不仅保持了原有材料的优点（铜的导电性能好，铁的硬度好，不易下垂），还大大降低了输电成本。

（三）组合创新法的分类

人们在思考时往往会不自觉地沿用传统思维，受到习惯性思维和陈规的束缚，思考面窄，缺乏创意。要改变这种状况，就必须自我激励，激荡思维，发掘自己的创造力，摆脱思维定式的束缚。组合创新是一种极为常见的创新方法，目前大多数创新的成果都是通过采用这种方法取得的。组合的类型多种多样，庄寿强等在《普通创造学》一书中，根据参与组合的因子的性质、主次及组合的方式，将组合大体分为四类。

1. 主体附加法

主体附加法又称添加法、主体内插式法，是指以某一特定的事物为主体，通过补充、置换或插入新的事物，而得到新的有价值的整体的方法。例如，最初的洗衣机只有搓洗功能，以后增加了喷淋、甩干装置，使洗衣机有了漂洗和烘干功能；电风扇开始也只有简单的吹风功能，后来逐渐增加了控制摇头、定时、变换风量等的装置后，才成为今天的样子；手机一开始叫"大哥大"，只有通话的功能，后来逐步附加了短信、上网、拍照等多种功能。

在主体附加组合中，主体事物的性能基本上保持不变，附加物只是对主体起补充、完善或充分利用主体功能的作用。例如，一本著作有了作者的亲笔签名，其意义就会不同。主体附加组合有时非常简单，人们只要稍加动脑和动手就能实现。只要附加物选择得当，同样可以产生巨大的效益。智能手机不仅是现在人们追求的时尚产品，也是未来手机发展的新方向，其实智能手机就是安装了开放式操作系统的手机。

在运用主体附加组合时，首先，要确定主体附加的目的，可以先全面分析主体的缺点，然后围绕这些缺点提出解决方案，再通过增加附属物来达到改善主体功能的目的。其次，根据附加目的确定附加物。主体附加组合的创新性在很大程度上取决于对附加物的选择是否别开生面，能否使主体产生新的功能和价值，以增强其实用性，从而增强其竞争力。在运用主体附加组合时需注意：第一，主体不变或变化不大，即原有的事物、技术、思想等基本保持不变。第二，附加的事物只是起到补充完整主体的作用，不会导致主体大的变化。第三，附加的事物有两种：第一种是已有的事物，第二种是根据主体的情况专门设计的新事物。第四，附加的事物都是为主体服务的，用于弥补主体的不足。因此，在运用主体附加组合时应该全面考虑、权衡利弊，否则会事与愿违、事倍功半。例如，有的文具盒由于附加物过多，既价格昂贵，又容易分散学生的注意力，以致不少老师禁止学生携带布满按键机关的文具盒到学校。

2. 异类组合法

异类组合是指将两种或两种以上的不同领域的事物、思想或观念进行组合，产生有价值的新整体。异类组合的模式是 a+b=n。例如，维生素、糖果两者都是客观存在的事物，但是有些商家将二者融合，使其摇身一变成了"维生素糖果"；超声波灭菌法与激光灭菌法组合，利用"声—光效应"能杀灭水中的大部分细菌。

异类组合有以下特点：

1）被组合的事物来自不同的方面、领域，它们之间一般无明显的主次关系。

2）组合过程中，参与组合的事物从意义、原理、构造、成分、功能等方面可以互补和相互渗透，产生 1+1>2 的价值，整体变化显著。

3）异类组合实质上是一种异类求同，因此创新性较强。

电子黑板是由日本电气工业株式会社运用组合思考创造出来的。他们的思路是，在演讲会或其他会议上，听讲者总要一个字一个字地对着黑板抄笔记，很麻烦。如果能把黑板和复印机组合在一起就好了。于是，他们就将两者组合起来，发明了电子黑板。在这种黑板上写上内容后，只要按一下右方的电钮，黑板上的内容便会全部被复印成一页页的笔记，十分方便。电子黑板一经问世很快风靡全日本，成为畅销产品。

3. 重组组合法

重组组合简称重组，是指在同一个事物的不同层次上分解原来的事物或组合，然后以新的方式重新组合起来。重组组合只改变事物内部各组成部分之间的相互位置，从而优化事物的性能，它是在同一事物上施行的，一般不增加新的内容。

任何事物都可以看作由若干要素构成的整体。各组成要素之间的有序结合，是确保事物整体功能和性能实现的必要条件。如果有目的地改变事物内部结构要素的次序，并按照新的方式进行重新组合，以促使事物的功能和性能发生变革，这就是重组组合。重组组合能引起事物属性的变化。

在电影拣择技术中，如果把镜头的次序改变，很可能产生完全不同的效果。请看以下三个镜头：①一个人在笑；②枪口对准了他；③他一脸恐惧。按上述顺序放映，观众看到的将是一个懦夫的形象。如果将三个镜头重组，按照②、③、①的顺序放映，观众得到的却是有人在开一场玩笑的印象。如果按照③、②、①的顺序重组，观众看到的将是一个逐渐坚强起来的勇士。

善于把各种事物进行重新组合，从而催生新物，产生新意，这种组合被人们广泛运用。例如，传统玩具中的七巧板、积木，现在流行的拼板、变形金刚等，就是让孩子们通过一些固定板块、构件的重新组合，创造出千姿百态、形状各异的奇妙世界。

4. 同类组合法

同类组合也称同物组合，就是将若干相同的事物进行自组，如双层公共汽车、情侣伞、情侣衫、双向拉链、双色笔或多色笔、子母灯、霓虹灯、双层文具盒、多级火箭等。同类组合只是通过数量的变化来增加新事物的功能，其性质、结构没有发生根本变化。同类组合的模式是 a+a=n。简单的事物可以自组，复杂的事物也可以自组。

在同类组合中，参与组合的对象一般是两个或两个以上的同一事物，组合后与组合前相比，参与组合的事物，其基本原理和基本结构一般没有发生根本性的变化。同类组合是在保持事物原有的功能或原有意义的前提下，通过数量的增加以弥补功能的不足或求取新的功能和意义，而这种新功能和新意义是事物单独存在时不具有的。同类组合的方法很简单，却很实用，将其应用于工业和生活产品的创新，常常可以产生意想不到的效果。

用订书机装订书、本、文件等时，常常要订两或三个钉，需要按压订书机两三次。打距、钉与纸的三个边距全凭肉眼定位。因此装订尺寸不统一，质量差，工效低。有人运用同类组合的方法，将两个相同规格的订书机设计到一起，通过控制和调节中间机构，就可以适应不同装订要求，每按压一次，既可以同时订出两个钉，也可以只订出一个钉，打距还可以根据需要进行调节。这样的订书机既保证了装订质量，又提高了效率。

三、列举分析法

列举分析法是针对某一具体事物的特定对象从内外两个方面进行分析并将其本质内容全面地逐一罗列出来的一种手段，是用以启发创造设想，找到发明创造主题的创造技法。

列举法注重从所列举出来的项目中挖掘出发明创造的主题和启发出创造性的设想。例如缺点列举法，不是人们所想象的那样"把缺点罗列出来，加以改进"，其实有时"发扬缺点"反倒产生了奇迹般的创新。列举法可分为缺点列举法、希望点列举法、希望点与缺点列举法联合应用法及特性列举法等。

（一）缺点列举法

敢于质疑、提出与众不同的创意，是创新型人才必须具备的品质。俗话说得好："金无足赤，人无完人。"世界上没有尽善尽美的东西。缺点列举法通过缜密的思维，发现和挖掘事物的缺点，并把它的缺点一一列举出来，然后通过分析，找出其主要缺点，据此提出克服缺点的课题或方案。每发现一个缺点，提出一个问题，就找到了创新发明的课题。例如，用罐装的煤气做饭，虽然比用柴火煮饭方便得多，但却存在着很大的风险。运输使用不当，会引起煤气泄露，后果不堪设想。针对这个缺点，现在城镇居民已开始普及使用天然气管道输送的方式来做饭，不仅安全性能大大提高，也更为便利。运用缺点列举法时也可以采用扩散思维的方法。例如，以拖拉机为主题，列出它的缺点和不足之处，污染空气、速度慢、载货量小、安全性差等，然后挑出主要的缺点，逐个研究考虑切合实际的改革方案。缺点列举法是一种简单有效的创造发明方法，因为在现实世界中，严格来说每一个事物都是未完成的发明，只要你仔细地看，认真地想，总能找到它有待改进的地方。只要时时留意自己日常使用和接触的物品的不足之处，多听听别人对某种物品的反映，那么发明创新是无穷无尽的。运用缺点列举法，第一步先找出事物的不足，也就是选定研究的课题。课题一般不宜选得过大，如果过大，包含的内容太多，无法进行精细的研究。对于大课题，可以将其分解成许多部分进行研究。第二步分析缺点产生的原因，分析要有针对性和系统性。第三步针对不足产生的原因，有的放矢地提出解决的方法。按照这三步走，你会发现"柳暗花明又一村"。

（二）希望点列举法

希望点列举法是由内布拉斯加州大学的克劳福特发明的。这是一种不断地提出希望、理想和愿望，进而探求解决问题和改善对策的技法。此法是通过提出对该问题的事物的希望或理想，使问题和事物的本来目的聚合成焦点来加以考虑的技法。

运用希望点列举法的具体做法是，召开希望点列举会议，每次可有 5～10 人参加。会前由会议主持人选择一件需要革新的事情或者事物作为主题，随后发动与会者围绕这一主题列举出各种改革的希望点。为了激发与会者产生更多的改革希望，可将各人提出的希望用卡片写出，公布在黑板上，并在与会者之间传阅，这样可以在与会者中产生连锁反应。会议一般举行 1～2 小时，产生 50～100 个希望点，即可结束。会后再将提出的各种希望进行整理，从中选出目前可能实现的若干项进行研究，制定出具体的革新方案。

例如，有一家制笔公司用希望点列举法产生了改革钢笔的一系列希望：希望钢笔出水顺利；希望绝对不漏水；希望一支笔可以写出两种以上的颜色；希望不沾污纸面；希望书写流利；希望能粗能细；希望小型化；希望笔尖不开裂；希望不用打墨水；希望省去笔套；希望落地时不损坏笔尖，等等。这家制笔公司从中选出"希望省去笔套"这一条，研制出一种像圆珠笔一样可以伸缩的钢笔，从而省去了笔套。

用希望点列举法应注意：由列举希望点获得的发明目标与人们的需要相符，更能适应市场；希望是由想象而产生的，思维的主动性强，自由度大，因此，列举希望点所得到的发明目标含有较多的创造成分；列举希望时一定要注意打破定式；对于希望点列举法用得到的一些"荒唐"意见，应用创造学的观点进行评价，不要轻易放弃。

（三）特性列举法

特性列举法是美国布拉斯加大学教授克劳斯特发明的一种创造技法。克劳斯特认为通过对需要革新改进的对象做观察分析，尽量列举该事物的各种不同的特征或属性，然后确定应加改善的方向及如何实施，可以大大提高创新效率。

特性列举法可以分为很多种，其中有名词特性、形容词特性、动词特性及类比方式。

1）名词特性。它可以是整体的或部分的一些结构的名称，还可以是建造时所用材料的名称及其制造方法等。

2）形容词特性。一般来讲，它是用来描述所用事物性质的形容词，如一件物品的外形、颜色等。

3）动词特性。它主要用来描述事物的功能，如这个东西是用来做什么的。

4）类比方式。类比可分为很多种，如直接类比、亲身类比、幻想类比、对称类比、因果类比等。当然不同类比方式得出来的结果是不一样的。

例如，脸盆是人们熟悉的生活用品，为了外出携带方便， 北京青年工人梁钦元师傅运用特性列举法发明了一种便携式充气盆。

从名词特性看， 材料选用塑料比较合适。因为塑料有比重小、成本低、易加工、不锈蚀等优点。从形容词特性看，要求轻便、易携带。从动词特性看，要能盛水，并有一定的结构强度。为满足上述要求，新设计的脸盆抛弃以往的刚性结构而采用柔性结构，在柔性结构中，以充气式结构为最佳方式，充气式结构有收放自如、可折叠存放、携带方便等特点。为了达到充气后呈盆形的要求，采用半圆拱和直线焊压图形设计，既达到了强度的要求，又减少了充气的空间。这种充气脸盆非常适合在野外作业、郊游、野营等场合使用。

四、设问检查法

设问检查法就是对拟改进创新的事物进行分析、展开、综合，以明确问题的性质、程度、范围、目的、理由、场所、责任等情况，从而使问题具体化，缩小需要探索和创新的范围的方法。

1）以提问的方式寻找发明的途径。设问检查法的首要特点是抓住事物带普遍意义的方面进行提问，所以它的应用范围很广，不仅可用于技术上的产品开发，还可用于改善管理等范畴。如"5W1H"法，是从客体的本质（what）、主体的本质（who）、物质运动的最基本形式——时间（when）和空间（where）、事情发生的原因（why）和程度（how）这几个角度来提问的，这些问题的答案属于任何事物存在的根本条件。这样抓住一个事物的制约条件来分析问题，就会发现问题的症结与原因。又如奥斯本的检核表法，其抓住声音、颜色、气味、形状、材料、大小、轻重、粗细、上下、左右、前后等事物的基本属性大做文章，因而有普遍的适用性。

2）从不同的角度、多个方面来进行设问检查，思维变换灵活，利于突破框架。特别是奥斯本检核表法，此法属于发散性思维，或称为横向思维，与之对应的是纵向思维。纵向思维是一种保护思路沿着中心线索自始至终地推进，直到解决为止的思维方式。而横向思维则是在探讨解决方案之前，先多角度地考虑对问题的种种看法。奥斯本检核表法不把注意力集中在问题的某一个方面，而是突破旧框架大胆想象，借助各种思维技巧，诸如联想、类比、组合、分割、移花接木、异质同构、颠倒顺序、大小转化、改型换代等，以得到各种不同类型的答案。"5W1H"法就是试着从五六个不同的角度去考虑问题的。

自奥斯本检核表法诞生以来，设问检查法在实际应用中深受欢迎，并不断有不同的设问检查创造技法问世。这些方法几乎适用于各种类型与场合的创造活动，能够帮助人们突破思维与心理上的障碍，从多方面多角度引导创新思路，从而产生大量的创造性设想。运用本技法在实践中取得成功的例子不胜枚举，因此，设问检查法被誉为"创造技法之母"。设问检查法对于群众性的合理化建议活动，技术上的小发明、小革新是非常适合的，也可以与智力激励法等其他技法联合运用。如果要解决的问题较大，借助本技法也可使问题明确化，从而缩小目标，找到问题的关键所在，有针对性地解决之。具体应用时，如用于管理方面，则要注意明确问题的性质、程度、范围、目的、理由、场所、责任等；用于技术问题方面，则要注意明确产品的材料、结构、功能、工艺过程等，亦即要根据不同的工作性质将此法做适当的调整。初次使用设问检查法时，可能不如自发的创造那么方便，只要坚持实践，就能养成善于提问思考的习惯，使原来封闭式、直线式的思维方式得到改善，有利于创造力的开发。

当然，设问检查法也有一定的局限，它比较强调创造发明主体的心理素质的改变，借助克服心理障碍，产生更多的思路，而较为忽略对技术对象的客观规律性的认识。因此，在使用本技法解决较复杂的技术发明的问题时，仅能提供一个大概的思路，还需进一步与技术方法结合，才能完成有实际价值的发明。

常用的设问检查法如下。

（一）奥斯本检核表法

亚历克斯·奥斯本是美国创新技法和创新过程之父。他在 1941 年出版的《思考的方法》一书中提出了世界第一种创新发明技法——智力激励法。在 1941 年出版的世界上第一部创新学专著《创造性想象》中提出了奥斯本检核表法。

奥斯本检核表法又称为稽核表法、对照表法或分项检查法，奥斯本创造的检核表有75 个问题，可归纳为六类九组提问。六类问题：由现状到目的，转用；由目的到现状，代替；质量的变化，改变；组合排列，调整、颠倒、组合；量的变化，扩增、缩减；借助其他模型，启发。九组提问及其含义如表 10-1 所示。

表 10-1　九组提问及其含义

检核项目	含义
能否他用	现有的事物有无其他的用途；保持不变能否扩大用途；稍加改变有无其他用途
能否借用	能否引入其他的创造性设想；能否模仿别的东西；能否从其他领域、产品、方案中引入新的元素、材料、造型、原理、工艺、思路
能否改变	现有事物能否做些改变，如颜色、声音、味道、式样、花色、音响、品种、意义、制造方法；改变后效果如何
能否扩大	现有事物可否扩大适用范围；能否增加使用功能；能否添加零部件；能否延长它的使用寿命，增加长度、厚度、强度、频率、速度、数量、价值

检核项目	含义
能否缩小	现有事物能否体积变小、长度变短、重量变轻、厚度变薄，以及拆分或省略某些部分（简单化）；能否浓缩化、省力化、方便化、短路化
能否替代	现有事物能否用其他材料、元件、结构、力、设备力、方法、符号、声音等代替
能否调整	现有事物能否变换排列顺序、位置、时间、速度、计划、型号；内部元件可否交换
能否颠倒	现有事物能否从里外、上下、左右、前后、横竖、主次、正负、因果等相反的角度颠倒过来使用
能否组合	能否进行原理组合、材料组合、部件组合、形状组合、功能组合、目的组合

运用奥斯本检核表法进行创新活动的实施步骤：①根据创新对象，明确需要解决的问题；②根据需要解决的问题，参照表中列出的问题，运用丰富想象力，强制性地一个个核对讨论，写出新设想；③对新设想进行筛选，将最有价值和创新性的设想筛选出来。

检核表法的实施过程要注意：①要联系实际一条一条地进行核检，不要有遗漏；②要多核检几遍，效果会更好，或许会更准确地选择出所需创新、发明的方面；③在检核每项内容时，要尽可能地发挥自己的想象力和联想力，产生更多的创造性设想，进行检索思考时，可以将每大类问题作为一种单独的创新方法来运用；④核检方式可根据需要，一人核检也可以，3～8人共同核检也可以。集体核检可以互相激励，产生头脑风暴，更有希望创新。

依据表 10-1 进行手电筒创新，创新思路如表 10-2 所示。

表 10-2   手电筒的创新思路

序号	检核项目	引出的发明
1	能否他用	其他用途：信号灯、装饰灯
2	能否借用	增加功能：加大反光罩，增加灯泡亮度
3	能否改变	改一改：改灯罩、改小电珠和用彩色电珠等
4	能否扩大	延长使用寿命：使用节电、降压开关
5	能否缩小	缩小体积：1号电池→2号电池→5号电池→7号电池→8号电池→纽扣电池
6	能否替代	代用：用发光二极管代替小电珠
7	能否调整	换型号：两节电池直排、横排，改变式样
8	能否颠倒	反过来想：不用干电池的手电筒，用磁电机发电
9	能否组合	其他组合：带手电的收音机、带手电的钟等

（二）"5W1H"法

"5W1H"法也称六问分析法，是一种思考方法，也是一种创造技法。在企业管理、日常工作、生活和学习中得到广泛的应用。实施程序：对某种现行方法或现有产品从 what、why、where、when、who、how 六个方面进行检查并提问。"5W1H"法实施思路如表 10-3 所示。

表 10-3 "5W1H"法实施思路

提问角度	现状如何	为什么	能否改善	该怎么改善
what	生产什么	为什么生产这种产品	能否生产别的产品	到底应该生产什么
why	什么目的	为什么是这种目的	有无别的目的	应该是什么目的
where	在哪里做	为什么在那里做	能否在别处做	应该在哪里做
when	何时做	为什么在那个时间做	能否其他时候做	应该什么时候做
who	谁来做	为什么是那个人做	能否由其他人做	应该由谁来做
how	怎么做	为什么那么做	有无其他的方法	应该用什么方法

（三）和田十二法

和田十二法又称"和田创新法则"，是我国学者许立言、张福奎在奥斯本检核表法的基础上，借用其基本原理加以创造而提出的一种思维技法。它是指人们在观察、认识某种事物时，可以考虑用简单的十二个字，即"加""减""扩""变""改""缩""联""学""代""搬""反""定"来解决问题，概括了解决发明问题的十二条思路。和田十二法既是对奥斯本检核表法的一种继承，又是一种大胆的创新。

1. 加一加：加高、加厚、加多、组合等

南京的小学生丛小郁发现，上图画课时，既要带调色盘，又要带装水用的瓶子很不方便。她想要是将调色盘和水杯"加一加"，变成一样东西就好了。于是，她提出了将可伸缩的旅行水杯和调色盘组合在一起的设想，并将调色盘的中间与水杯底部刻上螺纹，这样，便产生了可涮笔的调色盘。

2. 减一减：减轻、减少、省略等

中国台湾少年于实明见爸爸装门扣时要拧六颗螺丝钉，觉得很麻烦。他想减少螺丝钉数目，于是提出了这样的设想：将锁扣的两条边都朝下弯成卷角，只要在中间拧上一颗螺钉便可固定。这样的门扣只要两颗螺钉便可固定。

3. 扩一扩：放大、扩大、提高功效等

在烈日下，母亲抱着孩子还要打伞，实在不方便，能不能特制一种母亲专用的长舌太阳帽，这种长舌太阳帽的长舌扩大到足够为母子二人遮阳使用呢？现在已经有人发明了这种长舌太阳帽，很受母亲们的欢迎。

4. 变一变：变形状、颜色、气味、音响、次序等

石家庄市第一中学的王学青同学发现地球仪携带不方便，便想到，如果地球仪不用时能把它压缩、变小，携带就方便了。他想如果应用制作塑料球的办法制作地球仪就可

以解决这个问题。用塑料薄膜制作的地球仪，用的时候把气吹足，放在支架上，可以转动；不用的时候把气放掉，一下子就缩得很小，很方便携带。

5. 改一改：改缺点、改不便、改不足之处

河南省洛阳市第二中学的王岩同学看到圆口的漏斗灌水时常常憋住气泡，使得水流不畅。若将漏斗下端口由圆变方，那么往瓶里灌水时就能流得很畅快，就不用总提起漏斗了。

6. 缩一缩：压缩、缩小、微型化

一般的水壶在倒水时，由于壶身倾斜，壶盖容易掉下来，使得蒸气溢出烫伤手，成都市的中学生田波想了一种办法改正水壶的这个缺点。他将一块铝片铆在水壶柄后端，但又不太紧，使铝片另一端可前后摆动。灌水时，壶身前倾，壶柄后端的铝片也随着向前摆，而顶住了壶盖，使它不能掀开。水灌完后，水壶平放，铝片随着后摆，壶盖又能方便地打开了。

7. 联一联：原因和结果有何联系，把某些东西联系起来

澳大利亚曾发生过这样一件事，在收获季节里，有人发现一片甘蔗田里的甘蔗产量提高了50%。这是由于甘蔗栽种前一个月，有一些水泥洒落在这块田地里。科学家分析后认为，是水泥中的硅酸钙改良了土壤的酸性，而导致甘蔗的增产。这种将结果与原因联系起来的分析方法经常能使我们发现一些新的现象与原理，从而引出发明。由于硅酸钙可以改良土壤的酸性，于是人们研制出了改良酸性土壤的"水泥肥料"。

8. 学一学：模仿形状、结构、方法，学习先进

江苏省学生臧荣华做了一个十分有趣的实验，让猫和狗怕小鸡。事情经过是这样的，村子里许多人都养了猫和狗，这些猫和狗总是想偷吃小鸡。臧荣华的妈妈也买来了小鸡，但放在哪里都不放心。臧荣华想要是能让猫和狗自己主动不来就好了。一天，他上学时，看到一群飞舞的蜜蜂。他想，人比蜜蜂大多了，可是人怕蜜蜂，因为怕蜂蜇。那么，我们能不能学一学蜜蜂的办法，让猫和狗怕小鸡呢？他进行了别出心裁的试验，他右手抓起一只小鸡，让鸡头从手的虎口处伸出来，拇指与食指捏着一枚缝衣针，针尖在鸡的嘴尖处稍露出一点。然后，他抓来猫和狗，用藏在鸡嘴下的针尖去扎猫或狗的鼻子、嘴，每天扎十几次。连扎三四天后，他发现猫和狗见到小鸡就怕，他成功了。

9. 代一代：用别的材料代替，用别的方法代替

山西省阳泉市小学生张大东正是用"代一代"的方法发明按扣开关的。张大东发现家中有许多用电池作电源的电器没有开关，使用时很不方便。他想出一个"用按扣代替开关"的办法：他找来旧衣服和鞋上面没有用的按扣，将两个按扣分别焊上两根电线头。

按上按扣，电源就接通了；掰开按扣，电源就切断了。

10. 搬一搬：移作他用

上海市大同中学的刘学凡同学在参加夏令营的时候，感到带饭盆不方便，他很想发明一种新式的便于携带的饭盆。他看到家中能伸缩的旅行茶杯，又想到了充气可变大、放气可缩小的塑料用品。他想按照这些物品制造的原理，可设计一个旅行杯式的饭盆或充气饭盆。可是，他又觉得这些设想还不够新颖，他陷入了冥思苦想之中。一天，他偶然看到一个是由十字状铁皮将四壁向上围成的铁皮匣子。他想，自己也可以将五块薄板封在双层塑料布中，用时将相邻两角用揿钮揿上，五块板就围成了一个斗状饭盆。这样，一个新颖的折叠式旅行饭盆就创造了出来。

11. 反一反：能否颠倒一下

反一反为逆向思考法，前面有较多的论述，请参见奥斯本检核表法中的逆向思考部分。

12. 定一定：定个界限、标准，能提高工作效率

例如，药水瓶印上刻度，贴上标签，注明每天服用几次，什么时间服用，服几格；城市十字路口的交通信号灯红灯停、绿灯行；学校里规定上课时学生发言必须先举手，得到教师允许才能起立发言等。这些都是一些规定，有了这些规定我们的行为才能准确而有序。我们应该运用"定一定"的方法发现并执行一些有益的规定。

五、逆向转换法

任何事物都包含对立的两个方面，这两个方面又依存于一个统一体中。人们在认识事物的过程中，实际上是同时与其正反两个方面在打交道。只不过由于日常生活中人们往往只养成了一种习惯性思维方式，只看到其中的一方面，而忽视了另一方面。如果逆转一下正常的思路，从反面想问题，便能得出一些具有创新性的设想。

逆向转换法也称逆向头脑风暴法，是一种通过将焦点集中在反对意见上，以获得新创意的小组座谈会形式。逆向转换法是由热点公司发明的，这是一种小组评价的方法，其主要用途是借以发现某种观念的缺陷，并预测实施这种观念会出现的不良后果。逆向转换法与头脑风暴法类似，唯一不同的是在逆向转换法实施过程中允许提出批评。头脑风暴法是用来刺激创造新观念、新思想的，而逆向转换法则是以批判的眼光揭示某种观念的潜在问题。事实上，这种方法的基本点就是通过提问发现创意的缺点。

（一）逆向转换法的原理

唯物辩证法的基本原理认为，任何事物都包括对立的两个方面，这两个方面相互依存、相互排斥，形成一对矛盾，存在于一个整体中。在复杂事物中，还包含了多个这样的矛盾，它们既相互联系又相互制约，决定了事物的性质和客观存在。当这些矛盾在事物中的位置发生变化或同一矛盾中矛盾的主要方面发生变化时，事物本身也会发生变化。根据这种观点，我们在处理事物时，总是要抓主要矛盾，寻找矛盾的主要方面，采取措施解决问题，使事物得以发展，这就是正向思维方式。人们在认识事物的过程中常常只抓主要矛盾或矛盾的主要方面，而忽略了其对立面，形成一种习惯思维方式，特别是当事物发展、变化的时候，依然抓住原来单一因素冥死苦想，就会陷入僵化状态，思路受到限制，使问题难以解决。根据辩证法的观点，事物是互相联系的，内部的两个对立面是对立统一、相辅相成的。当按原有的习惯思路、方法、程序等无法解决问题时，可以从不同角度、不同方向，或从相反方向、对立面观察思考，也就是突破常规、常理、常识反向求索，很可能会出现一些出人意料的崭新方式、方法、结构，实现创新，这就是逆向转换法。因此，逆向转换法从思维方式上看是辩证法的一个重要方面。

依据辩证思维方法和创新原理，逆向转换法可归纳为两大类：一类是从不同的角度进行反向思考，如原理相反、功能相反、结构相反、属性相反、因果相反、程序和方向相反、观念相反等。任何事物都具有双重性，缺点同样具有双重性，改正缺点也会产生发明和创新。同样，在寻找化弊为利的方法时，也可能产生创新和发明，这是逆向转换法的一种特殊情况。另一类是根据事物内部因素是相互联系、不断变化的，当研究目标久攻不下时，不妨碍将注意力转移，变换成与之相关的新问题，在新问题解决后，原来问题也就随之解决了，这就是换元法或问题转移法。

在研究或创新的过程中，如果进入死胡同，无法前进时，干脆按原思路返回，还原到创新起点，从另外的角度另辟蹊径，很可能使研究出现"山重水复疑无路，柳暗花明又一村"的效果，这就是还原分析法或还原换元法。

（二）逆向转换法的特点

1. 普遍性

逆向转换法是从唯物辩证法普遍联系的观点出发而创立的，因此具有普遍性。对立面在现实世界中可以说是无处不在、极为普遍的。只是对立面往往处于背景之中，使人们不易察觉，缺乏鲜明的认识。要想创新，就必须将对立面从背景中拉出来，将其推向前台，使之鲜明突出、一目了然。对立面不仅普遍存在，也是构筑现实事物的素材，支配着现实世界的变化。无论多么微小的粒子，还是浩瀚无际的宇宙，都是由于对立面的存在而存在的，在与对立面的吸引与排斥的相互作用下得以发展和变化。人的心理和行为同样存在爱与恨、理智与迷信、纪律与放纵、希望与失落、竞争与合作等"对立"。例如，在商业系统中存在着买与卖、雇佣与解雇、消费与积蓄、生产与消耗等"对立"。

技术产品的设计也普遍存在反向思考的痕迹，是矛盾着的统一体。例如，羊角锤的一头用来敲钉子，另一头用来起钉子；橡皮头铅笔既可写字，又可将字擦掉；百叶窗让空气流动而把光线挡住；螺帽和螺栓是在彼此往对方相反的方向拧时才能发挥其应有的功用；空调或冰箱的技术核心是变冷才会制热、变热才会制冷；录音机能放音乐，也能录音乐。

2. 批判性

反向思考是与正向思考相比较而言的，正向就是指常规的、常识的、公认或习惯的想法与做法。反向思考就是对传统、习惯、常识常理的反叛，是对绝对正确的挑战，显而易见的好处是可以克服思维定式，破除由经验和习惯造成的僵化的认识模式。

被世界尊为"杂交水稻之父"的袁隆平的创新成果是以"杂交"为手段获得的，然而育种专家早就有的定论是凡自体授粉的植物没有杂交优势。水稻恰恰就属于"没有杂交优势"的自体授粉类植物。袁隆平以批判的眼光认为此种说法依据不足，他通过艰辛的考察和调查，发现了有杂交优势的"叛逆者"。于是，袁隆平为全人类做出了巨大的贡献。

3. 新奇性

循规蹈矩地按传统习惯方式解决问题虽然简单易行，但容易使思路僵化、刻板，使人陷入思维定式的桎梏，所得的结果也是在预料之中的。反向思考既然是从人们并不熟悉的反面去思索，其结果显然也会是人们不易想到的，能出人意料，使人耳目一新。

19世纪70年代，英文打字机问世初期，制造厂商经常接到用户来信，抱怨打字的速度如果加快，字母键对应的连杆和打字头会纠缠在一起，无法打字。为此，技术人员想方设法进行改造研究，可没有成功。显然，这种故障是因打字速度过快而引起的，后来，有人大胆建议，让打字速度降下来，就没有问题了。这确实是个新奇而反常的主意：人们打字都是希望越快越好，怎么可以要打字员故意"磨洋工"呢？除非改变机器的设计，让打字员操作不方便而不得不减缓打字速度。为此，技术人员将键盘的字母进行了重新排列，使几个常用的字母键移到边上，打字员操作不顺手，自然降低了速度，打字杆与打字头纠缠的难题也就不复存在了。事实上，适当限制打字速度是有必要的，因为打字速度过快，会造成出错率的提高。

（三）逆向转换法的类型

逆向转换法有逆向反转法、问题转换法、缺点逆用法等类型。

1. 逆向反转法

所谓逆向反转法就是反过来看问题。逆向反转法的"逆"可以是方向、位置、过程、功能、原因、结果、优缺点、破（旧）、立（新）等诸方面的逆转。主要包括以下几个方面。

1）原理相反。如制冷与制热、电动机与发电机、压缩机与鼓风机等。

2）功能相反。这是指从已有事物的相反功能出发设想新的技术发明或寻求解决问

233

题的新途径，它既可以是功能的直接反转，也可以是功能提供方式的反转，如利用保温瓶（保热）装冰（保冷）。

3）过程相反。如吹尘与吸尘。

4）位置相反。如改变野生动物园中人和动物的位置。

5）因果相反。这是指通过改变已有事物的因果关系来引发创意和解决问题的新思路。原因、结果互相反转即由果到因，如数学运算中从结果倒推原因，以检查运算是否正确。

6）程序相反。如科学假设与实验验证。

7）观念相反。如从大而全到专门化，从以产定销到以销定产。

8）结构逆向。这是指从已有事物的相反结构形式去设想新的技术发明和解决问题的思路。

日本 HU-OSE 食品工业公司的浦上董事长对咖喱粉新品种的开发情有独钟。他曾推出与传统咖喱粉大为不同的"不辣咖喱粉"，当时食品业对浦上大加嘲笑，认为他"发疯了"。当时，在世界任何地方咖喱粉的味道都是辣的。但是，出乎意料的是，被人们断言卖不出去的"不辣咖喱粉"推出不到一年，竟成为日本畅销的调料品之一，至今仍然畅销不衰。

2. 问题转换法

物理学中对于一些看不见、摸不着的现象或不易直接测量的物理量，通常用一些非常直观的现象去认识或用易测量的物理量间接测量，这种研究问题的方法叫"问题转换法"。它主要是指在保证效果相同的前提下，将不可见、不易见的现象转换成可见、易见的现象，将陌生、复杂的问题转换成熟悉、简单的问题，将难以测量或测量不准的物理量转换为能够测量或测准的物理量的方法。初中物理在研究概念规律和实验中多处应用了这种方法。

问题转化法之所以成立，是因为某种事物和其他事物之间具有一定的相关性。因此，认识某个事物也就认识了与之相关的另一事物，解决了某一问题也就解决了和它相关的其他一些问题。事物之间的一定关系是它们能够转换的客观基础。

问题转换法的特点：可以把复杂的问题简单化，把有困难的问题转化为容易解决的问题，从而使问题得到最终解决。要实现转换，一定要了解事物之间的相互转换的关系，只有洞察关系才能进行适当的转换。

3. 缺点逆用法

缺点逆用法是对某一事物所有的缺点，不是单纯地逃避和改正，而是通过一定的手段巧妙地加以利用的一种技术。

缺点逆用法的基本原理：事物具有两重性，事物具有缺点和问题的一面可以向有利和好的方面转化。本方法的实质是利用事物的缺点，"以毒攻毒"，化弊为利。事物都是一分为二的。俗话说："金无足赤，人无完人。"就连那些难以发现缺点的人或物，其实也存在着某些缺点。将事物的缺点反过来思考，就有可能利用缺点为人类服务。例如，台风常给人类带来灾害，但是如果能把台风带来的雨水蓄积入水库，就可以用来发电；煤焦油曾经是令人头痛的废物，今天却成为重要的化工原料；目前垃圾问题是许多城市的沉重负担，但垃圾处理工厂将来可能会成为很有发展前途的行业。

缺点逆用法的注意事项：必须深刻认识事物的缺点及缺点转化的条件，然后创造条件使缺点转化为优点。缺点逆用法不仅改正了事物的缺点，而且利用了缺点，但是缺点的逆用需要一定的技术条件。例如：

天一法师有三个弟子，大弟子是个懒汉，一旦落座，很难指望他会站起来；二弟子天生好动，最受不了寺院的清静；三弟子讨厌诵经却喜欢听鸟唱歌。天一法师这样安排：让大弟子司晨钟暮鼓，天天坐堂诵经；让二弟子拖钵到山下化缘；交代三弟子寺内遍植林木，让百鸟落巢栖息。

六、创造需求法

创造需求法是指寻求人们想要得到的东西，并给予他们，满足他们的一种创新技法。人们需要什么，是非常难以捉摸的，如果找到了这一需求，尤其是当有这种需求的人很多时，就可以取得了不起的成就。创造需求的关键，就是要将人们内心模糊的希望和能消除不满的东西具体化。

创造需求法的类型如下。

1. 观察生活法

只要留心自己和他人在日常生活中出现的问题，就会发现创新的机会。做一个善于观察生活和捕捉机遇的有心人，并将日常观察与自己的创新意识结合起来，一定可以成就一番事业。

例如，英国有位叫曼尼的女士，她的长筒丝袜总是往下掉，上街上班，丝袜掉下来是很尴尬的事情。她询问了许多同事，她们也有同感。面对大家的需求，她灵机一动，开了一间专售不易滑落的袜子的店，大受女顾客的青睐。现在，曼尼设在美国、日本、法国三国的袜子店已达120多家。

又如，日本人爱泡澡，但人泡在澡盆里无所事事，很浪费时间。一位企业家观察到这一现象，抓住时机，研制了一种不湿水的塑料书刊，可在泡澡时阅读。产品上市后，很受消费者欢迎，特别受到学生的喜爱，因为这样他们就可以在泡澡时复习功课。

2. 顺应潮流法

顺应潮流法是指顺着消费者追求流行的心理来把握创新机遇的技巧。生活中有很多新潮流，新的生活潮流使人们产生了种种希望和需求。观察社会，适应社会需求，遇到什么问题就研究什么问题，就能推出顺应潮流的产品。

例如，现在住高楼大厦的人越来越多，人们在擦玻璃时会遇到不少困难，一不小心就会发生伤亡事故。为解决这问题，日本企业制造了一种安全玻璃擦拭器。这种擦拭器能在室内将玻璃擦拭干净，既安全又省时。它由两块磁铁和含有清洁剂的泡沫塑料擦板组成。当两块擦板隔着玻璃互相吸引后，只要移动里面的擦板，外边的玻璃也就随之擦干净了。

又如，电视剧《渴望》热播时，许多观众都非常喜欢和同情女主人公刘慧芳。山西某衬衫厂用七天时间赶制了一批"慧芳服"并迅速推向市场，大受女士青睐。当电视剧《神探亨特》热播时，又有厂家及时向市场推出了"亨特蓝"衬衣，受到了男士的欢迎。

3. 艺术升格法

对一些市场饱和的日用消费品进行艺术嫁接之类的深加工，以此提高产品的档次、形象和身价，以求在更高层次的消费领域里拓展新的市场的方法称为艺术升格法。

例如，蔬菜水果是无地不产、货多价贱的东西，而一些手艺人在平凡无奇的西瓜上雕刻了各种各样的喜庆吉祥的图案后，西瓜立即就变成了抢手货。在成都，有一段时间萝卜滞销，有人将红、白萝卜雕成牡丹、芍药、茶花、桃花等花样，并点染得五颜六色，插上青枝绿叶，十分新颖，销售势头立即转热。

给产品注入艺术形式，是比较容易入门的一种创新技法。将原有的产品艺术化，可以使消费者在得到物质满足的同时，又能得到精神上的享受，从而引发消费者潜藏在心底的某种消费需求。

4. 引申需求链条法

一种新产品诞生后，有可能带动若干相关或类似产品的出现。这种现象叫作"不尽的链条"，它表明产品需求具有延伸性。找出某一产品的延伸性需求进行创新活动就是引申需求链条法。卖花草鱼鸟的地方，必有卖花盆、鱼缸、鸟笼的。反过来从"生意经"角度来讲，别人卖鱼，我就卖鱼缸。别人卖花，我就卖花盆。别人卖油，我就卖油桶。这种引申需求比较直观，有些需求则需要认真调查研究一番才能引申出来。创新者可以顺着"不尽的链条"获得很多新设想、新创意。要想运用引申链条法取得成功，首要条件是找准"可以联结的链条"，然后展开联想，捕捉市场所需求的新产品。

5. 预测需求法

预测需求法是指通过预测未来市场需求，积极提前准备，在需求到来时能满足需求的创新技法。明天的需求，潜伏在人们的心底，不显山不露水，它在等待时间的推移和市场的变化。谁善于在浩如烟海的信息海洋中分析和预测出人们未来的消费需求，谁就能事半功倍地赢得市场和效益。人们在运用预测需求法时，可以配合运用调查研究的方法，对各种各样的信息进行分析与预测。

例如，20世纪80年代初，18英寸彩电在我国城市成为抢手货，14英寸彩电滞销。

国内众多彩电厂家都转向生产 18 英寸彩电，致使 14 英寸彩管大量积压。这时长虹公司却独具慧眼，他们看到国家当时已提高了皮棉收购价，便猜想其他农副产品的收购价势必会逐步提高，于是认定 14 英寸彩电在农村大有市场，他们果断地买回大批 14 英寸彩管，继续生产这种规格的彩电，结果正如事前所料，他们的产品在农村的销售市场不断拓宽，经营规模迅速扩大。

再如，陕西汉中地区一位农民在公路旁开了一家饭店，物美价廉，饭热菜香，但川流不息的车辆就是不停不靠，很长时间这家饭店生意清淡。后来，这位农民请教了一位司机，才知道长途司机最需要的是什么。他随后在饭店旁搭建了一间厕所，并写了大大的招牌。此招果然奏效，南来北往的司机纷纷地停下"方便"，然后便到店里去吃饭，生意因此大有改观。

又如，有一位在一家工厂门口摆摊卖香烟的老人，在摊前摆了一个打气筒，并挂出"免费为自行车打气"的招牌。许多男士在给自行车打完气后，总会买香烟来表示感谢。老人家告诉家人："自从备了打气筒，每天营业额要增加一倍以上。"

思考：

1）逻辑思维和创新思维有什么关系？

2）使用创新思维训练方法设计一场创新创业活动。

3）运用头脑风暴法思考以下问题：

① 设计一个科技中介服务机构。

② 本地区应该怎样进一步搞好投资环境建设？

③ 如何创业并完成原始积累？

④ 如何提高食堂服务水平和饭菜质量？

⑤ 如何向人们宣传环保知识？

⑥ 拓宽筹资渠道的方法有哪些？

⑦ 如何提高某产品的市场占有率？

⑧ 如何使某种商品投入少而影响大？

第十一章

创业准备

导入案例

做一个有准备的人

何叶丹是浙江财经大学东方学院 2014 届金融学专业的一名毕业生。她个头不高，出身农家，不是"富二代"，也不是"官二代"。就是这样一位普通的小姑娘，在迈出大学校门一年多的时间里就创造了上千万元的年营业额，并获得教育部部长的高度评价。在大学生就业形势非常严峻的今天，"90 后"何叶丹是如何创造这一奇迹的？她的成功创业又给当今大学生创业带来了哪些启示？

1. 用金融学经营农场

还没毕业，何叶丹就开始参与农场经营，并特别注重融资和财务管理问题。"在我们那里，农场主对于财务报表方面不怎么重视，差不多每季度或者半年才做一次。我接手农场后每个月都会做财务报表，这样可以很好地进行资金控制。"何叶丹说，财务预算报表很重要，"有了这个，除天灾不能预测，基本上可以预测到下一阶段的销量、管理费用等。"

何叶丹说，由于大学所学的扎实知识都能运用于实践，因此，她所经营的农场资金链通畅，很少遇上资金短缺等问题。

2. 看准目标不畏艰险

"近年，国家明确支持发展家庭农场，我觉得机会来了。"何叶丹说，这一年，尽管还在海宁读书，但她还是回到老家富阳，通过土地流转承包了 200 多亩地，开办起喜乐家庭农场。

何叶丹承包了竹山，但 2014 年一场突如其来的干旱让鞭笋绝产，冬笋也损失严重，直接导致当年这两批笋几乎没有赢利。她没有因此退却，而是在一番分析后，赶快造起了蓄水池等设备，防止来年再次出现同样的情况。

"这次教训，让我懂得了做事要未雨绸缪。"何叶丹说，在她的不懈努力下，她的农场成为 2013 年"首批省级示范性家庭农场"。2013 年年底，她还为自己的家庭农场注册了公司。

3. 转变思路大获丰收

2015 年上半年，何叶丹启动了 130 亩稻蛙共生项目。"刚准备蛙稻共养的时候，我信心十足，具体实践起来，其实是非常辛苦的，但为梦想买单嘛，我也就豁出去了……"何叶丹说，刚开始，她也因为没经验，不了解蛙的习性，死了不少蛙。对此情况，她没有灰心，而是到处查资料，请教专家，终于走出困境，成为当地小有名气的农场主。

现如今，她的杭州绪凡农业科技有限公司在成立短短不到两年的时间里，已完成从传统粗放型农业到自动化现代型农业的转变，也从一开始就不被大家所看好的公司，成为年营业额不菲的明星农场。

据了解，何叶丹农场的竹笋销售遍及省内外 50 多家企业，如富通集团、富春江集团、世纪华联超市等，营业额达到上千万元；由于成为"杭州市国际商会会员"，她有了更好的资源，何叶丹计划将产品推向国际市场，目前正准备接受美国三年的质量检测。

（资料来源：http://www.fanganw.com/a67a1773a1.）

当今中国经济的高速发展，为大学生自主创业提供了肥沃的土壤。自主创业既实现了大学生个人的价值追求也为社会做出了积极的贡献，既可以给国家纳税又可以带动更多的人就业。创业是利国利民利己的最佳行为，是最好的就业。

当然，创业不应当是盲目的行动，对创业所面临的种种风险了解得越全面，准备得越充分，就越有可能成功。大学生创业前应当从心理、知识、能力三个方面做好准备。

第一节 心理准备

现代社会市场竞争日益加剧，创业者面临的各种挑战越来越多，这就要求创业者有较强的心理素质，成功的创业者一般具备如自信独立、富有挑战精神、富有责任感、善于团结协作、勇于承担风险等心理素质。

大学生在校期间需要主动与辅导员、各科任课老师进行沟通，锻炼自己的心理承受能力，也可以通过心理辅助、采取心理测评等手段来考查自己的心理素质，以便有针对性地进行培养。

一、自信独立

自信是成功的基石。不管客观条件如何，不管经历多少磨难，应始终坚信自己能够成功，坚持自己的理想，发挥无限的生命力和创造力。

二、富有挑战精神

大学生进行自主创业，应乐于接受挑战，不盲目冒险，发挥自己最大的主观能动性，从克服困难中获得无穷乐趣。

三、富有责任感

对于发生的问题，不推卸责任，不把责任转嫁他人，即使是员工的原因，也要主动承担自己在管理方面的责任。先从自己身上找原因，能这样考虑才是真正的创业者，才能赢得人们由衷的尊敬和信赖。

四、善于团结协作

如果创业者和员工之间没有信任，创业就很难成功。如果不管遇到什么事情都优先考虑自己，那么相互信任的关系就难以建立；如果公司的领导者和管理者只把员工看作自己赚取利润的工具，那么他将难以得到员工的信任。创业者应以人为本，主动为员工考虑，形成热爱人、热爱人类社会的思维模式，因为所有的可能性都会从这种思维模式中诞生出来。

五、勇于承担风险

大学生创业要有承担风险的勇气，做好应对各种困难的思想准备。因为大学生创业除了在资金、社会经验等方面有着先天不足外，还常常会因缺乏基本的理财技能、推销意识和沟通技巧而陷入困境。创业者随时可能遇到风险，因此，风险意识显得特别重要，没有坚强的心理品质和风险意识，创业的路不会走得长远。

思考：

1）你认为一位优秀的创业者需要具备哪些方面的心理素质？

2）作为自主创业的大学生应该如何培养心理素质？

第二节　知识准备

决定创业，是个人职业生涯中的一个重要转折点。创业者除了应具备扎实的专业知识和技能之外，还应掌握一定的管理、营销、财务、税务、法律等方面的知识。

一、管理知识

企业要想做大做强，就要建立现代企业制度。企业创业阶段靠的是独特的市场眼光和排除万难的勇气，而成长阶段靠的是管理制度的规范。很多挣到了第一桶金的企业由于管理不善而失败。因此，在创业之初，创业者要不断地学习管理知识。

管理的目标是确保企业高效率地运行，从而更好地为顾客服务。创业者要从战略、领导力、市场营销、人力资源、创新五个方面去学习管理知识，并不断把学到的知识运用到企业实践中去。良好的企业管理首先要确保企业"做正确的事"，然后努力"把事做正确"。前者是企业的定位和发展方向的问题，后者是企业的内部管理和工作流程的问题。创业者在这两个问题上要时刻保持清醒的头脑。

管理的核心问题是企业的决策机制和执行机制，通俗来讲就是"听谁的""谁去做""怎样做"的问题。在几人合股的企业中，若开始没有界定清楚彼此的权利与义务关系，在经营过程中很容易引起争执，严重的还会造成创业者反目成仇。国内不少很有前途的企业就是因为管理层内斗而元气大伤。因此，在合资创业前，创业者应签订合资协议书，共同讨论企业经营的目标与范围、管理制度的细节、执行业务股东的酬劳计算、利润分配、亏损补偿等方案，以及企业停止营业时财产处理等原则，避免日后产生纷争。

二、营销知识

简单地把东西卖出去，那是销售；只有以顾客为导向的企业，才会有真正的市场营销。

营销管理是指分析、规划、执行和控制各种方案，以便与目标市场的顾客建立和保持互惠交易以实现组织的目标。营销管理的实质是要制定一套开发客户、提供服务、收款及售后服务的企业运作流程。例如，如何选择成本最低、成效又最高的行销方法；如何找到可靠且成本低廉的供货商；如何提供成本最低却又能符合需求的产品与服务；怎样的收款流程最顺畅，以及如何降低呆账率，化解风险等。创业者可先试着找出同业中的佼佼者，仔细观察其运作方式，然后根据自己企业的情况去调整这套运作模式，建立属于自己的营运制度。

市场营销的最终目的是创造顾客，企业之所以存在，就是因为顾客的需求。不能满足顾客需求的企业迟早会被市场淘汰。如何在企业中建立以客户为中心而不是以产品为中心的文化，是企业能否长远发展的关键。

三、财务知识

企业正式运作后，要了解公司是否走上轨道，"让财务报表说话"是最好的方式。不少大学生创业者由于缺乏基本的财务管理知识，因此从企业初创阶段就没有养成良好的财务管理习惯，既不了解自己一个月到底净赚多少、实际毛利率有多高，也没有充分考虑预留周转金，因而由于一笔款项周转不灵而导致创业失败的例子屡见不鲜。为此，创业初期除了启动资金外，预留一定的流动资金、发展基金是非常必要的。

此外，创业者要充分了解经营状况，最好要掌握一些账目管理的基本知识，翔实记录收入支出、进货销货及成本核算等。长此以往，有利于创业者对于未来可能的利润和收支平衡点做到心中有数，并对降低生产成本、报税、调整经营方向等起到参考作用。

四、基本税务知识

（一）国税

国税又称中央税，由国家税务局系统征收，是中央财政收入的固定来源，归中央所有。国家税务总局为国务院主管税收工作的直属机构。在发展社会主义市场经济的过程中，税收承担着组织财政收入、调控经济、调节社会分配的职能。目前，我国每年财政收入的90%以上来自税收，其地位和作用越来越重要。国税系统主要负责征收和管理的项目有增值税，消费税，铁道、各银行总行、保险总公司集中缴纳的营业税、所得税和城市维护建设税，中央企业所得税，中央与地方所属企、事业单位组成的联营企业、股份制企业的所得税，2002 年 1 月 1 日以后在各级工商行政管理部门办理设立（开业）登记企业的企业所得税，地方和外资银行及非银行金融企业所得税，海洋石油企业所得税、资源税，对储蓄存款利息所得征收的个人所得税，对证券交易征收的印花税，车辆购置税，出口产品退税，中央税的滞补罚收入，按中央税、共享税附征的教育费附加（属于铁道、银行总行、保险总公司缴纳的入中央库，其他入地方库）。

（二）地税

在中国，明确划归地方管理和支配的地方税份额比较小，而且税源分散，收入零星，但对于调动地方政府组织收入的积极性和保证地方政府因地制宜地解决地方特殊问题有一定意义。1984 年以前，国家明确划为地方税的有屠宰税、城市房地产税、车船使用牌照税、牲畜交易税、集市交易税、契税等少数几个税种。1985 年实行新的财政管理体制后，又陆续增设了一些地方税种。现行地方税主要有房产税、城镇土地使用税、车船使用税、城市维护建设税、印花税、筵席税、屠宰税、牲畜交易税、集市交易税等税种。此外，还将下列税收列作地方固定收入：地方国营企业所得税、地方国营企业调节税；石油部、电力部、石油化学总公司、有色金属总公司所属企业的产品税、营业税、增值税，以其 30%作为地方财政固定收入；个人收入调节税、奖金税、建筑税、城乡个体工商业户所得税等。上述地方税的立法权限属中央，地方享有程度不同的机动权。

思考：

你具备哪些创业方面的知识储备？

第三节　能力准备

能力是指人们顺利完成某种活动所必需的个性心理特征。能力一般包括一般能力和特殊能力。一般能力即智力，是指以思维能力为核心，包括观察力、记忆力、想象力和注意力等多种能力要素的有机结合。特殊能力也叫专业能力，如写作能力、绘画能力、市场营销能力等均属特殊能力。经营管理能力属于特殊能力，是保证创业获得成功的主要因素，包括开拓进取能力、善于学习能力、团结协作能力、创新能力、人际交往能力、把握商机能力等。

一、开拓进取能力

永不满足、不断突破自我是创业者最基本的也是最核心的人格素质。强烈的进取心，既是创业能力、经营能力形成的基础，也是现代企业家综合素质构成的基本要素。远大空调有限公司总裁张跃曾说："我把多年来的经历和感悟归纳起来，得出一个结论，就是企业家素质应该包含以下内容：一高、二强、三多、四稳。一高是境界高；二强指欲望强、耐力强；三多是多才、多艺、多兴趣；四稳是原则稳固、方向稳当、作风稳健、情绪稳定。"具有极强的生存意识，胸怀必胜的信念，敢拼敢搏，奋勇向前，从而创造出自己所期望的价值，是创业者最为可贵的品质与能力。

二、善于学习能力

知识经济时代，科学技术突飞猛进，企业环境复杂多变。在这样一个日新月异、难以把握的时代，创业者要想把工作做好，就必须有好学的精神，善于学习。学习经营管理知识、科学技术知识，学习社会学、心理学、经济学等一系列相关学科。同时，还要善于从自己及别人的成功和失败中吸取经验教训。这样，才能跟得上时代的步伐，以系统的思路、全新的理念去经营好企业。

三、团结协作能力

当前市场竞争激烈，自主创业"万事开头难"，创业者要处理的事情面广量多，仅靠一个人的力量很难有效地处理各类情况。因此，大学生在创业时可以联络几个有着共同理想的同学、师兄师姐，形成一股合力，共同面对挑战。优势互补的团队是自主创业的基础。有了优势互补的创业团队，既能有效进行技术创新与经济管理，又能保证创业团队形成最大的合力，从而在市场竞争中取胜，达到企业所追求的目标，推动企业向前发展，取得创业成功。

另外，员工的职业素养和向心力如何，也是企业成长的关键。有的大学生创业者常常抱怨自己创业团队的员工流动性高、学习意愿不强、工作态度不积极等，这其中很有可能是管理出了问题。要避免这些状况，即使只是三五人组成的小公司，老板也应将员工的招募、训练与管理视为最重要的任务，而员工应征进来后，老板也应至少花 1~2 周进行训练，从旁辅导再逐渐放手让员工走上一线岗位。同时也可制定一套工作章程，确定员工的权利义务，将福利、升迁、分红、奖惩制度等说明清楚，这样做有助于降低员工的流动率，并提升公司对客户的服务品质。

四、创新能力

创新是知识经济时代保证企业可持续发展的源泉之一。创业者只有保持不断创新才能使企业在未来市场竞争中占有一席之地。这种创新的具体要求如下。

1）能及时适应市场变化，调整经营方向，不断推出能满足消费者潜在需求的新产品、新服务项目，使企业在竞争中处于领先地位。

2）能动员全体员工积极创新，做员工创新的倡导者、激励者、协调者和组织者。

3）能将观念创新和理论创新体现在企业组织及管理领域内，以形成一种创新的组织文化，推动企业的全面创新。

五、人际交往能力

妥善处理人与人之间的关系，并与他人和谐共处、共同发展。生活和工作中需要与许多人交往，这就难免发生矛盾。大学生只有具备人际交往能力，善于处理各种人际关系才能在工作中充分施展自己的才能。在人际交往中，要以我们民族善良、诚实的传统美德来善待他人，"将心换心""以诚相待"，学会尊重他人，要换位思考，多为他人设身处地着想，这样才能得到他人尊重；要学会既能做大事，又能做小事的本领，学会处理具体问题时既坚持原则又不失灵活。

六、把握商机能力

什么是商机？能够满足一种需要或是能够增加满足的需要，都可能是商机，它只会在某一个特定的阶段出现，稍纵即逝。那么，大学生在创业时如何把握商机呢？把握商机需要独具慧眼，即看到事物表象之下潜在的需求或市场。例如：

某大学生在帮朋友买书的时候，王府井书店科技图书的热销给他留下深刻的印象。经过简单的市场调查，他发现科技书店在家乡是片空白，于是开始自己创业。但书店开起来之后并不像他想的那样火爆，他再次来到王府井书店进行详细的调查，回去后调整了经营思路。通过农民来买书和政府组织的送书下乡活动，他发现农村市场的广阔，现在他的科技书店办得红红火火。

这是个很典型的把握商机的案例：买书的时候观察，其实就是在做市场调查；再后来送书下乡，就是市场测试；看农民买什么书，是进行市场细分。这是一个完整的市场调研、市场分析、市场策划的过程。企业本身是一个生命体，它不断地需要培植、成长，不是抓住一个机会就能使一个企业不断地繁荣，而是不断地在经营过程中发现一些新的商机，才能给企业不断地带来新的增长。

创意也能带来商机。创意就是与需求有关的想法。真正的创意已经不单是一个对产品本身的创意，而是渗透在满足需求的各个环节，包括产品的产生、行销及产品的完善。创意其实是一种敏锐的感知力和判断力。创意怎样产生？最直接的方式是缺点列举法和联想法。例如，北航科技园的一家企业，创业者就是因为发现买了车以后，每次停车都要人工开启车位，这很不方便，他想能否发明一个开启车位的遥控，凭借这个想法，他注册成立了一家企业。

把握商机贵在争分夺秒。拿破仑有句名言："我的军队之所以打胜仗，就是因为比敌人早到 5 分钟。"打仗是这样，商战也如此。创业中抢得先机，获胜的筹码就会增加很多。例如：

SARS 流行期间，不少药店的体温计脱销。某卫校毕业的学生张某发觉这就是一个绝好的赚钱机会，于是立即寻找体温计的进货渠道。在到处找不到现成货源的情况下，他在从网上查资料时得到启发，利用"体温计""厂家""供货"等复合搜索方法，轻松查到了某仪器厂有体温计现货出售的信息。经过几番联系，加上利用快速的网上汇款功能，仅仅四天便拿到了 16 000 只普通水银体温计和 1000 支电子体温计，净赚 2 万元。当别人纷纷效仿他时，体温计在当地市场已基本饱和。而尝到利用信息技术快速寻找商机甜头的小张看到 SARS 过后，人们的健康观念转变很大，各大读书网站上健康类书籍一度名列畅销书排行榜前列，于是利用刚刚赚到的 2 万元申办了一家健康与教育畅销书销售网站，专门销售人们喜欢看的健康类书籍，以及教育书籍和学生模拟试卷。高考和中考前夕还和有关学校的局域网进行了一项"浏览教育畅销书销售网，免上网费"的营销活动，几天的时间净赚 3 万多元。

商海中有人挣钱，有人赔钱，创业难、赚钱难是多数人的体会。小张成功的例子告诉我们，步别人的后尘很难挣到大钱，提高赚钱的能力，利用现代化信息载体抓住"比别人早到 5 分钟"的商机，才会在激烈的商战中稳操胜券。

思考：

1）结合本节所学知识，谈谈大学生在创业前应该做好哪些方面的能力准备。

2）你认为通过哪些方式可以提升创业前的能力准备？

3）谈谈创业能力准备对于成功创业的意义。

第四节　大学生创业融资渠道与方法

从 2007 年开始，我国有利于非公有制经济和中小企业发展的一系列政策纷纷出台。例如，《中华人民共和国中小企业投资促进法》正式颁布，国家工商总局则开始加快清理和废止歧视民营经济发展的政策和法规，工商部门已取消对个体私营企业的一切歧视性市场准入障碍，个人投资创业因此不断升温。然而，由于个人投资多受制于资金匮乏这个瓶颈，所以如何筹措到所需资金匮乏已成为个人创业首先面临的问题。因为任何创业都需要最基本的启动资金，如产品定金、店面租金等。因此，对创业者来说，能否快速、高效地筹集到资金是创业成功至关重要的因素。

一、私人借贷

许多中小企业在创业初期，依靠的是亲戚、朋友或熟人的财力。这些资金可以采取借款和产权资本的形式。尽管求助于亲人和朋友融通的资金有限，但仍不失为一种非常重要甚至是创业之初唯一的融资渠道。

私人借贷是早期天使投资最简单的形式，它是从自己家人、亲戚或朋友那里借来的资金。家庭和朋友一般是创业者理想的贷款人，许多成功创业的人在创业初期都借用过家人或朋友的资金。根据统计数据，家人和朋友是创业者开办企业公司所用资金的第二种来源（第一种为自有资金）。

为有效地减轻这类借贷的压力可以采取以下几种方式。

1）"亲兄弟，明算账"。无论你是从家人还是朋友那里借款，都要写借条，写明借款的时间、地点、数目与条件。其中的条件可以参照当时的银行利息，来支付自己的借款利息。由于受中国传统文化的影响，过去人们总是觉得这么做"生分"，会破坏家人的亲情和朋友之间的友情，其实这是一种错误的观念。一方面，时间在这里本身就是风险；另一方面，没有人愿意把自己的钱毫无理由地放在别人的腰包里。还有一种情况是，你向家人和朋友借了钱而不支付利息，实际上等于在剥夺别人的财富。

2）在借款之前，最好向家人或朋友、亲戚如实地说明你的经营情况与项目，包括投资额度、预期收入与风险，然后把你的资金状况和缺口告诉他们，看看他们是否愿意将钱借给你，不要让家人或亲戚、朋友陷入一种尴尬的境地。如果你获得了他们的支持和贷款，也要注意使他们不断地获得有关你真实的经营状况和信息，尽可能地避免他们内心对你产生的不信任。

3）在你向家人或亲戚、朋友借贷的过程中，如果有人对你的经营项目产生了很大的兴趣，而且他们也觉得有信心，这个时候，你可以询问他们是否愿意进行合作经营。当然，你也得向他们说清楚，一旦合作经营，其收益可能远远大于他将自己的钱借给你而获得的利息；而一旦经营失败，所要承担的风险也要远远大于他将钱借给你的风险。但是，只要你的项目得当，而且他们也很信赖你的能力，相信自己的判断力，那么通过合作方式来筹集资金是完全可能的。

二、争取政策性扶持资金

作为调节产业导向的有效手段，各地政府部门每年都会拿出一些扶持资金。例如，2001 年杭州市提出建设"天堂硅谷"，把发展高科技作为重点工程来抓，与之相配套的措施是杭州市及各区县均建立了孵化基地，为有发展前途的高科技人才提供免费的创业园地，并拨出数目相当可观的扶持资金。李某计算机专业毕业后，十分希望办一家软件公司，发挥自己的才能。他得知杭州市将创办高科技企业孵化基地，对通过资格审查的企业将提供免三年租金的办公场所，并给予一定的创业扶持资金的消息后，认为这无疑是一个难得的创业机会。他立即带领几个同学创办了一家软件公司，不仅成功地进驻了位于杭州黄金地段的办公场所，还得到了 10 万元的扶持资金。

政府提供的创业基金通常被所有创业者高度关注。其优势在于利用政府资金不用担心投资方的信用问题，而且，政府的投资一般是免费的，进而降低或免除了筹资成本。但申请创业基金有严格的申报要求，同时，政府每年的投入是有限的，筹资者需面对其他筹资者的竞争。

三、合伙入股

创业社会化是一种趋势，由于一个人势单力薄，因此几个人凑在一起有利于创业投资，合伙创业不但可以有效筹集到资金，还可以充分发挥人才的作用，并且有利于对各种资源的利用与整合。合伙投资可以解决资金不足，但也应当注意一些问题：一是要明晰投资份额，个人在确定投资合伙经营时应确定好每个人的投资份额，也并不一定平分股权就好，平分投资份额往往会为以后的矛盾埋下祸根。因为没有合适的股份额度，将导致权利和义务的相等，结果使所有的事情大家都有同样多的权利和义务，经营意图难以实现。二是要加强信息沟通。很多人合作是因为感情好，相互信任。长此以往，容易产生误解和分歧，不利于合伙基础的稳定。三是要事先确立章程。合伙企业不能因为感情好，或者有血缘关系，就没有企业的章程，没有章程是合作的大忌。俗话说"生意好做，伙计难做"，寻找合伙人投资要遵循"共同投资、共同经营、共担风险、共享利润"的原则。

四、商业银行贷款

由于银行财力雄厚，而且一般具有政府背景，因此在创业者中很有"群众基础"。从目前的情况看，银行贷款有抵押贷款、信用贷款、担保贷款、贴现贷款等。银行贷款的优点是利息支出可以在税前抵扣，中小企业融资成本低，运营良好的企业在债务到期时可以续贷。缺点是一般要提供抵押（担保）品，由于要按期还本付息，如果企业经营状况不好，就有可能导致债务危机。

一般情况下，只要符合条件，商业银行也积极向个体经商户和私营企业发放贷款。个人创业宜从小到大滚雪球式发展，所以可先通过有效的质押、抵押或第三方保证担保等向银行申请流动资金贷款，等有了一定实力再申请项目贷款。个人创业可充分利用自身条件，到商业银行寻求贷款：一是要善于说服银行把钱借给自己。对于一般的商业银行来说，对个人创业贷款不一定完全要求是质押，只要你的个人信用良好，有相关的企业和部门做担保，也可以贷到自己需要的贷款。二是要充分利用消费信贷。将自己的住房、耐用消费品等通过银行消费信贷来购买，然后把自己的积蓄全部用于创业投资，这也变相地利用了银行贷款。三是利用存单、国债、保单等质押贷款。例如，中国人寿保险公司于2001年1月1日开始销售的"国寿千禧理财两全保险"，就具有保单质押贷款的功能。

五、寻找风险投资

如今有很多大公司、大集团甚至个人手中掌握有一些闲置资金，他们希望能找到可靠的投资对象。这时不妨寻找风险投资。如何寻找风险投资呢？当然可以通过亲朋好友的介绍，也可以委托专门的风险投资公司代理，还可以适当投放寻资广告或者上网发布寻资信息。例如：

张华是某高校国际经济与贸易专业毕业的学生，近年来，一家连锁经营的公司连年亏损，上级决定将其拍卖。张华认为公司的地理位置十分理想，之所以亏损主要是因为经营管理不当，只要对经营的品种结构做一番调整，再加强内部管理，就完全可以赢利。但是，要将公司拍到手，起码得有60万元以上的资金，凭自己的实力显然无法实现。于是，张华想到了昔日的同学何英。何英如今已是某集团公司的董事，向她借几十万元应该不成问题。何英了解了张华的来意后说，动用集团的资金必须经过董事会的讨论，而外借资金一般是很难通过董事会的。假如以合资的方式参与合作竞拍倒是可以的。一个月后，张华在该集团100万元风险投资的支持下，一举拍得了该公司，实现了自己当老板的愿望。

风险投资分广义和狭义两种。广义的风险投资泛指一切具有高风险、高潜在收益的投资。狭义的风险投资是指以高新技术为基础，生产与经营技术密集型产品的投资。提醒创业者的是风险投资家虽然关心创业者手中的技术，但他们更关注创业企业的赢利模式和创业者本人。

思考：

1）结合本章所学知识，谈谈大学生在创业前应该注意哪些方面。

2）你认为创业成功者应该具备哪些素质？

3）谈谈创业的融资渠道和方法。

第十二章

创业实践

导入案例

喂 奶 服

大连是全国闻名的足球城，那天体育场人山人海，邱惠领着儿子在人群中挤来挤去，突然，她的目光停在了两个抱着婴儿的年轻妈妈身上，在灼热的阳光下，那两个年轻妈妈怀里的孩子显然是饿了，在不停地哭。

邱惠有些心疼，就挤过去问那两个年轻的妈妈："怎么不给孩子喂奶呀？""带来的牛奶酸了。"两个年轻的妈妈无奈地说。"你们可以喂孩子母乳呀！"两个年轻妈妈环顾了一下四周，邱惠明白了，在大庭广众之下，两个年轻妈妈不好意思解开衣服，露出乳房。

邱惠笑了，她拉着那两个年轻妈妈，挤出人群，走进一个没有人的胡同里。邱惠用自己的身体挡住了过往人流的视线，让那两个年轻妈妈解开衣服给孩子喂奶。

婴儿吃饱了母乳，不哭了，两个年轻的妈妈抱着孩子，一边说着感谢邱惠的话一边挤回了人群。邱惠心里甜丝丝的，她感到了被人感谢的幸福。

返回看台后，邱惠的心却无法平静。她的脑海中涌出了这样的想法：能不能设计一种服装，让穿着这种服装的年轻母亲们能随时随地在大庭广众之下也能够毫无顾忌地给婴儿喂奶呢？想到这里，下岗后一直无事可做的邱惠一下子兴奋了起来。

比赛结束后，邱惠拉着儿子在体育场附近的广场花8元钱买了两米白布，回家后就开始研究、设计、缝制喂奶服了。

她反复设计了三次，喂奶服才成型。第一次，她在衣服的胸部挖两个小洞，缝两个小兜，兜盖往上翻，母亲喂婴儿奶是方便了，但上翻的兜盖掉下来，捂住了婴儿的鼻子，这个设计被否定了。第二次，邱惠设计了兜盖往下翻，婴儿吃奶后，再用拉链把兜盖拉上去，但这个设计也有缺陷，母亲拉拉链时，稍不留神，拉链就会划破婴儿的脸，这个设计也被否定了。第三次，邱惠在兜盖下翻的基础上，在喂奶的部位钉了几颗纽扣，婴儿吃奶后，再把纽扣扣上，这次，邱惠成功了。

邱惠拿着缝制好的两件喂奶服，找了几个年轻妈妈试穿，每个试穿的年轻妈妈的脸上都写满了惊喜，因为邱惠设计的喂奶服太精致、太方便了，穿着它，可以在任何场合给婴儿喂奶而不会感到尴尬。

看到年轻的母亲们喜欢她设计的喂奶服，邱惠知道她成功了。但是，别人有没有设计过这种喂奶服呢？邱惠上网查看后，发现没有人设计过，她兴奋不已，并给自己设计的喂奶服取名为"爱心喂奶服"。拿到专利证书那天，邱惠很激动，她终于以自己的聪明才智证明了自己的价值。

"千里之行，始于足下。"再伟大的计划，也需要脚踏实地、一步一步地实施。

（资料来源：伍祥伦，何东.2011.大学生就业.北京：科学出版社.）

第一节 确定目标

管理大师彼得·德鲁克说："企业的目的是创造和留住顾客。"这句话道出了创业的关键：找到你的顾客。有了顾客，才会有收入，才会有利润，这是企业生存的必要条件。

但是，这个世界上的产品和服务种类繁多，同一个产品也往往有不同的商业模式，到底应该从哪里下手呢？

一、灵感触动——构想

一个好的创业项目，常常来自一个简单的构想。但机会的来临，往往是有方向可循的。

1）关注环境变化。变化就意味着机会。环境的变化，会给各行各业带来良机，人们透过这些变化，就会发现新的前景。例如，随着经济条件的改善，人们需要越来越多的职业教育、培训、家政、旅游等产品和服务，这些领域的创业机会就将越来越多。

2）关注"低技术"行业。低技术行业往往赢利模式十分成熟，也十分清晰，尤其适合没有什么技术储备的创业。像餐饮、旅游、住宿、家政、培训、快递等行业，并没有太多的技术含量，社会对其的需求却相当稳定。这些行业里有着大量的创业机会。

3）在细分市场上找机会。共同的需要容易认识，基本上已很难再找到突破口。而实际上每个人的需求都是有差异的，如果我们时常关注某些人的日常生活和工作，就会在细分市场中发现机会。在寻找机会时，应习惯于把顾客分类，如政府职员、菜农、大学教师、小学生、退休职工等，认真研究各类人员的需求特点。

4）着眼于那些"未被满足的需求"和"没有被很好满足的需求"。生活中会遇到很多苦恼，这是因为需要的服务或产品没有人提供，或者提供的产品不能完全满足需求。如果有人能提供解决的办法，实际上就是找到了商机。例如，双职工家庭，没有时间照顾小孩，于是有了家庭托儿所；没有时间买菜，就产生了送菜公司。

5）需求还可以创造。没有电脑，就没有人们对电脑的需求。新技术和新产品在不断创造出新的需求，这也是经济发展的一大动力。如果我们有好的发明、技术，或者一个新的服务的创意，好好加以利用，就有机会开辟一个新领域。

二、明确创业目标

有了灵感，不要着急去做，要耐心地花费一点时间将想做的事情考虑清楚，这就是明确创业目标。在明确创业目标时需要回答以下几个问题。

1）你将经营什么？这不是容易回答的问题。回答该问题的方法多种多样：产品定义列出你提供的产品或服务；技术定义强调你的技术能力；市场定义按你当前和潜在的顾客限定你的经营；概念性定义使人们能判断你经营的是什么，以及怎样使它成为什么。

2）你的经营理念是什么？这是你生产、经营的基本哲理和观念。

3）你的产品和服务是什么？你的经营基于你销售的产品。

4）你的顾客是谁？你当前的顾客基础和你选择要服务的目标市场能进一步帮助你确定经营定义。

5）顾客为什么从我们这里买？每一种经营都有很多的竞争者，因此，你的顾客和潜在顾客对产品和服务有广泛的选择余地。

6）是什么使我们的企业同我们的竞争对手区别开来？什么是你不寻常的经营特色？按照你的市场眼光，如果你能把自己与竞争对手区分开来，就形成了强大的优势。

下面的创业轮廓将帮助创业者明确自己的创业目标。

（1）企业名称及建立的日期：

（2）企业形式：

　　□个体　　□有限责任公司　　□股份有限公司

（3）企业的主要顾客：

　　□个人　　□团体　　□公共机关　　□其他（简述）

（4）目前的产品和服务：

（5）企业的五个最主要的竞争对手：

　　① ＿＿＿＿＿＿＿＿＿＿＿＿

　　② ＿＿＿＿＿＿＿＿＿＿＿＿

　　③ ＿＿＿＿＿＿＿＿＿＿＿＿

　　④ ＿＿＿＿＿＿＿＿＿＿＿＿

　　⑤ ＿＿＿＿＿＿＿＿＿＿＿＿

（6）可能的竞争来自：

　　① 其他公司

　　② 技术

　　③ 行业人员

（7）企业的竞争地位：

　　□弱　　□较弱　　□平均水平　　□较强　　□强

（8）对企业的产品或服务的需要在递增/递减：

（9）企业可能引进的产品或服务：

（10）企业可能进入的市场：

（11）本企业的与众不同之处：

（12）当前企业最大的营销障碍：

（13）企业最大的营销机会：

（14）企业的总体经营目标和增长计划：

创业轮廓一旦明确，下一步就是写出任务陈述书。美国女童子军的前首脑弗兰西斯·海塞尔本对写出任务陈述书的理由有过精辟的论述："我们不断向自己提很简单的问题。我们的职责是什么？顾客是谁？顾客考虑的价值是什么？我们确实为了一个理由：帮助女孩儿发挥她的最高潜能……最要紧的是做出区别。因为当你清楚你的任务时，团体目标和运作目标会油然而生。"

根据填好的经营定义单，标出其中的关键词，把它们记在下列分类中你认为应该属于的那一类中，写出对你经营最重要的单一目标，再把结果简化成一两句话，就得到一份精确反映你经营目的的报告。

下面是任务陈述书示例。

顾客：企业小老板。

产品或服务：税务与管理或咨询。

市场：本地（半径 3 千米内）。

经济目标：赚钱、利润、稳定的收入基础。

信念、价值和理想：独立，关心团体，要形成区别，创造好生活。

特殊能力：帮助企业小老板，使之总收入最大，保持低成本，运用信息。

对雇员的关心：提供合理的报酬与利益；使他们工作中有自由，尽量减少监督。

任务陈述：为本地企业小老板提供税务与管理咨询服务，帮助他们成长，对我们雇员提供有益的工作环境。

三、创业项目分析

虽然你已经考虑和写下了你创办企业的构想，但是你还需要对它进行分析，进一步了解其可行性和风险。你需要知道它是否能使你的企业具有竞争力和赢利。我们知道企业以赢利为基本目的，企业要成功，首先销售要成功，也就是说先要做好市场（这基本是外部的）；其次，要控制成本（这基本是内部的）。

分析企业项目的一种方式是进行 SWOT 分析，前面已做过阐述。

1. 内部分析：优势与弱点

SWOT 从观察内部的优势与弱点开始。优势是指你的企业的长处，如你的产品比竞争对手的好，你的商店的位置非常有利，或你的员工的技术水平很高等。弱点是指你的企业的劣势，如你的产品比竞争对手贵，你没有足够的资金按自己的愿望做广告，或你无法像竞争对手那样提供综合性的系列服务等。在进行内部分析时，可以制作如表 12-1 所示的表格。

表 12-1 内部分析：优势与弱点

因素	优势	弱点
获利能力		
销售与市场营销		
质量		
顾客服务		
生产力		
财力		
财务管理		
运行		
生产与分配		
员工的发展		
其他		

2. 外部分析：机会与威胁

考察企业运行所处的外部环境。机会是指周边地区存在的对企业有利的因素，如你想制作的产品是否越来越流行；附近没有和你类似的商店；因为附近正在新建许多新的住宅小区，使得潜在顾客的数量即将上升等。威胁是指周边地区存在的对你企业不利的因素，如在该地区有生产同样产品的其他企业，原材料上涨将导致你出售的商品价格上升，或者你不知道你的产品还能流行多久等。

这些因素是你不可控制的，但如果知道它们将怎样影响你，你可以预先采取防备行动。可以制作如表 12-2 所示的分析表格。

表 12-2 外部分析：机会与威胁

因素	机会	威胁
当前顾客		
潜在顾客		
竞争		
技术		
政治气候		
政府及管理机关		
法律		
经济环境		
其他		

3. 风险分析

任何一个营业中的企业每天都面临着一定的风险，小企业自然也不例外。风险可定义为损害、伤害或损失的机会。对于刚刚创业的小企业来说，这种损失相当严重。小企业虽然"船小好掉头"，但它由于"本小根基浅"，故只能"顺水"，不能"逆水"。因此，大学生在创办企业时应该充分预估各种可能的风险，并制定出风险应付对策，把风险损失限制在企业所能承受的最小范围内。创业风险主要有以下几个方面。

（1）技术风险

技术风险包括研制的产品原型能否变成合格成品，形成批量生产；产品的技术寿命是否会缩短，提早退出市场；专门支持的配套技术是否成熟等。例如，美国的 TRITIUM 公司在风险资本的帮助下于 1998 年年初开始进军免费网络服务领域，采取类似网络零点公司的技术。但 TRITIUM 公司一时无法解决在技术上遇到的难题，即廉价带宽技术问题，在挣扎了半年之后，后劲不足，终于支撑不住，只好宣布无限期停业。

（2）管理风险

我们创业的大学生大多是专业技术人员，他们在专业技术上各有特长，并对技术研发情有独钟，但他们对管理的细节不感兴趣，也不熟悉。因此，可能发生诸如决策风险、组织风险和生产风险等。建议学生们多找合作伙伴，取长补短，形成团队。另外，关键人员的流失也会给企业带来致命的危险。如你开办一家餐厅，那么餐厅生意好坏很大程度上取决于厨师的厨艺。因此，你应该想办法雇请厨艺好的师傅并能长期留用他。

（3）市场风险

市场风险包括新产品推出到被顾客完全接受的时间是否会拖得过长，市场接受力有多大，潜在进入者的竞争威胁等。企业可能由于生产成本高、缺乏强大的销售系统或新产品用户的转换成本过高而常常处于不利地位，严重的可能危及企业的生存。

（4）外部环境变化所带来的风险

外部环境包括国家的产业政策、经济发展趋势，这些都在随时发生变化，对企业经营会带来一定的风险。另外，一些突发事件或自然灾害也会带来很大的风险。例如，美国发生"9·11 事件"，对中国的小型出口企业就带来了相当大的打击。在创业时应当多研究国家的产业政策，尽量避开那些政策限制性行业。经济条件允许的时候应当尽量为企业的财产购买保险，或加入一些互助性的组织，以降低突发事件带来的风险。

四、立项——制订行动计划

从创业者的灵感触发构想，到进一步明确想法，再到进行 SWOT 分析，以及各种风险预计和对策。在这个过程中，创业者可以说是绞尽脑汁，历经千辛万苦，但创业者还要做一下全面的回顾和总结。问自己几个问题：是否有克服不了的困难？是否有规避不了的风险？如果投入的钱赔光了，能不能承受这个后果？将你的想法同一位经验丰富的老师或长者进行交流，征求他人的意见，然后制订切实可行的行动计划。

思考：

1）结合实际情况，谈谈你身边有哪些创业的机会。

2）对你所确定的创业项目，运用 SWOT 原理分析它的可行性和风险。

第二节 制定创业计划书

创业计划书是创业者计划创立业务的书面概要，它为业务的发展提供指示图，是衡量业务进展情况的标准。俗话说"凡事预则立，不预则废""没有创业计划就无法融资"，这是被广泛证实的事实。从某种意义上讲，创业计划书是一件艺术品，它是公司形象与个性的象征。在创业之初，当你征询潜在的投资者、向银行申请贷款、准备聘用高层管理人员、准备同某供应商建立长期合作关系时，对方一般会要求创业者提供创业计划。这个时候，创业者必须拿出事先准备好的创业计划，这样才能有效地宣传自己并节省宝贵时间，提高工作效率。

一、创业计划书的作用

投资者希望通过一份理想的创业计划书来缩短投资者决策的时间，了解相关项目经营与发展的过程与结果，获得详尽的投入产出分析。

创业计划书发展至今，已经由单纯的面向投资者转变为企业向外部推销宣传自己的工具和企业加强管理的依据。现今的创业计划书的功能主要体现在以下三个方面。

1. 使创业者整体把握创业思路、明确经营理念

一个酝酿中的项目，往往很模糊，通过制定创业计划书，把正反理由都书写下来，然后逐条推敲。这样，创业者就能对这一项目有更清晰的认识。一般来讲，每一位创业者或者准备创业者在创业之初都会对拟创建企业的发展方向及经营思路有一个粗略的设想；但是，如果把这一设想编写为创业计划书，可以使创业者整体把握创业思路、明确经营理念；可以帮助创业者有效管理企业并走向成功；还可以宣传创业企业，并为融资提供良好的基础。

创业者如果把设想编写成规范的创业计划，则会发现自己所要从事的事业原来并非如自己所设想的那样。例如，市场增长率不像期待的那样高，或者自己的资金不足等，有些时候还不得不放弃创业念头，这种情况是经常发生的。而这也正是创业计划提供的最大帮助——使创业者客观地、严格地、不带个人感情地从整体角度观察自己的创业思路、明确经营理念，以避免因企业破产或失败而导致的巨大损失。另外，在研究和编写创业计划的过程中，经常会发现经营机会并不完全与期望的一样；但如果对创业活动做一些调节，成功的机会可能会更大。此时，创业者会根据实际情况采用不同的策略使创业活动更加可行。因此，创业计划的编写过程就是创业者进一步明确自己的创业思路和经营理念的过程，也就是创业者从直观感受向理性运作过渡的过程。

2. 帮助创业者有效管理企业，并走向成功

编制成功的创业计划书是一份非常有意义的企业文献。它可以增加创业者的创业信心，创业者会明显感到对企业更容易进行控制、对经营更容易把握。这是因为创业计划提供了企业基本现状及其发展方向，同时又为企业提供了良好的效益评价体系及管理监控标准，使创业者在管理企业的过程中对企业发展中的每一步都做出客观的评价，及时根据具体的经营情况调整经营目标，完善管理办法。

此外，创业计划还可以激励管理者及公司员工。创业企业所面临的主要问题之一是如何让企业的每一位成员了解本企业的发展战略和创业计划，并朝着同一目标努力。如果企业内部的每一位员工对企业的发展战略有不同的看法，企业则很难取得什么成就。一份由企业所有管理人员共同参与制定的创业计划能确保每个人都知道企业的发展方向，同时对他们产生一定的激励作用。

3. 宣传创业企业，并为融资提供良好的基础

如同推销人员参加商品展览会、公司总经理参加高层会议一样，书面的创业计划是创业企业的象征和代表，它使创业者与企业外部组织及人员达到良好的沟通，是企业对外宣传的重要工具。其作用主要表现在以下几个方面。

1）寻求风险投资。风险投资商一般要求筹资企业在融资过程中提供创业计划，风险投资商根据创业计划对企业进行筛选，选择他们认为最有发展潜力的企业进行投资。

2）寻求战略性合作伙伴和签订大规模的合同。战略性合作伙伴是指与创业企业有合作研究、合作市场开发及其他业务关系的各种企业及公司。对于创业公司来讲，获得战略同盟就意味着有了获得资金、市场及其他领域的重要渠道。一般来讲，一个大企业在吸收一个小企业作为其战略性伙伴之前，需要详细阅读该企业的创业计划。同时，创业企业在向大企业承揽大的业务的时候，大企业的管理者一般也要求创业企业提供创业计划。

3）吸引高级管理人员。创业企业在招聘高级管理人员的时候，往往也需要创业计划。因为对于创业企业来讲，招聘管理人员实际上是双向选择的过程：公司想招聘到优秀的高级管理人才，应聘者也想知道在新的公司里能否发挥自己的才能，能否有所发展。

4）获得银行资助。银行一般只要求贷款企业提供过去和目前的财务报表。但由于资金的需求大大超过资金的供给，只提供财务报表是不够的，贷款企业必须提供有前景的创业计划。创业计划可以使本企业与众不同。尽管银行不要求贷款申请人提供企业创业计划，但是申请贷款企业提供创业计划会增大获得贷款的可能性。银行在进行贷款决策的过程中是非常谨慎的，一份书面的创业计划书会提供更多的信息，在银行阅读计划之前，计划本身已经告诉银行：该企业的创始人非常重视计划，从而增强银行对企业成功和减少风险的信心。有时候，企业的信息对银行十分重要，因为银行会认为这些创业者更注重避免风险，从而也就更有资格获得贷款。

二、创业计划书的编写原则

创业计划书也称商业计划书，是具体说明投资意向的书面文件。一份好的计划书必须充分展现创业者对于企业内外环境的熟悉程度及实现计划书的信心，必须包括所有重要的经营功能，对环境变化的假设与预测也必须一致，要做到这些，在编写计划书时要遵循以下几点原则。

1. 坚持以市场为导向

任何一个企业的利润都来自市场对产品与服务的需求，没有依据明确的市场需求分析所撰写的创业计划书必将是空洞的。因此，创业计划书必须坚持以市场为导向的观点来编写，通过市场调查充分显示创业者对于市场现状的掌握与未来发展预测的能力。

2. 展现竞争优势与投资利益

创业计划书不仅要将经营、管理方面的资料展现出来，而且要充分展示创业者所具备的竞争优势，同时还要明确指出投资者的利益所在，以及显示出创业者创造利润的强烈愿望。

3. 展现经营能力

创业计划书的"管理团队"部分要充分展示创业团队的经营能力与丰富的经验背景，并显示创业团队对于该产业、市场、产品、技术及未来运营策略已有的信心和对创业成功的把握。

4. 内部逻辑一致

创业计划书通篇都要做到前后基本假设或预测相互呼应，前后逻辑一致。例如，财务预测必须根据市场分析与技术分析所得到的结果而进行各种报表的规划，人员的配备也要依据经营规模的变化而变化。

5. 真实明确

创业计划书内的数字必须是通过调查而来的，不能凭空想象，尽量做到客观、真实。创业者一般容易高估市场潜力或投资回报而低估经营成本和风险，创业者要尽量列出客观可供参考的数据与文献资料，明确指出企业的市场机会与竞争威胁，并要以具体的资料、数据作证。同时还要分析可能的解决危机的方法，此外，创业计划书要明确说明各种分析所采用的假设条件、财务预测方法与会计方法、市场需求分析所依据的调查方法与事实依据。

6. 完整性

创业计划书一般包括执行摘要、企业描述、市场营销、营运、管理、财务、主要风险、收获策略、项目进度表时间检查点、附录和参考资料十个方面的内容。但其内容、用词要以简单明了为原则，文字通畅、表达准确，排版规范、装帧整齐，对于非相关资料尽量不列出来。

三、创业（商业）计划书的主要内容

一份完善的创业（商业）计划书，应该详细描述公司的目标、为实现目标将要采取的各项战略方针、公司的组织结构和公司运营需要的资金等。

1. 执行摘要

摘要是全部计划书的核心所在，是创业计划的精髓。摘要简要介绍了计划内容，将所有的信息置于不同的视角之下，总长度不能超过三页。摘要通常在整个商业计划完成后开始撰写，这样才能够将每一章节的特点部分包括到摘要中。由于摘要是人们阅读计划的第一步，甚至可能是阅读的唯一部分，因此它必须展现出整个计划的质量水平，必须是整个计划的完美缩影。

摘要部分的陈述内容要简单介绍企业自身、市场机会、财务需求、未来预测和企业相关的特殊研究或技术，要符合评估者或投资者的阅读习惯。如果这些信息阐述得不够简明、清楚、充分，或只是简单地总结该计划，读者也许会将整个计划置于一旁而并不给予资金。

2. 企业描述

首先，要确定具有特殊意义的企业名称（如家族名称或技术名称等）。其次，要通过企业现状和未来发展趋势来展现行业背景。再次，要详尽地阐述这个新创企业，预测其潜力。所有的重要方面都要加以定义并使其可理解，图表等材料也要包括在其中。最后，深入讨论这一新创企业在竞争中的潜在优势，包括专利、版权和商标，以及特殊技术和市场优势等。

3. 市场营销

这部分内容要求创业者必须证明市场是存在的，预计的销售量是能够达到的，企业最终会在竞争中取胜。这一部分通常是商业计划中最难的部分，同时也是最重要的部分，因为此后的各部分都要根据这部分的销售计划来制定。基于市场研究和分析的销售水平预测直接影响生产运营规模、市场营销计划、债务额和股权资本等。进行任何研究、设计和发展规划工作都是根据成本、时间和该部分采用的特定测试方法，投资者需要了解项目现状，包括原型分析、实验测试和行程安排等。同样的重要工作还有确定项目的设计和发展，深入探讨可能存在的困难，以防推迟或改变项目。下面从五方面来对整个营销计划细节化。

1）市场利基和市场份额。市场利基是指市场利基者越过专业化经营而获取的更多

的利润。利基市场是指市场中通常为大企业忽略的某些细分市场。利基市场战略是指企业通过专业化经营来占领这些市场，从而最大限度地获取收益所采取的策略。实施利基战略的重要意义在于：进行市场利基的公司事实上已经充分了解了目标顾客群，因而能够比其他公司更好、更完善地满足消费者的需求。并且，市场利基者可以依据其所提供的附加价值收取更多的利润额。总之，市场利基者获得的是"高边际收益"，而密集市场营销者获得的只是"高总量收益"。

另外，要列出已经表示对产品或服务感兴趣的潜在顾客，并分析他们的兴趣所在。阐述市场的整体潜力是十分重要的，至少要预计三年的销量，要包括其他一些影响市场扩大（行业趋势、社会经济趋势、政府政策和人口变化）的因素。此外，还应当回顾以前的市场走向，分析过去的年度增长率与预计年度增长率之间的不同。

2）竞争力分析。企业家应该分析其竞争的产品或服务的优缺点。用于评估竞争的任何资料都要标明来源。基于竞争产品或服务的定价、市场表现、服务、保障和其他相关特点，简要探讨目前竞争产品和服务的优缺点，分析它们为什么不能满足客户需求。要综述一下竞争公司，讨论各个竞争公司的市场份额、销售和分销情况及生产能力，尤其要注意竞争对手的赢利能力和利润趋向。

3）营销策略。营销策略部分要大致确定公司的总体营销理念和方式。营销策略是指公司在广义上对其产品和服务进行市场营销，从而构成了制订营销计划的基础。营销研究则是系统地收集、分析、整合与公司的市场、顾客和竞争对手相关的信息，其目的是更好地制定营销决策。市场研究则是收集和评估顾客对于产品和服务偏好的信息，同样也是营销研究的一个组成部分。营销理念和方式应当通过市场研究和评估数据得出。

4）定价政策。价格必须能够保证公司进入市场并获得一定市场地位，从而产生利润。在讨论定价政策的过程中，企业家会考察多种定价策略，并最终确定一种有说服力的。定价政策要与主要竞争对手的定价政策相比较。同时，还要考虑生产和最终销售之间的毛利空间，看这个空间是否达到能够满足分销、销售、保障和服务支出，满足发展中的摊销和设备损耗，并最终产生利润。

5）广告计划。对于生产型商品来说，企业家要准备好产品的样板、宣传稿件，参与贸易展的计划、贸易杂志广告、直邮宣传或使用广告代理。对于其他普遍的产品和服务来说，企业家要讨论介绍产品的广告和促销模式，还应当包括销售援助计划等。

4. 营运

这一部分通常以说明新创企业所在地位为开端。新创企业的选址应当参考劳动力可利用率、薪酬水平、与供应商的邻近程度及顾客社会支持度等因素。此外，地方赋税及当地的一些优惠政策也应当考虑。其他特定的需求则包括新创企业营运所需要的设施（厂房、仓库和办公室）和设备（特殊工具、机器、电脑和运输工具），同时，还要考虑原料运输过程中供应商（数量和邻近程度）和运输成本两个因素。当然，劳动力支持、薪酬水平和所需要的技术岗位也要体现出来。最后要标出的是与所有营运因素相关的支出数据。这一部分所使用的财务信息将用于此后的财务预测。

5. 管理

这部分明确的是核心人才及其职责，以及使他们胜任各自角色的职业生涯经验。管理团队中的每个成员都要提供电子简历。同时，企业家在该企业中所扮演的角色也要在这一部分被清楚地界定。最后确定和探讨的是顾问、咨询团队和董事会成员。在这一部分中，要清楚地阐述薪酬结构和所有权结构（股权协议、咨询费用等）。总之，经过探讨要呈现给投资者的主要因素有以下几点：组织结构，管理团队和关键人才，人才的经验和技能，所有权结构和补偿协议，董事会和外界顾问、咨询人员。

6. 财务

商业计划的财务部分展示了这项事业的潜在活力。在这一部分，有三种基本财务报表需要呈现：预计资产负债表、利润表和现金流量表。

1) 预计资产负债表是依据当前的实际资产负债表和全面预算中的其他预算所提供的资料编制而成的，反映企业预算期末财务状况的总括性预算。预计资产负债表可以为企业管理部门提供会计期末企业预期财务状况的信息，它有助于管理部门预测未来期间的经营状况，并采取适当的改进措施。预计利润表是以货币为单位，全面综合地表现预算期内经营成果的利润计划。该表既可以按季编制，也可以按年编制，是全面预算的综合体现。它是利用本期期初资产负债表，根据销售、生产、资本等预算的有关数据加以调整编制的。编制预计资产负债表的目的在于判断预算反映的财务状况的稳定性和流动性。如果通过预计资产负债表的分析，发现某些财务比率不佳，必要时可修改有关预算，以改善财务状况。

2) 利润表是反映企业一定会计期间（如月度、季度、半年度或年度）生产经营成果的会计报表。企业一定会计期间的经营成果既可能表现为盈利，也可能表现为亏损，因此，利润表也被称为损益表。它全面揭示了企业在某一特定时期实现的各种收入、发生的各种费用、成本或支出，以及企业实现的利润或发生的亏损情况。利润表是根据"收入−费用=利润"的基本关系来编制的，其具体内容取决于收入、费用、利润等会计要素及其内容，利润表项目是收入、费用和利润要素内容的具体体现。从反映企业经营资金运作的角度看，它是一种反映企业经营资金动态表现的报表，主要提供有关企业经营成果方面的信息，属于动态会计报表。

3) 现金流量表是反映一定时期内（如月度、季度或年度）企业经营活动、投资活动和筹资活动对其现金及现金等价物所产生影响的财务报表。这份报告显示资产负债表及损益表如何影响现金和等同现金，以及根据公司的经营、投资和融资角度做出分析。作为一个分析的工具，现金流量表的主要作用是决定公司短期生存能力，特别是缴付账单的能力。现金流量表是反映一家公司在一定时期现金流入和现金流出动态状况的报表。其组成内容与资产负债表和损益表相一致。通过现金流量表，可以概括反映经营活动、投资活动和筹资活动对企业现金流入流出的影响，对于评价企业的实现利润、财务状况及财务管理，要比传统的损益表提供更好的基础。

7. 主要风险

这部分主要讨论以下几种潜在风险：行业发展不顺利带来的影响；预料之外的设计或生产成本；购买部件或原料时遇到的延时困难；预料之外的新竞争等。要解决这些问题，有效的方法就是进行假设。例如，如果竞争对手降价了怎么办，行业走下坡路怎么办，市场预测错误怎么办，销售预测完不成怎么办……

另外，在这一部分应列出可供选择的解决方案。显然，这些风险都有可能发生，阅读商业计划书的人想知道的是企业家是否意识到了这些风险，以及有没有为这些主要风险做好准备。

8. 收获策略

每一份商业计划书都要深入探讨未来的收获策略。随着企业的发展壮大，企业家规划出有秩序的转变是十分重要的。这一部分要处理的就是有关管理层继任和投资者策略的问题。此外，还要考虑改变管理层，即当企业所有权改变时有序地转变公司资产；在转变过程中保证商业策略的连续性；当管理团队发生改变时任命运作业务的关键人员。因此，制订一份书面的企业承接计划十分必要。

9. 项目进度表时间检查点

在制订项目进度计划时，在进度时间表上设立一些重要的时间检查点，这样一来，就可以在项目执行过程中利用这些重要的时间检查点来对项目的进程进行检查和控制。这些重要的时间检查点被称作项目进度表时间检查点。

这种方法在管理层中用的最多，主要是列出项目的关键节点及这些节点完成或开始的日期。编制进度以前，根据项目特点编制项目进度表时间检查点，并以该项目进度作为编制项目进行计划的依据。编制进度计划后，根据项目特点及进度计划项目进度表时间检查点，并以此作为项目进度计划的主要依据。项目进度一般是项目中完成阶段性工作的标志，标志着上一个阶段结束、下一个阶段开始，将一个过程性的任务用一个结论性的标志来描述，明确任务的起止点。一系列的起止点就构成了引导整个项目进展的项目进度表。

10. 附录和参考资料

商业计划书的最后一部分并不是强制要求的，但这一部分可以展示一些不适合编入计划主体部分的内容，包括图表、蓝图、财务数据、管理团队成员简历，以及其他任何部分的支撑材料。具体编写哪些内容的决定权在企业家手中。但是，所有的内容都必须与材料相关或支持其他材料。

思考：

1）撰写一份适合你自己的创业计划书。

2）如何在进行创业实践前制作一份可行性较好的计划书？

第三节 实施计划

一、创建企业

确定好了创业目标，经过了先期的论证评估，制定了创业计划书之后，创业者就可以着手创建企业了。

创办新企业要注册登记，如同增加人口办理户口一样。根据我国的法律规定，新办企业必须经工商行政管理部门核准登记颁发营业执照，并获得有关部门颁发的经营许可证，如卫生许可证、环保许可证、特种行业许可证等。企业只有领取了营业执照，才算有了"正式户口"般的合法身份，才可以开展各项法定的经营业务。

一般的创业流程如图 12-1 所示。

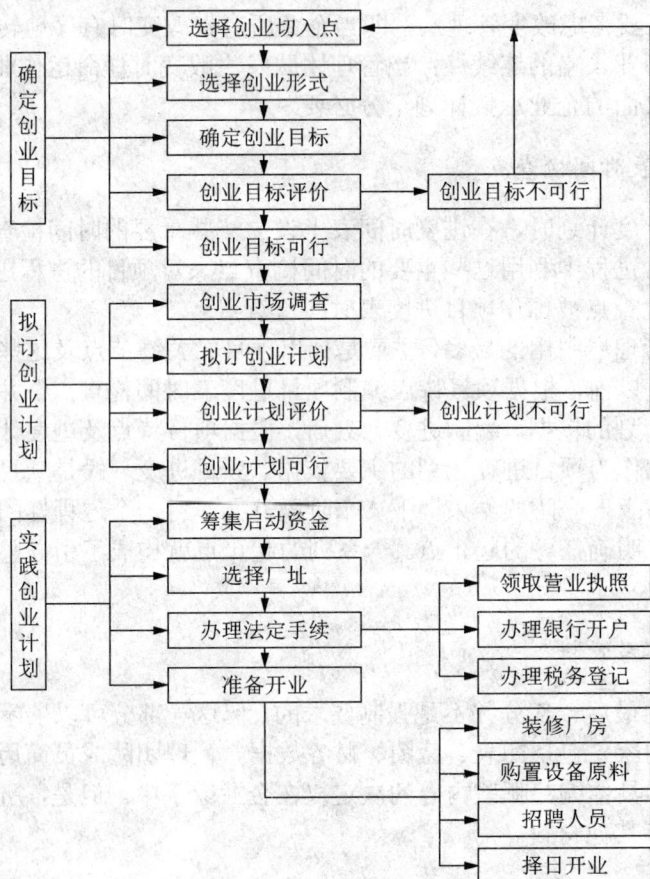

图 12-1　一般的创业流程

二、管理企业

（一）企业战略管理

企业为了适应未来环境的变化，把战略的思想和理论应用到企业管理当中，寻求长期生存和稳定发展而制定的总体性和长远性的谋划，这就是企业经营战略管理。

一般来讲，企业战略管理包含四个关键要素：①战略分析，即了解组织所处的环境和相对竞争地位；②战略选择，即进行战略制定、评价和选择；③战略实施，即采取措施发挥战略作用；④战略评价和调整，即检验战略的有效性和可控可操作性。

（二）企业组织管理

随着中国经济走向历史发展的快车道，市场竞争形势发生了重大变化，其中很重要的一方面，就是企业的成长发展不再是依赖个人的力量，而是依靠团队和组织的力量。而团队组织力量的形成，除战略规划、目标设置、计划编制方面的要素外，建立科学严谨的企业组织管理体系应是企业长期不变的信条。

（三）人力资源管理

遍布世界各地的著名快餐店麦当劳是一个靠人才起家的典型连锁企业。除麦氏兄弟外，克罗克等人对企业发展也起到了举足轻重的作用。加强人力资源管理，对创业成功具有重要意义。

人力资源管理涉及以下主要内容。

1）人力资源规划。通过对人力需求和供给的预测，制订人员计划、晋升计划、人员配置与调整计划、培训开发计划和报酬计划等。规划的原则一般有三个：①尽可能少用人；②因事设人；③长远打算。

2）人员招聘。首先，确定用人标准，以便迅速、准确、有效地招聘、选拔和录用符合工作需求的合格人员。其次，着手招聘事宜，可通过笔试、面试或具体操作等途径，来招揽自己所需要的人才。不过，值得注意的是，创业者必须注意招聘的道德和规范，坦诚地对待每一位应聘人，以此来换取竞聘者的信任，使新招聘到的员工能与自己长期合作。

3）绩效评价。绩效评价是对员工一段时间内的工作表现和工作业绩做出评价的过程。它是人力资源管理中很重要的一环，与员工的挑选、培训、职务升降、工资报酬等有着密切的联系。作为创业者，对员工进行绩效评价时，应注重三大原则：①建立绩效标准；②公正、公开评价；③及时反馈评价结果。

4）薪酬管理。创业者应明确创业组织各项工作所需的技能、学历和工作的难易程度等，从而判断承担每项工作的员工的相对价值，以此作为薪酬管理的依据，制定公平、合理的薪酬政策。要根据绩效评价的结果，并运用合理的福利、晋升及其他激励机制，使员工变得更有积极性和创造性。

5）协调劳动关系。运用各种手段，对管理者与被管理者、员工与雇主、员工与员工之间的关系进行协调，避免不必要的矛盾和纠纷；按照国家法律法规要求，维护员工的各种合法权益不受侵犯，保证相关劳动法规在组织里的正确实施。

6）培训与开发。通过分析，明确从事组织中某项工作所需的技能、知识和素质等，依据这些条件和要求制订员工的培训计划，有针对性地设计和安排培训内容与方法，提高员工的工作能力、知识水平和发展潜能，最大限度地使员工的个人素质与工作需求相匹配，进而促使员工的工作绩效提高。

（四）企业财务管理

财务管理不论是创业者还是守业者，其基本内容都是由企业资金运转的内容和形式所决定的。企业在生产经营过程中，都要经过资金投入、生产产品或经营商品、回收资金的运转过程，而创业中的财务管理内容则更为复杂、具体。

1）资金筹集的管理。其主要包括资金筹集的必要性，对资金成本和投资风险的评价，资本金的筹集和管理，企业债权、债务的管理。

2）流动资产的管理。其主要包括现金和存款的管理、应收和预付款的管理、存货的管理、低值易耗品的管理。

3）固定资产的管理。其主要包括资产折旧管理、新的投资项目的管理。与固定资产相对的就是无形资产，无形资产是指企业拥有或者控制的没有实物形态的可辨认非货币性资产，如货币资金、应收账款、金融资产、长期股权投资、专利权、商标权等，因为它们没有物质实体，所以表现为某种法定权利或技术。

4）成本费用的管理。其主要包括生产成本、资金使用成本、管理成本、企业策划成本、广告成本等方面的管理。

5）销售收入、利润、税务和分配的管理。这里要强调的是，在进行财务管理时，一定要强化税后利润的概念，自觉将依法纳税纳入财务管理日程。

6）财务报告与财务说明。其主要包括资产负债表、损益表、财务状况变动和账务情况说明书的管理，此外还有财务分析。

（五）企业营销管理

影响企业营销活动的因素一般有两大类：一类是企业不可控制的环境因素；另一类是企业可控制的营销因素。企业可控制的营销因素很多，美国密西根大学教授麦肯锡把它概括为四大因素，即麦肯锡著名的"4P"组合：产品（product）、价格（price）、分销渠道（place）、促销（promotion）。所谓产品是指满足市场需求的有形的物品及无形的服务、组织、观念或它们的组合；价格就是为本产品制定价值的货币尺度；分销渠道是指产品从生产者向最后消费者或产业用户移动时，直接或间接转移所有权所经过的途径；促销就是考虑如何将适当的产品，按适当的价格，在适当的地点通知目标市场，包括销售推广、广告、培养推销员等。

（六）企业文化管理

企业文化是指企业在发展中形成的一种企业员工共享的价值观念和行为准则。成功的大型企业一般采用自己独特的文化来管理并影响自己的企业。

企业管理的最高境界就是全面提升企业的核心竞争力，其中包括企业的决策能力、组织能力等。加强企业文化管理，正是从员工价值观的共识、彼此的默契、能力的提升等多个方面提高企业的核心竞争力的。企业文化具有可塑性，并非企业天然具有的，可通过大力提倡，逐步塑造而形成。一旦在员工中达成了共识，就不会轻易改变，并将长期发挥作用，悄然无声地渗透到企业的各项工作和员工的各种行动中。企业应针对自身状况，投入财力和人力，大力发展优秀的企业文化，来促进企业的繁荣和成长。

三、企业经营战略

（一）起步阶段的企业经营战略

1）开发企业组织能力。从人力资源开发与管理者角度来看企业发展，企业组织能力就是指一个企业实现其战略目标的能力。简单来说，可以从以下几个方面来进行衡量：①员工的思维模式，即员工是否有意愿为完成企业的战略目标而努力工作；②员工的能力，即员工是否具备完成工作任务的能力；③员工的治理方式，即企业能否为员工提供一个充分发挥才能的环境。实际上，有效的能力是上述三个方面因素共同作用、相互平衡的结果，不可忽视任何一个方面。开发企业组织能力也正是现代企业人力资源管理的核心所在。

2）同供应商建立战略联盟。既让供应商在整个产业链中开展其专业化的活动，又利用其发展来推进自己。

3）适应快速变化的市场环境。因为对未来要发生的变革不可能全部做出预测，企业必须敏捷、快速地调动公司的资源，对竞争对手的行动和新的技术发展态势等做出适当反应。速度、灵活性和创新精神在此时显得十分珍贵。

（二）成熟期的企业经营战略

1）竞争战略的选择。哈佛大学商学院著名的战略管理专家迈克尔·波特提出，基本竞争战略有三种，成本领先战略、差异化战略、集中化战略。企业必须从这三种战略中选择一种，作为其主导战略。要么把成本控制到比竞争对手更低；要么在企业产品和服务中形成自己与众不同的特色，让顾客感觉到你提供了比其他竞争者更多的价值；要么致力于为某一特定的目标市场、某一特定的产品种类或某一特定的地理范围服务。这三种战略架构上差异很大，成功地实施它们需要不同的资源和技能。在选择竞争战略时，对不同产品的生产规模进行成本分析是十分必要的。如果是小批量生产，采用产品差异化或集中战略是有利的；若是大批量生产，则采用成本领先战略为好。

2）产品结构的调整。当企业进入成熟期后，产品的特色正在逐渐减少，价格也会逐渐下降，因此就需要进行产品结构分析，淘汰部分亏损和不赚钱的产品，将企业的注意力集中于那些利润较高、用户急需的项目和产品，努力使产品结构更趋合理。

3）工艺和制造方法的改进与创新。随着企业的逐步成熟，新产品开发将越来越困难。因此，企业应为进一步降低成本而在工艺和制造方法革新上下功夫，在产品销售渠道等方面进行改进，以期能获得较多的利润。

4）用户的选择。在企业进入成熟期后，企业扩大销售额比较容易的方法就是使现有用户扩大使用量，这比寻求新用户更为有效。因为扩大用户往往会引起剧烈的竞争，而对现有用户增加销售，可以用提高产品等级、扩展产品系列、提供更高质量的服务等方法来实现。因此，企业应努力保住一些重点老客户，以有效扩大销售额。

5）开发国际市场。有条件的企业可努力开拓国际市场，以扩大资源利用范围。当国内市场趋于饱和后，尤其应当重视国际市场。

（三）再创业

1）最诚恳、最真挚地对待帮助过你的人。对于在你创业初期或创业过程中帮助过你的人，一定要永远以最诚恳、最真挚的方式对待他们，尤其是那些给你提供了创业资金等帮助的人。在你失败的时候，千万不要躲避、隐瞒甚至欺骗他们。如实地把你情况告诉他们，力争得到他们的理解和谅解，也要有勇气正确面对现状，要向他们承诺其债权永远有效，并一定能及时偿还。请求这些人的理解是你走出创业失败困境的第一道关口。

2）恳请朋友帮助你分析你的处境。"不识庐山真面目，只缘身在此山中。"再冷静的创业者，在失败的时候，往往也难以清醒地对待自己的处境。这个时候，你没有必要仍然只相信你自己，请朋友来帮助你，分析你目前的处境并提供对策，是你渡过难关、重振雄风的又一法宝。

3）整理剩余资源。创业失败之后，你还有些什么？这是你必须面对的严酷现实。固定资产、现金、商标、专利、土地、专有技术、公共关系和客户等，这些都是创业的宝贵资源，是你可以翻身再创业的前提条件。你必须十分清楚，资源的重新组合就是你再创业的前期投入。

4）反思你失败的原因。一次创业失败后，一般不可能马上就有再创业的机会。但你应该积极反思失败的原因，总结经验教训，未雨绸缪，积极为日后再创业做好思想和经验准备。

5）抓住身边的机会。以最短时间控制自己的失败情绪，努力学习新的创业理论、别人的成功经验和能够掌握的新知识，这将有助于你开始新的创业实践。应做一个有心人，随时观察、捕捉身边的创业机会。当机会来临时，就趁势而上，积极有为，切莫与它失之交臂。

四、规避创业误区与风险

18 世纪美国伟大的科学家和政治家富兰克林曾无奈地感叹："在这个世上，除了死亡和税收外，没有什么事情是确定无疑的。"同样，对于创业者来说，除了风险外，没有什么是确定的。

（一）常见的创业误区及其规避方法

（1）过于乐观

在经济快速增长的时候，人们容易随意超支，对未来估计过于乐观，藐视风险，从而形成投资泡沫。这种情形，如遇风吹草动，泡沫破灭，投资者就会陷入危局和困境。因此，投资者应从风险与收益平衡的角度考虑企业的投资方向，选择合适的投资项目，并且把投资规模控制在适度的范围内。在具体投资时，应将资金分批次、分阶段投入，尽量避免一次性投入；应留有"后手"，以防万一环境变化，风险发生，手中再无周转资金，以致满盘皆输。

（2）急功近利

创业者在初涉投资时，易受眼前利益驱动，而忽视长远利益，采取急功近利的短期行为。这样做，虽然有可能使自己一时获利，却容易丧失长远发展的后劲。投资是一项系统工程，创业者要克服急功近利的思想，切不可杀鸡取卵、竭泽而渔。

（3）不愿寻求投资合作伙伴

不少创业者封闭保守，只愿单打独斗，不愿寻求合作伙伴。其实，在投资活动中，投资者既应讲独立，也应讲合作。适当的合作（包括合资）可以弥补双方的缺陷，使弱小企业在市场中迅速站稳脚跟。如果创业者不顾实际情况，一门心思单打独斗，就很可能延误企业的发展。

（4）放弃弱小的合作伙伴

创业者在寻求合作伙伴时，往往追大弃小。其实，在你需要的时候，弱小的合作者有可能给予你及时和有力的帮助，一些更强大的潜在合作伙伴反而有可能却步不前，弃你而去，使你丧失更多的机会。

（二）创业风险的防范与控制

初次创业暗藏着巨大的风险，资金不充分、资源不完备等因素可能会大大降低初次创业的"免疫力"，使创业者随时面临经营风险。那么，初次创业主要有哪些特征性风险需要注意和有效规避呢？

（1）规避现金流周转的风险

创业时，因资金准备不足或资金占用因素导致的资金暂时断流，甚至给员工发工资都成问题，遇到这种情况最令创业者被动，毕竟创业者是用现金来购买设备、发放工资、缴纳税款、支付账单的。因此，应把创业思考的重点放在如何减少必需的资金投入、提高销售周期，特别是尽快获得可重复增加的收入方面。

如果你想创业，就要面对现金流问题，采取相应措施使现金周转成为良性循环。从中发现市场存在的创业需求，看看自己能否用新的方法去满足这种需求。仔细观察身边的消费需求，看看自己是通过选个新地方还是换种新方式来实现这种需求。你的创业才能够顺利开始。初次创业必须确定利润模式，必须找到利润点，要有明确的利润来源。

（2）规避创业团队人事危机的风险

受经济危机风潮的影响，创业过程中来自合伙人、股东、员工的人事危机，包括退伙（股）、"跳槽"、利益纠纷等人事风险，不仅表现在使创业组织不能正常运行，还表现在当雇员不能为创业企业所用时，到竞争对手那里去挖创业企业的"墙角"。许多创业者一开始就想组建一支优秀的创业团队，但要慎重选择团队成员，要首选那些年轻、渴望工作，工作能力强但并不一定有全面的经验，对工作机会异常珍惜的人，他们很可能是创业起家的最佳拍档。

如果你是创业团队的领头雁，你所做的就是如何把创业团队人员凝聚在一起，将其积极性和创造性更为充分地调动起来。毕竟，创业需要的是行动力，而不是杂乱无章的想法。并且，创业者要有整合资源的能力，初次创业要"团结一切可团结的力量"，打造一个优势互补的利益共同体，以此有效降低成本，提升运营效率，使企业运营事半功倍。

（3）规避政策和决策的风险

创业者如果不懂得相关行业政策和自己所从事产业的相关政策，在创业过程中不善于把握和运用一些优惠政策，无异于盲人摸象，会走不少弯路，甚至误入歧途，这样带来的风险是"硬伤"。要在政策允许的范围内创业，不可以怀着侥幸的心理，采取"打擦边球"的做法。决策风险是指不同的决策方案有不同的机会成本，以及不同的机会风险，因为害怕出现某种决策风险及由此带来的后果，不敢果断下结论。在此，需要告诫创业者的是，要尽可能避免创业中的决策失误率，尤其是战略方向的，也就是我们常说的"做正确的事，然后把事情做正确"。

（4）规避不切现实的风险

创业需要创新，但创业更是脚踏实地的行动，而不是盲目自大的臆想、痴人说梦。总是将创业理想化，将创业前景想得过于简单和乐观，认为自己在做没有人做的事，或自己在做别人无法赶超的事，这样所担当的不切实际的创业风险一旦变成现实，打击将是致命的。如果想创业，就要面对现实，从现实中发现市场存在的需求，看看自己能否用新的创业方法去满足市场需求。

总的来说，是要不断地去实事求是地进行创业，而不是没有经过认真酝酿，便心血来潮地开始创业行动，看到别人赚钱，于是自己也要干，不考虑自身的素质条件或时机是否成熟，执意模仿与跟随。这样的创业结果，对于创业者来讲成功的概率比较小，竞争也会更加激烈，最后导致同行不认账，消费者也不买账。

创业需要激情但不需要冲动，创业需要脚踏实地地去一步步实现，而不是一蹴而就的。

（5）规避产品项目和市场营销的风险

市场营销风险是创业过程中较为核心的风险因素。强势竞争对手的出现导致竞争加剧，市场形势瞬息变化。市场是检验创业项目与产品优劣的唯一地方，市场营销在创业过程中显得尤为重要。如果产品选不好，项目选不好，营销能力再强无异于自断后路；而如果产品或项目都很不错，市场营销能力欠缺，这样所形成的创业风险则会伤及创业行为的本身。为谨慎起见，创业者可以先选择一个较小规模的市场尝试销售，根据市场反馈，再对产品和营销计划进行修正。

这样做既可以加快市场进入的速度，以尽快获得现金的流入，同时也能了解到客户需要真正解决的问题。况且，花费更多的时间并不能保证产品的完美，相反只会产生更多不需要的功能。

创业中的市场营销就是创造顾客需求，更直接地把握更多的消费者需求，洞悉市场需求的变化趋势，并快速反应，找到满足市场需求及变化的办法。

（6）规避短期诱惑和盲目扩张的风险

如果创业者心猿意马，无法抵御来自市场或合作伙伴的利益诱惑，就很可能前功尽弃。

此外，如果创业者目光短浅，总是看着眼前的蝇头小利，甚至做出一些欺骗合作伙伴、客户及员工的小伎俩，最终的结果便是害人害己。初次创业暗藏着巨大的风险，它不同于二次创业，因为二次创业是企业为了寻找新的市场机会与经济增长点，并且企业已经（初步）完成了资本的原始积累及资源的积累。

当创业者越做越大时，企业的规模扩张、经营领域扩张、项目扩张等都同样存在着风险，如果盲目扩张，不能与企业能力、市场需求合拍，是极其危险的。对此，只能稳扎稳打、步步为营、循序渐进。

（7）规避创业中制度资本的风险

创业者要做制度的建设者，而不是破坏者。创业者要眼光向外，以外部发展需要来重组企业内部，以外部来拉动内部。同时，还应坚持不懈地提高标准，规范公司制度，才能从根本上规避制度资本风险。

除了针对不同类型风险做好防范措施外，建立全面的营销风险预警机制也很重要。其目的是将营销活动中的不安全营销行为（营销失误）和不安全营销过程（营销波动）牢牢掌握，为防止营销失败提供一种新型营销模式和行动方式。

思考：

1）大学生在创业实践中面临的风险有哪些？

2）大学生应如何有效规避创业过程中的风险？

第四节 发展壮大

对于发展较好的初期创业者来说，完成了原始积累，企业有了一定规模之后，就面临如何向更高层次过渡、再创辉煌的问题。

一、品牌和信誉

品牌作为一种无形资产，在当今产品同质化的情况下，其经营成功与否，对于企业的成长与发展至关重要。在市场品牌竞争日趋激烈的情况下，企业实施品牌战略的重点，是如何进一步发展、壮大品牌，打赢品牌和信誉竞争的"白热战"。这样，才能避免上市后昙花一现，确保取得长久的品牌效益。

企业初创时期，由于对品牌和信誉等问题不够关注，可能会有各种产品问题的情况出现，但到了发展壮大时期，塑造自己的品牌和信誉度已经刻不容缓——因为品牌和信誉会影响市场占有率。

品牌是知名度、美誉度、信誉度的有机结合，知名度是前提，美誉度是信息连通器，信誉度是保证。首先，让别人知道这个产品；其次，让别人知道这是个好产品；最后，让消费者信任并延续，产生再次购买的欲望。

企业创立品牌后，不但要重视做好品牌经营工作，更要善于从战略角度谋划，运筹好经营品牌。例如，以"牌"扩业，兼并或与市场竞争力不强的企业合作，从而迅速做大；又如，以"牌"聚资，吸引更多资金实现滚动发展，不断扩大市场规模和品牌影响力，进行新品开发、科技进步和质量管理，寻求更大优势；再如，以"牌"引才，壮大企业智力优势，为品牌提升和长远发展奠定战略性人本基础。

二、企业规模和企业合作

所谓企业规模问题，就是指根据企业自身的条件、当时的经营状况及经济环境来决定企业规模的问题。太大不行，太小也不好。盲目扩张会带来经营上的巨大风险，而规模太小则有成本高、技术含量低、过度竞争等弊端。在二次创业中，可以通过适当的企业合作，做大规模来达到降低成本，消除过度竞争的效果。在市场经济条件下，企业规模的大小，主要看是否有利于提高企业的竞争力，对企业的滚动发展能力能否有足够的促进。必须明确，企业无论在战略还是战术上，都必须把增强竞争能力、能否有最优化的利润放在首位，做大还是做小，都必须服从这一战略目标。

另外，还要看到在市场经济条件下，每个人、每个企业、每个地区都有自己的比较优势。因此，与相关企业合作，各自发挥自己的比较优势，双方互利共赢，这样不仅可以共同把市场的份额做大，也便于规避进入自己并不熟悉的领域所带来的风险，成功找到自己的生存空间。

三、规范管理和建章立制

（一）规范管理

发展得好的企业，大多经历过一个急剧扩张的时期，与之相伴随的是重生产、重营销，企业内在的管理也就被放到了相对次要的地位。但当企业的规模急剧扩大之后，昔日管理的小企业甚至家庭作坊式的管理方式、管理经验已经明显不适应此时的情况，如果不加强管理，规范管理，难免会出现"猴子掰玉米"的现象。因此，企业在二次创业中必须建立一系列规范而科学的管理制度，通过加强管理来提高企业的素质。从长远来看，这是打造企业核心竞争力的重要一环，是在长期管理中铸就的企业素质。

（二）制度变革

企业初创阶段，无论是家族化管理还是合股好友间的共同管理，成员的凝聚力、战斗力，使其有着天然的合理性。然而随着企业规模的扩大，其管理需要纳入更加科学的轨道。现代企业更加注重股权的多元化、人才的吸纳和管理的规范，并最终向现代企业制度过渡。

如何理解制度建设对企业二次创业的重要性呢？"造钟"与"报时"是一个很好例子。假设有两个人都很聪明，其中一个人可以通过天象报时，但他的这种技能却很难为别人所掌握；而另一个人造了一座钟，这样不仅他能报时，其他人也能报时。从制度对于经济发展的经济作用看，第二个人的贡献更伟大。对于一个优秀的创业者来说，要成为一个"造钟"的人，而不是简单地成为一个"报时"的人。那么，创业者"造钟"的基本内容是什么呢？"造钟"的基本内容包括远大的目标、核心竞争力、应变能力、核心文化、科学而严格的生产管理、营销管理、人事管理及财务管理等。企业初创阶段的"报时"者不乏其人，而二次创业需要的则是"造钟"人。

四、二次融资

融资难仍然是困扰中小企业发展的一个主要因素。企业发展初期所需的资金大部分是通过自我积累解决的，但在新经济的形势下，自我滚动式发展模式很难满足企业的扩张需要。如何通过多种融资渠道获得更多的资金，成为中小民营企业必须解决的问题。

在目前的情况下，中小企业由于资信度不够及经营具有很大的不确定性，从银行信贷筹措到足够的资金仍然有不小的难度。中小企业要想提高发展速度，必须解决资金问题，这就要打破固有的思维模式，多渠道全方位进行融资。中小企业可以将目光转向创新基金和风险投资基金，以顺利突破发展道路上的"资金关"。

直接融资有三条途径：一是股份制，二是基金，三是资产重组。首先，企业可以通过改造自己为股份公司、参股和协议收购三种形式来实现股份制，在这个问题上，创业者必须看准时机，熟悉股市；其次，关注由政府出面组织的民营企业发展基金，把企业引入直接融资的渠道；最后，资产重组是通过盘活存量来解决自己增量不足的一种有效形式，对于快速扩张、在二次创业中迅速发展自己有巨大促进作用。

五、企业文化

企业文化是公司能否拥有核心竞争力的根源，企业文化包括三个层面上的文化：产品文化、制度文化及价值文化。从某种意义而言，企业文化虽然并不直接解决企业赢利的问题，却可以解决企业可持续发展的问题。

企业文化的本质内涵是"以人为本"。企业更要通过一系列的激励机制，充分调动员工的积极性，把人的潜力发挥到极致，使追求企业发展与个人发展相一致。企业文化要靠制度来体现和烘托，靠氛围来影响，靠细节来体现，这是建立在制度之上的一种更高层次的管理。对于民营中小企业而言，技术可以仿制，管理模式可以引进，形象包装和品牌建设可以交给专业公司打造，唯有企业文化，只能产生于企业内部，需要踏踏实实地积累和创建。

思考：

1）用本章所学的知识和原理分析自己创业的心理素质，分别列出与创业的素质要求相符和不相符的地方，并提出改进计划。

2）结合实践谈谈创业计划书的制定应注意哪些问题。

3）在资金不充足的情况下，你如何筹措创业资金？你又将如何管理自己的创业资金？

4）创业者为什么要预测资金？结合自己的创业项目，分组演练预测资金的过程。

附　录

附录一　与职业生涯规划相关的测试

附录 A　霍兰德职业倾向测验

本测验旨在帮助你探索可能从事的职业。如果你已经考虑好了一个职业，测验的结果可能会支持你的想法或者对其他的可能性提出建议。如果你还没有确定未来的职业，本测验也可能会帮你圈定出一小部分职业以做进一步考虑。大多数人发现填答本测验既有帮助又充满乐趣。如果你仔细遵循每一页的引导，你应该会拥有到同样的体验。不必匆忙，仔细地完成本测验题目将有更多的收获。请用铅笔填写，以便修改。

姓名＿＿＿＿＿＿＿＿＿＿　　填写日期＿＿＿＿＿＿＿＿＿＿＿＿

性别＿＿＿＿＿＿＿＿＿＿　　年　　龄＿＿＿＿＿＿＿＿＿＿＿＿

年级＿＿＿＿＿＿＿＿＿＿　　院　　系＿＿＿＿＿＿＿＿＿＿＿＿

第一部分　职业白日梦

请列举你已经思考过的未来可能从事的职业，也列举出你曾空想过的职业或者那些你与其他人考虑过的职业。尝试着思考白日梦背后的故事。将你最近思考的职业写在第一行，然后用倒叙的方式，由近及远，把考虑过的工作依次写在横线上。

职业：

① ＿＿＿＿＿＿＿＿＿＿＿＿＿＿＿＿＿＿＿＿＿＿＿＿＿＿＿＿＿＿

② ＿＿＿＿＿＿＿＿＿＿＿＿＿＿＿＿＿＿＿＿＿＿＿＿＿＿＿＿＿＿

③ ＿＿＿＿＿＿＿＿＿＿＿＿＿＿＿＿＿＿＿＿＿＿＿＿＿＿＿＿＿＿

④ ＿＿＿＿＿＿＿＿＿＿＿＿＿＿＿＿＿＿＿＿＿＿＿＿＿＿＿＿＿＿

⑤ ＿＿＿＿＿＿＿＿＿＿＿＿＿＿＿＿＿＿＿＿＿＿＿＿＿＿＿＿＿＿

⑥ ＿＿＿＿＿＿＿＿＿＿＿＿＿＿＿＿＿＿＿＿＿＿＿＿＿＿＿＿＿＿

⑦ ＿＿＿＿＿＿＿＿＿＿＿＿＿＿＿＿＿＿＿＿＿＿＿＿＿＿＿＿＿＿

⑧ ＿＿＿＿＿＿＿＿＿＿＿＿＿＿＿＿＿＿＿＿＿＿＿＿＿＿＿＿＿＿

第二部分　活　　动

下面列举了各种活动，请就这些活动判断你的偏好。L 代表"喜欢"，D 代表"不喜欢"或者"无所谓"。请在相应的〇里打 √。

R 型活动	L	D
修理或组装电子产品	〇	〇

	L	D
修理自行车	○	○
修理或组装机械产品	○	○
用木头做东西	○	○
参加技术教育或手工制作课程	○	○
参加机械制图课程	○	○
参加木工技术课程	○	○
参加自动化机械课程	○	○
与杰出的机械师或者技术人员一起工作	○	○
在室外工作	○	○
操作自动化机器或者设备	○	○
L 的总数	(	)

I 型活动	L	D
阅读科学书籍和杂志	○	○
在研究室或实验室工作	○	○
从事一项科学项目	○	○
研究一个科学理论	○	○
从事与化工品有关的工作	○	○
应用数学解决实际问题	○	○
上物理课	○	○
上化学课	○	○
上数学课	○	○
上生物课	○	○
研究学术或者技术问题	○	○
L 的总数	(	)

A 型活动	L	D
素描/制图/绘画	○	○
设计家具、服装或者海报	○	○
在乐队/管弦乐队/其他组团中演奏	○	○
练习乐器	○	○
创造肖像或者拍照	○	○
写小说或者戏剧	○	○
上艺术课	○	○
编曲或者谱曲（不限曲种）	○	○
与有天赋的艺术家、作家或者雕塑家一起工作	○	○
为他人表演（跳舞、唱歌、小品等）	○	○
阅读艺术、文学或者音乐类文章	○	○
L 的总数	(	)

S 型活动	L	D
会见重要的教育家或者咨询师	○	○
阅读社会学文章和书籍	○	○
为慈善团体工作	○	○
帮助他人解决他们的个人问题	○	○
研究青少年的犯罪问题	○	○
阅读心理学文章或者书籍	○	○
上人类关系课程	○	○
在高中教书	○	○
照看有精神疾病的病人的活动	○	○
给成年人讲课	○	○
从事志愿者的工作	○	○
	L 的总数	（　　）

E 型活动	L	D
学习商业成功的策略	○	○
创业	○	○
参加销售会议	○	○
参加行政管理或领导力的短期课程	○	○
担任任何组织的负责人	○	○
监督管理其他人的工作	○	○
会晤重要的执行长官或者领导	○	○
领导一个团队实现某个目标	○	○
参加政治竞选	○	○
担任某一组织或者企业的顾问	○	○
阅读商业杂志或文章	○	○
	L 的总数	（　　）

C 型活动	L	D
填写收入报税表	○	○
在交易或记账时进行加、减、乘、除的计算	○	○
使用办公设备	○	○
坚持做详细的开支记录	○	○
建立记录系统（如记录钱、人员、原材料等）	○	○
上会计课	○	○
上商业数学课	○	○
建立生活用品或商品的清单	○	○
检查文案或者产品中的错误或瑕疵	○	○

更新记录或文档	○	○
在办公室内工作	○	○

L 的总数　（　　）

第三部分　能　力

Y 代表你完全能做或者能做得很好的活动，N 代表从来没做过或者做得很差的活动。请在相应的○里打 √。

R 型能力	Y	N
我能使用电锯、车床或磨砂机等木工工具	○	○
我能画有比例要求的图纸	○	○
我能给汽车加油或者换轮胎	○	○
我能使用电钻、磨床或缝纫机等电动工具	○	○
我能给家具或木制品刷漆	○	○
我能修理简单的电器用品	○	○
我能修理家具	○	○
我能使用很多手工工具	○	○
我能简单地修理水管	○	○
我能制造简单的木工作品	○	○
我能粉刷房间	○	○

Y 的总数　（　　）

I 型能力	Y	N
我能使用代数解决数学问题	○	○
我能执行一项科学实验或者调查	○	○
我明白放射性元素的半衰期	○	○
我能使用对数表	○	○
我能使用计算机研究一个科学问题	○	○
我能描述白细胞的功能	○	○
我能解释简单的化学方程式	○	○
我明白为什么人造卫星不会坠落到地球上	○	○
我能写一篇科学报告	○	○
我明白宇宙大爆炸理论	○	○
我明白 DNA 在遗传中的作用	○	○

Y 的总数　（　　）

A 型能力	Y	N
我能演奏乐器	○	○
我能参加二部或四部合唱	○	○

	Y	N
我能独唱	○	○
我能演戏	○	○
我能朗诵	○	○
我能画画（油画或水彩）或雕塑	○	○
我能创作或者编曲	○	○
我能设计衣服、海报或者家具	○	○
我会写很不错的故事或诗	○	○
我能写一篇演讲稿	○	○
我能拍摄很吸引人的照片	○	○

Y 的总数　（　　）

S 型能力

	Y	N
我发现与不同类型的人交谈很容易	○	○
我擅长向其他人解释或说明一些事情	○	○
我能做一个有亲和力的组织者	○	○
人们常向我诉说他们的困扰	○	○
我能很轻松地教小孩子	○	○
我能很轻松地教成年人	○	○
我擅长帮助感到不安或者困扰的人们	○	○
我对社会关系有很好的理解	○	○
我擅长教别人	○	○
我擅长使别人感到轻松	○	○
相比物和观念，我更擅长与人打交道	○	○

Y 的总数　（　　）

E 型能力

	Y	N
我知道如何成为一个成功的领导	○	○
我是一个优秀的公共演说者	○	○
我能组织某个销售活动	○	○
我能组织其他人的工作	○	○
我是一个有抱负而且意志坚定的人	○	○
我擅长让别人按照我的方式做事	○	○
我有很好的推销能力	○	○
我有很强的辩论能力	○	○
我非常有说服力	○	○
我有很不错的规划技能	○	○
我具有某些领导力	○	○

Y 的总数　（　　）

C 型能力 | | Y | N

我能将函件或其他文件分门别类管理　　　　　　○　　　○

我能从事办公室工作　　　　　　　　　　　　　○　　　○

我能使用自动化的办公设备（如打印机、复印机、计算机等）　○　　○

我能很快地完成大量的文案工作　　　　　　　　○　　　○

我能使用简单的数据处理设备　　　　　　　　　○　　　○

我能进行收支记录　　　　　　　　　　　　　　○　　　○

我能准确地记录付款和销售额　　　　　　　　　○　　　○

我能使用计算机输入信息　　　　　　　　　　　○　　　○

我能撰写商业信函　　　　　　　　　　　　　　○　　　○

我能完成一些常规的办公室工作　　　　　　　　○　　　○

我是一个细心而且有条理的人　　　　　　　　　○　　　○

Y 的总数　（　　）

第四部分　职　　业

这是你关于很多工作态度和情感的清单。如果某个职业你很感兴趣或者很受吸引，则在相应的 Y 下面的○上画√；如果你不喜欢或者没兴趣，则在 N 下面的○上画√。

R 型职业 | | Y | N

飞机机械师　　　　　　　　　　　　　　　　　○　　　○

汽车机械师　　　　　　　　　　　　　　　　　○　　　○

木工技师　　　　　　　　　　　　　　　　　　○　　　○

汽车司机　　　　　　　　　　　　　　　　　　○　　　○

测量工程师　　　　　　　　　　　　　　　　　○　　　○

建筑工地现场监理员　　　　　　　　　　　　　○　　　○

无线电机械师　　　　　　　　　　　　　　　　○　　　○

交通机车（如火车）工程师　　　　　　　　　　○　　　○

机械技术员　　　　　　　　　　　　　　　　　○　　　○

电器技术员　　　　　　　　　　　　　　　　　○　　　○

农业技术员　　　　　　　　　　　　　　　　　○　　　○

飞机驾驶员　　　　　　　　　　　　　　　　　○　　　○

电子技术员　　　　　　　　　　　　　　　　　○　　　○

焊接技术员　　　　　　　　　　　　　　　　　○　　　○

Y 的总数　（　　）

I 型职业 | | Y | N

气象学科研人员　　　　　　　　　　　　　　　○　　　○

生物学科研人员　　　　　　　　　　　　　　　○　　　○

	Y	N
天文学科研人员	○	○
医学科研人员	○	○
人类学科研人员	○	○
化学科研人员	○	○
独立的研究科学家	○	○
科学书籍的作家	○	○
地质学科研人员	○	○
植物学科研人员	○	○
科研技术员	○	○
物理学科研人员	○	○
社会科学研究人员	○	○
环境分析学者	○	○

Y 的总数　　（　　）

A 型职业	Y	N
诗人	○	○
音乐家	○	○
小说家	○	○
演员	○	○
自由职业作家	○	○
编曲家	○	○
新闻学家/记者	○	○
艺术家	○	○
歌唱家	○	○
作曲家	○	○
雕刻家	○	○
剧作家	○	○
漫画家	○	○
娱乐节目的艺人	○	○

Y 的总数　　（　　）

S 型职业	Y	N
职业咨询师	○	○
社会学者	○	○
高中教师	○	○
物质依赖（如对酒精、药物等依赖）治疗师	○	○
青少年犯罪专家	○	○
语言治疗师	○	○

	Y	N
婚姻咨询师	○	○
临床心理学家	○	○
人文社会课教师	○	○
私人咨询师	○	○
青少年野营主管	○	○
社会工作者	○	○
残障人康复咨询师	○	○
儿童乐园主管	○	○

Y 的总数　（　　）

E 型职业	Y	N
采购员	○	○
广告宣传主管	○	○
工厂管理者	○	○
商业贸易主管	○	○
晚会或仪式主持人	○	○
销售人员	○	○
房地产销售员	○	○
百货商场经理	○	○
销售经理	○	○
公共关系主管	○	○
电视台经理	○	○
小企业主	○	○
法官	○	○
机场经理	○	○

Y 的总数　（　　）

C 型职业	Y	N
账目记录员	○	○
预算规划员	○	○
注册会计师	○	○
金融信用调查员	○	○
银行出纳员	○	○
税务专家	○	○
物品管理员	○	○
计算机操作员	○	○
金融分析员	○	○
成本估算员	○	○

工资结算员	◯	◯
银行督察员	◯	◯
会计职员	◯	◯
审计职员	◯	◯

Y 的总数　（　　）

第五部分　自 我 评 估

下面列出六种能力，请与自己的同龄人比较一下，对自己的实际情况进行评估。在最适合自己的等级数字上画圈，尽量避免对每项能力的打分相同。

自我评估（1）

	机械操作能力	科学研究能力	艺术创作能力	教授讲解能力	商业推销能力	事务管理能力
高	7	7	7	7	7	7
	6	6	6	6	6	6
	5	5	5	5	5	5
中	4	4	4	4	4	4
	3	3	3	3	3	3
	2	2	2	2	2	2
低	1	1	1	1	1	1
	R	I	A	S	E	C

自我评估（2）

	动手能力	数学能力	音乐能力	理解他人能力	管理能力	行政能力
高	7	7	7	7	7	7
	6	6	6	6	6	6
	5	5	5	5	5	5
中	4	4	4	4	4	4
	3	3	3	3	3	3
	2	2	2	2	2	2
低	1	1	1	1	1	1
	R	I	A	S	E	C

组织你的填答

将活动、能力、职业和自我评估各个分项中的六个领域（R、I、A、S、E、C）中的 L 的总数和 Y 的总数分别填在如下对应的横线上。

活动　　————　————　————　————　————　————
　　　　　　R　　　I　　　A　　　S　　　E　　　C

能力　　————　————　————　————　————　————
　　　　　　R　　　I　　　A　　　S　　　E　　　C

职业　　————　————　————　————　————　————
　　　　　　R　　　I　　　A　　　S　　　E　　　C

自我评估（1）＿＿＿＿ ＿＿＿＿ ＿＿＿＿ ＿＿＿＿ ＿＿＿＿ ＿＿＿＿ ＿＿＿＿
　　　　　　　　R　　　I　　　A　　　S　　　E　　　C

自我评估（2）＿＿＿＿ ＿＿＿＿ ＿＿＿＿ ＿＿＿＿ ＿＿＿＿ ＿＿＿＿ ＿＿＿＿
　　　　　　　　R　　　I　　　A　　　S　　　E　　　C

综合得分　　＿＿＿＿ ＿＿＿＿ ＿＿＿＿ ＿＿＿＿ ＿＿＿＿ ＿＿＿＿ ＿＿＿＿
（将各项纵向相加）R　　I　　　A　　　S　　　E　　　C

综合职业码（从综合得分中选出三个得分高的，由高到低排列，记入字母）

　　第一位　　　　　　　　第二位　　　　　　　　第三位

将以上测试结果显示在图中：

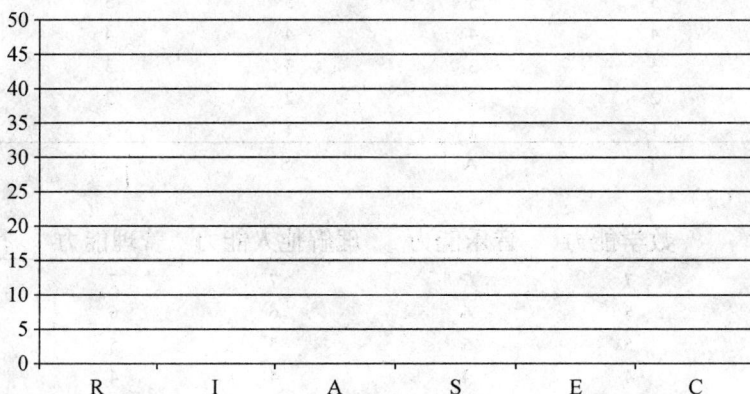

测试结果注释

根据你的职业兴趣代号，找出相应的职业。例如，你的职业兴趣代号是 RIA，那么牙科技术人员、陶工等是匹配你兴趣的职业，然后寻找与你职业兴趣代号相近的职业。例如，你的职业兴趣代号是 RIA，那么，其他由这三个字母组合成的编号（如 IRA、IAR、ARI 等）对应的职业也较匹配你的兴趣。

RIA： 牙科技术员、陶工、建筑设计员、模型工、细木工、制作链条人。

RIS： 厨师、林务员、跳水员、潜水员、染色员、电器修理工、眼镜制作工、电工、纺织机器装配工、服务员、装玻璃工人、发电厂工人、焊接工。

RIE： 建筑和桥梁工程、环境工程、航空工程、公路工程、电力工程、信号工程、电话工程、一般机械工程、自动工程、矿业工程、海洋工程、交通工程技术人员、制图员、家政经纪人员、计量员、农民、农场工人、农业机器操作、清洁工、无线电修理、汽车修理、手表修理、管道工、线路装配工、工具仓库管理员。

　　RIC：船上工作人员、接待员、杂志保管员、牙医助手、制帽工、磨坊工、石匠、机器制造、机车（火车头）制造、农业机器装配、汽车装配工、缝纫机装配工、钟表装配和检验、电动器具装配、鞋匠、锁匠、货物检验员、电梯机修工、托儿所所长、钢琴调音员、装配工、印刷工、建筑钢铁工人、卡车司机。

　　RAI：手工雕刻、玻璃雕刻、制作模型人员、家具木工、制作皮革品、手工绣花、手工钩针编织、排字工人、印刷工人、图画雕刻、装订工。

　　RSF：消防员、交通巡警、警察、门卫、理发师、房间清洁工、屠夫、锻工、开凿工人、管道安装工、出租汽车驾驶员、货物搬运工、送报员、勘探员、娱乐场所的服务员、起卸机操作工、电梯操作工。

　　RSI：纺织工、编织工、农业学校教师、某些职业课程教师（诸如艺术、商业、技术、工艺课程）、雨衣上胶工。

　　REC：抄水表员、保姆、实验室动物饲养员、动物管理员。

　　REI：轮船船长、航海领航员、试管实验员。

　　RES：旅馆服务员、家畜饲养员、渔民、渔网修补工、水手长、收割机操作工、搬运行李工人、公园服务员、救生员、登山导游、火车工程技术员、建筑工人、铺轨工人。

　　RCI：测量员、勘测员、仪表操作者、农业工程技师、化学工程技师、民用工程技师、石油工程技师、资料室管理员、探矿工、煅烧工、烧窑工、矿工、保养工、磨床工、取样工、样品检验员、纺纱工、炮手、漂洗工、电焊工、锯木工、刨床工、制帽工、手工缝纫工、油漆工、染色工、按摩工、木匠、农民建筑工人、电影放映员、勘测员助手。

　　RCS：公共汽车驾驶员、一等水手、游泳池服务员、裁缝、建筑工人、石匠、烟囱修建工、混凝土工、电话修理工、爆炸手、邮递员、矿工、裱糊工人、纺纱工。

　　RCE：打井工、吊车驾驶员、农场工人、邮件分类员、铲车司机、拖拉机司机。

　　IAS：普通经济学家、农场经济学家、财政经济学家、国际贸易经济学家、实验心理学家、工程心理学家、心理学家、哲学家、内科医生、数学家。

　　IAR：人类学家、天文学家、化学家、物理学家、医学病理学家、动物标本剥制者、化石修复者、艺术品管理员。

　　ISE：营养学家、饮食顾问、火灾检查员、邮政服务检查员。

　　ISC：侦察员、电视播音室修理员、电视修理服务员、验尸室人员、编目录者、医学实验室技师、调查研究者。

　　ISR：水生生物学者、昆虫学者、微生物学家、配镜师、矫正视力者、细菌学家、牙科医生、骨科医生。

　　ISA：实验心理学家、普通心理学家、发展心理学家、教育心理学家、社会心理学家、临床心理学家、目录学家、皮肤病学家、精神病学家、妇产科医生、眼科医生、五官科医生、医学实验室技术专家、民航医务人员、护士。

　　IES：细菌学家、生理学家、化学专家、地质专家、地理物理学专家、纺织技术专家、医院药剂师、工业药剂师、药房营业员。

IEC： 档案保管员、保险统计员。

ICR： 质量检验技术员、地质学技师、工程师、法官、图书馆技术辅导员、计算机操作员、医院听诊员、家禽检查员。

IRA： 地理学家、地质学家、水文学家、矿物学家、古生物学家、石油学家、地震学家、声学物理学家、原子和分子物理学家、电学和磁学物理学家、气象学家、设计审核员、人口统计学家、数学统计学家、外科医生、城市规划家、气象员。

IRS： 流体物理学家、物理海洋学家、等离子体物理学家、农业科学家、动物学家、食品科学家、园艺学家、植物学家、细菌学家、解剖学家、动物病理学家、植物病理学家、药物学家、生物化学家、生物物理学家、细胞生物学家、临床化学家、遗传学家、分子生物学家、质量控制工程师、地理学家、兽医、放射治疗技师。

IRE： 化验员、化学工程师、纺织工程师、食品技师、渔业技术专家、材料和测试工程师、电气工程师、土木工程师、航空工程师、行政官员、冶金专家、原子核工程师、陶瓷工程师、地质工程师、电力工程师、口腔科医生、牙科医生。

IRC： 飞机领航员、飞行员、物理实验室技师、文献检查员、农业技术专家、动植物技术专家、生物技师、油管检查员、工商业规划者、矿藏安全检查员、纺织品检验员、照相机修理者、工程技术员、编计算机程序者、工具设计者、仪器维修工。

CRI： 簿记员、会计、记时员、铸造机操作工、打字员、按键操作工、复印机操作工。

CRS： 仓库保管员、档案管理员、缝纫工、讲述员、收款人。

CRE： 标价员、实验室工作者、广告管理员、自动打字机操作员、电动机装配工、缝纫机操作工。

CIS： 记账员、顾客服务员、报刊发行员、土地测量员、保险公司职员、会计师、估价员、邮政检查员、外贸检查员。

CIE： 打字员、统计员、支票记录员、订货员、校对员、办公室工作人员。

CIR： 校对员、工程职员、海底电报员、检修计划员、发报员。

CSE： 接待员、通信员、电话接线员、卖票员、旅馆服务员、私人职员、商学教师、旅游办事员。

CSR： 运货代理商、铁路职员、交通检查员、办公室通信员。

CSI： 簿记员、出纳员、银行财务职员。

CSA： 秘书、图书管理员、办公室办事员。

CER： 邮递员、数据处理员、航空邮件检查员。

CEI： 推销员、经济分析家。

CES： 银行会计、记账员、法人秘书、速记员、法院报告人。

ECI： 银行行长、审计员、信用管理员、地产管理员、商业管理员。

ECS： 信用办事员、保险人员、各类进货员、海关服务经理、售货员、采购员、会计。

ERI： 建筑物管理员、工业工程师、农场管理员、护士长、农业经营管理人员。

ERS：仓库管理员、房屋管理员、货栈监督管理员。

ERC：邮政局长、渔船船长、机械操作领班、木工领班、瓦工领班、驾驶员领班。

EIR：科学、技术和有关周期出版物的管理员。

EIC：专利代理人、鉴定人、运输服务检查员、安全检查员、废品收购人员。

EIS：警官、侦察员、交通检验员、安全咨询员、合同管理者商人。

EAS：法官、律师、公证人。

EAR：展览室管理员、舞台管理员、播音员、驯兽员。

ESC：理发师、裁判员、政府行政管理员、财政管理员、工程管理员、职业病防治、售货员、商业经理、办公室主任、人事负责人、调度员。

ESR：家具售货员、书店售货员、公共汽车的驾驶员、日用品售货员、护士长、自然科学和工程的行政领导。

ESI：博物馆管理员、图书馆管理员、古迹管理员、饮食业经理、地区安全服务管理员、技术服务咨询者、超级市场管理员、零售商品店店员、批发商、出租汽车服务站调度员。

ESA：博物馆馆长、报刊管理员、音乐器材售货员、广告商、营业员、导游、（轮船或班机上的）事务长、飞机上的服务员、船员、法官、律师。

ASE：戏剧导演、舞蹈教师、广告撰稿人、报刊专栏作者、记者、演员、英语翻译。

ASI：音乐教师、乐器教师、美术教师、管弦乐指挥、合唱队指挥、歌星、演奏家、哲学家、作家、广告经理、时装模特。

AER：新闻摄影师、电视摄像师、艺术指导、录音指导、五角演员、魔术师、木偶戏演员、骑士、跳水员。

AEI：音乐指挥、舞台指导、电影导演。

AES：流行歌手、舞蹈演员、电影导演、广播节目主持人、舞蹈教师、口技表演者、喜剧演员、模特。

AIS：画家、剧作家、编辑、评论家、时装艺术大师、新闻摄影师、演员、文学作者。

AIE：花匠、皮衣设计师、工业产品设计师、剪影艺术家、复制雕刻品大师。

AIR：建筑师、画家、摄影师、绘图员、环境美化工、雕刻家、包装设计师、陶器设计师、绣花工、漫画工。

SEC：社会活动家、退伍军人、服务员、工商会事务代表、教育咨询者、宿舍管理员、旅馆经理、饮食服务管理员。

SER：体育教练、游泳指导。

SEI：大学校长、学院院长、医院行政管理员、历史学家、家政经济学家、职业学校教师、资料员。

SEA：娱乐活动管理员、国外服务办事员、社会服务助理、一般咨询者、宗教教育工作者。

SCF：助理、福利机构职员、生产协调人员、环境卫生管理人员、戏院经理、餐馆经理、售票员。

SRI：外科医师助手、医院服务员。

SRE：体育教师、职业病治疗者、体育教练、专业运动员、房管员、儿童家庭教师、警察、引座员、传达员、保姆。

SRC：护理员、护理助理、医院勤杂工、理发师、学校儿童服务人员。

SIA：社会学家，心理咨询师，学校心理学家，政治科学家，大学或学院的系主任，大学或学院的教育学教师，大学农业教师，大学工程和建筑课程的教师，大学法律教师，大学数学、医学、物理、社会科学和生命科学的教师，研究生助教，成人教育教师。

SIE：营养学家、饮食学家、海关检查员、安全检查员、税务稽查员、校长。

SIC：描图员、兽医助手、诊所助理、体检检查员、监督缓刑犯的工作者、娱乐指导者、咨询人员、社会科学教师。

SIR：理疗员、救护队工作人员、手足病医生、职业病治疗助手。

SAC：理发师、指甲修剪师、包装艺术家、美容师、整容专家、发式设计师。

SAE：听觉病治疗者、演讲矫正者。

附录 B　职业锚自我测试量表

下面提供了一种职业锚自我测试。请回答下列问题并填写下面的职业锚（职业倾向）自我评价测试问卷，确定自己的职业锚。

1）你在高中时期主要对哪些领域比较感兴趣（如果有的话）？为什么会对这些领域感兴趣？你对这些领域的感受是怎样的？

2）你在大学时期主要对哪些领域比较感兴趣（如果有的话）？为什么会对这些领域感兴趣？你对这些领域的感受是怎样的？

3）你毕业之后所从事的第一种工作是什么？（如果相关的话，服役也算在其中。在校生可回答第一次打工的工种，下列各问题中类似处同）你期望从这种工作中得到些什么？

4）当你开始自己的职业生涯的时候，你的抱负或长期目标是什么？这种抱负或长期目标是否曾经出现过变化？如果有，那么是在什么时候变化的？为什么会变化？

5）你第一次换工作或换公司的情况是怎样的？你希望下一份工作能给你带来什么？

6）你后来换工作、换公司或换职业的情况是怎样的？你如何做出变动的决定？你所追求的是什么？（请根据你每一次更换工作、公司或职业的情况来回答这个问题）

7）当你回首自己的职业经历时，你觉得最令自己感到愉快的是哪些时候？你认为那些时候的什么东西最令你感到愉快？

8）当你回首自己的职业经历时，你觉得最让自己感到不愉快的是哪些时候？你认为那些时候的什么东西最令你感到不愉快？

9）你是否曾经拒绝过从事某种工作的机会或晋升机会？为什么？

现在请你仔细检查自己的所有答案，并认真阅读关于八种职业锚的描述。根据你对上述问题的回答，分别为每一种职业锚赋予 1～5 的某一分数（1～5 代表重要性升高），填入附表 1-1。其中分值最大者就是你倾向的职业锚类型。

附表 1-1 职业锚测试结果

职业锚类型	分值
管理型	
技术/职能型	
安全型	
创造型	
自主/独立型	
服务型	
挑战型	
生活型	

附录 C 职业能力倾向的自我测定

在附表 1-2 中完成职业能力倾向的自我测定。

附表 1-2 职业能力倾向的自我测定

（一）一般学习能力倾向（G）	强 1	较强 2	一般 3	较弱 4	弱 5
快而容易地学习新内容					
快而正确地解答数学题					
你的学习成绩					
对课文的理解、分析和综合能力					
对学习过的知识的记忆能力					
（二）言语能力倾向（V）	强 1	较强 2	一般 3	较弱 4	弱 5
善于表达自己的观点					
阅读速度和理解能力					
掌握词汇量的程度					
你的语文成绩					
你的文学创作能力					
（三）算术能力倾向（N）	强 1	较强 2	一般 3	较弱 4	弱 5
做出精确的测量					
笔算能力					
口算能力					
打算盘					
你的数学成绩					
（四）空间判断能力倾向（S）	强 1	较强 2	一般 3	较弱 4	弱 5
解决立体几何方面的习题					
画二维度的立体圆形					
看几何图形的立体感					
想象盒子展开后的平面图					
想象三维度的物体					

续表

	强1	较强2	一般3	较弱4	弱5
（五）形态知觉能力倾向（P）	强1	较强2	一般3	较弱4	弱5
发现相同图形中的细微差别					
识别物体的形状差异					
注意物体的细节部分					
观察物体的图案是否正确					
对物体的细微描述					
（六）书写知觉能力倾向（Q）	强1	较强2	一般3	较弱4	弱5
快而准地抄写资料（如姓名、日期、电话号码等）					
发现错别字					
发现计算错误					
能很快查找编码卡片					
自我控制能力					
（七）眼手运动协调能力倾向（K）	强1	较强2	一般3	较弱4	弱5
玩电子游戏					
打篮球、排球、足球一类活动					
打乒乓球、羽毛球一类运动					
打算盘能力					
打字能力					
（八）手指灵巧度（F）	强1	较强2	一般3	较弱4	弱5
灵巧地使用很小的工具					
穿针眼、编制等使用手指的活动					
用手指做一件小工艺品					
使用计算器的灵巧程度					
弹琴					
（九）手腕灵巧度（M）	强1	较强2	一般3	较弱4	弱5
用手把东西分类					
在推拉东西时手的灵活度					
很快地削水果					
灵活地使用手工工具					
在绘画、雕刻等手工活动中的灵活性					

统计分数的方法：

1）对每一类能力倾向计算总分数。每一道题目都会有"强""较强""一般""较弱""弱"五个等级供你自评。每组五道题完成后，分别统计各等级选择的次数总和，然后用下面公式计算出该类的总计次数（把"强"定为第一项，以此类推，"弱"定为第五项；第一项之和就是选"强"的次数和）。总计次数：（第一项之和×1）＋（第二项之和×2）＋（第三项之和×3）＋（第四项之和×4）＋（第五项之和×5）。

2）计算每一类能力倾向的自评等级（自评等级＝总计次数/5）。

3）将自评等级填入附表 1-3 中。

附表 1-3　自评等级结果

职业能力倾向	自评等级	职业能力倾向	自评等级
G		Q	
V		K	
N		F	
S		M	
P			

根据结果对照附表 1-4，可找到适合你的职业。

附表 1-4　职业类型参照表

职业类型	职业能力倾向								
	G	V	N	S	P	Q	K	F	M
生物学家	1	1	1	2	2	3	3	2	3
建筑师	1	1	1	1	2	3	3	3	3
测量员	2	2	2	2	2	3	3	3	3
测量辅导员	4	4	4	4	4	4	3	4	3
制图员	2	3	2	2	2	3	2	2	3
建筑和工程技术员	2	2	2	2	2	3	3	3	3
建筑和工程技术专家	2	3	3	3	3	3	3	3	3
物理科学技术家	2	2	2	2	3	3	3	3	3
物理科学技术员	2	3	3	3	2	3	3	3	3
农业、生物、动物、植物学的技术专家	2	2	2	2	2	3	3	3	3
农业、生物、动物、植物学的技术员	2	3	3	3	2	3	3	3	3
数学家和统计学家	1	1	1	3	3	2	4	4	4
系统分析和计算机程序编制者	2	2	2	2	3	3	4	4	4
经济学家	1	1	1	4	4	2	4	4	4
社会学家、人类学者	1	1	2	2	2	3	4	4	4
心理学家	1	1	3	4	4	3	4	4	4
历史学家	1	1	4	3	3	3	4	4	4
哲学家	1	1	3	2	2	3	4	4	4
政治学家	1	1	3	4	4	3	4	4	4
政治经济学家	2	2	2	3	3	3	3	3	5
社会工作者	2	2	3	4	4	3	4	4	4
社会服务助理人员	3	3	3	4	4	3	4	4	4
法官	1	1	3	4	3	3	4	4	4
律师	1	1	3	4	3	4	4	4	4
公证人	2	2	3	4	4	3	4	4	4
图书管理学专家	2	2	3	3	4	2	3	4	4
图书馆、博物馆和档案管理员	3	3	3	2	2	4	3	2	3
职业指导者	2	2	3	4	4	3	4	4	4

续表

职业类型	职业能力倾向								
	G	V	N	S	P	Q	K	F	M
大学教师	1	1	3	3	2	3	4	4	4
中学教师	2	2	3	4	3	3	4	4	4
小学和幼儿园教师	2	2	3	3	3	3	3	3	3
职业学校教师（职业课）	2	2	2	3	3	3	3	3	3
职业学校教师（普通课）	2	2	3	4	3	3	4	4	4
内、外、牙科医生	1	1	2	1	2	3	2	2	2
兽医学家	1	1	2	1	2	3	2	2	2
护士	2	2	3	3	3	3	3	3	3
护士助手	2	4	4	4	4	2	2	3	2
工业药剂师	2	1	2	3	2	2	3	2	3
医院药剂师	2	2	2	4	9	2	3	2	3
营养学家	2	2	2	3	3	3	4	4	4
配镜师（医）	2	2	2	2	2	3	3	3	3
配眼镜商	3	3	3	3	3	4	3	2	3
放射科技术人员	3	3	3	3	3	3	3	3	3
药物实验室技术专家	2	2	2	3	2	3	3	2	3
药物实验室技术员	2	3	3	3	3	3	3	3	3
画家、雕刻家	2	3	4	2	2	5	2	I	2
产品设计和内部装饰者	2	2	3	2	2	4	2	2	3
舞蹈家	2	2	4	3	4	4	4	4	4
演员	2	2	3	4	4	3	4	4	4
电台播音员	2	2	3	2	2	4	2	2	3
作家和编辑	2	1	3	3	3	3	4	4	4
翻译人员	2	1	4	4	4	3	4	4	4
体育教练	2	2	2	4	4	3	4	4	4
运动员	3	3	4	2	3	4	2	2	2
秘书	3	3	3	4	3	2	3	3	3
打字员	3	3	4	4	4	3	3	3	3
会计	3	3	3	4	4	2	3	3	4
出纳	3	3	3	4	4	2	3	3	4
统计员	3	3	2	4	3	2	3	3	4
电话接线员	3	3	4	4	4	3	3	3	3
办公室职员	3	4	3	4	4	3	3	4	4
商业经营管理者	2	2	3	4	3	3	4	4	4
售货员	3	3	3	4	4	3	4	4	4
警察	3	3	3	4	3	3	3	4	3
门卫	4	4	5	4	4	4	4	4	4
厨师	4	4	4	4	3	4	3	3	3
招待员	3	3	4	4	4	4	3	4	3
理发员	3	3	4	4	9	4	2	2	2
导游	3	3	4	3	3	5	3	3	3

职业类型	职业能力倾向								
	G	V	N	S	P	Q	K	F	M
驾驶员	3	3	3	3	3	3	3	4	3
农民	3	4	4	4	4	4	4	4	4
动物饲养员	3	4	4	4	4	4	4	4	4
渔民	4	4	4	4	4	5	3	4	4
矿工	3	4	4	3	4	4	4	4	3
纺织工人	4	4	4	4	3	5	3	3	3
机床操作工	3	4	4	3	3	4	3	4	3
锻工	3	4	4	4	3	4	3	4	3
无线电修理工	3	3	3	3	2	4	3	4	3
细木工	3	3	3	3	3	4	3	4	4
家具木工	3	3	3	3	3	4	3	4	3
一般木工	3	4	4	3	4	4	3	4	3
电工	3	3	3	3	3	4	3	3	3

附录 D　职业生涯选择困难问卷（CDDQ）

个人信息	电话：　　　　；E-mail：	学号：	
	性别：（1）男　　　（2）女	年龄：	
	教育年限（从小学一年级开始）：	院系：	
	你是否已经思考过愿意进入哪个职业领域？	（1）是　　　（2）否	
	如果你的答案是"是"，你对你的选择有多大的信心？	完全没有信心　　　　　　非常有信心 1　2　3　4　5　6　7　8　9	
	你是否选修过学校或院系职业辅导相关课程？	（1）是　　　（2）否	

在以下的问卷中，有一系列和职业选择和决策有关的问题。请依下列程度选出最适合你的状况。

当每一项陈述一点都不能代表你时选 1；若恰当地描述你时，选 9。当然，你也可以选择任何一个中间的数目。

	面临的困难	不符合我的情况------------非常符合我的情况
1	我知道我必须选择一个职业，但现在我还没有做决定的意愿。	1　2　3　4　5　6　7　8　9
2	工作并不是人生中最重要的事，所以选择职业这种问题并不太让我担心。	1　2　3　4　5　6　7　8　9
3	我认为不必现在就选择一个职业，因为随着时间的推移，我自然会做出"正确的"职业选择。	1　2　3　4　5　6　7　8　9
4	对我而言，做决定通常是困难的。	1　2　3　4　5　6　7　8　9
5	我通常觉得自己的决定需要得到专业人士或者自己信赖的人的认可和支持。	1　2　3　4　5　6　7　8　9
6	我总是害怕失败。	1　2　3　4　5　6　7　8　9
7	我喜欢按照自己的方式做事。	1　2　3　4　5　6　7　8　9
8	我希望进入我所选的职业，它也能解决一些我的个人问题（如人际关系、家庭和感情等）。	1　2　3　4　5　6　7　8　9
9	我认为只有一个职业适合我。	1　2　3　4　5　6　7　8　9
10	我期望通过选择的职业可以实现我全部的抱负、理想。	1　2　3　4　5　6　7　8　9

	面临的困难	不符合我的情况——————非常符合我的情况
11	我认为，职业选择是一次性的决定和终生的承诺（一旦选择一份职业就不能再考虑其他，也不能更换）。	1　2　3　4　5　6　7　8　9
12	我总是按照别人的要求去做事，即便这样做与我个人的意愿相违背。	1　2　3　4　5　6　7　8　9
	我发现选择职业是困难的，因为：	
13	我不知道要采取哪些步骤。	1　2　3　4　5　6　7　8　9
14	我不知道需要考虑哪些因素。	1　2　3　4　5　6　7　8　9
15	我不知道如何将有关自身的信息（如自己适合做什么）和不同的职业信息（如不同职业对人的要求）结合在一起。	1　2　3　4　5　6　7　8　9
16	我还不知道我对哪些职业感兴趣。	1　2　3　4　5　6　7　8　9
17	我还不确定我的职业偏好（例如，我想要什么样的人际关系，我喜欢什么样的工作环境，工作中发挥哪些专长）。	1　2　3　4　5　6　7　8　9
18	我不太了解自己的能力（如数字能力、语言能力）或者性格特质（如坚毅、主动、耐性等）。	1　2　3　4　5　6　7　8　9
19	我不知道将来我的能力或性格特质会是什么样的。	1　2　3　4　5　6　7　8　9
20	我对现有职业或培训项目的种类不太了解。	1　2　3　4　5　6　7　8　9
21	我对自己感兴趣的职业/或培训项目的特点不太了解（如市场需求、薪水、升迁机会、工作性质等）。	1　2　3　4　5　6　7　8　9
22	我不知道未来的职业会是什么样的（如发展前景、市场需求等）。	1　2　3　4　5　6　7　8　9
23	我不知道如何获得有关个人更多的信息（如我的能力或性格特点）。	1　2　3　4　5　6　7　8　9
24	我不知道如何获得有关现有职业和培训项目，以及有关它们特点的准确的和最新的信息。	1　2　3　4　5　6　7　8　9
25	我经常改变我对工作的偏好（例如，有时我希望自己当老板，有时却希望被人雇佣）。	1　2　3　4　5　6　7　8　9
26	我获得的有关个人能力或性格特征的信息有相互矛盾的地方（例如，我相信我对其他人很有耐心，但别人说我没耐心）。	1　2　3　4　5　6　7　8　9
27	我获得的有关某种职业或专业培训是否存在与它们的特点等信息有相互矛盾的地方。	1　2　3　4　5　6　7　8　9
28	好几种职业对我都有相同的吸引力，从中选一个对我来说很困难。	1　2　3　4　5　6　7　8　9
29	能录用我的职业或培训项目不是我喜欢的（人家看中了我，我看不中人家）。	1　2　3　4　5　6　7　8　9
30	我感兴趣的职业也包括一些令我不喜欢的事（例如，我喜欢机械，但是不愿学那么多年）。	1　2　3　4　5　6　7　8　9
31	我喜欢的职业特点不能全部集中在一个职业中，但是我不愿意放弃任何一点（例如，我想做一个自由职业者，但是我也想拥有稳定的薪水）。	1　2　3　4　5　6　7　8　9
32	我的能力和技术与我感兴趣的职业的要求不相匹配。	1　2　3　4　5　6　7　8　9

续表

	面临的困难	不符合我的情况------------非常符合我的情况
33	我周围重要的人（如父母、老师或朋友）不同意我所考虑的职业选择或我期望的职业特点。	1　2　3　4　5　6　7　8　9
34	不同的对我很重要的人推荐给我应该选择的职业，或者他们认为我应该考虑的某些职业特征，有相互矛盾的地方。	1　2　3　4　5　6　7　8　9

附录二　大学生职业生涯规划书（样本）

大学生职业生涯规划书

××（作品名称）

××××年××月××日

姓名：××　　　性别：×　　　年龄：××岁　　　籍贯：××省 ××市/县

身份证号码：×××××××××　　　所在学校及学院：××大学 ××学院

班级及专业：××级××专业　　　学号：×××××　　　联系地址：×××××

邮编：××××　　　联系电话：×××××　　　E-mail：××

目　　录

第五章　评估调整

1．评估的内容

2．评估的时间

3．规划调整的原则

第一章　认　识　自　我

结合相关的人才测评报告对自己进行全方位、多角度的分析。

1．个人基本情况

2．职业兴趣——喜欢干什么

在我的人才素质测评报告中，职业兴趣的前三项是××型（×分）、××型（×分）和××型（×分）。我的具体情况是……

3．职业能力及适应性——能够干什么

我的人才素质测评报告结果显示，××能力得分较高（×分），××能力得分较低（×分）。我的具体情况是……

4．个人特质——适合干什么

我的人才素质测评报告结果显示……我的具体情况是……

5．职业价值观——最看重什么

我的人才素质测评报告结果显示的前三项是××取向（×分）、××取向（×分）和××取向（×分）。我的具体情况是……

6．胜任能力——优劣势是什么

7．自我分析小结

第二章　职业生涯条件分析

参考人才素质测评报告建议，我对影响职业选择的相关外部环境进行了较为系统的分析。

1．家庭环境分析

如经济状况、家人期望、家族文化等。

2．学校环境分析

如学校特色、专业学习、实践经验等。

3．社会环境分析

如就业形势、就业政策、竞争对手等。

4．职业环境分析

（1）行业分析

如××行业现状及发展趋势，人业匹配分析。

（2）职业分析

如××职业的工作内容、工作要求、发展前景，人岗匹配分析。

（3）企业分析

如××单位类型、企业文化、发展前景、发展阶段、产品服务、员工素质、工作氛围等，人企匹配分析。

（4）地域分析

如××工作城市的发展前景、文化特点、气候水土、人际关系等，人城匹配分析。

5．职业生涯条件分析小结

第三章　职业目标定位及其分解组合

1．职业目标的确定

综合第一部分（自我分析）及第二部分（职业生涯条件分析）的主要内容得出本人的职业定位：

职业目标——将来从事（××行业的）××职业。

职业发展策略——进入××类型的组织（到××地区发展）。

职业发展路径——走专家路线（管理路线等）。

2．职业目标的分解与组合

把职业目标分成三个规划期，即近期规划、中期规划和远期规划，并对各个规划期及其要实现的目标进行分解。

第四章　具体执行计划

1．短期目标的具体实施计划。

2．中期目标的具体实施计划

3．长期目标的具体实施计划

4．人生总目标的具体实施计划

第五章　评估调整

职业生涯规划是一个动态的过程，必须根据实施结果的情况及变化情况进行及时的评估与修正。

1．评估的内容

（1）职业目标评估

是否需要重新选择职业？假如一直……那么我将……

（2）职业路径评估

是否需要调整发展方向？当出现……的时候，我就……

（3）实施策略评估

是否需要改变行动策略？如果……我就……

（4）其他因素评估

对身体、家庭、经济状况及机遇、意外情况的及时评估。

2．评估的时间

在一般情况下，我会定期（半年或一年）评估已定规划；当出现特殊情况时，我会随时评估并进行相应的调整。

3．规划调整的原则

结束语

（略）

参考书目

（略）

附录三 中华人民共和国劳动合同法

第一章 总 则

第一条 为了完善劳动合同制度，明确劳动合同双方当事人的权利和义务，保护劳动者的合法权益，构建和发展和谐稳定的劳动关系，制定本法。

第二条 中华人民共和国境内的企业、个体经济组织、民办非企业单位等组织（以下称用人单位）与劳动者建立劳动关系，订立、履行、变更、解除或者终止劳动合同，适用本法。

国家机关、事业单位、社会团体和与其建立劳动关系的劳动者，订立、履行、变更、解除或者终止劳动合同，依照本法执行。

第三条 订立劳动合同，应当遵循合法、公平、平等自愿、协商一致、诚实信用的原则。

依法订立的劳动合同具有约束力，用人单位与劳动者应当履行劳动合同约定的义务。

第四条 用人单位应当依法建立和完善劳动规章制度，保障劳动者享有劳动权利、履行劳动义务。

用人单位在制定、修改或者决定有关劳动报酬、工作时间、休息休假、劳动安全卫生、保险福利、职工培训、劳动纪律以及劳动定额管理等直接涉及劳动者切身利益的规章制度或者重大事项时，应当经职工代表大会或者全体职工讨论，提出方案和意见，与工会或者职工代表平等协商确定。

在规章制度和重大事项决定实施过程中，工会或者职工认为不适当的，有权向用人单位提出，通过协商予以修改完善。

用人单位应当将直接涉及劳动者切身利益的规章制度和重大事项决定公示，或者告知劳动者。

第五条 县级以上人民政府劳动行政部门会同工会和企业方面代表，建立健全协调劳动关系三方机制，共同研究解决有关劳动关系的重大问题。

第六条 工会应当帮助、指导劳动者与用人单位依法订立和履行劳动合同，并与用人单位建立集体协商机制，维护劳动者的合法权益。

第二章 劳动合同的订立

第七条 用人单位自用工之日起即与劳动者建立劳动关系。用人单位应当建立职工名册备查。

第八条 用人单位招用劳动者时，应当如实告知劳动者工作内容、工作条件、工作地点、职业危害、安全生产状况、劳动报酬，以及劳动者要求了解的其他情况；用人单位有权了解劳动者与劳动合同直接相关的基本情况，劳动者应当如实说明。

第九条　用人单位招用劳动者，不得扣押劳动者的居民身份证和其他证件，不得要求劳动者提供担保或者以其他名义向劳动者收取财物。

第十条　建立劳动关系，应当订立书面劳动合同。

已建立劳动关系，未同时订立书面劳动合同的，应当自用工之日起一个月内订立书面劳动合同。

用人单位与劳动者在用工前订立劳动合同的，劳动关系自用工之日起建立。

第十一条　用人单位未在用工的同时订立书面劳动合同，与劳动者约定的劳动报酬不明确的，新招用的劳动者的劳动报酬按照集体合同规定的标准执行；没有集体合同或者集体合同未规定的，实行同工同酬。

第十二条　劳动合同分为固定期限劳动合同、无固定期限劳动合同和以完成一定工作任务为期限的劳动合同。

第十三条　固定期限劳动合同，是指用人单位与劳动者约定合同终止时间的劳动合同。

用人单位与劳动者协商一致，可以订立固定期限劳动合同。

第十四条　无固定期限劳动合同，是指用人单位与劳动者约定无确定终止时间的劳动合同。

用人单位与劳动者协商一致，可以订立无固定期限劳动合同。有下列情形之一，劳动者提出或者同意续订、订立劳动合同的，除劳动者提出订立固定期限劳动合同外，应当订立无固定期限劳动合同：

（一）劳动者在该用人单位连续工作满十年的；

（二）用人单位初次实行劳动合同制度或者国有企业改制重新订立劳动合同时，劳动者在该用人单位连续工作满十年且距法定退休年龄不足十年的；

（三）连续订立二次固定期限劳动合同，且劳动者没有本法第三十九条和第四十条第一项、第二项规定的情形，续订劳动合同的。

用人单位自用工之日起满一年不与劳动者订立书面劳动合同的，视为用人单位与劳动者已订立无固定期限劳动合同。

第十五条　以完成一定工作任务为期限的劳动合同，是指用人单位与劳动者约定以某项工作的完成为合同期限的劳动合同。

用人单位与劳动者协商一致，可以订立以完成一定工作任务为期限的劳动合同。

第十六条　劳动合同由用人单位与劳动者协商一致，并经用人单位与劳动者在劳动合同文本上签字或者盖章生效。

劳动合同文本由用人单位和劳动者各执一份。

第十七条　劳动合同应当具备以下条款：

（一）用人单位的名称、住所和法定代表人或者主要负责人；

（二）劳动者的姓名、住址和居民身份证或者其他有效身份证件号码；

（三）劳动合同期限；

（四）工作内容和工作地点；

（五）工作时间和休息休假；

（六）劳动报酬；

（七）社会保险；

（八）劳动保护、劳动条件和职业危害防护；

（九）法律、法规规定应当纳入劳动合同的其他事项。

劳动合同除前款规定的必备条款外，用人单位与劳动者可以约定试用期、培训、保守秘密、补充保险和福利待遇等其他事项。

第十八条　劳动合同对劳动报酬和劳动条件等标准约定不明确，引发争议的，用人单位与劳动者可以重新协商；协商不成的，适用集体合同规定；没有集体合同或者集体合同未规定劳动报酬的，实行同工同酬；没有集体合同或者集体合同未规定劳动条件等标准的，适用国家有关规定。

第十九条　劳动合同期限三个月以上不满一年的，试用期不得超过一个月；劳动合同期限一年以上不满三年的，试用期不得超过二个月；三年以上固定期限和无固定期限的劳动合同，试用期不得超过六个月。

同一用人单位与同一劳动者只能约定一次试用期。

以完成一定工作任务为期限的劳动合同或者劳动合同期限不满三个月的，不得约定试用期。

试用期包含在劳动合同期限内。劳动合同仅约定试用期的，试用期不成立，该期限为劳动合同期限。

第二十条　劳动者在试用期的工资不得低于本单位相同岗位最低档工资或者劳动合同约定工资的百分之八十，并不得低于用人单位所在地的最低工资标准。

第二十一条　在试用期中，除劳动者有本法第三十九条和第四十条第一项、第二项规定的情形外，用人单位不得解除劳动合同。用人单位在试用期解除劳动合同的，应当向劳动者说明理由。

第二十二条　用人单位为劳动者提供专项培训费用，对其进行专业技术培训的，可以与该劳动者订立协议，约定服务期。

劳动者违反服务期约定的，应当按照约定向用人单位支付违约金。违约金的数额不得超过用人单位提供的培训费用。用人单位要求劳动者支付的违约金不得超过服务期尚未履行部分所应分摊的培训费用。

用人单位与劳动者约定服务期的，不影响按照正常的工资调整机制提高劳动者在服务期期间的劳动报酬。

第二十三条　用人单位与劳动者可以在劳动合同中约定保守用人单位的商业秘密和与知识产权相关的保密事项。

对负有保密义务的劳动者，用人单位可以在劳动合同或者保密协议中与劳动者约定竞业限制条款，并约定在解除或者终止劳动合同后，在竞业限制期限内按月给予劳动者经济补偿。劳动者违反竞业限制约定的，应当按照约定向用人单位支付违约金。

第二十四条　竞业限制的人员限于用人单位的高级管理人员、高级技术人员和其他负有保密义务的人员。竞业限制的范围、地域、期限由用人单位与劳动者约定，竞业限制的约定不得违反法律、法规的规定。

在解除或者终止劳动合同后，前款规定的人员到与本单位生产或者经营同类产品、从事同类业务的有竞争关系的其他用人单位，或者自己开业生产或者经营同类产品、从事同类业务的竞业限制期限，不得超过二年。

第二十五条　除本法第二十二条和第二十三条规定的情形外，用人单位不得与劳动者约定由劳动者承担违约金。

第二十六条　下列劳动合同无效或者部分无效：

（一）以欺诈、胁迫的手段或者乘人之危，使对方在违背真实意思的情况下订立或者变更劳动合同的；

（二）用人单位免除自己的法定责任、排除劳动者权利的；

（三）违反法律、行政法规强制性规定的。

对劳动合同的无效或者部分无效有争议的，由劳动争议仲裁机构或者人民法院确认。

第二十七条　劳动合同部分无效，不影响其他部分效力的，其他部分仍然有效。

第二十八条　劳动合同被确认无效，劳动者已付出劳动的，用人单位应当向劳动者支付劳动报酬。劳动报酬的数额，参照本单位相同或者相近岗位劳动者的劳动报酬确定。

第三章　劳动合同的履行和变更

第二十九条　用人单位与劳动者应当按照劳动合同的约定，全面履行各自的义务。

第三十条　用人单位应当按照劳动合同约定和国家规定，向劳动者及时足额支付劳动报酬。

用人单位拖欠或者未足额支付劳动报酬的，劳动者可以依法向当地人民法院申请支付令，人民法院应当依法发出支付令。

第三十一条　用人单位应当严格执行劳动定额标准，不得强迫或者变相强迫劳动者加班。用人单位安排加班的，应当按照国家有关规定向劳动者支付加班费。

第三十二条　劳动者拒绝用人单位管理人员违章指挥、强令冒险作业的，不视为违反劳动合同。

劳动者对危害生命安全和身体健康的劳动条件，有权对用人单位提出批评、检举和控告。

第三十三条　用人单位变更名称、法定代表人、主要负责人或者投资人等事项，不影响劳动合同的履行。

第三十四条　用人单位发生合并或者分立等情况，原劳动合同继续有效，劳动合同由承继其权利和义务的用人单位继续履行。

第三十五条 用人单位与劳动者协商一致，可以变更劳动合同约定的内容。变更劳动合同，应当采用书面形式。

变更后的劳动合同文本由用人单位和劳动者各执一份。

第四章 劳动合同的解除和终止

第三十六条 用人单位与劳动者协商一致，可以解除劳动合同。

第三十七条 劳动者提前三十日以书面形式通知用人单位，可以解除劳动合同。劳动者在试用期内提前三日通知用人单位，可以解除劳动合同。

第三十八条 用人单位有下列情形之一的，劳动者可以解除劳动合同：

（一）未按照劳动合同约定提供劳动保护或者劳动条件的；

（二）未及时足额支付劳动报酬的；

（三）未依法为劳动者缴纳社会保险费的；

（四）用人单位的规章制度违反法律、法规的规定，损害劳动者权益的；

（五）因本法第二十六条第一款规定的情形致使劳动合同无效的；

（六）法律、行政法规规定劳动者可以解除劳动合同的其他情形。

用人单位以暴力、威胁或者非法限制人身自由的手段强迫劳动者劳动的，或者用人单位违章指挥、强令冒险作业危及劳动者人身安全的，劳动者可以立即解除劳动合同，不需事先告知用人单位。

第三十九条 劳动者有下列情形之一的，用人单位可以解除劳动合同：

（一）在试用期间被证明不符合录用条件的；

（二）严重违反用人单位的规章制度的；

（三）严重失职，营私舞弊，给用人单位造成重大损害的；

（四）劳动者同时与其他用人单位建立劳动关系，对完成本单位的工作任务造成严重影响，或者经用人单位提出，拒不改正的；

（五）因本法第二十六条第一款第·项规定的情形致使劳动合同无效的；

（六）被依法追究刑事责任的。

第四十条 有下列情形之一的，用人单位提前三十日以书面形式通知劳动者本人或者额外支付劳动者一个月工资后，可以解除劳动合同：

（一）劳动者患病或者非因工负伤，在规定的医疗期满后不能从事原工作，也不能从事由用人单位另行安排的工作的；

（二）劳动者不能胜任工作，经过培训或者调整工作岗位，仍不能胜任工作的；

（三）劳动合同订立时所依据的客观情况发生重大变化，致使劳动合同无法履行，经用人单位与劳动者协商，未能就变更劳动合同内容达成协议的。

第四十一条 有下列情形之一，需要裁减人员二十人以上或者裁减不足二十人但占企业职工总数百分之十以上的，用人单位提前三十日向工会或者全体职工说明情况，听取工会或者职工的意见后，裁减人员方案经向劳动行政部门报告，可以裁减人员：

（一）依照企业破产法规定进行重整的；

（二）生产经营发生严重困难的；

（三）企业转产、重大技术革新或者经营方式调整，经变更劳动合同后，仍需裁减人员的；

（四）其他因劳动合同订立时所依据的客观经济情况发生重大变化，致使劳动合同无法履行的。

裁减人员时，应当优先留用下列人员：

（一）与本单位订立较长期限的固定期限劳动合同的；

（二）与本单位订立无固定期限劳动合同的；

（三）家庭无其他就业人员，有需要扶养的老人或者未成年人的。

用人单位依照本条第一款规定裁减人员，在六个月内重新招用人员的，应当通知被裁减的人员，并在同等条件下优先招用被裁减的人员。

第四十二条　劳动者有下列情形之一的，用人单位不得依照本法第四十条、第四十一条的规定解除劳动合同：

（一）从事接触职业病危害作业的劳动者未进行离岗前职业健康检查，或者疑似职业病病人在诊断或者医学观察期间的；

（二）在本单位患职业病或者因工负伤并被确认丧失或者部分丧失劳动能力的；

（三）患病或者非因工负伤，在规定的医疗期内的；

（四）女职工在孕期、产期、哺乳期的；

（五）在本单位连续工作满十五年，且距法定退休年龄不足五年的；

（六）法律、行政法规规定的其他情形。

第四十三条　用人单位单方解除劳动合同，应当事先将理由通知工会。用人单位违反法律、行政法规规定或者劳动合同约定的，工会有权要求用人单位纠正。用人单位应当研究工会的意见，并将处理结果书面通知工会。

第四十四条　有下列情形之一的，劳动合同终止：

（一）劳动合同期满的；

（二）劳动者开始依法享受基本养老保险待遇的；

（三）劳动者死亡，或者被人民法院宣告死亡或者宣告失踪的；

（四）用人单位被依法宣告破产的；

（五）用人单位被吊销营业执照、责令关闭、撤销或者用人单位决定提前解散的；

（六）法律、行政法规规定的其他情形。

第四十五条　劳动合同期满，有本法第四十二条规定情形之一的，劳动合同应当续延至相应的情形消失时终止。但是，本法第四十二条第二项规定丧失或者部分丧失劳动能力劳动者的劳动合同的终止，按照国家有关工伤保险的规定执行。

第四十六条　有下列情形之一的，用人单位应当向劳动者支付经济补偿：

（一）劳动者依照本法第三十八条规定解除劳动合同的；

（二）用人单位依照本法第三十六条规定向劳动者提出解除劳动合同并与劳动者协商一致解除劳动合同的；

（三）用人单位依照本法第四十条规定解除劳动合同的；

（四）用人单位依照本法第四十一条第一款规定解除劳动合同的；

（五）除用人单位维持或者提高劳动合同约定条件续订劳动合同，劳动者不同意续订的情形外，依照本法第四十四条第一项规定终止固定期限劳动合同的；

（六）依照本法第四十四条第四项、第五项规定终止劳动合同的；

（七）法律、行政法规规定的其他情形。

第四十七条　经济补偿按劳动者在本单位工作的年限，每满一年支付一个月工资的标准向劳动者支付。六个月以上不满一年的，按一年计算；不满六个月的，向劳动者支付半个月工资的经济补偿。

劳动者月工资高于用人单位所在直辖市、设区的市级人民政府公布的本地区上年度职工月平均工资三倍的，向其支付经济补偿的标准按职工月平均工资三倍的数额支付，向其支付经济补偿的年限最高不超过十二年。

本条所称月工资是指劳动者在劳动合同解除或者终止前十二个月的平均工资。

第四十八条　用人单位违反本法规定解除或者终止劳动合同，劳动者要求继续履行劳动合同的，用人单位应当继续履行；劳动者不要求继续履行劳动合同或者劳动合同已经不能继续履行的，用人单位应当依照本法第八十七条规定支付赔偿金。

第四十九条　国家采取措施，建立健全劳动者社会保险关系跨地区转移接续制度。

第五十条　用人单位应当在解除或者终止劳动合同时出具解除或者终止劳动合同的证明，并在十五日内为劳动者办理档案和社会保险关系转移手续。

劳动者应当按照双方约定，办理工作交接。用人单位依照本法有关规定应当向劳动者支付经济补偿的，在办结工作交接时支付。

用人单位对已经解除或者终止的劳动合同的文本，至少保存二年备查。

第五章　特别规定

第一节　集体合同

第五十一条　企业职工一方与用人单位通过平等协商，可以就劳动报酬、工作时间、休息休假、劳动安全卫生、保险福利等事项订立集体合同。集体合同草案应当提交职工代表大会或者全体职工讨论通过。

集体合同由工会代表企业职工一方与用人单位订立；尚未建立工会的用人单位，由上级工会指导劳动者推举的代表与用人单位订立。

第五十二条　企业职工一方与用人单位可以订立劳动安全卫生、女职工权益保护、工资调整机制等专项集体合同。

第五十三条　在县级以下区域内，建筑业、采矿业、餐饮服务业等行业可以由工会与企业方面代表订立行业性集体合同，或者订立区域性集体合同。

第五十四条　集体合同订立后，应当报送劳动行政部门；劳动行政部门自收到集体合同文本之日起十五日内未提出异议的，集体合同即行生效。

依法订立的集体合同对用人单位和劳动者具有约束力。行业性、区域性集体合同对当地本行业、本区域的用人单位和劳动者具有约束力。

第五十五条　集体合同中劳动报酬和劳动条件等标准不得低于当地人民政府规定的最低标准；用人单位与劳动者订立的劳动合同中劳动报酬和劳动条件等标准不得低于集体合同规定的标准。

第五十六条　用人单位违反集体合同，侵犯职工劳动权益的，工会可以依法要求用人单位承担责任；因履行集体合同发生争议，经协商解决不成的，工会可以依法申请仲裁、提起诉讼。

第二节　劳务派遣

第五十七条　劳务派遣单位应当依照公司法的有关规定设立，注册资本不得少于五十万元。

第五十八条　劳务派遣单位是本法所称用人单位，应当履行用人单位对劳动者的义务。劳务派遣单位与被派遣劳动者订立的劳动合同，除应当载明本法第十七条规定的事项外，还应当载明被派遣劳动者的用工单位以及派遣期限、工作岗位等情况。

劳务派遣单位应当与被派遣劳动者订立二年以上的固定期限劳动合同，按月支付劳动报酬；被派遣劳动者在无工作期间，劳务派遣单位应当按照所在地人民政府规定的最低工资标准，向其按月支付报酬。

第五十九条　劳务派遣单位派遣劳动者应当与接受以劳务派遣形式用工的单位（以下称用工单位）订立劳务派遣协议。劳务派遣协议应当约定派遣岗位和人员数量、派遣期限、劳动报酬和社会保险费的数额与支付方式以及违反协议的责任。

用工单位应当根据工作岗位的实际需要与劳务派遣单位确定派遣期限，不得将连续用工期限分割订立数个短期劳务派遣协议。

第六十条　劳务派遣单位应当将劳务派遣协议的内容告知被派遣劳动者。

劳务派遣单位不得克扣用工单位按照劳务派遣协议支付给被派遣劳动者的劳动报酬。

劳务派遣单位和用工单位不得向被派遣劳动者收取费用。

第六十一条　劳务派遣单位跨地区派遣劳动者的，被派遣劳动者享有的劳动报酬和劳动条件，按照用工单位所在地的标准执行。

第六十二条　用工单位应当履行下列义务：

（一）执行国家劳动标准，提供相应的劳动条件和劳动保护；

（二）告知被派遣劳动者的工作要求和劳动报酬；

（三）支付加班费、绩效奖金，提供与工作岗位相关的福利待遇；

（四）对在岗被派遣劳动者进行工作岗位所必需的培训；

（五）连续用工的，实行正常的工资调整机制。

用工单位不得将被派遣劳动者再派遣到其他用人单位。

第六十三条　被派遣劳动者享有与用工单位的劳动者同工同酬的权利。用工单位无同类岗位劳动者的，参照用工单位所在地相同或者相近岗位劳动者的劳动报酬确定。

第六十四条　被派遣劳动者有权在劳务派遣单位或者用工单位依法参加或者组织工会，维护自身的合法权益。

第六十五条　被派遣劳动者可以依照本法第三十六条、第三十八条的规定与劳务派遣单位解除劳动合同。

被派遣劳动者有本法第三十九条和第四十条第一项、第二项规定情形的，用工单位可以将劳动者退回劳务派遣单位，劳务派遣单位依照本法有关规定，可以与劳动者解除劳动合同。

第六十六条　劳务派遣一般在临时性、辅助性或者替代性的工作岗位上实施。

第六十七条　用人单位不得设立劳务派遣单位向本单位或者所属单位派遣劳动者。

第三节　非全日制用工

第六十八条　非全日制用工，是指以小时计酬为主，劳动者在同一用人单位一般平均每日工作时间不超过四小时，每周工作时间累计不超过二十四小时的用工形式。

第六十九条　非全日制用工双方当事人可以订立口头协议。

从事非全日制用工的劳动者可以与一个或者一个以上用人单位订立劳动合同；但是，后订立的劳动合同不得影响先订立的劳动合同的履行。

第七十条　非全日制用工双方当事人不得约定试用期。

第七十一条　非全日制用工双方当事人任何一方都可以随时通知对方终止用工。终止用工，用人单位不向劳动者支付经济补偿。

第七十二条　非全日制用工小时计酬标准不得低于用人单位所在地人民政府规定的最低小时工资标准。

非全日制用工劳动报酬结算支付周期最长不得超过十五日。

第六章　监督检查

第七十三条　国务院劳动行政部门负责全国劳动合同制度实施的监督管理。

县级以上地方人民政府劳动行政部门负责本行政区域内劳动合同制度实施的监督管理。

县级以上各级人民政府劳动行政部门在劳动合同制度实施的监督管理工作中，应当听取工会、企业方面代表以及有关行业主管部门的意见。

第七十四条　县级以上地方人民政府劳动行政部门依法对下列实施劳动合同制度的情况进行监督检查：

（一）用人单位制定直接涉及劳动者切身利益的规章制度及其执行的情况；

（二）用人单位与劳动者订立和解除劳动合同的情况；

（三）劳务派遣单位和用工单位遵守劳务派遣有关规定的情况；

（四）用人单位遵守国家关于劳动者工作时间和休息休假规定的情况；

（五）用人单位支付劳动合同约定的劳动报酬和执行最低工资标准的情况；

（六）用人单位参加各项社会保险和缴纳社会保险费的情况；

（七）法律、法规规定的其他劳动监察事项。

第七十五条　县级以上地方人民政府劳动行政部门实施监督检查时，有权查阅与劳动合同、集体合同有关的材料，有权对劳动场所进行实地检查，用人单位和劳动者都应当如实提供有关情况和材料。

劳动行政部门的工作人员进行监督检查，应当出示证件，依法行使职权，文明执法。

第七十六条　县级以上人民政府建设、卫生、安全生产监督管理等有关主管部门在各自职责范围内，对用人单位执行劳动合同制度的情况进行监督管理。

第七十七条　劳动者合法权益受到侵害的，有权要求有关部门依法处理，或者依法申请仲裁、提起诉讼。

第七十八条　工会依法维护劳动者的合法权益，对用人单位履行劳动合同、集体合同的情况进行监督。用人单位违反劳动法律、法规和劳动合同、集体合同的，工会有权提出意见或者要求纠正；劳动者申请仲裁、提起诉讼的，工会依法给予支持和帮助。

第七十九条　任何组织或者个人对违反本法的行为都有权举报，县级以上人民政府劳动行政部门应当及时核实、处理，并对举报有功人员给予奖励。

第七章　法　律　责　任

第八十条　用人单位直接涉及劳动者切身利益的规章制度违反法律、法规规定的，由劳动行政部门责令改正，给予警告；给劳动者造成损害的，应当承担赔偿责任。

第八十一条　用人单位提供的劳动合同文本未载明本法规定的劳动合同必备条款或者用人单位未将劳动合同文本交付劳动者的，由劳动行政部门责令改正；给劳动者造成损害的，应当承担赔偿责任。

第八十二条　用人单位自用工之日起超过一个月不满一年未与劳动者订立书面劳动合同的，应当向劳动者每月支付二倍的工资。

用人单位违反本法规定不与劳动者订立无固定期限劳动合同的，自应当订立无固定期限劳动合同之日起向劳动者每月支付二倍的工资。

第八十三条　用人单位违反本法规定与劳动者约定试用期的，由劳动行政部门责令改正；违法约定的试用期已经履行的，由用人单位以劳动者试用期满月工资为标准，按已经履行的超过法定试用期的期间向劳动者支付赔偿金。

第八十四条　用人单位违反本法规定，扣押劳动者居民身份证等证件的，由劳动行政部门责令限期退还劳动者本人，并依照有关法律规定给予处罚。

用人单位违反本法规定，以担保或者其他名义向劳动者收取财物的，由劳动行政部门责令限期退还劳动者本人，并以每人五百元以上二千元以下的标准处以罚款；给劳动者造成损害的，应当承担赔偿责任。

　　劳动者依法解除或者终止劳动合同，用人单位扣押劳动者档案或者其他物品的，依照前款规定处罚。

　　第八十五条　用人单位有下列情形之一的，由劳动行政部门责令限期支付劳动报酬、加班费或者经济补偿；劳动报酬低于当地最低工资标准的，应当支付其差额部分；逾期不支付的，责令用人单位按应付金额百分之五十以上百分之一百以下的标准向劳动者加付赔偿金：

　　（一）未按照劳动合同的约定或者国家规定及时足额支付劳动者劳动报酬的；

　　（二）低于当地最低工资标准支付劳动者工资的；

　　（三）安排加班不支付加班费的；

　　（四）解除或者终止劳动合同，未依照本法规定向劳动者支付经济补偿的。

　　第八十六条　劳动合同依照本法第二十六条规定被确认无效，给对方造成损害的，有过错的一方应当承担赔偿责任。

　　第八十七条　用人单位违反本法规定解除或者终止劳动合同的，应当依照本法第四十七条规定的经济补偿标准的二倍向劳动者支付赔偿金。

　　第八十八条　用人单位有下列情形之一的，依法给予行政处罚；构成犯罪的，依法追究刑事责任；给劳动者造成损害的，应当承担赔偿责任：

　　（一）以暴力、威胁或者非法限制人身自由的手段强迫劳动的；

　　（二）违章指挥或者强令冒险作业危及劳动者人身安全的；

　　（三）侮辱、体罚、殴打、非法搜查或者拘禁劳动者的；

　　（四）劳动条件恶劣、环境污染严重，给劳动者身心健康造成严重损害的。

　　第八十九条　用人单位违反本法规定未向劳动者出具解除或者终止劳动合同的书面证明，由劳动行政部门责令改正；给劳动者造成损害的，应当承担赔偿责任。

　　第九十条　劳动者违反本法规定解除劳动合同，或者违反劳动合同中约定的保密义务或者竞业限制，给用人单位造成损失的，应当承担赔偿责任。

　　第九十一条　用人单位招用与其他用人单位尚未解除或者终止劳动合同的劳动者，给其他用人单位造成损失的，应当承担连带赔偿责任。

　　第九十二条　劳务派遣单位违反本法规定的，由劳动行政部门和其他有关主管部门责令改正；情节严重的，以每人一千元以上五千元以下的标准处以罚款，并由工商行政管理部门吊销营业执照；给被派遣劳动者造成损害的，劳务派遣单位与用工单位承担连带赔偿责任。

　　第九十三条　对不具备合法经营资格的用人单位的违法犯罪行为，依法追究法律责任；劳动者已经付出劳动的，该单位或者其出资人应当依照本法有关规定向劳动者支付劳动报酬、经济补偿、赔偿金；给劳动者造成损害的，应当承担赔偿责任。

　　第九十四条　个人承包经营违反本法规定招用劳动者，给劳动者造成损害的，发包的组织与个人承包经营者承担连带赔偿责任。

　　第九十五条　劳动行政部门和其他有关主管部门及其工作人员玩忽职守、不履行法定职责，或者违法行使职权，给劳动者或者用人单位造成损害的，应当承担赔偿责任；对直接负责的主管人员和其他直接责任人员，依法给予行政处分；构成犯罪的，依法追究刑事责任。

第八章　附　　则

第九十六条　事业单位与实行聘用制的工作人员订立、履行、变更、解除或者终止劳动合同，法律、行政法规或者国务院另有规定的，依照其规定；未作规定的，依照本法有关规定执行。

第九十七条　本法施行前已依法订立且在本法施行之日存续的劳动合同，继续履行；本法第十四条第二款第三项规定连续订立固定期限劳动合同的次数，自本法施行后续订固定期限劳动合同时开始计算。

本法施行前已建立劳动关系，尚未订立书面劳动合同的，应当自本法施行之日起一个月内订立。

本法施行之日存续的劳动合同在本法施行后解除或者终止，依照本法第四十六条规定应当支付经济补偿的，经济补偿年限自本法施行之日起计算；本法施行前按照当时有关规定，用人单位应当向劳动者支付经济补偿的，按照当时有关规定执行。

第九十八条　本法自 2008 年 1 月 1 日起施行。

附录四　创新思维训练题

1）假设有一个池塘，里面有无穷多的水。现有两个空水壶，容积分别为 5 升和 6 升。如何只用这两个水壶从池塘里取得 3 升的水？

2）周雯的妈妈是豫林水泥厂的化验员。一天，周雯来到化验室做作业。做完作业后，她想出去玩。"等等，妈妈还要考你一个题目，"妈妈接着说，"你看这 6 只做化验用的玻璃杯，前面 3 只盛满了水，后面 3 只是空的。你能只移动 1 只玻璃杯，就把盛满水的杯子和空杯子间隔起来吗？"爱动脑筋的周雯，是学校里有名的小机灵，她只想了一会儿就做到了。周雯是怎样做的？

3）3 个小伙子同时爱上了一个姑娘，为了决定他们谁能娶这个姑娘，他们决定用手枪进行一次决斗。小李的命中率是 30%，小黄比他好些，命中率是 50%，最出色的枪手是小林，他从不失误，命中率是 100%。为公平起见，他们决定按这样的顺序：小李先开枪，小黄第二，小林最后。然后这样循环，直到他们只剩下一个人。那么这 3 个人中谁活下来的概率最大呢？他们分别应该采取什么样的策略？

4）一间囚房里关押着两个犯人。每天监狱都会为这间囚房提供一罐汤，让这两个犯人自己来分。起初，这两个人经常会发生争执，因为他们总是有人认为对方的汤比自己的多。后来他们找到了一个两全其美的办法：一个人分汤，让另一个人先选。于是争端就这么解决了。可是，现在这间囚房里又加进来一个新犯人，现在是 3 个人来分汤。必须寻找一个新的方法来维持他们之间的和平。从心理问题角度分析，该怎么办才能维持他们之间的和平呢？

5）在一张长方形的桌面上放了 n 个一样大小的圆形硬币。这些硬币中可能有一些不完全在桌面上，也可能有一些彼此重叠；当再多放一个硬币而它的圆心在桌面上时，新放的硬币便必定与原先某些硬币重叠。请证明整个桌面可以用 $4n$ 个硬币完全覆盖。

6）一个球、一把长度大约是球的直径 2/3 长度的直尺，你怎样测出球的半径？

7）5 个大小相同的 1 元硬币。要求两两相接触，应该怎么摆？

8）猜牌问题。

S 先生、P 先生、Q 先生他们知道桌子的抽屉里有 16 张扑克牌：红桃 A、Q、4；黑桃 J、8、4、2、7、3；梅花 K、Q、5、4、6；方块 A、5。约翰教授从这 16 张牌中挑出一张牌来，并把这张牌的点数告诉 P 先生，把这张牌的花色告诉 Q 先生。这时，约翰教授问 P 先生和 Q 先生：你们能从已知的点数或花色中推知这张牌是什么牌吗？于是，S 先生听到如下的对话：

P 先生：我不知道这张牌。

Q 先生：我知道你不知道这张牌。

P 先生：现在我知道这张牌了。

Q 先生：我也知道了。

听罢以上的对话，S 先生思考之后，就正确地推出了这张牌是什么牌。你知道这张牌是什么牌吗？

9）一个教授逻辑学的教授，有 3 个学生，而且 3 个学生都非常聪明。一天教授给他们出了一个题，教授在每个人的额头上贴了一张纸条并告诉他们，每个人的纸条上都写了一个正整数，且某两个数的和等于第三个。

教授问第一个学生：你能猜出自己的数吗？答案是不能，问第二个学生，也是不能，问第三个学生，还是不能。教授又问了一遍，直到问到第三个学生时，得到了 144 的答案，教授很满意地笑了。请问你能猜出另外两个人的数吗？

10）某城市发生了一起出租汽车撞人逃逸事件。该城市只有两种颜色的出租车，蓝色 15%，绿色 85%。事发时有一个人在现场看见了肇事车辆，他指证是蓝车。但是根据专家在现场的分析，在当时的条件能看正确车辆的可能性是 80%。那么，肇事车是蓝色的概率是多少？

11）有一人有 240 千克的水，他想运往干旱地区赚钱。他每次最多携带 60 千克，并且每前进一千米须耗水 1 千克（均匀耗水）。假设水的价格在出发地为 0 元，此后，与运输路程成正比（即在 10 千米处为 10 元/千克，在 20 千米处为 20 元/千克……），又假设他必须安全返回，他最多可赚多少钱？

12）现在共有 100 匹马跟 100 块石头，马分 2 种，大型马、中型马和小型马。其中一匹大马一次可以运 3 块石头，中型马可以运 2 块，而小型马 2 头可以运 1 块石头。需要多少匹大型马、中型马跟小型马？（问题的关键是刚好必须用完 100 匹马。）

13）1=5，2=15，3=215，4=2145，那么 5=？

14）有 2n 个人排队进电影院，票价是 50 美分。在这 2n 个人当中，其中 n 个人只有 50 美分，另外 n 个人有 1 美元。电影院开始卖票时 1 分钱也没有，有多少种排队方法使得每当一个拥有 1 美元的人买票时，电影院都有 50 美分找钱。（注：1 美元=100 美分，拥有 1 美元的人，拥有的是纸币，没法换成 2 个 50 美分。）

15）一个人花 8 元钱买了一只鸡，9 元钱卖掉了，然后他觉得不划算，花 10 块钱又买了回来，花 11 元钱卖给另外一个人。他赚了多少钱？

16）有一种体育竞赛共含 M 个项目，有运动员 A、B、C 参加，在每一个项目中，第一、第二、第三名分别获得 X 分、Y 分、Z 分，其中 X、Y、Z 为正整数且 X >Y >Z。最后 A 得 22 分，B 与 C 均得 9 分，B 在百米赛中取得第一名。M 的值是多少？在跳高中谁获得第二名？

17）前提：①有 5 栋 5 种颜色的房子；②每一位房子的主人国籍都不同；③这 5 个人每人只喝一种饮料，只抽一种牌子的香烟，只养一种宠物；④没有人有相同的宠物，抽相同牌子的香烟，喝相同的饮料。

提示：①英国人住在红房子里；②瑞典人养了一条狗；③丹麦人喝茶；④绿房子在白房子左边；⑤绿房子主人喝咖啡；⑥抽 Pall Mall 牌香烟的人养了一只鸟；⑦黄房

子主人抽 Dunhill 牌香烟；⑧住在中间那间房子的人喝牛奶；⑨挪威人住第一间房子；⑩抽混合烟的人住在养猫人的旁边；⑪养马人住在抽 Dunhill 牌香烟的人旁边；⑫抽 Blue Master 牌香烟的人喝啤酒；⑬德国人抽 Prince 牌香烟；⑭挪威人住在蓝房子旁边；⑮抽混合烟的人的邻居喝矿泉水。

问题：谁养鱼？

18）5 个人来自不同地方，住不同房子，养不同动物，吸不同牌子香烟，喝不同饮料，喜欢不同食物。根据以下线索确定谁是养猫的人。

①红房子在蓝房子的右边，白房子的左边（不一定紧邻）；②黄房子的主人来自香港，而且他的房子不在最左边；③爱吃披萨的人住在爱喝矿泉水的人的隔壁；④来自北京的人爱喝茅台，住在来自上海的人的隔壁；⑤吸希尔顿牌香烟的人住在养马人的右边隔壁；⑥爱喝啤酒的人也爱吃鸡；⑦绿房子的人养狗；⑧爱吃面条的人住在养蛇人的隔壁；⑨来自天津的人的邻居（紧邻）一个爱吃牛肉，另一个来自成都；⑩养鱼的人住在最右边的房子里；⑪吸万宝路牌香烟的人住在吸希尔顿牌香烟的人和吸"555"牌香烟的人的中间（紧邻）；⑫红房子的人爱喝茶；⑬爱喝葡萄酒的人住在爱吃豆腐的人的右边隔壁；⑭吸红塔山牌香烟的人既不住在吸健牌香烟的人的隔壁，也不与来自上海的人相邻；⑮来自上海的人住在左数第二间房子里；⑯爱喝矿泉水的人住在最中间的房子里；⑰爱吃面条的人也爱喝葡萄酒；⑱吸"555"牌香烟的人比吸希尔顿牌香烟的人住得靠右。

19）地主手中牌 2、K、Q、J、10、9、8、8、6、6、5、5、3、3、3、3、7、7、7、7；长工甲手中牌大王、小王、2、A、K、Q、J、10、Q、J、10、9、8、5、5、4、4；长工乙手中牌 2、2、A、A、A、K、K、Q、J、10、9、9、8、6、6、4、4。3 家都是明手，互知底牌。在 3 家都不打错牌的情况下，地主必须要么输要么赢。你认为哪方会赢？

20）1 楼到 10 楼的每层电梯门口都放着一颗钻石，钻石大小不一。你乘坐电梯从 1 楼到 10 楼，每层楼电梯门都会打开一次，只能拿一次钻石，怎样才能拿到最大的一颗？

21）U4 合唱团在 17 分钟内要赶到演唱会场，途中必需跨过一座桥，4 个人从桥的同一端出发，你需要帮助他们到达另一端，天色很暗，而他们只有一只手电筒。一次同时最多可以有两人一起过桥，而过桥的时候必须持有手电筒，所以必须有人往返携带手电筒（手电筒是不能用丢的方式来传递的）。4 个人的步行速度各不同，若两人同行则以较慢者的速度为准。A 需花 1 分钟过桥，B 需花 2 分钟过桥，C 需花 5 分钟过桥，D 需花 10 分钟过桥。他们要如何在 17 分钟内过桥呢？

22）一个家庭有两个小孩，其中有一个是女孩，另一个也是女孩的概率（假定生男生女的概率一样）是多少？

23）为什么下水道的盖子是圆的？

24）有 7 克、2 克砝码各一个，天平一只，如何只用这些物品 3 次将 140 克的盐分成 50 克、90 克各一份？

25）芯片测试：有 2000 块芯片，已知好芯片比坏芯片多。请设计算法从其中找出一片好芯片（好芯片和其他芯片比较时，能正确给出另一块芯片是好还是坏；坏芯片和其他芯片比较时，会随机地给出好或是坏），说明你所用的比较次数上限。

26）有 12 个鸡蛋，有一个是坏的（重量与其余鸡蛋不同），现要求用天平称 3 次，如何称出哪个鸡蛋是坏的？

27）100 个人回答 5 道试题，有 81 人答对第一题，91 人答对第二题，85 人答对第三题，79 人答对第四题，74 人答对第五题，答对 3 道题或 3 道题以上的人算及格，在这 100 人中，至少有几个人及格？

28）陈奕迅有一首歌名字是《十年》，吕珊有一首歌名字是《3650 夜》，10 年可能有多少天？

29）观察下列数字，请说出下一行是什么？

① 1；

② 1，1；

③ 2，1；

④ 1，2，1，1；

⑤ 1，1，1，2，2，1；

30）①烧一根不均匀的绳子要用 1 个小时，如何用它来判断 0.5 个小时？②烧一根不均匀的绳，从头烧到尾共需要 1 个小时。现在有若干条材质相同的绳子，如何用烧绳的方法来计时 1 个小时 15 分钟呢？

31）①共有 3 类药，分别重 1 克、2 克、3 克，放到若干瓶子中，现在能确定每个瓶子中只有其中一种药，且每瓶中的药片足够多，能只称一次就知道各个瓶子中都是盛的哪类药吗？②如果有 4 类药、5 类药……n 类（N 可数）呢？

如果共有 m 个瓶子盛着 n 类药呢（m、n 为正整数，药的质量各不相同但各种药的质量已知）？你能只称一次就知道每瓶的药是什么吗？

32）假设在桌上有 3 个密封的盒，一个盒中有 2 枚银币（1 银币=10 便士），一个盒中有 2 枚镍币（1 镍币=5 便士），还有一个盒中有 1 枚银币和 1 枚镍币。这些盒子被标上 10 便士、15 便士和 20 便士，但每个标签都是错误的。允许你从一个盒中拿出 1 枚硬币放在盒前，看到这枚硬币，你能否说出每个盒内装的东西呢？

33）有一个大西瓜，用水果刀平整地切，总共切 9 刀，最多能切成多少份？最少能切成多少份？

34）一个巨大的圆形水池，周围布满了老鼠洞。猫追老鼠到水池边，老鼠未来得及进洞就掉入水池里。猫继续沿水池边缘企图捉住老鼠（猫不入水）。已知猫的速度是老鼠速度的 4 倍，老鼠是否有办法摆脱猫的追逐？

35）有 3 个桶，两个大的可装 8 斤的水，一个小的可装 3 斤的水，现在有 16 斤水装满了两大桶，小桶空着，如何把这 16 斤水分给 4 个人，且每人 4 斤？（没有其他任何工具，4 人自备容器，分出去的水不可再要回来。）

36）从前有一位老钟表匠，为一个教堂装一只大钟。他年老眼花，把长短针装配错了，短针走的速度反而是长针的 12 倍。装配的时候是上午 6 点，他把短针指在"6"上，长针指在"12"上。老钟表匠把钟装好后就回家去了。人们看到钟表显示的时间一会儿 7 点，过了不一会儿就 8 点了，都很奇怪，立刻去找老钟表匠。等老钟表匠赶到，已经是下午 7 点多钟。他掏出怀表来一对，钟准确无误，疑心人们有意捉弄他，一生气就回去了。人们再去找钟表匠。老钟表匠第二天早晨 8 点多赶来后一看，仍旧准确无误。请你想一想，老钟表匠第一次对表的时候是 7 点几分，第二次对表又是 8 点几分。

37）今有 2 匹马、3 头牛和 4 只羊，它们各自的总价都不满 10 000 文钱（古时的货币单位）。如果 2 匹马加上 1 头牛，或者 3 头牛加上 1 只羊，或者 4 只羊加上 1 匹马，那么它们各自的总价都正好是 10 000 文钱了。马、牛、羊的单价各是多少文钱？

38）一天，Harlan 的店里来了一位顾客，挑了 25 元的货，顾客拿出 100 元，Harlan 找不开，就到隔壁飞白的店里把这 100 元换成零钱，回来给顾客找了 75 元零钱。过了一会儿，飞白来找 Harlan，说刚才的是假钱，Harlan 马上给飞白换了张真钱，问 Harlan 赔了多少钱？

39）一根绳子穿过无摩擦力的滑轮，在其一端悬挂着一只 10 磅重的砝码，绳子的另一端有一只猴子，同砝码正好取得平衡。当猴子开始向上爬时，砝码将如何运动呢？

40）两个空心球，大小及重量相同，但材料不同（一个是金，一个是铅）。空心球表面图有相同颜色的油漆。现在要求在不破坏表面油漆的条件下，用简易方法指出哪个是金的，哪个是铅的。

41）有 23 枚硬币在桌上，10 枚正面朝上。假设别人蒙住你的眼睛，而你的手又摸不出硬币的反正面。请你用最好的方法把这些硬币分成两堆，每堆正面朝上的硬币个数相同。

42）3 个村庄 A、B、C 和 3 个城镇 a、b、c 坐落在如附图 4-1 所示的环形山内。由于历史原因，只有同名的村与镇之间才有来往。为方便交通，他们准备修铁路。如何在这座环形山内修 3 条铁路（铁路互不相交）连通 A 村与 a 镇，b 村与 b 镇，C 村与 c 镇？这个题说明什么问题？

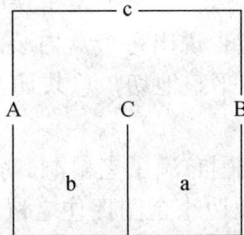

附图 4-1　村庄和城镇位置图

43）屋里 3 盏灯，屋外 3 个开关，一个开关仅控制一盏灯，屋外看不到屋里，怎样只进屋一次，就知道哪个开关控制哪盏灯？

44）"2+7-2+7"这个式子全部由火柴组成（2 是由横折横 3 根组成，7 是由横折 2 根组成），移动其中任何一根，答案要求为 30，请问应如何移动？

45）5 名海盗抢得了 100 条金块，并打算瓜分这些战利品。他们打算按照下面的方式进行分配：最厉害的一名海盗提出分配方案，然后所有的海盗（包括提出方案者本人）就此方案进行表决。如果 50%或更多的海盗赞同此方案，此方案就获得通过并据此分配战利品。否则提出方案的海盗将被扔到海里，然后下一名最厉害的海盗又重复上述过程。所有的海盗都乐于看到他们的一位同伙被扔进海里，而不愿意自己被扔到海里。所有的海盗都是有理性的，而且知道其他的海盗也是有理性的。此外，没有两名海盗是同等厉害的——这些海盗按照完全由上到下的等级排好了座次，并且每个人都清楚自己和其他所有人的等级。这些金块不能再分，也不允许几名海盗共有金块，因为任何海盗都不相信他的同伙会遵守关于共享金块的安排。这是一伙每人都只为自己打算的海盗。因此，最凶的一名海盗应当提出什么样的分配方案才能使他获得最多的金块呢？

46）5 个囚犯，分别按 1～5 号的顺序在装有 100 颗绿豆的麻袋里抓绿豆，规定每人至少抓 1 颗，而抓得最多和最少的人将被处死，而且，他们之间不能交流，但在抓的时候，可以摸出剩下的豆子的数量。他们中谁的存活概率最大？（提示：①他们都是很聪明的人；②他们的原则是先求保命，再去多杀人；③100 颗不必都分完；④若有重复的情况，则也算最大或最小，一并处死。）

47）有 5 只猴子在海边发现一堆桃子，它们决定第二天来平分。第二天清晨，第一只猴子最早来到，它左分右分分不平均，就朝海里扔了一只，恰好可以分成 5 份，它拿上自己的一份走了。第 2、3、4、5 只猴子也遇到同样的问题，采用了同样的方法，都是扔掉一只后，恰好可以分成 5 份。问：这堆桃子至少有多少个？

48）某天一艘海盗船在航海时发生了事故，5 个倒霉的海盗只好逃难到一座孤岛，他们发现岛上有棵椰子树，还有一只猴子。大家把椰子全部采摘下来放在一起，但是天色已经很晚了，所以他们决定先睡觉，第二天再平分椰子。晚上某个海盗悄悄地起床，将椰子分成 5 份，结果发现多一个椰子，他顺手就给了幸运的猴子，然后又悄悄地藏了一份，然后把剩下的椰子混在一起放回原处，最后又悄悄地回去睡觉了。

过了会儿，另一个海盗也悄悄地起床，将剩下的椰子分成 5 份，结果发现多一个椰子，他也把多出来的椰子给了幸运的猴子，然后又悄悄地藏了一份，把剩下的椰子混在一起放回原处，最后也悄悄地回去睡觉了。

……

早上大家起床后，各自心怀鬼胎地开始分椰子，这次把椰子分成 5 份后还是多一个椰子，他们只好又给了猴子。这堆椰子最少有多少个？

49）小明和小强都是张老师的学生，张老师的生日是 M 月 N 日，他们都知道张老师的生日是下列 10 天中的其中一天：3 月 4 日，3 月 5 日，3 月 8 日，6 月 4 日，6 月 7 日，9 月 1 日，9 月 5 日，12 月 1 日，12 月 2 日，12 月 8 日。张老师把 M 值告诉了小明，把 N 值告诉了小强。

小明说：如果我不知道的话，小强肯定也不知道。

小强说：本来我也不知道，但是现在我知道了。

小明说：哦，那我也知道了。

请根据以上对话推断出张老师的生日是哪一天。

50）一位逻辑学家误入某部落，被囚在牢狱里，酋长意欲放行，他对逻辑学家说："今有两门，一为自由，一为死亡，你可任意开启一门。现从两个战士中选择一人负责解答你所提的任何一个问题，其中一个天性诚实，一人说谎成性，生死任你选择。"逻辑学家沉思片刻，即向一战士发问，然后开门从容离去。逻辑学家是如何发问的？

51）从前有一个富人，他有 30 个孩子，其中 15 个是已故的前妻所生，其余 15 个是继室所生，继室很想让她自己所生的最年长的儿子继承财产。于是，有一天，她就对富人说："亲爱的丈夫啊，你就要老了，我们应该定下来谁将是你的继承人，让我们把我们的 30 个孩子排成一个圆圈，从他们中的一个数起，每逢数到 '10' 就让那个孩子站出去，直到最后剩下哪个孩子，哪个孩子就继承你的财产吧！"富人听后认为这个想法很不错，不过，当剔选过程不断进行下去的时候，这个富人傻眼了，他发现前 14 个被剔除的孩子都是前妻生的，而且下一个要被剔除的还是前妻生的，富人决定改变数数字的方向，现在从这个孩子倒回去数。到底谁做了继承人呢？

52）有一个牧场，已知养牛 27 头，6 天把草吃光；养牛 23 头，9 天把草吃光。如果养牛 21 头，那么几天能把牧场上的草吃光呢？

53）一个商人要骑一头驴穿越 1000 千米长的沙漠，去卖 3000 根胡萝卜。已知驴一次可驮 1000 根胡萝卜，但每走一千米就要吃掉一根胡萝卜。商人共可卖出多少胡萝卜？

54）10 箱黄金，每箱 100 块，每块 1 两，有人把其中一箱里的每块黄金都磨去一钱，请称一次找到分量不足的那个箱子。

55）有位资本家让工人为自己工作 7 天，给工人的回报是一根金条。现将金条平分成相连的 7 段，要求资本家必须在每天结束时向工人付费，如果只许他分两次把金条弄断，资本家如何给他的工人付费？

56）有 10 瓶药，每瓶里都装有 100 片药，其中有 8 瓶里的药每片重 10 克，另有两瓶里的药每片重 9 克。用一个秤，只称一次，如何找出分量较轻的那两瓶药？

57）一个经理有 3 个女儿，3 个女儿的年龄加起来等于 13，3 个女儿的年龄乘起来等于经理自己的年龄。有一个下属已知道经理的年龄，但仍不能确定经理 3 个女儿的年龄，这时经理说只有一个女儿的头发是黑的，然后这个下属就知道了经理 3 个女儿的年龄。3 个女儿的年龄分别是多少？为什么？

58）有 3 个人去住旅馆，住 3 间房，每一间房 10 元，于是他们一共付给老板 30 元。第二天，老板觉得 3 间房只需要 25 元就够了，于是叫服务员退回 5 元给 3 位客人，谁知服务员贪心，只给每人退回 1 元，自己偷偷拿了 2 元，这样一来便等于那 3 位客人每人各消费了 9 元，于是 3 个人一共消费 27 元，加上服务员独吞的 2 元，共计 29 元。可是当初他们 3 个人一共付给老板 30 元，剩下的 1 元在哪里呢？

59）有两位盲人，他们都各自买了 2 双黑袜和 2 双白袜，8 只袜子的布料、大小完全相同，而每双袜子都用一张商标纸连着。两位盲人不小心将 8 只袜子混在了一起。他们怎样才能取回黑袜和白袜各 2 双呢？

60）有一辆火车以每小时 15 千米的速度离开洛杉矶开往纽约，另一辆火车以每小时 20 千米的速度从纽约开往洛杉矶。如果有一只鸟，以 30 千米每小时的速度和两辆火车同时运动，从洛杉矶出发，碰到另一辆车后返回，依次在两辆火车来回飞行，直到两辆火车相遇。问：这只小鸟飞行的距离是多少？

61）有两个罐子，罐子中分别有 50 个红色弹球和 50 个蓝色弹球，随机选出一个罐子并从中选取一个弹球放入罐子，如何使红色弹球有最大的选中机会？得到红色弹球的准确率是多少？

62）有 4 个装药丸的罐子，每个药丸都有一定的重量，被污染的药丸是没被污染的药丸重量的一倍，在只允许称量一次的情况下，如何判断哪个罐子中的药被污染了？

63）对一批编号为 1～100 且全部开关朝上（开）的灯进行以下操作：凡是 1 的倍数反方向拨一次开关；2 的倍数反方向又拨一次开关；3 的倍数反方向又拨一次开关……最后为关闭状态的灯的编号是什么？

64）为什么镜子中的影像可以颠倒左右，却不能颠倒上下？

65）一群人开舞会，每人头上都戴着一顶帽子。帽子只有黑白两种颜色（黑的至少有一顶）。每个人都能看到其他人帽子的颜色，却看不到自己的。主持人先让大家看看别人头上戴的是什么帽子，然后关灯，如果有人认为自己戴的是黑帽子，就拍拍手。第一次关灯，没有声音。于是再次打开灯，大家再看一遍，关灯时仍然鸦雀无声。一直到第三次关灯，才有拍手的声音响起。问：有多少人戴着黑帽子？

66）两个圆环，半径分别是 1 和 2，小圆在大圆内部绕大圆圆周转一周。问：小圆自身转了几周？如果在大圆的外部，小圆自身转几周呢？

67）1 元钱一瓶汽水，喝完后 2 个空瓶换一瓶汽水，你有 20 元钱，最多可以喝到几瓶汽水？

68）有 3 顶红帽子，4 顶黑帽子，5 顶白帽子。让 10 个人从矮到高排成一队，给他们每个人头上戴一顶帽子。每个人都看不见自己戴的帽子的颜色，却只能看见站在前面那些人的帽子颜色（最后一个人可以看见前面 9 个人头上帽子的颜色，而最前面那个人谁的帽子都看不见）。现在从最后那个人开始，问他是不是知道自己戴的帽子的颜色，如果他回答不知道，就继续问他前面那个人。最终最前面那个人为什么一定会知道自己戴的是黑帽子？

69）假设排列着 100 个乒乓球，由 2 个人轮流把球装入口袋，能拿到第 100 个乒乓球的人为胜利者。每次拿球者至少要拿 1 个，但最多不能超过 5 个。如果你是最先拿球的人，你该拿几个？以后怎样拿就能保证你能得到第 100 个乒乓球？

70）有一只山羊，重 24 千克，另有一只山羊，比它重 1 千克。开始时，它们相安无事，彼此和谐相处。可是有一天，重量较轻的那只山羊站在陡峭的山顶上，向重量较重的山羊猛扑过去，重量较重的山羊站在土丘上迎接挑战，不幸的是，由于猛烈碰撞，两只山羊都伤亡了。

有人通过反复实验发现，动量相当于一个自 6 米高处坠落下来的 13 千克重物的一次撞击，正好可以打碎山羊的头。如果实验结果准确无误，那么这两只山羊至少要有多大的逼近速度，才能相互撞破头？

71）有人明知店里只有 2 个舀酒的勺子，分别能舀 7 两和 11 两酒，却只买 2 两酒。聪明的老板娘毫不含糊，居然用这 2 个勺子量出了 2 两酒，聪明的你能做到吗？

72）每架飞机只有一个油箱，飞机之间可以相互加油，一箱油可供一架飞机绕地球飞半圈，为使至少一架飞机绕地球一圈并回到起飞时的飞机场，至少需要出动几架飞机？（所有飞机从同一机场起飞，而且必须安全返回机场，不允许中途降落，中间没有飞机场。）

73）在 9 个点上画 10 条直线，怎样使每条直线上至少有 3 个点？

74）一个岔路口分别通向诚实国和说谎国。迎面走来两个人，已知一个是诚实国的，另一个是说谎国的。诚实国永远说实话，说谎国永远说谎话。现在你要去说谎国，但不知道应该走哪条路，需要向这两个人问路。应该怎么问路呢？

75）在一天的 24 小时中，时钟的时针、分针和秒针完全重合在一起的时候有几次？都分别是什么时间？你怎样算出来的？

76）你站在水泥地上，让鸡蛋从你手中自由掉落 1 米距离而不打破蛋壳，能办到吗？

77）1=?（请列出所有可能的答案。）

78）某小学办理新生入学手续时，有两个孩子来报名。他们的脸形、身材相仿，出生年月日一样，父母姓名也一样。"你们是双胞胎吧？"老师问。"不是！"他俩异口同声地回答。老师感到奇怪，怎么不是双胞胎呢？那他们会是什么关系呢？

79）请只移动附图 4-2 中的两个圆点，使其组成正十字形，并且纵向和横向都是 6 个圆点。

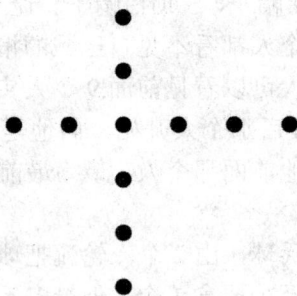

附图 4-2　十字形圆点图

80）有一天，一位大财主把他的两个儿子叫到面前，对他们说："你们赛马看谁先跑到沙漠里的绿洲。谁的马胜了，我就把全部财产给谁，但这次不是比快，而是比慢，我到绿洲等你们，看谁的马到得迟。"兄弟俩照父亲的意思，骑着各自的马开始慢吞吞地赛马了。可是，在骄阳似火的大沙漠里慢吞吞地走怎么受得了啊！正当兄弟俩痛苦难熬而下马休息时，哥哥突然想到一个好办法，等弟弟醒悟过来后已经来不及了，哥哥终于赢得了这场特别的比赛。哥哥想到的是什么办法呢？

81）一辆满载货物的汽车要通过一座铁桥，通过时发现货物高于桥洞1厘米，在不准卸货重装的情况下，你能让车安全通过吗？

82）一个房间有 3 盏白炽灯，电灯开关在屋外，房屋没有窗只有一处出口，如何仅仅出入一次就能判断各个开关是控制哪一盏电灯的？

83）打破思维定式——脑筋急转弯：

①　一个瓶子装了半瓶酒，瓶口用软木塞住。不拔去瓶塞，也不敲碎酒瓶，用什么办法能喝到酒？

②　什么东西打破了，大家都高兴？

③　飞机从北京出发飞往东京用了 1 小时，在东京稍作停留后返航，在一切条件相同的情况下，返航耗时 2.5 小时，这是为什么？

a．结合自身生活、学习经历，谈谈自己对思维定式的认识。

b．如何在未来规避自我思维定式？

84）A、B、C 3 家同住一个院子，每隔一段时间 3 家都要用 3 天时间打扫卫生。这次 C 因为有事不能一起打扫，结果 A 干了 5 天，B 干了 4 天才干完，C 家出 90 元顶替劳务费，应当分给 A、B 两家多少才算合理？

附录五 创业计划书（简本）

项目名称				
所处行业				
联系方式 （填写主要联系人）	联系人		电话	
	手机		E-mail	
项目摘要	简要列举项目的定位及发展目标，可供快速了解项目的精髓			
商业模式及 收入来源	介绍项目的产品与服务，以及市场及收入来源			
项目满足及 解决的问题	说明项目所达到的经济或社会效益，或其解决了什么样的产业或社会问题			
行业状况业内发展潜力				
竞争对手	列举几个主要的竞争对手或潜在的竞争对手			
未来客户	列举未来客户所属行业，主要说明最终用户，亦可补充上下游合作伙伴			
项目发展现状	目前项目的状态，即将进入什么阶段			
目前的投资人	说明项目已有的投资人，如无投资人，请说明项目前本项目团队自己已经投入多少资金			
项目运营及团队架构	说明目前项目运营架构			
项目骨干简介	成员一：姓名、年龄、籍贯、学历、技能、工作经验、项目担当 成员二： 成员三：			
项目 SWOT 分析	优势			
	劣势			
	机会			
	威胁			
项目主要风险	项目实施可能出现的风险及拟采取的应对、控制措施			
目标评估价值	对项目进行估值			
资金需求	说明项目需要的融资金额及大致用途			
退出机制	说明对投资者有什么样的退出方式，以保证投资者或本项目的长远利益			
资金使用计划	20××年	20××年	20××年	备注
资金需求				
预计收入				
预计用户数				

附录六 创业计划书封面与目录模板

附录 A 创业计划书封面模板

××××年大学生创业计划书

项目名称 _____

所属领域 □工业制造

□创意文化

□综合服务

负 责 人 _____

指导教师 _____

联系方式 _____

邮 箱 _____

附录 B　创业计划书目录模版

目　　录

第一章　执行总结

第二章　服务打造

第三章　市场分析与预测

第四章　营销策略

第五章　公司战略与管理

附录七 大学生创新创业训练计划项目申报书

学校名称：_____

项目名称：_____

项目级别：☐ 国家级 _____

☐ 重庆市级 _____

☐ 创新训练项目 _____

项目类型：☐ 创业训练项目 _____

☐ 创业实践项目 _____

负 责 人：_____

指导教师：_____

重庆市教育委员会

××××年××月××日

填　写　须　知

一、项目分类说明：

1. 创新训练项目是本科生个人或团队，在校内导师指导下，自主完成创新性实验方法的设计、设备和材料的准备、实验的实施、数据的处理与分析、总结报告的撰写等工作。

2. 创业训练项目是本科生团队，在校内导师指导下，团队中每个学生在项目实施过程中承担一个或多个具体的角色，通过编制商业计划书、开展可行性研究、模拟企业运行、进行一定程度的验证试验，撰写创业报告等工作。

3. 创业实践项目是学生团队，在学校导师和企业导师共同指导下，采用前期创新训练项目（或创新性实验）的成果，提出一项具有市场前景的创新性产品或者服务，以此为基础开展创业实践活动。申报该类项目需额外提交企业导师合作指导协议书作为附件。

二、申报书请按顺序逐项填写，填写内容必须实事求是，表达明确严谨。空缺项要填"无"。

三、申请参加大学生创新创业训练计划项目团队的人数含负责人在内不得超过五人。

四、表格中的字体小四号仿宋体，1.5 倍行距；需签字部分由相关人员以黑色钢笔或水笔签名。均用 A4 纸双面打印，于左侧装订成册。

五、推荐上报的计划项目由学校分管领导在申报书上签署意见、签字并加盖公章后，一式三份（均为原件），报送市教委高等教育处。

项目名称						
项目起止时间			年　　月至　　年　　月			
负责人	姓名	年级	学院	学号	联系电话	E-mail
项目组成员						
指导教师	姓名				职务/职称	
	所在单位					
	联系电话				E-mail	

续表

校外导师	姓名		职务/职称	
	所在单位			
	联系电话		E-mail	

一、项目简介（50字左右）

二、申请理由（包括自身/团队具备的知识、条件、特长、兴趣、前期准备等）

三、项目方案（计划、技术路线、人员分工等）

四、项目特色与创新点

五、项目进度安排

1．近期规划：

2．远期规划：

六、项目经费使用计划（要求说明项目经费）

续表

七、项目完成预期成果（论文级别、专利、设计、产品、服务；创新实践项目需说明公司规模、营业额等）
指导教师意见：   　　　　　　　　　　　　　　　　　　　　　　　　　签名： 　　　　　　　　　　　　　　　　　　　　　　　年　　　月　　　日
学院（系部）意见：   　　　　　　　　　　　　　　　　　　　　　　　　签名盖章： 　　　　　　　　　　　　　　　　　　　　　　　年　　　月　　　日
学校意见：   　　　　　　　　　　　　　　　　　　　　　　　　签名盖章： 　　　　　　　　　　　　　　　　　　　　　　　年　　　月　　　日
市教委意见：   　　　　　　　　　　　　　　　　　　　　　　　　　盖章： 　　　　　　　　　　　　　　　　　　　　　　　年　　　月　　　日

参 考 文 献

董刚，贾安东．2015．创业进行时：重庆市大学生创业典型案例集．重庆：重庆大学出版社．

杜映梅．2006．职业生涯管理．北京：中国发展出版社．

郭庆，张业平．2012．大学生职业生涯导引．长春：吉林大学出版社．

黄海荣．2016．大学生创新创业教育指导．上海：上海交通大学出版社．

季跃东．2012．创新创业思维拓展与技能训练．北京：科学出版社．

姜纳新．2006．大学生就业指导．北京：中国传媒大学出版社．

焦金雷．2014．大学生就业与创业指导．西安：西安交通大学出版社．

理查德·尼尔森·鲍里斯．2002．你的降落伞是什么颜色．陈玮，等译．北京：中信出版社．

柳建营，许德宽，郭宝亮．2004．职业生涯规划与指导．北京：北京工业大学出版社．

祁金利，李家华．2009．就业与创业指导教程（综合院校版）．北京：北京出版社．

祁金利．2009．大学生职业生涯与发展规划教程．北京：北京出版社．

全国高等学校学生信息咨询与就业指导中心．2009．大学生职业发展与就业指导．北京：高等教育出版社．

冉军，万玺．2012．职业生涯管理．北京：科学出版社．

邵晓红．2009．大学生职业生涯与发展规划．北京：北京大学出版社．

石建勋．2009．职业生涯规划与管理．北京：清华大学出版社，北京交通大学出版社．

王博泉，伍祥伦．2007．大学生就业指导．北京：光明日报出版社．

王为．2008．职业发展与就业指导．合肥：合肥工业大学出版社．

文厚润，张斌．2011．大学生就业实用教程（大学生职业发展与就业指导）．北京：高等教育出版社．

吴宝瑞．2007．高等教育学．石家庄：河北人民出版社．

吴宝瑞．2009．高等教育心理学．石家庄：河北人民出版社．

伍祥伦，何东．2011．大学生就业．北京：科学出版社．

徐竣祥．2014．大学生创业基础知能训练教程．北京：现代教育出版社．

杨一波．2007．战胜职场：大学生就业指导．北京：清华大学出版社．

张斌，申仁洪．2013．大学生创业基础理论与实践．北京：高等教学出版社．

钟谷兰，杨开．2008．大学生职业生涯发展与规划．上海：华东师范大学出版社．

周文霞．2004．职业生涯管理．上海：复旦大学出版社．